HISTÓRIA DA IDEIA
DE TEMPO

HENRI BERGSON

HISTÓRIA DA IDEIA
DE TEMPO

Curso no Collège de France
1902-1903

Tradução Laurent de Saes

Livro publicado com a participação da
Biblioteca Literária Jacques Doucet

martins fontes

© 2023 Martins Editora Livraria Ltda., São Paulo, para a presente edição.
© Presses Universitaires de France.
Esta obra foi originalmente publicada em francês sob o título Histoire de l'idée de temps. Cours au Collège de France 1902-1903 por Presses Universitaires de France.

Publisher	*Evandro Mendonça Martins Fontes*
Coordenação editorial	*Vanessa Faleck*
Produção editorial	*Carolina Cordeiro Lopes*
Preparação	*Luciana Lima*
Revisão	*Lucas Torrisi*
	Bárbara Parente
	Cecília Madarás

Dados Internacionais de Catalogação na Publicação (CIP)
Angélica Ilacqua CRB-8/7057

Bergson, Henry, 1859-1941.
  História da ideia de tempo : curso no Collège de France (1902-1903) / Henry Bergson ; tradução de Laurent de Saes. – São Paulo : Martins Fontes – selo Martins, 2023.
  456 p.

  Livro publicado com a participação da Biblioteca Literária Jacques Doucet
  ISBN 978-65-5554-023-9
  Título original: Histoire de l'idée de temps: Cours au Collège de France (1902-1903)

  1. Filosofia francesa – Século 19 2. Tempo – Filosofia I. Título II. Saes, Laurent de.

22-6637   CDD 194

Índice para catálogo sistemático:
1. Filosofia francesa – Século   19

Todos os direitos desta edição reservados à
Martins Editora Livraria Ltda.
Av. Dr. Arnaldo, 2076
01255-000 São Paulo SP Brasil
Tel.: (11) 3116 0000
info@emartinsfontes.com.br
www.emartinsfontes.com.br

APRESENTAÇÃO

Este curso inédito, de 1902-1903, dedicado à "História da ideia de tempo"[1], é o primeiro de uma nova série de cursos de Bergson a serem publicados pela PUF – Presses Universitaires de France. Bergson faleceu em 1941 e, ano após ano, a publicação póstuma de seus escritos e de suas palavras escapa à sua vontade testamentária e à interdição formal que ele formulara de não se publicar nada além de sua obra filosófica, nem manuscrito ou porção de manuscrito, nem carta, nem curso ou conferência "que pudessem ter sido anotados ou que eu mesmo pudesse ter transcrito"[2]. Já em 1949, oito anos após sua morte, uma primeira torsão havia sido feita a tal estipulação com a publicação das cartas de Bergson a Arbert Adès, assim como das notas manuscritas de Bergson comentando o artigo que Adès publicara então, em 1918. Foi preciso, contudo, esperar o ano de 1990 para

---

1. Exceção feita às duas primeiras lições, que foram publicadas sob os cuidados de Arnaud François, no volume I de *Annales bergsoniennes*, Paris, PUF, 2002, "Épiméthée", p. 25-68.
2. Testamento de Bergson, 8 de fevereiro de 1937; codicilo de 9 de maio de 1938, *Correspondances*, ed. A. Robinet, com a colaboração de N. Bruyère, B. Sitbon-Peillon, S. Stern-Gillet, Paris, PUF, 2002, p. 1670.

que Henri Gouhier, então executor testamentário, autorizasse a primeira publicação dos cursos de Bergson.

Assim, quatro volumes foram publicados sob os cuidados de Henri Hude, na coleção "Épiméthée", da PUF; outros três, que coincidem parcialmente com os precedentes, foram publicados alhures[3]. Tratava-se dos cursos de Bergson na condição de professor de ensino médio (liceu Clermont-Ferrand) ou em aulas de *khâgne*[4] (Paris, liceu Henri-IV), e sem questionar seu interesse filosófico ou mesmo as razões que o levaram a oferecê-los ao público, a discussão permanece aberta ao leitor que se interroga sobre seu valor e sobre o elo que eles mantêm com a própria doutrina de Bergson[5]. Tal discussão oscila entre duas posições extremas: uma, improvável, de acreditar encontrar neles a chave oculta que introduziria à obra; e outra, ao contrário, de não ver neles nenhuma relação com esta, recordando talvez a confidência que Bergson teria feito a Jean Guitton de que "lecionamos bem apenas as matérias sobre as quais não fazemos um trabalho pessoal de prospecção e de pesquisa, e nas quais oferecemos as verdades tradicionais, aquelas sobre as quais, como diz Descartes, concorda a maioria dos sábios"[6]. Reconheçamos então que Bergson era, com efeito, fiel aos programas acadêmicos que lhe pediam que seguisse e cujos temas eram impostos; e

---

3. H. Bergson, *Cours*, ed. H. Hude, I, 1990, II, 1992, III, 1995, IV, 2000; *Cours*, ed. S. Matton, apresentado por A. Panero, I, 1892-1893, II, 1886-1887, III, 1892-1893, Paris-Milão, Séha-Archè, 2008-2010.

4. Gíria escolar que designa, nos colégios franceses, o segundo ano do curso preparatório literário para a Escola Normal Superior e para as *grandes écoles*, isto é, as instituições de ensino superior de alto nível cujo acesso se dá por concurso. [N. T.]

5. Ver *Bergson professeur*, M. Delbraccio, S. Matton e A. Panero (dir.), Lovaina, Peeters, 2015.

6. J. Guitton, *La vocation de Bergson*, Paris, Gallimard, 1960, *Œuvres complètes*, I, Paris, Desclée de Brouwer, 1966, p. 600.

se, por ocasião da exposição de uma ideia ou de um autor, algumas observações casuais podiam levar a identificar, no mesmo momento, um pensamento original em construção, Bergson se contentava em combinar "o dogmatismo necessário ao ensino e as sugestões das minorias"[7], como também confidenciava a Guitton. Os cursos até aqui publicados são, acima de tudo, representativos do ensino que um excelente professor da Terceira República[8] era capaz de oferecer. No melhor dos casos, revelam-nos o conhecimento que Bergson tinha dos autores clássicos e das correntes filosóficas que expunha em sala de aula.

Esse não é o caso dos cursos aqui apresentados, de *status* excepcional e sobre os quais não seria um exagero afirmar que se revestem de uma dimensão histórica. Isso porque, pela primeira vez, eles nos fazem entrar na lenda, tão frequentemente descrita por seus contemporâneos, de Bergson no Collège de France. É a do professor que, atraindo para suas aulas a alta roda parisiense, começara por provocar o espanto do Sr. Leroy-Beaulieu, "famoso economista, que ministrava suas aulas na mesma sala" e "imediatamente antes dele". Tal homem "via seu anfiteatro, em geral quase vazio, encher-se por milagre com uma inesperada multidão. Eram os estudantes da Sorbonne ou os clérigos de Saint-Sulpice, que se condenavam a assistir, durante uma hora, a sua boa fisionomia de cão de cego com uma gamela na boca, para estarem certos de conseguir um lugar na aula do filósofo, e também pobres-diabos e lacaios que seguravam lugares para as mulheres da alta sociedade apaixonadas por metafí-

---

7. *Ibid.*, p. 601.
8. Período republicano francês vigente entre a queda do Segundo Império (1852-1870), estabelecido por Napoleão III, e a ocupação nazista e o estabelecimento do regime de Vichy (1940-1944). [N. E.]

sica"[9]. Não somente estes cursos hoje publicados marcam o início da "glória de Bergson", que se estendeu até a década de 1930, mas, mais do que isso, "constituem sua fonte"; por causa deles, em primeiro lugar, houve, de fato, um "momento na França em que o bergsonismo coloriu toda a cultura"[10]. Eles constituem a ponte que transpõe o abismo entre a obra escrita, à qual o filósofo se apegava exclusivamente, tal qual sobreviveu ao mundo que a viu nascer e que brilha com seu próprio esplendor, aureolada com uma glória espiritual e essencialmente póstuma, e o ensino oral, do qual provém a glória temporal do homem e por meio do qual suas ideias se inseriram no mundo e foram, por algum tempo, adotadas pela maioria. Por isso, eles têm o duplo privilégio de se concentrarem como nunca no pensamento de Bergson, ao qual trazem uma nova e singular luz, e de se irradiarem ainda mais amplamente para além do círculo dos estudos especializados, tornando-se capazes de alcançar, como no passado, um público distante e não iniciado, que eles podem levar a se interessar pela obra, quando não a se converter à própria filosofia.

É preciso começar dizendo que eles se aproximam dos livros de Bergson. Não há dúvida de que estes permanecem as únicas garantias da doutrina rigorosa e de que a obra deve bastar a si mesma. Mas, embora os cursos não digam algo diferente do que dizem os livros, dizem-no de outra maneira. Recapitulam-nos por vezes, com frequência os acompanham e servem igualmente para preparar aqueles que planejam escrever. De fato, as remissões discretas à obra são neles abundantes e bastam para desmentir os que desejariam separar o

---

9. J. e J. Tharaud, *Notre cher Péguy*, 1926, Paris, Ad Solem, 2014, p. 160.

10. F. Azouvi, *La gloire de Bergson*, Paris, Gallimard, 2007, p. 16; cf. Ph. Soulez e F. Worms, *Bergson*, Paris, PUF, "Quadrige", 2002, cap. 3, 4 e 5.

APRESENTAÇÃO IX

pesquisador discreto, cujo trabalho difícil é lido e discutido no estreito cenáculo universitário, e o célebre professor que encanta um vasto auditório que vê ampliar-se a olhos vistos. "O Bergson professor do ensino médio não [era] necessariamente bergsoniano": não o contestamos, e ele até mesmo se recusava a sê-lo; mas, após ter sucedido a Charles Lévêque no Collège de France, em 1900, Bergson iria tornar-se bergsoniano até mesmo em suas aulas. Isso significa que o ensino de Bergson, elevando-se a um público cada vez mais amplo, poderia, ao mesmo tempo, apenas progredir na direção de uma fala sempre mais livre e pessoal. E, por ocasião da morte de Gabriel Tarde, em 1904, desejoso de deixar a cátedra de filosofia grega e latina para ocupar a de filosofia moderna, Bergson não alega outra razão para sustentar seu pedido de transferência que não a de deixar seu ensino e seu trabalho pessoal "o mais perto possível um do outro"[11].

Trata-se efetivamente do mesmo homem, cá e lá, que fala e que escreve, com o mesmo chapéu alto, a mesma casaca preta, a gravata preta e o colarinho postiço reto e austero, e que nada fez além de escrever livros de filosofia, alcançando a celebridade adicionalmente, sem a ter pedido, sem sequer a ter desejado. Irritado com "essa voga indiscreta", "quantas vezes, na intimidade", escreve Tancrède de Visan, "[Bergson] não se queixou dessa afluência de curiosos que o faz invejar o ensino esotérico dos gregos"[12], aquele que ele continua a oferecer, ao mesmo tempo, em suas aulas de sábado, de fato muito menos seguidas que suas aulas de sexta-feira. Por isso, supondo que ele realmente tinha por "máxima, mes-

---

11. Carta de Bergson ao administrador, de 9 de novembro de 1904, "Demande de transfert à la chaire de philosophie moderne" [Pedido de transferência para a cátedra de filosofia moderna], *M*, p. 638.

12. Tancrède de Visan, *L'attitude du lyrisme contemporain*, Paris, Mercure de France, 1911, p. 428.

mo no Collège [de France], não extrair de [suas] pesquisas atuais o assunto direto de [seus] cursos"[13], não se deve incluir nessa máxima mais restrições do que ela contém, devendo-se admitir que Bergson, pelo menos no Collège, extraía de suas pesquisas passadas o assunto direto de seus cursos, ou de suas pesquisas presentes seu assunto indireto:

– "A ideia de causa" (1900-1901);
– "A ideia de tempo" (1901-1902);
– "História da ideia de tempo em suas relações com os sistemas" (1902-1903);
– "História das teorias da memória" (1903-1904);
– "A evolução do problema da liberdade" (1904-1905);
– "As teorias da vontade" (1906-1907);
– "As ideias gerais" (1907-1908);
– "A natureza do espírito e a relação entre o pensamento e a atividade cerebral" (1908-1909);
– "A personalidade" (1910-1911);
– "A ideia de evolução" (1911-1912);
– "Sobre o método filosófico, conceito e intuição" (1913-1914).

Mais do que isso, embora não sejam parte integrante da obra, esses cursos estão longe de lhe serem estranhos, e uma das particularidades do curso aqui publicado consiste em ser, por diversas vezes, nela citado. Em "Fantasmas de vivos", Bergson afirma, a respeito da "invenção da *precisão* pelos gregos", ter-se nela "demorado em diversas lições professadas no Collège de France, especialmente em nossas aulas de 1902 e 1903"[14]. Ademais, ele abre o quarto capítulo de *A evolução criadora* com esta nota: "A parte deste capítulo

---

13. J. Guitton, *La vocation de Bergson*, p. 600.
14. H. Bergson, "Fantômes de vivants", *L'énergie spirituelle*, Paris: PUF, "Quadrige", 2010, p. 83, nota 1. Trata-se particularmente da quinta sessão.

que trata da história dos sistemas e, particularmente, da filosofia grega é apenas o resumo muito sucinto de concepções que desenvolvemos demoradamente, de 1900 a 1904, em nossas lições do Collège de France, especialmente em um curso sobre a *História da ideia de tempo* (1902-1903)"[15]. Tudo leva a crer que as lições dadas no Collège alimentaram com sua substância a redação de *A evolução criadora* e podem, inversamente, esclarecê-la. Muito frequentemente, encontra-se nelas explicitado o que Bergson reunia em seus livros em fórmulas simples. Quanto ao essencial, este curso retoma, com inspiração inédita e com precisão, por vezes acentuada, o que Bergson escreveria nas páginas 313 a 363[16] de *A evolução criadora*. Os cursos nunca devem substituir a obra, mas este aqui mostra melhor do que qualquer outro com que frequência eles a acompanham, eventualmente confirmam o sentido que se deve dar a uma passagem ou outra que a brevidade da obra tornou sujeita a diferentes interpretações e, por fim, a reforçam em seu movimento de conjunto.

Se fosse preciso, aliás, reter uma das descobertas mais importantes possível de se fazer pela leitura deste curso, seria a importância que Bergson confere à filosofia de Plotino no seio da história da metafísica. Quase ausente do livro de 1907, percebe-se, à sua luz, que sua menção havia sido apagada apenas para melhor servir de prisma através do qual ele pudera ler o conjunto dos grandes sistemas por ele visitado. Reencontrar, assim, por trás de Platão, Aristóteles, Espinosa ou Leibniz a unidade sistemática que Plotino conferiu, de uma vez por todas, à metafísica é a grande originalidade da

---

15. H. Bergson, *L'évolution créatrice*, cap. IV, Paris, PUF, "Quadrige", ed. A. François, 2007, p. 272, nota 1.
16. As páginas em questão correspondem à edição francesa citada na nota acima. Para uma tradução em português da obra, ver Henri Bergson, *A evolução criadora*, São Paulo, Martins Fontes, 2005, p. 339-391. [N. T.]

história que ele nos propõe[17]. Isso nos deve convencer sobre a precisão com que Bergson se introduzia dentro de cada sistema, acrescentando, em seus cursos, à perspectiva de conjunto, à qual ele nos habituara em *A evolução criadora* (cujo capítulo IV tem efetivamente por subtítulo "Um breve olhar sobre a história dos sistemas"), o detalhamento da explicação e da exegese dos textos. Uma vez integralmente restituída a leitura neoplatônica da metafísica, não há dúvida de que o esforço crítico de Bergson deve tornar-se comparável àquele que empreenderá, alguns anos mais tarde, Heidegger, quando este libertar a estrutura ontoteológica da metafísica a partir da filosofia de Hegel.

Mas a singularidade deste curso não se limita a isso, pois se aprofunda na doutrina, e se estende também para muito além do círculo dos especialistas, alcançando aqueles que podem entendê-lo e mesmo alguns que ainda não o podem. Com efeito, ele nos dá a oportunidade de ler e quase ouvir a palavra livre do filósofo, tal qual ressoava há mais de um século naquele escol do pensamento humano, e que acreditávamos irremediavelmente perdida. Lendo este curso, temos a estranha impressão menos de desobedecer à vontade de Bergson do que de quebrar momentaneamente a inexorável lei do tempo. Havia de fato alguns vestígios deste curso, indicações em um livro de Jacques Chevalier[18] e um resumo, ainda mais preciso, publicado na *Revue de philosophie* em janeiro de 1904[19]. Mas esse era apenas o vestígio deixado pelo acontecimento passado, o eco distante de uma voz que não existe mais e cuja força somente se pode distinguir por

---

17. Era o que nos propuséramos a fazer em nosso livro *Archéologie de Bergson* (Paris, PUF, "Épiméthée", 2009), §9, "La figure centrale de Plotin dans l'histoire de la métaphysique" [A figura central de Plotino na história da metafísica].

18. Ver J. Chevalier, *Bergson*, Paris, Plon, 1926, 1941, p. 82, 92, 150.

19. Ver *infra*, p. 371-380 ("Anexos").

APRESENTAÇÃO XIII

meio dos testemunhos prestados a seu respeito. "Bergson falava sem anotações, sem papel algum, ora amassando um minúsculo lenço, ora juntando as mãos"[20], com o "olhar inteiramente voltado para dentro de si"[21], de modo a não perder o contato com o fluxo interno de seus pensamentos, que ele parecia pacientemente seguir. Se restam vestígios, eles somente podem provir da mão de seus ouvintes, e esse será, com efeito, o caso de outros cursos que se previu publicar em breve. Trata-se, porém, aqui, assim como nos próximos cursos, de uma palavra, por assim dizer, integralmente restituída. Como se este curso parecesse poder satisfazer muito mais, nem mais nem menos que nosso desejo faustiano de voltar no tempo e reviver o acontecimento tal qual já se produziu, em sua própria eclosão.

É preciso, com efeito, insistir na exatidão da retranscrição do curso, que se pretende palavra por palavra e que não encontraria equivalente senão, hoje, em um registro sonoro. Deve-se isso à fidelidade de Charles Péguy, que todos os ouvintes de Bergson viam sempre em suas aulas, vestindo seu capote. Não é que tomasse notas; não tomava nenhuma, demasiadamente ocupado que estava em saciar-se na própria fonte, insubstituível. Mas, se existem hoje dois cursos integralmente conservados[22] e dois outros de maneira parcial[23], é porque ele estava doente ou incapaz de comparecer, e porque precisava de algo que substituísse o mais fielmente possível o próprio acontecimento. Anotações de alunos teriam sido incapazes de reproduzir a voz e o estilo inimitá-

---

20. Tancrède de Visan, *L'attitude du lyrisme contemporain*, p. 427.
21. Charles du Bos, "Journal du mercredi, 22 février 1922, Île-Saint-Louis", *Journal, 1921-1923*. Paris, Corrêa, 1946, p. 62.
22. "A história da ideia de tempo" (1902-1903) e "A evolução do problema da liberdade" (1904-1905).
23. "A ideia de tempo" (1901-1902) e "História das teorias da memória" (1903-1904).

veis de Bergson, e de extrair da fonte o ponto de onde brota um pensamento em formação. Péguy reconhecia, por outro lado, ter essa aparente mania, mas que implica a seus olhos uma "profundidade metafísica", de querer "capturar a forma e o pensamento do autor em sua primeiríssima indicação, de violar o segredo dos próprios rascunhos, quando existem"[24]. Aquele que tem essa paixão, continuava, deseja transportar-se "até aquele ponto da história em que a obra surge". Ele espera que "nesta primeira incursão, descubr[a]mos direta e imediatamente o segredo do gênio"[25]. Por isso, Péguy não hesitava em enviar os irmãos Raoul e Fernand Corcos, estenógrafos juramentados, para acompanhar as aulas de Bergson em seu lugar quando ele mesmo não podia comparecer. Suas retranscrições foram, por muito tempo, esquecidas em algumas caixas. Apenas em 1997 foram depositadas no Fundo Doucet por André Devaux, que as recebera das mãos da família Péguy. Conservadas sob a forma de datilogramas e repartidas em três caixas vermelhas de formato idêntico, não repertoriadas, era preciso saber de sua existência para consultá-las.

Isso mostra seu valor inestimável, pois essa retranscrição procura reproduzir o que Péguy desejara para si mesmo. Lendo as aulas de Bergson restituídas o mais fiel e exatamente possível, o que ele desejava era ouvir novamente a entonação do professor sob as cinzas da escrita, aquela voz única que se mantém na memória melhor do que um rosto e que confere a "tudo o que ele dizia [...] essa impressão pessoal que nada pode substituir"[26]. Em uma aula, ele transmite

---

24. Ch. Péguy, *Par ce demi-clair matin*, póstumo, 1905. Paris: Gallimard, "Bibliothèque de la Pléiade", ed. R. Burac, vol. II, 1988, p. 214.

25. Ibid., p. 215.

26. Ch. Péguy, *Réponse brève à Jaurès*, 1900, Paris, Gallimard, "Bibliothèque de la Pléiade", ed. R. Burac, vol. I, 1987, p. 571.

APRESENTAÇÃO XV

muito mais do que palavras: um tom, uma maneira de ser e de falar, um ritmo, um movimento que se transmite para longe e que é a própria vida. Não há nada de surpreendente no fato de que o próprio Péguy, lembrando-se do ensino de Bergson, nos tenha deixado um retrato sonoro, que pintava o que ele era naquilo que dizia e que procurava menos o que ele dizia do que a maneira simples como dizia: "Falava durante toda a conferência, perfeitamente, seguramente, infatigavelmente, com uma exatidão incansável e fina, com uma aparência de fraqueza incessantemente desmentida, com a tenuidade audaciosa, nova e profunda que lhe permaneceu própria, sem negligência e, no entanto, sem nenhuma afetação, compondo e propondo, mas nunca ostentando uma ideia, ainda que fosse capital e profundamente revolucionária"[27]. Georges Sorel, outro fiel aos cursos de Bergson, observava, de maneira semelhante, "quão útil é ter ouvido Bergson para conhecer bem as tendências de sua doutrina e compreender bem seus livros"[28].

Deve, portanto, haver neste curso algo de diferente e que remete à palavra viva, algo que explique por que muitos foram levados a ler os livros de Bergson após terem ouvido o homem em suas aulas e por que outros ainda podem ser a eles reconduzidos após se terem deles desviado: "o que seus livros haviam sido incapazes de me fazer compreender, de me fazer sentir", relata Chevalier, "o contato com o homem e sua palavra me revelavam"[29]. Temos a oportunidade de nos reconciliar com ele e com ela, tanto quanto possível, isto é, resgatando as ideias de Bergson quando estavam em seu ponto de eclosão e de frescor, antes que a pátina de nossas leituras

---

27. Ibid., p. 571.
28. Georges Sorel, "Lettre à Daniel Halévy", em *Réflexions sur la violence*, Paris, Seuil, 1990, p. 6.
29. J. Chevalier, *Bergson*, p. 3.

sucessivas não as tivessem tornado, por nossa culpa, demasiado familiares; pois, contrariamente à escuta, o olhar, mesmo aquele que se registra no ato de ler, nos faz esquecer, com demasiada rapidez, que nós nem sempre soubemos. E Péguy, mais do que ninguém, sabe tudo o que ainda falta ao registro estenográfico para conseguir restituir o encanto inicial, ele que enviava os irmãos Corcos tanto a um curso de Bergson quanto a um congresso socialista ou a um debate parlamentar: "a ênfase, o tom, o gesto, a força da voz, o timbre, e não somente aquilo que se ouve, mas os traços, os olhares, o tamanho, o porte da cabeça, e os ombros, e o corpo todo". E serão também necessários um ouvido delicado e uma extrema prudência se desejarmos fazer reviver uma palavra, tal qual foi proferida, a partir de seu registro estenográfico, o qual não pode reproduzir "tudo que se ouve, nem o que não se ouve, nem o que acompanha o que se ouve, nem o que se vê, nem o que se faz, nem o que se percebe, nem o que se sente, nem o que se adivinha"[30].

Não obstante, o entusiasmo sem precedentes que se criara em torno desses cursos deve-nos relembrar que, antes de ser um nome pregado em uma doutrina, um filósofo não se reduzia, durante a vida, ao lugar que ocuparia em nossas bibliotecas, aguardando tranquilamente que a hora presente viesse deslocá-lo. Ele era um homem e uma voz que a escrita ainda não captara, e que, por sua própria natureza, incomodava, pois era ouvido. Cinquenta anos mais tarde, no mesmo local, lembrando-se do prestígio de Bergson, de quem se tornava o distante sucessor, Maurice Merleau-Ponty evocava, por sua vez, o papel da filosofia, que era o de interpelar, antes que ela mesma fosse "transformada em livro" e sufo-

---

30. Ch. Péguy, *Débats parlementaires*, 1903, Paris, Gallimard, "Bibliothèque de la pléiade", ed. R. Burac, vol. I, 1987, p. 1.109.

casse o que possuía "de insólito e de quase insuportável"[31], quando uma voz decidia elevar o tom e atrair para si aqueles que vinham escutá-la. Procuramos, de fato, os livros que desejamos ler, mas é a palavra que chega a nós e nos atinge sem que a tenhamos sempre pedido; e é ela também que nos reconduz aos livros quando, por vezes, os deixamos. Não há dúvida de que este curso consiga fazê-lo.

CAMILLE RIQUIER

---

31. M. Merleau-Ponty, *Éloge de la philosophie*, Paris, Gallimard, "Folio", 1993, p. 65.

PRIMEIRA AULA
SESSÃO DE 5 DE DEZEMBRO DE 1902

Senhores,
   Expusemos, no ano passado, algumas concepções sobre o tempo; este ano, continuaremos o curso do ano anterior, seguindo a ideia de tempo através da história dos sistemas[1]. Talvez não seja inútil revisitar, primeiramente, algumas das ideias apresentadas no curso do ano passado, retomá-las nestas duas ou três primeiras aulas, adotando um ponto de vista um pouco diferente, isto é, fazendo convergir, na medida do possível, as ideias dispersas no curso do ano passado nos dois ou três pontos que nos parecem indispensáveis destacar na história das doutrinas filosóficas. Nessa história, ver--nos-emos na presença de noções obscuras, na medida em que se apresentam sob formas equívocas, diferentes segundo os sistemas, e que nos será muito difícil esclarecer a ideia de tempo, problema central, para nós, da metafísica em geral. Será difícil esclarecê-la no quadro dos diferentes sistemas, se não começarmos por formar uma ideia um pouco mais precisa do significado destes termos que encontramos constantemente: o absoluto, o relativo, o infinito, o finito, a metafísica, a ciência. Pois, como veremos nas aulas seguintes, é sempre no problema da duração que podemos fazer

convergir a exposição de um sistema, e, no entanto, sempre nos encontramos na presença de dificuldades, de obscuridades que resultam os termos *absoluto, relativo, infinito, perfeito, imperfeito* de serem mal definidos e equívocos[2].

Eu gostaria, portanto, de dedicar esta primeira aula a elucidar, na medida do possível, situando-nos no ponto de vista em que estávamos no ano passado, esses termos essenciais, fundamentais da metafísica, e, repito, gostaria de retomar, o tanto quanto possível, as concepções do ano passado, utilizando-as para a definição dessas noções fundamentais. Examinaremos, se os senhores concordarem, alguns exemplos, e exemplos tão simples e tão familiares quanto nos for possível encontrar.

Suponho que eu queira aprender a pronúncia de uma língua estrangeira, difícil de pronunciar; digamos a pronúncia inglesa. Como farei? Há duas maneiras diferentes de proceder. Poderei recorrer a um manual de pronúncia; há alguns em que a pronúncia inglesa é figurada por meio das letras do alfabeto que deverão ser pronunciadas tal como as pronunciam os franceses. Encontrar-me-ei, assim, diante de uma figuração, em termos conhecidos, da pronúncia inglesa, e se o manual for bem feito e eu me dedicar a essa espécie de estudo, chegarei a uma pronúncia aproximativa e suficiente da língua estrangeira, pronúncia tal que, se eu for ao país em questão e falar, conseguirão compreender-me, se prestarem atenção; e será preciso prestar atenção, pois, à primeira audição, imaginarão que falo francês, pois aprendi, em suma, a pronúncia inglesa em termos de francês, através do francês, relativamente ao francês. Terei da pronúncia inglesa um conhecimento relativo.

O que seria preciso para ter dela um conhecimento absoluto? Seria preciso transportar-me para a Inglaterra, seria preciso viver com ingleses, viver a vida inglesa, seria preciso mergulhar na corrente da pronúncia inglesa. Eu aprenderia então a mesma coisa, a mesma pronúncia, mas de maneira inteiramente diferente; não lidaria mais com elementos, com letras que eu comporia juntas para formar os sons; não teria mais letras e letras, sílabas e sílabas, palavras e palavras. Não, eu começaria provavelmente por frases; teria em mente, ou melhor, no ouvido, essa espécie de música, ou, antes, essa melopeia que é a pronúncia, o falar inglês, e, então, do conjunto eu passaria para o detalhe; das frases eu chegaria às palavras, das palavras às sílabas, das sílabas às letras. Tudo isso existe efetivamente no conjunto, mas se encontra nele, de algum modo, sufocado, e o que é dado nesta pronúncia é o todo, é o conjunto; é, repito, certa música.

Não terei mais, desta vez, um conhecimento do inglês relativo ao francês; terei um conhecimento do inglês relativo ao próprio inglês, isto é, um conhecimento absoluto, e não mais relativo, da pronúncia inglesa. Eis um exemplo muito simples e que nos faz flagrar a diferença entre conhecer relativamente e conhecer absolutamente. Conhecer relativamente é conhecer de fora, é estar fora daquilo que se aprende; conhecer relativamente a pronúncia do inglês é conhecê-la estando fora da Inglaterra, estando na França e permanecendo francês; é conhecer o inglês através de elementos da pronúncia francesa. Ao contrário, conhecer absolutamente essa pronúncia é conhecê-la não de fora, mas de dentro. Para conhecer essa pronúncia absolutamente, é preciso que eu não fique em casa, é preciso que vá à Inglaterra; conheço então a pronúncia não mais de onde venho, mas de onde ela vem, em si, como dizem os filósofos[3]. Essa é, portanto, a partir desse primeiro exemplo, a diferença mais marcante e muito visível entre um conhecimento relativo e um conhecimento absoluto.

Passemos, se me permitem, para outro exemplo, que nos aproximará muito mais do objeto que perseguimos. Considero o movimento de um objeto no espaço, de um móvel. Tenho novamente dois meios, e muito diferentes, de conhecê-lo: em geral, quando falo de um movimento, falo de algo que considero de fora; estou aqui, e vejo alhures, diante de mim, um ponto móvel que se desloca; é assim, em geral, que percebo e que concebo o movimento.

O que acontecerá? Esse movimento dependerá da atitude que tomarei a seu respeito. Supondo-me imóvel, o ponto aparece, aos meus olhos, com certo movimento. Suponho que eu me ponha em movimento na mesma direção que ele, e com a mesma velocidade; seguirei uma linha paralela à que ele percorre, com um movimento absolutamente semelhante ao seu; ele terá sempre a mesma posição em relação a mim; tornar-se-á, para mim, imóvel. Supondo que eu me mova em sentido inverso ao do móvel, com a mesma velocidade que ele; ei-lo novamente em movimento, e com o dobro da velocidade que tinha antes. Esse movimento, portanto, sempre aparecerá, aos meus olhos, em função, por assim dizer, de minha atitude, de minha mobilidade ou de minha própria imobilidade; será relativo a mim, à minha posição, à minha atitude, a meu movimento; ele é relativo, percebo-o de fora, estou fora dele. Observem que é assim que sempre se concebe o movimento na ciência: para o matemático, para o físico, todo movimento é relativo, necessariamente. O que interessa ao físico e ao matemático no movimento? É a possibilidade de calculá-lo, de submetê-lo ao cálculo, é a possibilidade de determinar a posição do móvel em determinado momento; e, para isso, é realmente preciso que o movimento, o móvel, seja ele qual for, seja relacionado a pontos de referência ou a eixos, e, consequentemente, que seja considerado relativamente a esses pontos de referência ou a esses eixos. Em outros termos, o matemático e o físico consideram o movimento como uma variação de distâncias, o móvel como algo que ocupa posições sucessivas, e são essas posições que, acima de tudo, importam ao cientista.

Acrescento que o mesmo ocorre com o filósofo que adota o ponto de vista do cientista. Um filósofo como Descartes, que adota o ponto de vista do cientista, considera todo movimento como relativo. Descartes ia muito longe nessa via, pois declarava ser todo movimento recíproco; isso significa que, se um ponto A se distancia de um ponto B, isso é exatamente o mesmo que ocorreria se o ponto B se distanciasse do ponto A com igual velocidade; não há nenhum meio, diz, de discernir os dois casos. Eis, portanto, o que todo movimento seria, se todo movimento fosse relativo.

O que seria necessário para que houvesse um movimento absoluto? Se houver movimentos absolutos, o que acontecerá? São necessárias duas coisas: é preciso, primeiramente, que o móvel tenha um interior, um estado de espírito, e é preciso que esse interior, esse estado de espírito seja variável conforme o ponto esteja móvel ou imóvel, conforme tenha uma velocidade ou outra; e, então, conhecer o movimento, não mais como relativo, mas como absoluto, consistirá, de alguma forma, em situar-se no interior do móvel para sentir o que ele sente, para simpatizar-se com ele, para partilhar desse estado de espírito. Consequentemente, aqui também, conhecer relativamente é conhecer de fora, e conhecer absolutamente é conhecer de dentro; aqui também haverá conhecimento absoluto apenas se houver possibilidade de transportar-se para o interior daquilo que se conhece por uma espécie de simpatia intelectual[4], e, para isso, é preciso que haja um interior.

Eu falava da teoria de Descartes, relativa à reciprocidade do movimento. Os senhores sabem que, a Descartes, que dizia que, se A se distancia de B, isso é a mesma coisa que se B se distanciasse de A com igual velocidade, Morus, seu contraditor, respondia o seguinte: quando estou sentado, bem tranquilo, e outra pessoa corre, distancia-se de mim correndo, sente um grande cansaço e fica ofegante, é realmente ela que se cansa, e eu que repouso[5].

O argumento é muito profundo em sua simplicidade, e significa o seguinte: se existe um movimento absoluto, é porque o movimento comporta um aspecto psicológico, é porque ele tem um interior. Quando repouso, tenho a sensação de repouso; quando uma pessoa corre, ela tem a sensação de correr. Se o movimento possui algo de absoluto, se há uma diferença absoluta em si entre estar imóvel e estar em movimento, é porque a imobilidade e o movimento possuem, ambos, um interior; é porque a imobilidade e o movimento possuem um aspecto psicológico. Portanto, e isto é tudo que desejo reter por enquanto dessa análise, conhecer relativamente é, aqui também, conhecer de fora, e conhecer absolutamente é conhecer de dentro; situar-se no interior daquilo que se conhece é coincidir com o que se conhece.

Examinemos ainda um ou dois exemplos que nos servirão mais adiante. Suponho um romancista ou um poeta descrevendo uma personagem. Como farão? Apresentar-nos-ão sua personagem por meio de uma série de aventuras, contar-nos-ão sua história e conheceremos, a respeito da personagem, aquilo que nos desejarem contar. Em que consiste, em suma, esse conhecimento? É o conhecimento de acontecimentos ou até mesmo de estados de alma que são expressos por meio de palavras; tais palavras constituem tantas alusões a coisas que vimos, a estados pelos quais passamos, a coisas, por fim, que já conhecemos. O romancista exprime sua nova personagem para nós em termos já conhecidos.

O que seria preciso para que tivéssemos um conhecimento não mais relativo, isto é, relativo ao que já conhecemos, mas absoluto da personagem que nos é apresentada? Seria preciso que o romancista e o poeta encontrassem um meio de nos transportar para o interior de sua personagem, de nos fazer coincidir com ela. Ah! Isso seria então algo inteiramente diferente; o que nos contam a seu respeito, sobre a personagem, suas aventuras, seus estados de alma, tudo isso já não pareceria mais acrescentar-se à ideia que temos da personagem, e enriquecê-la progressivamente, a cada vez, com alguma coisa. Não, teríamos, de repente, o conhecimento integral, completo, perfeito da personagem, e suas ações, seus gestos, suas palavras, suas aventuras, tudo isso nos pareceria brotar dessa percepção central da personagem como se de uma fonte. Em vez de acrescentar-se à ideia que tínhamos da personagem, os acontecimentos, ao contrário, se destacariam dessa ideia, sem, entretanto, lhe subtrair nada, sem a empobrecer de maneira alguma.

Seria um conhecimento dessa espécie impossível? Tanto não é impossível que se trata certamente do conhecimento que o próprio romancista ou o próprio poeta, se for um verdadeiro romancista ou um verdadeiro poeta, tem de sua personagem, pois ele está no interior da personagem que descreve[6]. As personagens que um romancista apresenta, se for um romancista de gênio que sabe dar vida a suas personagens, não podem ser outra coisa, ao que me parece, senão o próprio romancista. Ele pode apenas descrever a si mesmo. Somos todos personagens múltiplas. Ao lado do que somos, há tudo que poderíamos ter sido. Nossa vida, nossa história, é uma escolha, uma seleção feita por nós, e também pelas circunstâncias, entre muitas histórias diferentes que poderíamos ter vivido, entre muitas personagens que poderíamos ter sido; e está claro que o que faz o romancista não é uma justaposição de detalhes de observações que ele apanhou em um lugar ou outro. Ele pode fazê-lo, e frequentemente o faz, mas chega então a algo que não vive, que não é viável. Quando obtém alguma coisa viva, é porque introduz nela tudo que ele é e, sobretudo, tudo que teria sido, se todas as virtualidades que estavam nele tivessem alcançado a existência. De alguma forma, a vida lhe cavou um leito, que ele percorreu, mas se remontássemos até a fonte, perceberíamos que muitos outros leitos poderiam ter sido cavados, muitas outras inclinações poderiam ter sido seguidas. Pois bem, o que faz o romancista, o que faz o poeta quando criam personagens é isto: remontam até a fonte. Ah! Essas são, reconheço, em geral, individualidades mais ricas que o homem comum; existem muito mais personalidades diferentes, virtuais, em um poeta, em um grande poeta, do que no homem comum, mas somos todos em pequena escala o que o poeta o é em grande. Em cada um de nós, existem de fato personalidades virtuais, e nossa personalidade real é uma escolha operada por nossa vontade e pelas circunstâncias. O que faz o poeta é transportar-se até a fonte, discernir todas as inclinações que ele poderia ter seguido, e cada uma dessas inclinações é uma personagem que ele cria, que ele compõe, e ele vive essa personagem, conhece-a a fundo, coincide com ela, pois é ele mesmo. Eis o que seria o conhecimento absoluto de uma personagem de romance, se ele fosse possível para aquele que lê o romance. Ele não é possível; o romancista procura dar-nos a ilusão dele por meio de certos procedimentos de sugestão, procedimentos que fazem que, após nos ter contado um acontecimento da história de sua personagem, ou um estado de alma de sua personagem, nós nos digamos: é natural, isso tinha de acontecer. Dizemo-lo depois, mas não antes; consequentemente, ele nos dá, em certa medida, a ilusão de estarmos realmente no interior da personagem, de conhecermos sua essência. Trata-se, porém, apenas de um conhecimento relativo que temos dela, pois, no fim, nunca imaginamos a personagem nova para nós senão em termos do já conhecido; imaginamo-la de fora, ao passo que o conhecimento absoluto, o conhecimento da personagem tal como o de um absoluto seria um conhecimento adquirido de dentro, um conhecimento interior.

PRIMEIRA AULA

Examino um último exemplo, um exemplo a que também teremos de retornar. Quando um cientista, digamos um biólogo, descreve-nos órgãos, tecidos, células, e quando, por outro lado, ele nos descreve funções e movimentos de toda espécie realizando-se no organismo, ele no-los apresenta de modo a nos fazer compreender o que são, sempre por meio de comparações ao que já sabemos; apresenta-nos matéria e movimentos da matéria, é o que já é conhecido; é o que não é próprio da vida. Mas ele se dá perfeitamente conta de que existe algo mais, de que existe a própria atividade vital. Ele não percebe essa atividade vital, mas à força de viver com a vida e, por assim dizer, à força de manipular a vida, o biólogo se dá perfeitamente conta, senão do que é essa atividade vital, pelo menos do que ela não é. Saberá reconhecer que uma teoria da vida não vale nada, que seja defeituosa, que outra seria melhor. Ele tem, portanto, à força de manipular coisas vivas, um conhecimento interior do objeto que se opõe muito claramente ao conhecimento que nós, inexperientes nesses assuntos, podemos ter dele pelas descrições que nos são feitas dos órgãos e das funções.

Se ele pudesse ter completamente esse conhecimento da atividade vital, o qual ele tem apenas imperfeitamente e, em suma, negativamente, tratar-se-ia de um conhecimento absoluto; ele perceberia essa atividade como um absoluto, ao passo que tudo que ele nos apresenta e, de modo geral, tudo que ele estuda é algo relativo, é essa atividade vital percebida exteriormente. Não insistirei com esses exemplos, pois o tempo passa; resumirei tudo que acaba de ser dito.

Existem, de modo geral, duas maneiras de conhecer uma coisa: de fora, e em função dos termos que já conhecemos, isto é, relativamente; de dentro, e em função de nada, isto é, absolutamente; neste caso, não conhecemos a coisa por meio de outras coisas, conhecemo-la por si mesma; não a conhecemos de fora e, repito, de onde estamos, mas de dentro e em si.

Procuremos precisar um pouco mais essas expressões; o dentro e o fora são expressões metafísicas; é preciso ver o que isso significa. Indico imediatamente um sentido que será necessário aprofundar, pois ele mesmo é exterior.

Conhecer absolutamente alguma coisa é conhecê-la como uma coisa simples, é conhecer simplesmente; conhecer uma coisa relativamente é conhecê-la por composição. Passo em revista meus diferentes exemplos.

Conhecer absolutamente a pronúncia inglesa seria, como eu dizia, mergulhar na corrente dessa pronúncia. Eu teria então dela um conhecimento simples, indivisível: a pronúncia da frase inteira está nas palavras, a palavra isolada mal é pronunciável; é pronunciável apenas na medida em que pode ser completada por uma frase; a própria sílaba somente pode ser pronunciada na medida em que faz parte da palavra; a pronúncia inteira está em cada palavra, em cada sílaba, eu diria quase em cada letra. Basta que um inglês abra a boca para que reconheçamos que é inglês; toda sua pronúncia está lá, totalizada, indivisível em cada ato de pronúncia. Conhecer, portanto, absolutamente a pronúncia é conhecê-la como uma coisa simples; ao contrário, conhecê-la de maneira composta é conhecê-la por uma composição de letras. Assim como no inglês, apresentaram-me letras do alfabeto; essas letras foram justapostas e, então, eu, posto diante dessa justaposição de letras, consigo dar-me conta aproximativamente da pronúncia inglesa. Conheço essa pronúncia e, em vez de conhecê-la simplesmente, como uma coisa simples, conheço-a por meio de uma composição.

Retomo meu segundo exemplo, o movimento de um móvel. Se eu estivesse no interior do móvel, se eu coincidisse com ele, esse movimento apareceria, aos meus olhos, como uma coisa absolutamente simples e indivisível. Sob uma condição: não supor paradas. Se supusermos paradas, haverá muitas delas, e repetirei então sobre cada um desses movimentos o que estou dizendo; mas, tratando-se de um movimento, ele será indivisível – se o percebermos.

Considerem a flecha de Zenão de Eleia atravessando o espaço. Se eu coincidisse com essa flecha, o que eu perceberia seria uma espécie de impulso, algo simples, indiviso; seria a ação, o estado de um elástico que se estica, uma coisa simples; e não estou levantando uma hipótese, pois, embora eu não seja a flecha de Zenão, sou capaz de realizar movimentos, um movimento simples como o que consiste em levantar o braço. Quando levanto o braço, tenho uma percepção, absolutamente simples e indivisível; se observo esse movimento de fora, trata-se de algo inteiramente diferente. Se considero a flecha de Zenão atravessando o espaço, ela está sempre em posições diferentes, e o movimento da flecha aparece, aos meus olhos, como uma série de posições.

Se considero, não mais de dentro, mas de fora, o movimento de meu braço que se ergue, se em vez de senti-lo, de me sentir realizando-o, eu o observo de fora realizando-se, vejo que ele atravessa um ponto, e depois outro ponto, e assim por diante. Percorrerá tantos pontos quanto quisermos, e esse movimento não será outra coisa, para mim, senão a sucessão das posições do móvel ao longo de sua trajetória. Aqui também conhecer absolutamente é conhecer simplesmente, conhecer relativamente é conhecer por via de composição.

Notemos que, no caso do móvel, estamos tão habituados a conhecer relativamente e por via de composição que temos a maior dificuldade do mundo em conceber o conhecimento adquirido de dentro, o conhecimento interno, e, embora estejamos habituados a realizar movimentos, não conseguimos conceber essa simplicidade, essa individualidade do movimento. Por quê? Porque, mesmo quando nós mesmos realizamos movimentos, transportamo-nos para fora de nós para observá-los. É tão útil na prática, é até mesmo tão indispensável ver no movimento, acima de tudo, posições que se sucedem, que adquirimos o hábito de considerar o movimento como sendo essencialmente isso, e que, quando nos propomos a ver no movimento, compreendido entre duas paradas, algo indivisível, temos muita dificuldade em nos fazer compreender. E, no entanto, pelo menos é o que acredito, aí está a verdade: o movimento visto de dentro é um absoluto, isto é, ele é simples; visto de fora, torna-se relativo por definição, é obtido por composição.

Seria demasiado fácil, senhores, a partir dos outros exemplos que selecionamos, demonstrar a mesma proposição. Nossa personagem de romance, conhecida relativamente, é conhecida por via de composição: uma aventura após outra aventura, e mesmo em cada aventura existem elementos justapostos. Ao contrário, se conhecêssemos absolutamente a personagem, teríamos dela um conhecimento simples, indivisível.

Haveria que se aprofundar este ponto: quando um romancista nos descreve uma personagem – considerem, por exemplo, Cervantes retratando Dom Quixote – ele alinha as aventuras, justapõe as aventuras umas às outras, e isso pode continuar por muito tempo, pode prosseguir indefinidamente. Mas é muito certo que, para ele, todas as aventuras reais e possíveis, as que ele descreve e as que descreverá, tudo isso cabe em uma visão simples, indivisa, uma espécie de gesto. Todo o dom-quixotismo deve caber nessa representação, e todas as aventuras que ele nos conta são pontos de vista sobre essa representação simples. Se ela não fosse simples, como veremos, não seria possível extrair-lhe uma infinidade de coisas; é daquilo que é simples que se pode tirar uma infinidade de coisas; o que é composto compreende apenas tantas partes quanto houver, e, se existir, isso será necessariamente composto de um número finito[7] de partes. Mas o que é simples pode apenas ser representado por um número sempre crescente de elementos, e é justamente por apresentar-se a personagem ao poeta, ao romancista, sob a forma de uma simples direção de movimento indiviso que ele pode, no trajeto desse movimento indivisível, marcar tantos pontos quanto quiser.

Deixo, porém, isso de lado; desejo simplesmente assinalar que existem duas maneiras de conceber a personagem: uma exterior, relativa, por via de composições; outra interior, absoluta, e como uma coisa simples. Direi o mesmo a respeito da atividade vital, pois se trata de nosso último exemplo.

A atividade vital se manifesta pela organização e pelo funcionamento do organismo, coisa muito complicada, e se quisermos conhecer a vida dessa maneira, relativamente, é por via de composições que procederemos. Representar-nos-emos células justapostas a células, movimentos compondo-se com movimentos, e assim por diante; e, de fato, atualmente, não dispomos de outro meio para concebermos a vida. Concebemos, porém, um conhecimento que não seria relativo, exterior, mas interior e absoluto, e este seria certamente algo inteiramente simples. Não seria uma coisa, mas, antes, um movimento, uma direção de movimento. Aqui também absoluto é sinônimo de simplicidade. Chego, então, àquele que é o objeto desta primeira lição.

Como imaginar que a mesma coisa possa ser, ao mesmo tempo, simples e composta? Dizemos que uma coisa pode ser conhecida absolutamente, e que, conhecida absolutamente, ela é conhecida como simples; dizemos, por outro lado, que ela pode ser conhecida relativamente, e que, conhecida relativamente, ela é composta. Como é possível que a mesma coisa seja simples e composta? Responder a essa pergunta será, ao mesmo tempo, dissipar uma confusão que encontraremos em alguns filósofos; será elucidar a relação que existe entre a ideia do absoluto, a ideia do infinito e a própria ideia da perfeição – esses termos são, por vezes, considerados sinônimos, e, em outras ocasiões, radicalmente distintos, e é fácil compreender, acredito, à luz desta análise, a relação que existe entre eles. Volto, porém, à questão que levantei.

Como é possível que uma coisa possa, se conhecida absolutamente, ser simples, e, se conhecida relativamente, ser composta? Senhores, a solução para essa questão, que é, no fundo, muito fácil, é que não se trata da mesma coisa que é conhecida como simples e que é conhecida como composta. E já explico o que quero dizer.

O que é conhecido como simples é a coisa; o que é conhecido como composto, e o que é recomposto, não é a coisa, mas uma imitação artificial da coisa, a reconstituição da coisa, a imitação, eu diria quase a contrafação da coisa, por meio do que denominamos elementos, por meio do que, na realidade, é signo, símbolo, representação, mais ou menos artificial, convencional, da coisa. Conhecer uma coisa absolutamente é conhecer a própria coisa; conhecê-la relativamente é conhecê-la por um signo.

Mas como isso é possível? Um signo é algo que já conhecemos, que já possuímos, ao passo que a coisa que desejamos conhecer, que estudamos, é, por hipótese, algo novo. Como pode uma coisa nova ser representada por outra que já é conhecida? Não é possível, são duas coisas diferentes. Terá, portanto, de haver não um signo para representar a coisa nova, mas vários signos que comporemos juntos e cujo arranjo mais ou menos novo imitará a coisa nova. Mas a imitação será necessariamente imperfeita, pois, por hipótese, a coisa nova que nos é apresentada é simples, ao passo que nossos signos são múltiplos e formam um composto. Esse conjunto de signos será, portanto, imperfeito em relação à coisa que será perfeita.

E o que acontecerá então? Serei obrigado, para obter essa coisa perfeita – meus signos oferecendo-me[8] dela apenas uma imitação imperfeita –, a acrescentar novos signos para completar os precedentes, e aproximar-me-ei ainda mais daquilo que desejo imitar; mas ainda não conseguirei fazê-lo, e serão necessários outros, e assim por diante. Dessa forma, acrescentando signos aos signos, corrigindo os signos pelos signos, aproximar-me-ei indefinidamente daquilo que desejo exprimir, reproduzir, imitar; mas, de modo geral, nunca conseguirei fazê-lo.

Eis então o que se produzirá: o objeto é simples, sua imitação é composta, e composta de tal maneira que a composição vai sempre crescendo, de tal modo que, considerado em si mesmo, ele é simples, considerado relativamente, isto é, em sua imitação, ele é composto de partes cuja enumeração nunca será esgotada. Ora, o que, por um lado, é apreendido ou percebido como simples e, por outro, é conhecido de tal maneira que sua enumeração nunca será concluída é justamente aquilo a que chamamos de um infinito. Explico-me com base nos exemplos que escolhi.

Suponhamos a pronúncia de uma língua estrangeira, uma coisa simples. Desejo conhecer essa coisa relativamente, isto é, de fora, a partir de coisas que já conheço; trata-se aqui de letras do alfabeto que sei pronunciar. Está claro que nenhuma letra separada me dará a pronúncia; serão necessárias muitas. Uma letra, por hipótese, é algo que já pronuncio à minha maneira; serão necessárias muitas delas, isto é, uma combinação de sons que já conheço, para reproduzir esse som simples, novo. Mas, como ele é simples, não pode ser reproduzido por um composto; minha imitação é, portanto, imperfeita. Pois bem, vou corrigi-la. Intercalarei outras letras, ou mesmo certas notações musicais, por exemplo, para corrigir minha maneira de pronunciar, mas ainda estarei na imperfeição, pois não consigo, por meio de algo composto, reproduzir uma coisa simples. Poderei corrigir, recorrigir, aproximar-me-ei cada vez mais daquilo que desejo reproduzir, mas terei sempre uma imitação imperfeita, e, se eu desejar alcançar a perfeição, será preciso continuar infindavelmente, ao infinito – obterei a reprodução perfeita –, mas a perfeição nunca será verdadeiramente realizada.

Examinei aqui um exemplo trazido de longe; mas considero agora o segundo exemplo, o movimento do móvel. Esse movimento, considerado de dentro, é algo simples; considerado de fora e relativamente, é um composto. Por quê? Porque uma posição do móvel não é uma parte do movimento; um movimento não é feito de posições. Prova disso é que, alinhando posições, justapondo posições a posições, os senhores justaporão imobilidades a imobilidades, mas nunca obterão movimento.

O que então é uma posição do móvel? É uma suposição. É isto: os senhores estão fora do movimento, os senhores o observam. Em certo momento, os senhores supõem o móvel parado em ponto em que ele não para; mas os senhores dizem a si mesmos que ele poderia deter-se nele, e aquilo a que chamam de uma posição do móvel é uma suposição de parada. O móvel nunca está no ponto por onde passa; se estivesse, coincidiria com esse ponto e, consequentemente, o movimento seria a imobilidade; mas ele poderia estar nele se parasse, e o "se parasse" é essa suposição a que chamamos de uma posição. Trata-se, portanto, de algo parcialmente simbólico, de uma representação do movimento em termos de imobilidade. Está claro que, com imobilidade, nunca faríamos movimento; mas, acrescentando imobilidades a imobilidades, chegamos a uma espécie de contrafação do movimento, algo que equivale, para o nosso pensamento, ao movimento; mas sendo a imitação sempre imperfeita, somos obrigados, para aproximá-la cada vez mais do modelo, a intercalar pontos e mais pontos, e a acrescentar sempre posições a posições. Caminhamos, assim, rumo ao infinito, estamos na via de uma inesgotável enumeração.

Consequentemente, pode-se dizer, aqui também, que o movimento é algo simples e que, justamente por ser simples, não pode jamais ser inteiramente reconstituído por uma imitação completa e que, justamente por isso, essa imitação, uma vez iniciada, deverá continuar sem fim, e, sendo simples, ela equivale a essa inesgotável enumeração, nunca esgotada. Trata-se de um infinito, pois um infinito é, por definição, aquilo que, por um lado, comporta uma apreensão simples e, por outro, uma enumeração inesgotável.

Toda a dificuldade que esse problema do infinito suscita resulta do fato de não nos darmos conta de que aquilo a que chamamos um elemento não é uma parte[9]; um elemento não é uma parte da coisa, mas uma parte do símbolo pelo qual expressamos essa coisa. Analisar uma coisa em seus elementos não é fragmentá-la em suas partes; analisar uma coisa em seus elementos é desenvolvê-la em certo sistema de tradução, certo sistema de símbolos. Se o elemento fosse uma parte, não compreenderíamos que uma determinada coisa fosse um infinito, pois, sendo determinada, ela é finita, composta de partes necessariamente finitas. Mas uma coisa determinada pode ser um infinito se considerarmos não suas partes, mas seus elementos, pois estes não são fragmentos dessa coisa, mas fragmentos da tradução simbólica que será sempre inadequada ao que ela exprime; será sempre imperfeita, terá sempre necessidade de ser aperfeiçoada, completada e, assim, será preciso juntar os elementos aos elementos e teremos, repito, em uma enumeração inesgotável, infindável, o que é simples de um lado e, de outro, o que comporta uma enumeração inesgotável, isto é, um infinito.

Escolhi esse exemplo do movimento, mas poderíamos escolher todos os demais exemplos que passamos em revista. Poderíamos facilmente mostrar como uma personagem de romance não pode ser descrita por seu autor senão por uma enumeração inesgotável. Eu falava há pouco de Dom

Quixote. Cervantes acumulou as aventuras de sua personagem; depois, juntou uma primeira parte à segunda, e assim por diante; acabou por fazê-la morrer, mas poderia ter continuado por muito tempo. Aí está, portanto, uma enumeração inesgotável que, seguramente, nunca consegue passar a ideia adequada que o autor teve de sua personagem; não são partes da personagem, mas elementos, isto é, partes da tradução, partes do desenvolvimento como símbolo, o que é totalmente diferente.

O mesmo vale para a vida, pois a análise da vida prossegue ao infinito, o que não impede a vida, provavelmente, de ser algo muito simples. Observem que o que conhecemos da vida é o que nosso olho percebe, isto é, um símbolo visual. A vida se manifesta por um organismo, por movimentos orgânicos, e, por outro lado, ela é percebida por um olho, por olhos; toda nossa ciência se baseia em percepções visuais. Assim, temos, por um lado, os signos da vida no corpo que estudamos, e, depois, em nosso próprio corpo, o olho que é um signo de nossa própria vitalidade; então, não temos somente um signo, mas um simbolismo juntando-se a um simbolismo, e, pela reação mútua desses dois termos um sobre o outro, há uma enumeração. Produz-se uma série de elementos, de símbolos, que nunca é esgotada, tratando-se de pontos de vista em número indefinido, sobre algo que pode ser e que, provavelmente, é a própria simplicidade. É, em suma, por ser a coisa, em si mesma e absolutamente, simples que, relativamente, ela apresenta essa série indefinida de termos e de elementos; e o que é simples por um lado e indefinido por outro, isto é, o que, por um lado, é simples e, por outro, comporta um número indefinido de termos, repito, é um infinito. É, pois, nesse sentido que um absoluto é uma coisa infinita e até mesmo, pode-se dizê-lo, uma coisa perfeita relativamente às traduções relativas que dela podemos apresentar.

São essas as considerações que eu desejava apresentar nesta primeira aula. Indico imediatamente qual era o seu objetivo, o seu alcance; acabamos de demonstrar muito sumariamente, e será preciso voltar a isso, que a análise incide não na própria coisa, mas na tradução simbólica da coisa em signos. Na próxima lição, procuraremos determinar as características essenciais do signo e veremos que aquilo que apresenta as características essenciais do signo, o que é o signo por excelência, é o conceito pronto, o conceito de contornos bem definidos; é o instrumento de análise por excelência, é o signo por excelência. Se desejamos buscar o que não é signo, o que não é relativo e, consequentemente, o que é a coisa, o que é um absoluto, devemos procurar algo que apresente as características inversas às do signo, e veremos tratar-se justamente daquilo a que chamamos de a duração, o tempo. Donde resulta que, sendo a duração, não digo todo o absoluto, mas o que há de mais acessível, de mais marcante no absoluto, podemos dizer *a priori* que o problema da duração é o problema central da metafísica e que, na história dos sistemas, embora não se fale do tempo, da duração, seguramente o problema está presente, é tratado implicitamente, e a questão é central; ela ocupa, a despeito das aparências, o próprio centro do sistema[10].

Estabeleceremos essa proposição *a priori*, e a história dos sistemas, que, de resto, apresentaremos de um ponto de vista dogmático, pelo menos tanto quanto histórico, confirmará, acredito, essa hipótese.

SEGUNDA AULA
SESSÃO DE 12 DE DEZEMBRO DE 1902

Senhores,

Em nossa última lição, eu procurara traçar uma distinção entre um conhecimento puramente relativo, isto é, de fora, e um conhecimento interior, capaz de alcançar aquilo a que chamamos, provisoriamente, relativamente, se quiserem, de absoluto. E termináramos dizendo que, entre esses dois conhecimentos, o segundo é aquele que alcança ou que visa a alcançar a própria coisa, enquanto o primeiro é um conhecimento por meio de signos, ou por meio de símbolos; é nessa ideia de signos que eu gostaria de me deter hoje.

Buscaremos juntos quais são as características gerais dos signos, o que está implicado na ideia de signo, o que necessariamente se encontra no signo. Esse estudo é indispensável se pretendemos determinar positivamente as características não mais do signo, mas da coisa significada. Veremos que essas características são inversas às do signo, do que de certa concepção do real que se impõe, certa concepção da duração, certa conclusão que acredito ser necessária extrair de maneira tão precisa quanto possível antes de abordar o estudo das teorias do tempo.

Quais são, portanto, as características dos signos? Retomarei os quatro exemplos que eu citara na última vez; não havíamos escolhido esses exemplos ao acaso e, além disso, os havíamos escolhido tão diferentes quanto era possível, precisamente para extrair deles o que há de comum a todos os signos possíveis. Retomo, portanto, meu primeiro exemplo; os senhores se lembram de que se tratava da pronúncia de uma língua estrangeira.

Dizíamos existirem duas maneiras de assimilar uma pronúncia. Podemos assimilá-la de dentro, indo ao país de onde ela vem e revivendo, por assim dizer, a língua e sua pronúncia; inserimo-nos nela, estamos, no que concerne ao estudo e ao conhecimento dessa pronúncia, no absoluto – não encontro outra palavra. E, então, há outra maneira de assimilar essa pronúncia: ela consiste em escolher um manual em que a pronúncia estrangeira esteja figurada em letras conhecidas, em letras de nosso alfabeto e, consequentemente, em sons franceses.

Entre essas duas maneiras de aprender a mesma coisa, a primeira é simples, na medida em que a pronúncia – assim aprendida de dentro e por uma espécie de camaradagem prolongada com ela[11] – aparece como uma coisa simples, de modo que, quando encontramos partes na análise, o todo está implicado na parte; é uma música cujo ritmo está implicado em cada uma das partes.

Ao contrário, a segunda maneira de aprender a língua por meio de certos signos, caracteres do alfabeto, se dá por via de composição, de recomposição. Aqui, não lidamos mais com uma coisa simples, mas com uma coisa composta; alinhamos letras ao lado de letras, justapomo-las, e essa justaposição produz uma recomposição, uma imitação da pronúncia simples, mas trata-se, necessariamente, apenas de uma imitação, pois o que é composto não pode ser idêntico ao que é simples. É uma imitação, uma aproximação, e o próprio objeto, a verdadeira pronúncia é, em relação a essa imitação aproximada, em relação a essa aproximação, o que o perfeito é em relação ao imperfeito; nesse sentido, pode-se dizer que a reconstituição por signos resulta em uma reprodução imperfeita do modelo que, por hipótese, por definição, é aqui a perfeição.

Por outro lado, e precisamente por essa razão, a imitação procurará aproximar-se o mais possível do original perfeito[12]; desejará aperfeiçoar-se. Será, portanto, necessário acrescentar signos aos signos, e quanto mais os acrescentarmos mais nos aproximaremos do modelo, mas nunca o alcançaremos, porque o composto nunca pode fazer o que é simples e porque a tradução nunca pode ser o original. Prolongando-se indefinidamente esse movimento de reprodução, o modelo, o original é aqui, em relação à tradução, algo simples para o qual procuramos um equivalente múltiplo, devendo-se torná-lo cada vez mais múltiplo, indefinidamente múltiplo; a multiplicidade continua sempre a se estender, a se prolongar; temos alguma coisa simples para a qual procuramos um equivalente que nunca estará terminado. Ora, aquilo que, por um lado, é simples e, por outro, pode ser indefinidamente decomposto é, por definição mesmo, um infinito. Eis o ponto em que nos tínhamos detido.

As características do signo, neste exemplo particular, emergem muito facilmente da própria análise que acabamos de fazer. A característica mais marcante de todas é a generalidade; o signo é necessariamente geral, isto é, comum a várias coisas significadas. Querem ensinar-me, eu que não conheço a pronúncia inglesa, essa pronúncia, e querem ensiná-la por recomposição de elementos. Necessariamente, é preciso apelar para um conhecimento que já possuo. É preciso, com elementos conhecidos, reconstituir o desconhecido. Se eu não conhecesse o som das letras do alfabeto em francês, a recomposição, com letras do alfabeto justapostas, não me diria nada. Portanto, os signos a que se recorre aqui são signos representativos de algo que conheço; mas, por outro lado, eles devem, por hipótese, representar também uma parte, pelo menos, daquilo que não conheço. Eles representam, portanto, o que é comum ao que conheço e ao que não conheço; representam, pois, algo de comum que não é próprio de um indivíduo determinado, algo que não é absolutamente especializado. Um signo é sempre a notação de algo comum a diferentes coisas, a diferentes objetos, pois, caso contrário, o signo não serviria para nada. É preciso que o signo seja, pelo menos, comum ao objeto novo que estudo e àquele que já conheço; é preciso que ele represente para mim, daquilo que estudo, um contato com o que já conheço. Portanto, um signo é, em geral, um elemento de análise; ele representa certa ideia, formada sobre o objeto que se estuda e correspondente a algo que já se conhece; consequentemente, o signo é algo comum a objetos diferentes. Um signo, por sua natureza, não pode significar uma coisa individual, uma coisa inteiramente especificada e específica; um signo é algo que já é geral, algo muito notável. O signo contém, em si, de alguma forma, uma força interior que o leva a tornar-se cada vez mais geral; todo signo tende, portanto, por sua natureza, a se universalizar.

Falamos dos signos do alfabeto traduzindo a pronúncia de uma língua estrangeira; é muito curioso acompanhar, desse ponto de vista, a história do alfabeto, tal qual pôde ser reconstituída desde que foram estudados os caracteres hieroglíficos. É muito notável ver como, nos monumentos egípcios, signos de escrita que, inicialmente, designavam ou simbolizavam objetos concretos progressivamente simbolizaram não mais o objeto, mas o som da palavra que designava o objeto; depois, o som de uma sílaba da palavra, e, finalmente (não se chegou inteiramente à escrita alfabética), uma letra, um som elementar. O signo se tornou cada vez mais geral; após ter designado uma coisa, ele designou um som, mas um som compósito; pouco a pouco, modificou-se no sentido da simplicidade e acabou por designar uma coisa simples.

Considero a primeira letra do alfabeto, a letra A. Foi mostrado que essa letra do alfabeto fenício nasceu progressivamente do signo ideográfico que representava provavelmente uma cabeça de boi, isto é, algo inteiramente concreto:

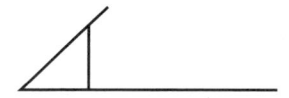

Isso se simplificou; vemos o caractere se endireitar cada vez mais, tornar-se o α e algo de semelhante nas línguas semíticas; pouco a pouco, esse signo teve de notar não mais a coisa, mas um som complexo e, finalmente, a letra A; isto é, houve um progresso no sentido da generalidade, tendendo o signo, por sua natureza, a representar o maior número possível de coisas, pois a letra A representa todos os sons A em todas as palavras possíveis que contêm o som a, ao passo que a cabeça de boi é algo bem determinado e bem concreto.

Essa é a força inerente ao signo; ele tende à generalidade: esse é o primeiro ponto. Ainda com base nesse exemplo, podemos determinar o que designarei como segunda característica do signo.

Todo signo está orientado para a prática, para a ação; todo signo é, mais ou menos, um convite a agir. Não há signo que seja absolutamente desinteressado e feito para a especulação; o signo é sempre mais ou menos a sugestão de uma ação, de uma ação real ou de uma ação virtual ou possível. Tomo novamente nosso exemplo, que é o das letras do alfabeto indicadoras da pronúncia de uma língua. Está claro que se me indicam a pronúncia inglesa em signos que conheço, em letras de meu alfabeto pronunciadas à minha maneira, não é pelo prazer de indicá-las; é para tornar-me capaz de pronunciar as palavras, é para ensinar-me a pronúncia; é, portanto, para obter de mim certa ação. O signo, aqui, é a notação, poderíamos dizer, de uma atitude da coisa em relação a mim que torne possível minha ação sobre ela, que me dê poder sobre ela. A pronúncia do inglês por um inglês é algo que não me diz respeito; quando o inglês pronuncia, ele não se preocupa comigo. Trata-se de fazer, por meio de um signo, que essa pronúncia se volte para mim, e adote, em relação a mim, certa atitude que me permita ter poder sobre ela. É a isso que se chega pela decomposição em elementos, ou pela representação por signos, pois trata-se da mesma coisa; analisar ou representar por signos é a mesma coisa. O signo alfabético é como uma ponte lançada entre a coisa e eu, que me permite ir até a coisa e que me indica o trajeto a ser seguido. Todo signo é uma espécie de atitude, a atitude, por exemplo, de uma pessoa que dança. Suponhamos uma pessoa que dança e uma fotografia instantânea que assinala uma atitude; assim que ela é assinalada, posso imitá-la, pois é colocada ao meu alcance. A representação por signos tem uma virtude dessa espécie: ela faz que a coisa, em vez de ser pura e simplesmente uma coisa, e de existir para si, acabe existindo para mim. Exerço poder sobre ela. Todo signo é, assim, uma chamada para a ação, a sugestão de uma ação possível.

Isso é muito notável e, aqui também, há como uma força inerente ao próprio signo; o signo tende a ser isso, e a sê-lo cada vez mais, muito mais do que pensamos. Todas as vezes que estamos na presença do signo e que o interpretamos, há uma ação positiva realizada por nós; não recebemos um signo passivamente.

Consideremos a linguagem. Quando escutamos falar e traduzimos os sons em ideias, parece-nos que a coisa se faz sozinha, e que, a partir do som ouvido, a ideia se vem instalar. O estudo do mecanismo da interpretação da linguagem, estudo que se pôde levar muito longe, graças à análise das doenças da linguagem, mostra que as coisas são muito mais complicadas e que nossa atividade intervém mais do que pensamos.

Suponhamos um doente que não compreende nada do que ouve[13]. Pronunciam a palavra mesa, pedem-lhe que designe o objeto, e ele designará uma cadeira, uma casa, qualquer coisa. Não compreende mais nada. Pode-se verificar que a audição está intacta, ele ouve perfeitamente, em geral; pode-se verificar que a intelecção está intacta. Muito mais do que isso, pode-se constatar que a memória das palavras está intacta; embora o sujeito não compreenda nada do que lhe dizem, ele pode exprimir suas ideias como de costume – não inteiramente, entretanto, pois existem algumas diferenças, mas não nos interessam aqui. Ele fala, portanto, e não esqueceu o som das palavras. O que então está lesado nele? Se pedirem ao doente que repita o que lhe dizem, não o pode fazer, o que significa que os sons que ouve não são capazes de se traduzirem nele por meio de articulações correspondentes. É isso que está lesado, e isso basta para que ele não compreenda o que lhe dizem.

O que isso prova? Prova que, quando escutamos, repetimos inconscientemente em voz baixa. São movimentos nascentes, apenas esboçados, é uma repetição esquemática, um começo de repetição, sem a qual os sons não seriam compreendidos; e o mecanismo é, portanto, o seguinte: a pessoa que fala comigo tem certa ideia, certo pensamento, expressa-o por meio de palavras, palavras articuladas; essas palavras articuladas chegam ao meu ouvido como sons; é preciso que eu converta esses sons em palavras articuladas, isto é, que eu repita o que me é dito para que a ideia correspondente venha inserir-se no interior do movimento de articulação. Conclusão: o signo é, aqui também, uma chamada para a ação, e isso é da natureza e da própria essência do signo. Aí está a segunda característica.

A terceira, na qual insistirei menos, é a seguinte. Um signo é algo fixo, um signo tende à fixidez; acrescentarei até mesmo que um signo é essencialmente fixador; existe uma harmonia, uma afinidade entre o signo e a estabilidade, a fixidez. Em nosso exemplo, isso talvez não esteja muito evidente, mas pode, entretanto, ser verificado. Pronunciar uma língua é, dizíamos, articular os sons com certa música, e articulá-los de tal maneira que essa multiplicidade seja una. Em cada som está, de certa forma, pré-formado aquilo que virá, assim como, em cada som, há como um ressoar daquilo que precede. E é até mesmo isso que torna tão difícil recompor uma pronúncia. Não aprendemos, em bloco, do interior; nunca alcançamos, de fora, a perfeição; uma pronúncia é, portanto, uma continuidade de movimento. Mas, assim que a noto por meio de signos em vez do movimento contínuo, tenho, como dizia há pouco, atitudes justapostas. Cada letra é um som independente que basta a si mesmo e, com atitudes justapostas, movimentos parciais, quase-imobilidades e, em todo caso, ações descontínuas, vou em busca do contínuo, e nunca o alcançarei, pois é da própria essência do signo ser um instrumento de análise e, consequentemente, de decomposição; e quem fala em decomposição, ou, antes, em recomposição – toda pretensa decomposição é uma recomposição artificial –, fala em descontinuidade dos elementos. Portanto, o signo é algo que fixa movimento, algo que marca estações ao longo de uma continuidade móvel, em todo caso, algo cuja própria essência é a descontinuidade, e que, no entanto, tende, por um acúmulo sobre si mesmo (o signo adicionando-se ao signo), a limitar, a reproduzir a continuidade – sem, aliás, nunca conseguir fazê-lo. Essas são as três características do signo, tais como as encontramos neste primeiro exemplo.

O signo, dizíamos, é geral, o signo é ativo, e é chamador de ação, é inspirador de ação; o signo é imóvel e fixador.

Reencontraremos essas características nos demais exemplos citados, e é indispensável passá-los em revista, pois, embora as mesmas características sejam reencontradas, não é exatamente sob a mesma forma.

Nosso segundo exemplo é este: um movimento. Há duas maneiras de concebê-lo; pode-se concebê-lo de fora ou de dentro. Concebido de fora, o movimento é um deslocamento, isto é, uma série de lugares ocupados pelo móvel no espaço; concebido de fora, o movimento é, portanto, uma trajetória que se percorre pela justaposição de pontos a pontos, de posições a posições. Concebido de outra forma, o movimento seria algo inteiramente diferente; o movimento seria algo simples. Quando realizamos nós mesmos um movimento, quando erguemos o braço, temos dele a impressão indivisível, pois consideramos esse movimento de dentro; quando andamos, cada um de nossos passos é uno, indivisível, ou, pelo menos, assim é cada um dos movimentos elementares que entram na constituição do passo. Pouco me importa que se declare indivisível o passo, ou uma ou outra de suas partes. Existem indivisíveis dados a uma consciência suficientemente atenta ao que ela sente; o movimento visto de dentro seria um indivisível. E acrescentávamos: seria uma espécie de estado de alma, visto que um mesmo movimento que percorre o mesmo espaço, mas efetuado com uma velocidade diferente, produz, interiormente, uma percepção diversa; um movimento realizado com a mesma velocidade, mas que percorre uma trajetória diferente, produz, interiormente, uma sensação diversa; consequentemente, diferentes movimentos vistos de dentro produzem impressões indivisíveis diversas.

Quando encaramos esse movimento de fora, nós o percebemos como trajetórias percorridas no espaço. Essas trajetórias são manifestações exteriores do movimento e, se queremos conceber o movimento real, o movimento absoluto de maneira simbólica, por meio de signos, pensamos em uma posição e, depois, em outra posição; há uma justaposição de situações sucessivas.

O que é, aqui, característico do signo, do exterior do movimento, da manifestação exterior do movimento, de sua designação, e o distingue do próprio movimento? É fácil ver que reencontraremos suas três características.

Primeiramente, a generalidade: o movimento analisado e visto de fora são posições sucessivas; ou, então, se quisermos ser mais científicos, serão elementos infinitesimais da trajetória. Distinguiremos uma série de direções; a trajetória é uma curva, uma série de elementos infinitamente pequenos ou de direções. E, depois, no que diz respeito à velocidade desse movimento, suporemos, para cada um desses elementos infinitamente pequenos, uma velocidade infinitesimal a ele correspondente. Temos pontos, posições, elementos infinitesimais, isto é, pequeníssimas linhas retas, elementos retilíneos; temos nomes, algo de comum, algo que pode aplicar-se a qualquer coisa, ao passo que, se considero cada movimento em si mesmo, este é um indivíduo, é algo individualizado, algo que não se pode reduzir a nenhuma outra coisa. Não há dois movimentos idênticos no mundo, não há dois móveis que percorram trajetórias idênticas; não há dois móveis que tenham a mesma série de velocidade e a mesma lei interior de movimento; não há, consequentemente, dois estados interiores de móveis, dois estados de alma significando a mobilidade que se assemelhem, que sejam idênticos um ao outro. Mas, assim que encaramos o movimento de fora, por suas manifestações, assim que substituímos o movimento pelo signo do movimento, lidamos com algo universal, geral, sendo a generalidade, aqui, um caráter necessário do signo. Aqui o signo é, portanto, algo geral.

Acrescento que o signo está, acima de tudo, orientado para a prática. Ah! Este é um traço extremamente marcante;

SEGUNDA AULA

limito-me a fazer alusão ao que foi dito neste curso, no ano passado[14]. Os senhores se lembram de que insistimos na extrema, na extraordinária dificuldade que nossa mente sente em conceber o movimento como acabo de o descrever, conceber o movimento entre duas paradas, como algo simples e indiviso. Boa parte da filosofia, da história da filosofia é um protesto contra essa maneira de encarar o movimento; o movimento é um móvel que ocupa um ponto e, depois, outro ponto; é um deslocamento, uma sucessão de deslocamentos no espaço; parece que não conseguimos conceber o movimento de outra maneira, do interior. E, no entanto, isso deveria ser muito mais fácil, pois os movimentos que conhecemos melhor são aqueles que nós mesmos realizamos e que se apresentam à nossa consciência dessa maneira, como algo interior e simples.

De onde vem, portanto, a extraordinária dificuldade que encontramos em conceber o movimento de dentro, quando isso é, em suma, o que nos é dado imediatamente e sempre? A dificuldade advém de um conhecimento, no fim, inútil, um conhecimento de ordem puramente especulativa, ser sempre deslocado, repelido[15], suplantado pelo conhecimento correspondente que se pode tornar útil na vida. É totalmente inútil concebermos o movimento como acabo de descrever. Isso é útil à especulação, isso poderá dissipar muitas dificuldades, todas as dificuldades, creio eu, que o movimento suscita; mas, na prática da vida, não serve para nada. Ao contrário, é extremamente útil conceber o movimento somente de fora e como uma série de posições. Por quê? Porque o que nos interessa não é saber como um móvel se move; essa é uma questão de filosofia pura. O que nos interessa é saber onde está o móvel e onde ele estará em determinado momento, pois um móvel é algo que nos pode servir ou nos prejudicar, e o essencial está em saber como exerceremos poder sobre essa coisa, e a representação do movimento que nos dá poder sobre o objeto suplantará necessariamente a representação do movimento que tem apenas um valor metafísico[16]. Ora, a representação útil do movimento é esta, o movimento considerado como uma série de posições no espaço. Há aí, em resumo, uma representação do movimento que é apenas uma representação por signo; não é o próprio movimento que percebemos assim, mas certo signo exterior do movimento, signo que, por ser útil, suplanta a coisa. E por que ele é útil? Porque é sugestivo de uma ação possível. Reencontramos aqui a segunda característica de todos os signos, uma ação possível, uma ação secundária.

Observem o quão sutil é o senso comum. Aqui, a sutileza parece estar do lado do filósofo que afirma que o movimento é indivisível; na realidade, ela está do lado do senso comum; o senso comum concebe o movimento como uma série de posições, como se o movimento pudesse ser feito com imobilidades, o que seria absurdo; ele concebe, na realidade, uma série de situações possíveis do móvel. Ele não está lá, porque passa por lá; se lá estivesse, pararia; o móvel nunca está no ponto por onde dizem que passa, mas estaria nele se parasse. Não se trata de uma situação real, mas de uma situação virtual. O ponto por onde passa o móvel estaria aí onde estaria o móvel, caso o parassem.

Essa ideia de situações virtuais é uma ideia de extrema sutileza, mas não há sutileza diante da qual o senso comum recue, quando se trata de algo praticamente útil, e é praticamente útil conceber o movimento assim, ao passo que não é praticamente útil concebê-lo de outra maneira. Portanto, aqui também o signo, a manifestação exterior, é a notação de uma atitude real ou virtual, sugestiva de uma ação; é um chamado para a ação; é uma ponte lançada entre a coisa e nós, enquanto seres capazes por seus meios, de agir sobre ela.

Eu diria o mesmo, quanto a este ponto, da representação do movimento na ciência, mas não disponho de tempo para insistir. Se a ciência concebe o movimento sempre como relativo, é unicamente por essa razão. O meio de apreender cientificamente um movimento consiste, como mostrávamos no ano passado[17], em ver no movimento apenas uma série de simultaneidades. Submeter um movimento ao cálculo não é agarrar o movimento, aprisioná-lo em uma fórmula, mas simplesmente determinar, estabelecer certo número de simultaneidades entre as posições do móvel e um fenômeno ou outro, que tomamos como medida do tempo. Portanto, aqui também a representação da coisa por um signo é, acima de tudo, orientada para a utilidade.

Quanto à última característica, era demasiado evidente que a reencontraríamos aqui; não insisto, pois a coisa é evidente. Qual é a função essencial do signo neste caso? É a mobilidade, o movimento é a própria mobilidade. Ver no movimento uma série de posições no espaço é captar imagens estáticas dessa mobilidade. As posições, como dizíamos outro dia, e disséramos no ano passado, não são posições que o móvel adota; se as adotasse, pararia. Somos nós que adotamos a posição, é uma vista que captamos da coisa. Nosso próprio ponto de vista é imóvel; é a imobilidade, e distinguimos no movimento uma série de estações possíveis. É a isso que chamamos os pontos sucessivos da trajetória: são divisões imóveis da mobilidade. Reencontramos aqui as três características assinaladas agora há pouco: generalidade, chamada para a ação, fixidez, ou, antes, poder de fixação, imobilização.

Se passarmos para nosso terceiro exemplo, iremos reencontrar essas três características, e sob outra forma.

Havíamos escolhido um exemplo de ordem psicológica, o da personagem de romance que é descrita e analisada pelo romancista, e dizíamos que conhecer absolutamente essa personagem seria conhecê-la em si, como a conhece o romancista, pois o romancista está situado dentro de sua personagem, sendo esta, no fundo, ele mesmo, o que ele é, o que ele poderia ter sido. Por outro lado, o conhecimento relativo dessa personagem é aquele que o romancista nos oferece por meio de descrições e análises compostas de palavras. O signo, aqui, é a palavra.

Notem o seguinte: um estado psicológico é um estado essencialmente individual, pessoal; um estado psicológico, por pouco que seja profundo, e são seres nesse estado que escrevem romances, é mais ou menos representativo da pessoa inteira; a pessoa toda está contida no amor ou no ódio que ela sente. É, portanto, um todo indivisível, não suscetível de decomposição e, acima de tudo, individual, único em seu gênero, que vai até o signo; ele vai assinalar tantos pontos de contato entre essa coisa única, da qual existe apenas um exemplar, e muitas outras coisas que já conheço. Uma palavra representa necessariamente um estado de alma, aquilo que é comum a muitas pessoas; e, então, as palavras, juntando-se às palavras, vão, na medida do possível, recompor o estado de alma; recomporão uma imitação sempre aproximativa do estado de alma. As palavras retêm, portanto, de um estado individual somente o que é certo, apenas um ponto de vista, uma ideia comum, algo de comum que se identifica entre esse estado e outros estados, os estados de todo o mundo. A palavra nota apenas o que há de banal e de impessoal em um estado psicológico; caso contrário, não compreenderíamos o que a palavra contém. Não podemos compreender a palavra senão sob a condição de apelar para o que todo o mundo sente, e não para o que é particular a uma pessoa determinada, e a arte do romancista consiste em compor as palavras juntas, de maneira a nos dar a indicação de que aquela que nos oferece é única[18].

Não insisto, pois, nesse ponto; aqui também a característica essencial do signo é a generalidade. Acrescento, porém, e esta é a mais importante característica do signo, ser ele a notação de uma atitude, de uma ação possível. O que, de fato, uma palavra é capaz de reter de um estado psicológico? Em geral, uma palavra assinala de um estado de alma somente o seu exterior, a atitude que esse estado de alma determina.

Observem que uma das grandes dificuldades da psicologia decorre disso. Quando abordamos o estudo da psicologia, encontramo-nos na presença de uma classificação feita pela linguagem – amor, ódio, prazer, dor –, e não podemos fazer nada além de considerar essas palavras como tantos títulos de capítulos correspondentes. Quando chegamos a analisar o conteúdo dessas palavras, constatamos que elas agrupam coisas extremamente diferentes, e que, por vezes, realmente não guardam nenhuma relação entre si. Considero o primeiro capítulo dos tratados de psicologia. Começa-se pelo prazer e pela dor.

O prazer[19]. Não existe teoria satisfatória do prazer. Não há nenhuma. E, no fim, não pode haver nenhuma, pois, sob essa palavra, sob essa rubrica, agrupamos coisas extremamente diferentes e que talvez não guardem nenhuma relação, ou melhor, que guardam apenas uma relação entre si: a de designar o estado de uma pessoa que aflui a alguma coisa. Quando afluímos a uma coisa, é porque esperamos encontrar prazer nela, e o prazer, de modo geral, designa o estado de uma pessoa que aflui a alguma coisa. O prazer designa, portanto, uma atitude exterior, mas que pode ser determinada exteriormente pelas causas mais diversas, que talvez não guardem nenhuma relação entre si.

O que determinou aqui o senso comum a escolher o signo não é a natureza da coisa, mas sua relação com a nossa ação. Ele não designou a coisa, designou uma atitude, uma ação real ou virtual, mas diríamos o mesmo da maioria dos termos psicológicos. Acrescento, e iríamos muito longe nessa direção, que diríamos o mesmo a respeito da maioria dos termos filosóficos. A linguagem agrupou, designou, por uma palavra única, coisas muito diferentes, levando em conta não a natureza das coisas, mas suas relações com nossa ação. Notem que o estudo que fizemos aqui, há dois anos, sobre a noção de causa, não foi outra coisa senão uma tentativa de dissipar esses equívocos[20]. Sob o nome de causa, agruparam-se as coisas mais diferentes, um amontoado de nuances, eu diria, de uma mesma cor, talvez até mesmo de cores bastante diferentes. Tudo isso, porém, corresponde praticamente a uma única e mesma atitude; tudo isso, do ponto de vista da ação, tem, no fim, o mesmo significado. A tarefa que se impõe, acima de tudo, à psicologia, e, posso acrescentar, à filosofia, é a de procurar, sob a palavra, a coisa, e, por conseguinte, dissociar significados muito diferentes que o senso comum agrupou na mesma palavra, significados diferentes que o filósofo é tentado a confundir, pois, sob a mesma palavra, ele procura sempre a mesma coisa.

Fecho, portanto, este parêntese. Aqui também, em psicologia assim como alhures, o signo é, acima de tudo, sugestivo de ação e está orientado para a prática. Reencontrarei facilmente a terceira característica: a tendência de todo signo a fixar, a imobilizar. É bastante evidente que a vida interior é um fluxo contínuo, ela é a própria mobilidade; mas um estado, *status*, *statio*, é uma estação. Paramos esse fluxo, fixamo-lo em certo número de pontos, e é com essas estações justapostas que procuramos, em seguida, reconstituir, sempre imperfeitamente, a mobilidade da vida interior; o signo não pode notar o movimento; ele é essencialmente fixador do movimento. Eis que nossas três características foram reencontradas.

Escolhemos um último exemplo que seria, certamente, bastante instrutivo; é o exemplo extraído da atividade vital. Dizíamos que, se a pudéssemos conceber de dentro e como um absoluto, certamente pareceria algo simples, indivisível, e que, vista de fora, trata-se fisiologicamente de movimentos compondo-se com movimentos e, anatomicamente, de células agregando-se a células, átomos a átomos. Aqui também, portanto, o ponto de vista do interior é o ponto de vista da simplicidade; o ponto de vista do relativo, do exterior, é a complexidade; e acrescentávamos: é também o ponto de vista não mais da própria coisa, mas de sua representação simbólica, pois percebemos a vida, a vitalidade apenas por meio de nossos sentidos, que dependem de nossos órgãos dos sentidos, os quais já são efeitos e construções da vida, de modo que não alcançamos a própria coisa, mas somente seu símbolo visível e, como dizíamos ao concluirmos, um signo falando a um signo.

Se levarmos em conta que lidamos aqui com signos, e se procurarmos as características desses signos e o que os distingue da coisa significada, iremos reencontrar nossas três características. Isso talvez não careça de utilidade, do ponto de vista da filosofia da biologia.

É muito notável que, se consideramos espécies, mesmo muito vizinhas anatomicamente – digamos o homem e o símio, pois trata-se da comparação clássica –, é certo que as diferenças entre essas duas espécies devem ser profundas, interiormente; exteriormente, porém, elas são muito leves. Se analisarmos os órgãos e também o funcionamento da respiração no homem e em um símio, teremos praticamente a mesma coisa, provavelmente a mesma coisa. Não sei se encontraríamos uma diferença entre as células; é provável que o microscópio não dissesse muita coisa. Não obstante, é realmente preciso haver uma diferença, pois, em um caso, temos um homem, e, em outro, um símio. Qual é, aqui, o caráter marcante da manifestação exterior do signo? É que, no exterior, o signo pode ser comum; ele é até mesmo necessariamente comum entre coisas diferentes.

Aí estão espécies diferentes, aí estão dois princípios de vitalidade diferentes; o gesto vital é evidentemente diferente nos dois casos; mas, exteriormente, assim que desejarmos analisá-lo em seus elementos, ou, o que é a mesma coisa, traduzi-lo em signos, iremos encontrar signos comuns. Mas são apenas signos; a prova de que são apenas signos é que não conseguimos e, ainda que pudéssemos fabricar células, não conseguiríamos fazer um homem ou um símio. É evidente. O que é real é o todo, e as pretensas partes somos nós que as distinguimos, são pontos de vista sobre o todo. Essas ideias, sendo instrumentos de análise, são as mesmas para coisas diferentes, de tal modo que chegamos a supor entre essas coisas semelhanças profundas, identidades que, evidentemente, não existem...

Faço alusão aqui à teoria de Darwin. Parece-me que os cientistas tendem a abandoná-la; o evolucionismo é cada vez menos darwinista. Examinemo-lo à luz do que acabamos de dizer.

Qual é o postulado essencial do darwinismo? Ele nos diz que as variações se operam da seguinte maneira: há uma variação acidental, uma particularidade que se produz em um indivíduo e que se deve ao acaso. Essa particularidade, se é vantajosa, serve ao animal na concorrência vital. Produz-se, assim, uma seleção natural, e essa variação, essa particularidade se agrega às outras características do animal e, ao acumular-se com outras particularidades vantajosas, no mesmo sentido, acaba produzindo uma variação perceptível e, frequentemente, muito considerável[21].

Qual é o postulado dessa teoria? É que uma particularidade é algo que existe por si mesmo. Consideremos um determinado animal; ele tem as características do gênero de seus congêneres. Uma particularidade acidental vem e se acrescenta a essas características comuns, sem modificar o resto. É como um pequeno ponto que se modifica, que se enriquece no animal.

É possível supor que as coisas ocorram assim? Não é evidente que toda particularidade nova implica, em um animal, uma mudança geral e radical da vitalidade inteira! Eis uma flor que sempre foi branca, uma espécie de flor sempre branca. Um belo dia, uma flor dessa espécie aparece vermelha. Será que a natureza pegou um pincel e simplesmente passou uma camada de vermelho-vivo na antiga flor branca? Evidentemente que não; não é alguma coisa que se acrescentou, que veio acrescentar-se às características preexistentes; essa flor nova deve ser vermelha, de alguma forma, até em suas raízes; essa cor deve penetrá-la, é uma modificação evidentemente profunda de sua vitalidade.

Toda essa teoria se baseia na confusão entre o signo e a coisa significada. Se considerarmos os signos, eles se justapõem uns aos outros. Com efeito, para obter uma mudança, basta intercalar outra letra do alfabeto, basta acrescentar algo ao que já existe. A mudança se produz mecanicamente; mas, se pensarmos que vemos apenas signos, e que, na coisa significada, o que nos parece múltiplo é, na realidade, uno, chegamos à conclusão de que, para a mais leve mudança, é preciso uma transformação interior profunda do todo.

Parece realmente que o próprio evolucionismo começa a se dar conta disso, pois é no esforço interior do animal, e não mais, de certa forma, em circunstâncias acidentais exteriores que ele procura o princípio da transformação[22]. Podemos predizer que ele será cada vez mais arrastado para essa via; a lógica o diz, pois a outra maneira de ver se baseia evidentemente em uma confusão entre o signo e a coisa significada. A coisa significada é individual; procura-se reproduzir a coisa individual por uma justaposição dos signos gerais; não se deve esquecer que são signos e que a natureza não pode proceder dessa maneira.

Haveria muito a dizer sobre os dois outros pontos; limito-me a afirmar que seria muito fácil mostrar que o que se apresenta a nós, o que atinge nossos sentidos na atividade vital, os signos exteriores da atividade vital, não são elementos reais do ser vivo, nem da vida, mas o ser vivo, a vida apresentada, sobretudo, nas relações que ela mantém com nossa ação possível. O que vemos de um animal é o que nosso órgão visual nos mostra dele, e nosso órgão visual é feito de maneira a nos mostrar, acima de tudo, a ação possível de nossa própria pessoa sobre as coisas em geral e sobre essa coisa em particular. Aqui também o signo é, acima de tudo, representativo de nossa ação virtual, e acrescento que o signo é fixador, pois a própria essência da vida é a mobilidade.

Qual é a propriedade fundamental do ser vivo? É a de envelhecer, é a de encaminhar-se para a morte; a morte talvez seja o que há de essencial na vida, o que há de inevitável. Todo ser vivo é um ser que, por um determinado processo, encaminha-se para a morte e envelhece; o envelhecimento é o que há de inevitável e de essencial na vida; isso é o mesmo que dizer que a vida é um movimento. Se pudéssemos perfurar o invólucro feito de materialidade e de funções, o que veríamos é evidentemente algo simples, indivisível, eu dizia um gesto vital, cuja forma varia evidentemente de uma espécie a outra. E, assim como um de nossos gestos, percebido, de dentro, como uma coisa absolutamente simples, aparece, de fora, como uma infinidade definida de pontos que se justapõem, esse gesto vital, que, sob a trajetória da análise, nos apresenta infinitos envolvidos em infinitos – pois uma célula é um mundo –, visto de dentro, ele apareceria, aos nossos olhos, como algo simples e indiviso. Mas está claro que a ciência não pode chegar a isso. Nossa ciência não é capaz de alcançar o interior, pelo menos por seus métodos atuais; provavelmente, ela nunca o conseguirá fazer. Isso é assunto para a metafísica.

Concluamos, portanto, e é para este ponto que eu encaminhava toda nossa discussão: existem três características fundamentais e comuns a todos os signos: a generalidade, a fixidez e a chamada para a ação, e um signo é tanto mais um signo quanto mais atenda a essas condições, havendo em todo signo como uma força imanente, que leva o signo, que o impele cada vez mais a assumir essas características.

Na próxima lição e na seguinte, que são as duas últimas lições de introdução, formularemos conclusões no que diz respeito à teoria do tempo.

TERCEIRA AULA
SESSÃO DE 19 DE DEZEMBRO DE 1902

Senhores,
　　Em nossa última lição, procuramos determinar as características dos signos em geral, e reduzimos tais características a três essenciais. Dizíamos que o signo é, por essência, geral. Ele deve, com efeito, significar alguma coisa; sendo um signo, ele deve, portanto, expressar, em uma linguagem que conhecemos, algo que, por hipótese, não conhecemos. Em seguida, ele deve representar um aspecto comum ao conhecido e ao desconhecido, o que significa dizer que não pode expressar o que é próprio ou especial do objeto que ele exprime. Ele contém, portanto, por sua origem, um elemento de generalidade, e tamanha é a força desse elemento de generalidade que o signo tende, dizíamos, em virtude de uma espécie de energia imanente, a tornar-se cada vez mais geral. Há, na evolução dos signos que evoluem, um progresso rumo à generalidade. Eis o primeiro ponto.
　　O segundo era o seguinte: todo signo é mais ou menos uma chamada para uma ação. Estamos muito inclinados a ver apenas o signo e a coisa significada; assim é em todos os processos intelectuais: vemos claramente o ponto de partida e o ponto de chegada, mas o mecanismo da passagem nos

interessa menos, não nos inquieta e, em geral, é muito mais difícil de perceber. Nem sempre; reconheço existirem signos de ordem puramente científica, que escapariam a essa lei, pelo menos em certa medida.

Em geral, entre o signo e a coisa significada, existe algo que é o principal, que age mais que os outros: é uma chamada para uma ação possível, a determinação, em nós, de certa atitude, real ou virtualmente considerada, e sem a qual o signo não poderia ser interpretado. Essa é uma ideia que poderíamos seguir com bastante facilidade nas diferentes artes. Não mencionamos esse ponto na última lição, mas veríamos sem dificuldade que as artes constituem tantas maneiras de significar e simbolizar coisas, que, em suma, agem sobre nós, nem tanto pela representação da coisa quanto pela atitude em que nos colocam. Seja na pintura, na escultura ou, sobretudo, na música, existem seguramente, determinadas em nós certas atitudes nascentes nas quais o artista nos coloca, e nessas atitudes nascentes vêm inserir-se certos sentimentos que o artista, consciente ou inconscientemente, quis nos sugerir; é por um apelo a atitudes, a ações efetuadas ou iniciadas, ou nascentes, ou imaginadas, que o signo age sobre nós. O signo é, em muitos casos, a fixação de certa atitude, a qual determina em nós uma atitude semelhante ou complementar, e, nessa atitude, vêm inserir-se então os sentimentos que guiaram o artista em seu simbolismo. Em resumo, a atitude sugerida é uma ponte lançada entre a alma do artista e a nossa.

Mas, na última vez[23], insisti em um exemplo muito mais fácil de examinar de perto cientificamente: é o exemplo da linguagem. É muito certo que, quando ouvimos os sons articulados e os interpretamos como ideias, o que percebemos são, de um lado, os sons, e, de outro, as ideias que os sons interpretam. Mas o mecanismo da passagem é muito complicado e supõe uma chamada para a ação. Poderíamos mostrar, por meio de um estudo das lesões da interpretação da palavra, que, mesmo quando ouvimos bem os sons articulados, e mesmo quando temos todas as ideias necessárias para interpretá-los, e conhecemos, teoricamente, o sentido das palavras, é preciso também, para que a interpretação se faça, que, de nossa parte, haja uma série de ações, não digo realizadas, mas nascentes, pelas quais salientamos interiormente o que ouvimos[24]. Há uma repetição interior, não completa, mas esquemática, e que nos serve para escandir, para salientar o que ouvimos. E, sem esse processo ativo pelo qual nos reposicionamos imaginariamente no estado daquele que fala, de modo a, adotadas essas atitudes materiais, entrar em seus sentimentos e suas ideias; sem esse processo interior, não há interpretação.

Aí está, portanto, a segunda característica de todos os signos. Não somente o signo é geral, e não somente há, em todo signo, uma força interior que o leva a adquirir uma generalidade crescente, mas o signo em geral é também uma chamada para a ação, para uma atitude, para um fenômeno de ordem ativa ou motriz, e é por intermédio dessa ação real ou virtualmente realizada que se faz a interpretação. Essa era a segunda característica do signo; e, por fim, quanto à última característica, dizíamos que o signo é essencialmente estável. Uma realidade vista interiormente é, dizíamos[25], algo simples e também, sobretudo, algo movente; uma realidade, em suma, é uma tendência[26], é a passagem, é a mudança entendida de certa maneira. Não podemos conceber a tendência, a passagem, senão supondo estações, e são essas estações que são expressas pelos signos. O signo é, portanto, de essência descontínua; supondo que a realidade seja uma continuidade, ela não pode jamais ser expressa senão de maneira descontínua, por meio de signos que assinalam estações. É por isso que a realidade não é absolutamente representável nem exprimível por meio de signos, pois os senhores podem alinhar tantas estações quantas quiserem, quanto mais elas forem numerosas, mais os senhores se aproximarão da continuidade, e caminharão no sentido do movimento, mas nunca a alcançarão.

De resto, é evidente que, se essa realidade interior é simples, nunca teremos nada além de imitações, que, por mais aproximadas que forem, nunca serão cópias exatas do modelo. Não insisto nesse ponto; ele é demasiado importante, e foi objeto do curso do ano passado[27]. Teremos a ocasião de a ele retornar. Limito-me a chamar a atenção dos senhores para o ponto segundo o qual o signo é essencialmente estável e fixo, e também fixador. Pelo próprio fato de simbolizarmos, de expressarmos por meio de signos, fixamos o movimento; isso é da essência do signo. São essas as três características que encontramos, na lição passada, nos signos em geral.

A conclusão é que o signo por excelência, que reúne essas características no mais alto grau possível, é aquilo a que os filósofos chamam o conceito, isto é, a ideia, a representação, quando inteiramente preparada para a manipulação intelectual. Trata-se da representação no momento em que atingiu esse grau de maturidade de organização, em que está inteiramente pronta para entrar em uma organização mais complexa, para se prestar, finalmente, ao trabalho intelectual.

Submetamos o conceito ao triplo teste de que acabamos de falar. Encontraremos nele essas três características? Primeiramente, a generalidade. É banal a seguinte verdade: o conceito é geral.

Manifestamos algumas reservas no ano passado; não é absolutamente exato afirmar que todo conceito é geral, universal. Procuramos mostrar, e esta ideia não é nova – limitamo-nos a reproduzir certos argumentos de Lotze, de Sigwart, de Wundt[28], vários lógicos alemães –, que o conceito não exprime necessariamente um gênero; ele pode exprimir um indivíduo. Se entendemos por conceito a ideia inteiramente preparada para a manipulação intelectual, existem conceitos individuais. E eu citava um exemplo: a lua, aí está um conceito astronômico, um conceito como não conhecemos outro, no entanto, há apenas uma lua, e é um conceito individual. Não se deve, portanto, dizer que o conceito é sempre geral.

No entanto, é verdade que entra no conceito individual um elemento de generalidade. O que distingue o conceito lua da percepção lua, da imagem? A imagem da lua é algo que muda, que varia segundo as fases da lua, segundo o tempo que faz, segundo as posições da lua, no zênite ou no horizonte. Ao contrário, o conceito de lua é algo estável, e cuja estabilidade evidentemente implica ter discernido um elemento comum a todas as imagens variáveis da lua, de modo que existe, apesar de tudo, um trabalho de generalização efetuado sobre o próprio indivíduo. Não digo que essa seja a origem do conceito, mas existe nele um elemento de generalidade, e pode-se até mesmo dizer que esse elemento tem essa energia de que falávamos há pouco, que leva o conceito a adquirir uma generalidade crescente; pois, uma vez formado, o conceito de lua tende a tornar-se geral, o conceito de satélite que gira em torno de qualquer planeta. Há, portanto, aí um elemento de generalidade, um progresso interior rumo à generalidade. Digamos, pois, que o conceito é geral ou implica, contém um elemento de generalidade, ou tende à generalidade, e apresenta eminentemente as características que encontramos no signo em geral.

Esse, porém, não é o traço essencial do conceito, assim como dos outros signos, e quão mais importantes são as duas outras características que vamos reunir ou, até mesmo, fundir em uma só: a característica ativa, a propriedade de ser uma sugestão de atitude ou uma chamada para a ação, e também a propriedade de ser algo estável e que gera estabilidade, algo que é essencialmente fixador. Digo que esse ponto é importante e é bastante difícil de perceber, pois nossa mente protesta contra essa maneira de encarar o conceito. Temos uma tendência a ver no conceito, na ideia inteiramente preparada para a manipulação intelectual, algo puramente especulativo, absolutamente desinteressado, algo que teria uma origem ou, pelo menos, uma destinação metafísica. Essa é uma tendência geral de nosso pensamento.

Mesmo quando lidamos com um processo intelectual de destinação puramente prática, temos tendência a idealizá-lo, a considerá-lo como algo especulativo, que existe apenas para a especulação. E isso não é somente verdade para o conceito e a operação pela qual formamos conceitos; isso é verdade para toda espécie de operações intelectuais. Pode-se dizer que é essa tendência idealizante, idealizadora de nossa psicologia natural que vicia, por vezes, de maneira profunda, a observação de si mesmo, a psicologia introspectiva.

Se passarmos em revista os trabalhos de psicologia introspectiva que foram produzidos de um século para cá, sobretudo se passarmos em revista as teorias da memória, a associação das ideias, e mesmo do juízo, do raciocínio, todas essas operações nos serão apresentadas, na maioria das vezes, como as operações de um espírito que procuraria conhecer por conhecer, que seria filósofo e metafísico por origem e por destinação[29].

A pergunta que, em geral, não nos fazemos, e que deveríamos sempre nos fazer em primeiro lugar, na abertura de cada um dos capítulos da psicologia, e para todas as questões de psicologia, é a seguinte: com que objetivo, para que utilidade e em virtude de que necessidade vital essa faculdade, essa função existe? E, se nos fizermos essa pergunta, veremos esclarecerem-se muitas obscuridades e dissiparem-se muitos problemas. É, em todo caso, necessário formulá-la, ainda que apenas para analisar convenientemente o trabalho do espírito, a operação intelectual.

Não podemos aqui, como acontece com o anatomista que disseca um morto, eliminar as considerações de finalidade, de objetivo perseguido; sem isso, a análise cai no vazio, na vagueza. Como saberemos, e é isto, no fim, que importa em uma análise, o que é acessório e o que é essencial, se não relacionarmos os diferentes elementos fornecidos pela análise a esse critério? Qual é o objetivo essencial dessa operação? Para que objetivo ela tende? Quando se trata de uma análise material, temos os instrumentos de medida para nos informarmos sobre a importância respectiva dos diferentes elementos, mas, em uma análise moral, não podemos estimar a importância dos elementos senão os relacionando ao fim perseguido. A questão que é sempre levantada é a de saber qual é o objetivo – algo bastante pé no chão –, o objetivo material, o objetivo vital? Quais são as necessidades fundamentais da vida às quais essas operações que estudamos estão subordinadas e que essas operações têm, primeiramente, como fim?

Sei bem o que se condena em semelhante método. Dizem que, procedendo assim, rebaixamos a inteligência humana, consideramo-la como um instrumento, como um meio subordinado à satisfação de certas necessidades. É, dizem, uma humilhação infligida às nossas faculdades intelectuais. Não acredito em nada disso, e considero que é o método inverso, o método habitual, que acaba levando, por uma necessidade lógica, a essa humilhação[30].

Com efeito, suponho que nossas faculdades, exercendo-se normalmente, exercendo-se de maneira habitual, conduzam-nos, na especulação, na metafísica, a impasses, isto é, nos grandes problemas, a uma tese e a uma antítese que essas faculdades conseguem igualmente demonstrar, o que prova que nem uma nem outra são certas ou aceitáveis. Suponho que o exercício normal, habitual de nossas faculdades intelectuais nos conduza, como mostrou Kant, a antinomias insolúveis[31]. O que restará, que recurso restará àquele que considerou as faculdades normais exercendo-se normalmente como faculdades voltadas para a especulação, e cujo objetivo é conhecer por conhecer?

Essas eram suas funções; essa era sua destinação, elas funcionaram em conformidade com sua destinação, conduziram-nos a antinomias insolúveis; resta-nos apenas renunciar à especulação metafísica e, por termos acreditado que nossa inteligência é normalmente contemplativa, renunciar às mais elevadas contemplações. Eis, portanto, aonde nos conduz a crítica kantiana pelas antinomias, se considerarmos a inteligência sob sua forma normal e exercendo-se normalmente como uma inteligência orientada para a contemplação, para a especulação.

Mas, se começarmos por admitir – e a experiência e análise o mostram – que nossas faculdades, exercendo-se normalmente, de modo habitual, são faculdades que estão voltadas não para a especulação, mas para a ação, que elas têm uma destinação, acima de tudo, prática, que nós estamos, acima de tudo, voltados para a ação, e fascinados por ela, pois existe aí uma magnetização de nosso pensamento que é magnetizado por uma espécie de fricção, que ele se volta para a ação assim como uma bússola se volta para o norte, se assim é, então ao filósofo que nos vier indicar os disparates, ou, pelo menos, as antinomias a que nos conduz a aplicação dessa maneira habitual de pensar, poderemos responder: a razão ainda não deu sua última palavra[32]; ela tem, talvez de reserva, certas forças de que o senhor não desconfia. Ela está certamente voltada para a prática, como acabamos de demonstrar, ela está magnetizada para a ação; mas não poderíamos desmagnetizá-la? Sua inclinação natural a conduz a antinomias, pois sua inclinação natural é a inclinação da ação. Cuidemos de nos destacar da prática que nos fascina, cuidemos de quebrar o encanto. Isso talvez não seja impossível. E a prova de que isso não é impossível é que enfrentamos o problema de que o senhor fala, o que mostra que, se todas as nossas faculdades estão voltadas para a ação, há uma margem de especulação possível. Trata-se, portanto, de desviar sua atenção, de desviar a ação do ponto que as fascina, e reconduzir, assim, a inteligência, por um esforço que, admito, é contranatural, à pura especulação.

Ah! Isso é muito difícil, e a filosofia assim entendida se torna um esforço contranatural; mas é preciso que ela seja isso. Filosofar é transcender as concepções puramente humanas, isto é, as concepções de uma inteligência que está voltada para a ação. Filosofar não é pensar com mais intensidade, como se diz habitualmente; eu diria quase: é pensar em uma direção oposta; é preciso escalar de volta o declive da natureza.

Fecho esse longo parêntese; ele era necessário.

Eu dizia: é preciso que acrescentemos, na análise dessa ideia, que, em geral, as funções intelectuais não estão voltadas para a especulação, para o conhecimento pelo conhecimento. E o que é verdadeiro para nossas faculdades em geral é verdadeiro para a faculdade intelectual por excelência: a faculdade de formar conceitos e de pensar por meio de conceitos. Examinemos, portanto – retomo o que foi dito no curso do ano passado[33] – o caráter essencial do conceito na medida em que possui uma destinação prática; procuremos ver como se forma um conceito; é o problema que levantávamos agora há pouco.

Dizíamos no ano passado – relembro este ponto, pois ele é essencial – que, se aceitamos a ideia de que um conceito é algo puramente especulativo, que ele é, acima de tudo, um instrumento de conhecimento e que tem por objeto conhecer por conhecer, se aceitamos essa ideia, torna-se extremamente difícil, para não dizer impossível, descrever psicologicamente a formação de um conceito, a origem de um conceito.

Como, em geral, se descreve essa formação? Dizem-nos: a inteligência toma objetos individuais que ela conhece, que ela percebe; essa é a primeira etapa. Ela compara esses objetos entre si, reúne em um mesmo grupo aqueles que lhe parecem assemelhar-se; essa é a segunda etapa, a comparação. Terceira etapa: a inteligência abstrai desses objetos diferentes uma característica comum, e essa característica comum vai servir de rubrica sob a qual classificaremos um número tão grande quanto quisermos de objetos individuais. Desta vez, de simplesmente abstrato, o conceito passará a ser geral. Teremos um conceito completo definitivo. É a isso que chegaremos, se emprestarmos à nossa inteligência um papel puramente especulativo; ela pode apenas conhecer, pode, portanto, apenas perceber e, com base na percepção, operar de maneira inteiramente desinteressada.

Dizíamos que uma operação como a que acabamos de descrever é impossível. Com efeito, o que todo esse processo pressupõe? Consideremos um exemplo: trata-se de formar o conceito de azul. É um conceito bastante próximo da percepção; vamos perceber objetos diversamente coloridos, diferentes nuances de azul; vamos, portanto, tomar os objetos que se assemelham pelo azul, agrupá-los, abstrair deles essa qualidade azul, e converter essa qualidade em um conceito, que exprimirá todos os objetos azuis reais e possíveis.

Sim, mas o que nos levou a agrupar os objetos que apresentam diferenças de nuances de azul, em vez de objetos que apresentam nuances de qualquer tipo? Ou melhor, o que nos autorizou a comparar o azul ao azul, e não a um som, ou a uma forma, a um animal? Como teríamos a ideia de agrupar termos, para compará-los, para extrair características comuns, para generalizar, se já não tivéssemos a ideia de uma comunidade, de algo comum, se não tivéssemos reconhecido algo de comum, se já não estivéssemos em posse desse conceito que pretendemos engendrar[34]?

Exponhamos isso de forma simples. De duas coisas, uma: ou já tenho a ideia do azul, e então é pueril descrever uma operação pela qual vou formar essa ideia – não somente é pueril, como também giramos em um círculo vicioso, pois pressupomos o conceito que se trata de gerar –; ou então não tenho essa ideia do azul, e sou incapaz de perceber as características comuns a diferentes objetos que apresentam diferentes nuances de azul; não tenho a ideia de algo comum, não tenho conceito nem de azul nem de cor, e não tenho então nenhuma razão para comparar o azul ao azul, em vez de a uma casa ou a um cachorro. Ou o conceito ainda não existe, e nenhuma comparação é possível entre objetos análogos, ou ele existe, e, então, há um verdadeiro círculo vicioso em descrever a operação pela qual o faremos nascer.

Sei bem que se procura escapar a esse dilema, e isso pela interposição de algo intermediário entre a presença e a ausência do conceito, entre a presença do conceito da ideia geral de azul e sua ausência total. Haveria algo intermediário, e é esse algo intermediário, puramente automático, puramente maquinal que nos permitiria agrupar, inicialmente, os objetos semelhantes para operar sobre eles o trabalho consciente de observação e de generalização.

Esse algo é aquilo a que os psicólogos chamaram de imagem genérica, ou imagem geral[35]. Os senhores se lembram de que supusemos que as percepções, por si mesmas, se sobrepõem mais ou menos quando são semelhantes umas às outras, tais quais essas fotografias, esses retratos semelhantes que, dizem, ao se sobreporem uns aos outros, produzem retratos compósitos de todos os membros de uma mesma família. Produzindo-se esse processo independentemente de nós, de maneira automática, temos uma primeira generalização inconsciente, maquinal, processo no qual vai, então, se inserir o processo consciente de generalização. De sorte que, ao que parece, evitamos o círculo vicioso; encontramos já agrupados os objetos semelhantes; agruparam-se por si mesmos, provisoriamente, e somos nós que, conscientemente, vamos corrigir o que esse agrupamento tem de imperfeito, aproveitar-nos dele quando for perfeito e efetuar, por fim, o trabalho propriamente dito de generalização e de formação conceitual.

Dizíamos que essa imagem genérica tem todo o aspecto de ser uma invenção dos psicólogos para as necessidades da causa. Não parece que semelhante imagem jamais se forme; não se vê o que seria uma imagem genérica; procura-se distingui-la da imagem individual pela indistinção dos contornos. Tendo em vista certas imagens que se sobrepõem em nosso espírito, em nossa memória, e que chegam a formar uma imagem compósita, uma imagem genérica, o que distingue a imagem genérica, dizem, das imagens individuais propriamente ditas é a indistinção e como que a imprecisão dos contornos. Mas, se observarmos de perto, veremos que todas as imagens têm essa indistinção e essa imprecisão, e essa é até mesmo uma das características pelas quais a imagem se distingue da percepção.

Na medida, portanto, em que até mesmo as imagens individuais têm essa indistinção, não vemos como essa indistinção poderia distinguir uma imagem genérica de uma imagem individual, e constituir a imagem genérica.

Isso não é tudo; se imagens dessa espécie existissem, percebê-lo-íamos, sabê-lo-íamos, pois nos serviríamos delas constantemente. Nada seria mais útil, no trabalho intelectual, do que fazer intervir essas imagens; nada seria mais útil àquele que faz geometria *in abstracto* do que dar como substrato à sua representação a imagem genérica do triângulo, de um triângulo que não seria nem escaleno nem isósceles, mas seria tudo isso ao mesmo tempo. Se raciocinarmos a partir do triângulo em geral, e se procurarmos uma imagem mental, perceberemos de fato um triângulo, mas este será ou um triângulo escaleno ou um triângulo isósceles, ou então, e é o que há de mais frequente, algo que estará entre os dois, conforme nos inclinemos ou não, inconscientemente, para uma forma determinada. Mas é sempre uma forma determinada; quando percebemos a imprecisão dos contornos, quando os percebemos imprecisos, nem por isso percebemos a imagem como geral ou genérica. Não há, portanto, imagem genérica; em todo caso, nada em nossa consciência, nada na introspecção natural leva a afirmá-lo. E, então, podemos considerar essa imagem genérica como uma espécie de invenção teórica feita pelos psicólogos, algo que é exigido por certa teoria psicológica, por certa concepção da atividade mental, mas de modo algum demonstrado pela experiência.

E, no entanto, é realmente preciso que superemos essa dificuldade, e que haja, abaixo do conceito e como preparação ao conceito – é o que há de verdadeiro nessa imagem genérica –, algo que ainda não seja o conceito, e que, no entanto, o prepare, que seja como sua preparação material. O simples bom senso diz que os animais têm, senão conceitos, pelo menos algo de equivalente aos conceitos. Um cão distingue uma categoria de animais de outra categoria de animais, um cão de caça faz muito bem a distinção entre as espécies. Há, portanto, no animal, algo de equivalente ao conceito, ou a alguns de nossos conceitos, e que, no entanto, não é o conceito. Abaixo do conceito, e como que servindo para prepará-lo e entrando em sua fabricação, deve haver algo que, como disse uma teoria que acabamos de examinar, não é nem a concepção do individual, nem a concepção do geral. Mas é realmente isso o que acabamos de dizer? Não é algo inteiramente diferente?

É algo inteiramente diferente, e é aqui que o conceito se apresenta a nós como sendo, acima de tudo, uma sugestão de uma ação possível, um convite para agir; ele é isso, pelo menos de início.

Como falei dos animais, consideremos um animal de ordem muito inferior em inteligência, um inseto capaz de discernir as cores. Consideremos um inseto; será preciso supô-lo alado, capaz de ver de mais ou menos longe a cor das flores; suponho que seja um inseto que frequenta as flores azuis. Ele distinguirá as flores azuis das que não o são; ele tem, portanto, um rudimento de pensamento conceitual. É admissível que esse inseto conceba a ideia de azul, que conceba o azul sob a forma de uma ideia geral ou de um conceito? Evidentemente, não. Mas é igualmente inadmissível que esse inseto aja de maneira inteiramente maquinal. Ele tem uma consciência, evidentemente bem diferente da nossa, mas tem consciência do que se passa nele, e é sob uma forma consciente que evidentemente aparece, aos seus olhos, a distinção entre essa cor e as outras cores. Que forma pode ser essa? Evidentemente, se ele distingue o azul das demais cores, é porque esse azul é, para ele, algo que se relaciona imediatamente com suas necessidades; é algo que mergulha, por sua raiz, até as profundezas das necessidades vitais; é preciso que ele consiga distinguir o azul das outras cores. Esse azul, provavelmente, fala à sua percepção, age sobre sua percepção e, por intermédio de sua percepção, age sobre seus órgãos locomotores, de tal maneira que, mal é percebido o objetivo, ele alça voo. Tende a voar rumo ao azul que o atrai, e então a consciência que ele tem do que existe de geral nesse azul não pode ser outra coisa senão a consciência que ele adquire da atitude quase necessária em que essa percepção o instala. Essa percepção age sobre seus órgãos locomotores; ele tem consciência dessa ação, da ação que ele realiza ou que vai realizar, da atitude que toma, e é a consciência da atitude que ele toma, consciência que é sempre a mesma para todas as percepções de todas as nuances de azul, que, evidentemente, cumpre, para ele, a função daquilo a que chamamos de representação do conceito. Em outros termos, é sua ação, iniciada ou virtual, ou até mesmo realizada, que extrai dos casos que diferem mais ou menos levemente uns dos outros o que esses casos têm em comum. A ação é como a raiz da planta que, de solos muito diferentes, extrai o mesmo suco que lhe deve servir de alimento. Estando o animal automaticamente instalado, por percepções diferentes, mas análogas do ponto de vista vital, em atitudes análogas, a consciência que ele tem dessa identidade de atitudes na diversidade das situações é a própria base daquilo a que chamaremos de generalidade da concepção, quando essa mesma representação se tornar o conceito[36]. Explico-me, porém, mais claramente.

De onde vem a dificuldade? Nossos órgãos dos sentidos percebem um amontoado de nuances da mesma coisa, um amontoado de diferenças, um amontoado de mudanças. Se fossem deixados à sua sorte, se nossas faculdades de percepção fossem deixadas à sua sorte, toda formação de conceito seria evidentemente impossível, pois tudo se distingue assim como tudo se assemelha. Não haveria nenhuma razão para aproximar isto daquilo; e o agrupamento, que é a própria base da formação dos conceitos, seria impossível.

Mas, se a percepção nos mostra um número infinito de nuances, se ela nos mostra que tudo é diferente de tudo, se a percepção não nos oferece uma diferença categórica, a ação, em contrapartida, é possível apenas por meio das diferenças categóricas. Toda ação é uma escolha: a ação procede por afirmação ou por negação; não há intermediário, é o sim ou o não. Podemos imaginar tantas nuances de azul ou de cores quanto quisermos, mas, para o inseto, não há meio-termo entre voar e não voar; é pegar ou largar.

Consideremos graus de temperatura percebidos pelo homem; percebemos todas as nuances possíveis, todos os graus de temperatura entre certos limites. Isto é quente, é frio? Não há quente ou frio para uma percepção que é apenas percepção; há apenas graus de temperatura. Mas, se, para a percepção enquanto percepção, não há distinção nítida entre o quente e o frio, para a ação, a situação é inteiramente diferente, pois, quando abro minha janela em um dia de inverno, sei muito bem se sinto uma sensação de atração ou de repulsa, se devo pegar uma vestimenta suplementar para sair. É pegar ou largar; a ação procede por escolha clara: o que é preciso é um sim ou um não. Suponham os senhores um ser que seja perceptor por um lado, atuante por outro. Sua percepção registrará apenas nuances, mas sua ação fará escolhas que serão determinadas pelas próprias necessidades da vida; sua percepção não fará agrupamentos, mas sua ação fará alguns, porque ora ela será solicitada a tomar uma atitude ou outra, ora ela não o será, e porque se trata, aqui, de uma escolha clara, é um sim ou um não. Consequentemente, a ação realizada, ou a ser realizada, na maioria das vezes virtual, vai extrair de percepções diferentes, e, por vezes, muito diferentes, algo de comum, a saber, o que há de análogo do ponto de vista vital, das necessidades da vida.

Examinemos um exemplo material que torne a coisa compreensível. Digamos uma dessas balanças automáticas ou básculas como vemos nas estações ferroviárias. Existe, acredito, uma mola que é acionada pelo peso. É bastante evidente que todas as nuances possíveis de peso são percebidas por essa mola. Mas podemos muito bem supor que a agulha da balança que marca os pesos tenha sido acionada por tal mecanismo de modo a poder marcar, por exemplo, apenas múltiplos de 5. Consideremos todos os pontos entre 2 ½ e 7 ½; podemos supor que a balança seja feita de tal maneira que indicará 5 todas as vezes que os pesos se situarem entre 2 ½ e 7 ½. Há, portanto, entre 7 ½ e 2 ½, uma infinidade de pesos diferentes que são todos marcados por um 5. O aparelho motor da balança, que é a agulha, terá feito uma escolha; terá aproximado como semelhantes coisas dessemelhantes, e isso simplesmente porque, se o aparelho perceptor pode perceber todas as coisas possíveis, o aparelho motor tem somente a escolha entre um número determinado de ações possíveis. Por conseguinte, a mesma ação deve corresponder a um número muito grande, tão grande quanto quisermos, de percepções compreendidas em certo intervalo.

A questão levantada aqui é a seguinte: um animal, mesmo superior, como um homem, está organizado como essa balança? Será que a consideração de um organismo único nos sugere a possibilidade de comparar o homem a essa balança? Existe nele um aparelho perceptor capaz de perceber tantas coisas quanto quisermos e um aparelho motor que, por sua vez, pode apenas escolher entre um número bastante restrito de atitudes automáticas possíveis?

Pois bem, sim, a consideração de nosso organismo nos mostra que as coisas acontecem assim. Nossos órgãos dos sentidos são muito ricos em percepções; estão em relação com o cérebro, que está ele mesmo em relação com a medula; e, na medula, está montado certo número de mecanismos complexos, de modo que possamos, a propósito de uma percepção, tomar certas atitudes, ou, se não as tomarmos automaticamente, possamos tender a tomá-las. Consequentemente, nossos mecanismos motores são como instrumentos extratores de semelhanças; todas as vezes que as diferenças não são demasiado grandes, que elas estão compreendidas em certos limites, elas se apagam diante da identidade das funções vitais, da identidade de relações com a ação possível. Temos aí um mecanismo que deve servir de começo, de base para a operação da generalização. Não é o acúmulo das imagens sobre as imagens que inicia a generalização – pois, então, tudo se acumularia sobre tudo, ou nada sobre nada, não compreenderíamos por que certas generalizações se fazem, e outras não. Não é a imagem que se generaliza ao se sobrepor à imagem, é o ato que acarreta a generalidade pelo fato de que, enquanto, por um resultado necessário desse fato, as percepções são dadas em continuidade, as ações automáticas possíveis são dadas em descontinuidade; pois, enquanto as percepções estão em número indeterminado, as ações ou atitudes automáticas possíveis ou virtuais estão em número bem determinado. É, portanto, de algum modo, a preguiça de nossa ação – emprego essa palavra no sentido da preguiça da balança – que está na base da formação do conceito. Oportuna preguiça, que foi desejada pela natureza, que não é uma inferioridade, mas uma superioridade sobre a matéria bruta, pois, sem essa preguiça, nosso organismo seria justamente um motor bruto; mas é a faculdade que ele tem de escolher, de continuar, de prolongar, por reações em número limitado, percepções em número ilimitado e indeterminado, é por essa função que ele se distingue primeiramente da matéria inorganizada.

Não pretendo que o conceito seja o que acabamos de descrever; falta-nos tempo para mostrar o que o homem implanta nesse solo de conceito naturalmente formado; acabamos simplesmente de descrever o que é comum ao homem e ao animal no processo de formações conceituais. Mas, desses conceitos rudimentares, o homem extrairá alguma coisa, graças à linguagem, graças à reflexão sobre o conceito e, sobretudo, prolongará indefinidamente a obra da natureza e sobreporá a esses conceitos naturalmente formados outros conceitos artificiais formados por imitação ao que a natureza já esboçou nele.

Na próxima lição, diremos de onde vem a grande dificuldade do problema do tempo, e por que o tempo escapa à representação conceitual.

QUARTA AULA
SESSÃO DE 26 DE DEZEMBRO DE 1902

Senhores,
    Mostramos na última aula que o conceito, isto é, a ideia geral, simples e abstrata, tem origens mais humildes, mais modestas do que poderíamos acreditar, se considerarmos que o papel do conceito é, acima de tudo, um papel especulativo. Dizíamos ser muito difícil explicar o mecanismo de formação de um conceito, de uma ideia abstrata e geral, se considerarmos que o conceito tem um papel unicamente especulativo, desinteressado; dizíamos tratar-se de um instrumento de conhecimento pelo conhecimento, um meio de conhecer por conhecer, e a principal razão que dávamos para isso é a seguinte:
    Tudo se assemelha a tudo, e tudo se distingue de tudo; sejam quais forem as coisas percebidas, sejam quais forem as qualidades percebidas, encontraremos sempre uma semelhança entre elas, se nos elevarmos alto o bastante na série das generalidades, e sempre uma diferença, se descermos baixo o bastante naquilo que poderíamos denominar a série das especificações. Se recebermos as coisas como elas se apresentam à percepção, não há razão alguma para agrupar uma coisa e outra, em vez de uma terceira, para efetuar sobre ela

esses trabalhos de combinação, de abstração e de generalização de que falam os psicólogos. A comparação de certos objetos ou qualidades entre si, com vistas a extrair semelhanças, supõe que já tenhamos identificado algo de comum entre os objetos que relacionamos. Ora, se identificamos o que é comum, não cabe mais buscá-lo; encontramo-nos em um círculo vicioso, e é em vão que procuramos deixá-lo, supondo, antes da generalização propriamente dita, uma espécie de operação de fotografia compósita pela qual objetos diversos ou qualidades diversas começariam por se sobrepor um ao outro, de modo que, nesse solo, viesse implantar-se, em seguida, a ideia geral. Mostramos que a existência de uma fotografia compósita, cerebral ou mental, dessa espécie, é das mais problemáticas, das mais contestáveis, para não dizer outra coisa. É, portanto, certo que, por um lado, a formação de um conceito não é possível se não houver, anteriormente a essa operação, algo mais mecânico; e, por outro, que essa operação mais mecânica não pode ser da natureza da imagem; não pode ser algo que anuncia a ideia geral sob a forma de imagem, tendo em vista que não existem – a consciência o diz – imagens dessa espécie, e que, *a priori*, não se vê, aliás, como poderiam existir.

Portanto, enquanto permanecemos no campo da pura especulação ou do puro conhecimento, ou da pura percepção, a generalização e, mais simplesmente, a formação do conceito parecem impossíveis.

O mesmo não acontece, dizíamos, quando nos situamos no campo da ação. Se, no campo do puro conhecimento ou da pura percepção, tudo se assemelha a tudo, e tudo se distingue de tudo, se há continuidade de semelhanças e de diferenças, a ação é, em contrapartida, algo descontínuo: agimos ou não agimos; a ação é uma escolha; a ação é algo categórico, nítido e que se opõe, por esse traço, à percepção. O que a percepção não pode fazer, isto é, operar aproximações e formar, dessa forma, o rudimento do conceito, a ação é capaz de fazer.

Se eu considerar um órgão dos sentidos, como a vista, ele perceberá tantas nuances quantas quisermos, milhares de nuances, e a percepção sozinha nunca chegará a preparar um conceito, isto é, uma aproximação de semelhanças que se distinguirão de outro grupo de semelhanças. Mas se considero a ação, ou mais simplesmente os mecanismos motores montados em um corpo vivo, em um ser vivo suficientemente elevado na série, esses mecanismos motores estão em número limitado, determinado e, consequentemente, por um número indeterminado de excitações recebidas, de percepções recebidas, há apenas um número determinado, limitado, de reações possíveis. Será, portanto, preciso que agrupamentos se façam e que se apaguem as diferenças que podem ser profundas ou leves em si mesmas, mas que não contam do ponto de vista de uma reação ou outra do ser vivo.

Considero um instrumento, como um eletroscópio de folhas de ouro*; os senhores podem eletrizá-lo com as mais diferentes substâncias; como ele tem apenas um movimento a realizar, como é realmente preciso que as folhas se afastem ao se moverem, como ele pode realizar apenas uma ação, será realmente preciso que, por essa única ação, ele extraia tudo o que há de comum entre esses objetos mais diferentes.

Somos algo mais complicado que esse eletroscópio, mas algo do mesmo gênero. Temos aparelhos que podem ser afe-

---

* Aparelho que permite identificar a existência de cargas elétricas em um determinado corpo. Uma de suas versões mais comuns, o eletroscópio de folhas, é composto de uma garrafa isolante, fechada por uma rolha, com uma esfera metálica na parte de cima e, na parte de baixo, duas folhas metálicas (no caso descrito por Bergson, folhas de ouro). Aproximando-se um corpo eletrizado da esfera superior, as folhas, possuindo cargas de mesmo sinal, separam-se em razão da indução de cargas no sistema. [N. T.]

tados por uma massa de sensações diferentes; mas o mecanismo motor, embora esteja igualmente interessado por essas diferentes ações, reage da mesma maneira, e, então, essa reação idêntica, remontando, por assim dizer, às percepções dessemelhantes, agrupa-as; assim, o ser vivo, enquanto ser atuante, provido de sistema motor, pode ser considerado como aquele que extrai das coisas as semelhanças, extraindo apenas o que é útil e necessário para as necessidades da ação. Assim, no início da generalização, no início da formação dos conceitos, existia a adoção maquinal pelo ser vivo, pelo animal, de uma mesma atitude para excitações diferentes, mas que não são suficientemente diferentes do ponto de vista do interesse vital para não acompanhar, exigir uma reação análoga, e essa atitude consecutiva às percepções, retornando por uma espécie de choque de retorno às próprias percepções, agrupa-as, mesmo diferentes, mesmo dessemelhantes, em uma mesma categoria, e as faz entrar no mesmo quadro. Ora, uma diversidade de objetos ou de qualidades, agrupada sob uma mesma rubrica, não é outra coisa senão um conceito ou, pelo menos, tudo que é preciso para fabricá-lo.

Entretanto, no homem, há algo mais. É certo que, no animal, o conceito é isso; o animal não pensa seus conceitos, mas os emprega. Um cão de caça fica em alerta diante de toda espécie de caça. Teria ele o conceito de "caça", a ideia geral de caça? Ele certamente não a tem enquanto representação, mas sim enquanto ação. Emprega seus conceitos apenas pelo fato de ficar em alerta diante de toda espécie de caça. E não digo que não haja nisso um começo de representação do conceito, na medida em que ele, ser consciente, tem consciência dessa identidade de atitude diante de uma multiplicidade de excitações, de percepções diferentes. É provável que as veja diferentes, é certo; ele vê como nós, e frequentemente melhor do que nós; e, por outro lado, na medida em que adota, em relação a elas, a mesma atitude maquinal, ele as sente seme-

QUARTA AULA 65

lhantes, parelhas. Consequentemente, encontram-se de fato aí todos os rudimentos de um conceito; e é certo que, no homem, o começo, a primeira aparição do conceito é algo desse gênero. Mas, no homem, juntam-se muitas outras coisas.

Primeiramente, o homem é capaz de refletir distintamente sobre essa ideia real ou virtual que ele toma, ou tomaria, em relação a ações ou percepções diferentes. Reflete, portanto, sobre o que poderíamos denominar o conceito que ele emprega, e, com isso, já tende a fazer que o conceito suba para uma esfera mais elevada. O homem é, ademais, um ser que fala, um ser sociável, e vai designar esse conceito por uma palavra, e essa palavra, sendo um signo muito mais manejável do que seria a atitude corporal por ele tomada, vai tornar o conceito mais manejável, assim como mais mobilizável. Ele empregará a palavra não somente para falar com os outros, mas para falar consigo mesmo; e, sobretudo, e esta é a principal diferença, enquanto o animal tem apenas um número limitado de conceitos vividos, empregados por ele – os que interessam imediatamente a suas necessidades, sua existência, suas necessidades reais ou artificiais, até mesmo os que são desejados e necessitados pela natureza –, o homem, e este é o segredo de toda sua indústria, sabe imitar dessa forma o que a natureza começou produzindo nele, mecanicamente; ele prolonga a obra da natureza. Aos conceitos que se formam naturalmente e que existem apenas em número limitado, ele acrescenta ou sobrepõe um número tão grande quanto quiser de conceitos fabricados por ele e, assim, imitando a natureza, prolongando seu trabalho, ele consegue estender indefinidamente o campo do pensamento conceitual.

Mas, por mais artificial que seja o conceito, ele conserva sempre a marca de sua origem: ele tem sua origem na ação, e é, acima de tudo, um instrumento de ação. Todo conceito tem, mais ou menos, uma destinação prática; todo conceito é uma pergunta feita por nós à realidade, do ponto de vista relativo, à atitude que devemos tomar em relação a ela ou que ela toma em relação a nós; um conceito é uma rubrica, uma classe na qual fazemos entrar um objeto. Procurar em que classe um objeto pode entrar, perguntar-lhe se ele é isto ou aquilo é, no fundo, perguntar-lhe o que ele é em relação a nós, o que poderíamos fazer dele; trata-se sempre mais ou menos de uma pergunta relativa à prática, relativa à ação possível, dirigida ao real. Mesmo quando o conceito, eu dizia, é da ordem mais elevada, os conceitos filosóficos não escapam a essa regra. Considerando conceitos como os de multiplicidade e de unidade, é bastante visível serem esses conceitos formados pela ação. Haveria uma multiplicidade, haveria um número na natureza? O número é certo número de ações por nós efetuadas para contar. Ponham um cão na presença de três maçãs e de três casas, e ele não saberá extrair disso a semelhança dos três; nós a extraímos, porque, nos dois casos, é a mesma ação que é solicitada de nossa parte, a ação que consiste em contar um, dois, três.

O conceito de multiplicidade é, portanto, e seria fácil mostrá-lo em detalhes, acima de tudo um conceito relativo à ação, um conceito que exprime uma ação[37].

Portanto, mesmo sob sua forma mais elevada, o conceito exprime algo que ainda é do campo da ação; mesmo sob sua forma mais elevada, ele implica sempre uma pergunta feita à realidade, e à qual a realidade pode somente responder sim ou não. Essa é a marca do conceito. Um conceito é o atributo possível de um juízo. O juízo será afirmativo ou negativo; não há meio-termo: é preciso afirmar ou negar. No fundo, uma afirmação e uma negação são, por essa mesma razão, categorias da ação, muito mais do que do conhecimento puro, pois considerando-se as coisas em si mesmas, é bastante raro que não participem do sim ou do não, e que não sejam uma coisa e seu contrário – em graus diferentes –, mas a ação não se acomoda facilmente a essas misturas. É preciso escolher, é preciso escolher o que o objeto é mais precisamente e mais do que o resto; consequentemente, a escolha realmente é, acima de tudo, uma categoria de ações, e a afirmação e a negação, enquanto escolhas, são coisas relativas à ação.

Haveria muito a dizer sobre este ponto e sobre as consequências que poderíamos tirar dessas diversas considerações de ordem psicológica, do ponto de vista do conhecimento filosófico absolutamente puro, pois o que resulta disso tudo é que o conhecimento por conceitos é um conhecimento descontínuo. Se tomarmos uma realidade contínua, uma continuidade de movimentos, por exemplo, uma continuidade qualquer conhecida por conceito, isso será, em determinado momento, em algum ponto desse desenvolvimento contínuo, chegar e formular uma pergunta que comportará a resposta sim ou não: és isto ou não és isto? O conhecimento por conceito será, portanto, descontínuo e, consequentemente, ele nunca conseguirá reproduzir exatamente a continuidade da realidade. Será um conhecimento descontínuo. Acrescento, e isto é muito mais grave: será um conhecimento por meio do que já sabíamos. Conhecer por conceito é chegar com ideias feitas, já existentes, e perguntar à realidade em qual de seus quadros ela pode entrar.

Mas se ela não entrar em nenhum deles e, de modo geral, se for um objeto novo, realmente novo, ele não entrará em nenhum – no entanto, queremos conhecê-lo por meio de conceito –, será preciso que o façamos entrar à força em um dos quadros que já possuíamos, ou em vários. Se for em um dos quadros, a expressão será necessariamente inexata; esse quadro lembra algo que já conhecíamos; o objeto, por hipótese, é novo, e não pode, portanto, entrar nele inteiramente; consequentemente, um novo filósofo certamente utilizará outro quadro, concluirá que o objeto entra nele de maneira ainda aproximada, e teremos dois sistemas, dois pontos de vista diferentes sobre a mesma coisa. Pois se procurarmos fazer que o objeto entre em vários desses quadros ao mesmo tempo, e isso é sempre possível, estaremos muito mais perto da realidade; mas será, então, preciso explicar como esses quadros podem ser aproximados uns dos outros e coexistir em uma mesma coisa. Ora, na maioria das vezes, encontraremos justamente os dois contrários. Como podem coexistir na mesma coisa? Em resumo, e é a conclusão a que eu me encaminhava para este primeiro ponto, seria fácil mostrar que, em filosofia, as doutrinas opostas, os sistemas opostos constituem sempre vistas opostas captadas sobre uma mesma coisa que não é nem uma nem outra dessas vistas, precisamente porque são vistas. São vistas captadas de fora, e a realidade, vista de dentro, considerada de dentro, é outra coisa.

Dir-me-ão, é verdade: mas então não há meio de conhecer filosoficamente. Conhecer é isto, é julgar, é afirmar ou negar, é aplicar conceitos. Se não podemos alcançar a verdade filosófica com conceitos, como a alcançaremos? Nem é preciso dizer que não podemos eliminar os conceitos do conhecimento filosófico[38]; mas será sempre necessário lembrar que os conceitos constituem tantas vistas captadas de fora e relativamente à ação, e que, se quisermos conhecer a realidade tal qual ela é em si mesma, será preciso que tentemos outro procedimento, não digo absolutamente diferente do pensamento conceitual, mas superior ao pensamento conceitual, tal qual acabamos de entendê-lo.

Que procedimento é esse? É aquele a que chamamos – já empreguei esta expressão – de "simpatia intelectual"[39], uma intuição; é preciso que, por um esforço de intuição, procuremo-nos situar na coisa que desejamos pensar. Em vez de captar, de fora, vistas dela, é preciso que procuremos simpatizar intelectualmente com ela.

Os senhores me dirão: mas isso é possível? Isso será possível se pudermos mostrar que os seres e as coisas são muito menos exteriores uns aos outros do que parecem. Se sou absolutamente distinto do objeto que percebo, absolutamente distinto desta ou daquela pessoa, absolutamente distinto de tal objeto metafísico que me agrada estudar, é evidente que nunca terei dele uma intuição, mas tampouco terei um conceito. Se consigo conhecê-lo, de alguma maneira, é porque não sou absolutamente exterior a ele; é porque a exterioridade recíproca das coisas e dos seres já é uma aparência qualquer de personalidade, ao menos, artificial, algo necessário à vida, pois a vida exige uma separação, como que um egoísmo dos seres, mas essa é uma necessidade da vida, e não do pensamento; e talvez possamos transcender esse egoísmo, sob a condição de fazer um esforço absolutamente diferente do esforço habitual de pensar, pois o pensamento habitual é exatamente o contrário: ele consiste em passar dos conceitos às coisas. Pegamos conceitos – temos um amontoado deles – e os aplicamos aos objetos, como se fossem roupas prontas, para ver qual servirá melhor.

Primeiramente, com esse método, nunca chegaremos a abranger a própria coisa; em seguida, querelar-nos-emos sempre entre nós, pois poderemos dizer: é isto ou aquilo que serve melhor. É verdade que essa é a coisa mais fácil de verificar. Mas o procedimento de que falamos exige um esforço extremamente penoso, a que chamarei esforço de dilatação intelectual[40]. É preciso que, continuando a sermos nós mesmos – pois não temos outra escolha –, tornemo-nos mais do que nós mesmos; é preciso que saiamos de nós, que nos dilatemos, que consigamos fazer que entrem em nós outras coisas, o que não seria possível se não estivéssemos unidos, de alguma maneira, à razão das coisas. E, então, essa maneira de pensar é o inverso da anterior. Não passamos dos conceitos às coisas, mas das coisas ao conceito; procuramo-nos situar imediatamente na coisa e, então, uma vez que lá nos encontramos, podemos retornar aos diferentes conceitos; e percebemos muito bem como e por que eles se aplicam à coisa, e como não se aplicam a ela.

Se estou em uma continuidade como aquela de que falava há pouco, se me reposiciono nela por uma espécie de simpatia, encontro, ao longo de todo o caminho, os conceitos tomados sobre essa continuidade; conheço-os, marco seu lugar; vejo em que medida convêm e não convêm. Ao contrário, se tenho vários conceitos, posso compará-los entre si como eu quiser; nunca reconstituirei a coisa, pois, com vistas, não se fazem coisas; com fotografias, por mais numerosas que sejam, os senhores nunca farão um objeto em relevo; ao passo que, se perceberem o objeto em relevo, os senhores compreenderão como, de todos os pontos de vista, podemos tirar todas as fotografias. Portanto, essa maneira de proceder – e acredito tratar-se da maneira pela qual procedemos consciente ou inconscientemente em filosofia, denominamo-la recurso à intuição[41] – é algo que não se confunde com o pensamento conceitual, visto que reencontramos os conceitos em nosso caminho. É outra coisa, é, em suma, uma direção, como direi, uma posição inversa, simétrica, tomada pelo espírito em relação ao conceito. No pensamento habitual, normal, ele está do lado do conceito; é preciso que ele se veja do outro lado, pois, sem isso, não há reflexão filosófica e, sobretudo, metafísica possível.

É tempo de chegar à conclusão para a qual esta introdução se encaminha. Abrevio-a bastante, pois foi preparada por tudo que precede, e porque já foi apresentada no ano passado. A conclusão é a seguinte: se existe alguma coisa que não se possa exprimir por meio de conceitos, se existe alguma coisa que seja refratária a toda espécie de representação simbólica, trata-se precisamente do objeto de que falaremos este ano; é o tempo, é a duração, cujas diferentes teorias iremos examinar.

QUARTA AULA

Por sua própria natureza, a duração, o tempo é refratário a toda espécie de representação conceitual, e isso é algo fácil de ver. Se, primeiramente, considerarmos o tempo sob sua forma mais exterior, eu diria quase a mais palpável, a mais material, se considerarmos o tempo sob a forma de um movimento realizado no espaço, e é realmente assim que geralmente o concebemos, o tempo é o movimento uniforme (seria muito difícil definir a uniformidade de um móvel no espaço) – sob a condição de considerar esse movimento como a unidade à qual se relacionarão todos os demais.

Digo que, ainda que consideremos o tempo já assim exteriorizado, o tempo já em grande parte especializado, é difícil, e até mesmo impossível, representá-lo simbolicamente e ter dele uma ideia, uma expressão conceitual.

Com efeito, há duas maneiras de ver, de conceber esse movimento no espaço. Já indicamos uma primeira maneira: poderíamos transportar-nos pelo pensamento, dizíamos, para o interior do móvel, e nos imaginar caminhando com ele através do espaço. Poderíamos perguntar-nos o que sentiríamos então interiormente, e dizíamos que esse conhecimento muito especial e interior do movimento, essa visão do movimento por esse lado interior e psicológico seria algo absolutamente simples, como é o movimento de nosso braço quando vai de um ponto a outro, e quando temos dele a percepção interior e indivisa. Essa é a primeira maneira de conceber o movimento.

É verdade que, se concebemos o tempo e o movimento dessa forma, não há nenhuma maneira de expressarmos a outrem o que sentimos; será algo interior. Como eu poderia exprimir por meio de palavras e traduzir em ideias gerais o que sinto interiormente? Tudo o que eu poderia fazer seria apelar para a experiência dos senhores, pedir-lhes que se lembrem do que sentem em caso análogo, ou, caso os senhores não se consigam lembrar, procurar sugeri-lo, ativando o trabalho de sua imaginação e de sua memória. Não poderei, contudo, exprimir por meio de símbolos e firmar em conceitos essa representação da duração.

Existe outra maneira, e esta é, com efeito, uma representação conceitual. Posso conceber o tempo ou, aqui, mais particularmente, o movimento do móvel, não me situando nele, hipótese que pode inicialmente parecer bastante surpreendente, mas vendo-o simplesmente se mover. Ele ocupa posições no espaço; passa por pontos determinados: a, b, c, d etc. Direi que o tempo é a própria sucessão desses pontos a, b, c, d; aí está a segunda ficção, essa exterior ao tempo, e ela é evidentemente traduzível em conceitos.

Examinemos os dois conceitos de que eu falava há pouco: multiplicidade e unidade. Veremos que se pode facilmente aplicá-los a essa representação. Temos, dizíamos, uma multiplicidade de pontos, a, b, c, d, de posições, e temos, então, a unidade dessas posições, pois dizíamos haver uma sucessão de posições. Temos, portanto, certa multiplicidade, certa unidade e até mesmo certa mistura de unidades e de multiplicidades, e essa mistura nos oferece, com efeito, certa figuração conceitual do tempo.

A realidade é que o tempo não intervém, de modo algum, nessa segunda representação, ou, se intervém, é apenas sub-reptícia e implicitamente. Com efeito, as posições a, b, c, d do móvel constituem pontos no espaço, pontos que, por serem pontos do espaço, são imóveis. Se fizerem passar o móvel pelos pontos a, b, c, d, os senhores não poderão deixar de fazer que o móvel coincida com esses pontos quando passar por eles; e se eles coincidirem quando ele passar por eles, estando eles imóveis, ele também estará imóvel; e estará imóvel, em suma, em todos os momentos de seu movimento. Uma posição é uma parada; os senhores dirão que é uma parada infinitamente curta, posso admiti-lo, mas é uma parada.

Dirão os senhores não se tratar de uma interrupção, mas de uma passagem? Mas, a partir do momento em que ela acarreta a coincidência do móvel com o ponto imóvel, essa passagem, por mais que os senhores insistam, é, assim mesmo, uma imobilidade. Os senhores têm, portanto, uma série de pontos, a, b, c, d, imóveis; nunca, com isso, os senhores farão movimento, e tempo.

Mas, sem querer e, por vezes, sem o saber, sempre sem o saber, os senhores se transportam para a outra concepção do movimento. Os senhores dizem: existem os pontos a, b, c, d, mas existe, além disso, a passagem de a a b e de b a c. Os senhores não podem conceber essas passagens senão retornando à outra condição do movimento, isto é, à condição interior, pois o movimento é um ato indiviso, como aquele que os senhores realizam quando erguem o braço tendo dele o sentimento interior. É verdade que os senhores procuram persuadir-se de que não é assim e de que a passagem de seus braços de a a b a c é outra coisa. Há um intervalo, dizem os senhores, entre os dois. Pois bem, o que denomino a passagem é a operação pela qual o móvel passa por a', a'', a''', todos os pontos situados entre a e b.

Se os senhores raciocinarem assim, retomarei minha argumentação. Dir-lhes-ei: enquanto o móvel estiver em a', ele estará imóvel; enquanto estiver em a'', também; o movimento está sempre no intervalo entre essas posições. Portanto, os senhores permanecem em seu ponto de vista, no qual desejam permanecer, ponto de vista das posições. Enquanto permanecerem nesse ponto de vista, os senhores terão apenas imobilidades, não terão movimento, não terão duração. A verdade é que todas as vezes que os senhores falam em movimento e reintegram a duração, é à outra representação do movimento que os senhores se referem.

Portanto, a duração, considerada como um movimento no espaço, digamos simplesmente o movimento no espaço, se ele for realmente concebido e percebido como movimento, ele não será exprimível em um conceito; se for exprimido conceitualmente por uma massa de pontos mais ou menos bem ligados entre si por uma unidade mais ou menos factícia ou natural, então, admito, teremos uma representação conceitual, mas não teremos mais duração, a menos que, sub-repticiamente, façamos intervir a outra representação. Isso quer dizer que o tempo, sob essa forma simples, não é exprimível por um conceito, nem por vários conceitos. Os conceitos nos oferecerão sempre pontos de vista sobre o tempo, uma multiplicidade de pontos de vista sobre o tempo, mas nunca nos darão o próprio tempo. O tempo não pode ser encerrado em uma ou em várias representações conceituais.

O que acontecerá se considerarmos a duração sob sua verdadeira forma, interior, como a sucessão de nossos estados de consciência – pois a duração é isto; a duração é o que encontramos no fundo de nós mesmos, quando nos olhamos, quando nos deixamos viver a vida consciente, a vida interior?

O que encontramos então? Encontramos, dizem, uma sucessão de estados psicológicos. Aqui também há duas maneiras de conceber esses estados. Podemos conceber um estado e depois outro estado, e então um terceiro estado; estados a, b, c etc. que se sucedem justapostos, e diremos que a duração é a sucessão desses estados. Teremos uma multiplicidade de estados mais ou menos ligados entre si por uma unidade mais ou menos artificial.

Sim, mas é bastante fácil ver que essa duração expressa em conceitos é uma duração que não dura. O que é preciso para lidar realmente com uma duração? É preciso uma penetração daquilo que segue pelo que precede; é preciso uma continuidade, é preciso memória. Considero um dos estados de que falamos, digamos o estado b; se ele for verdadeiramente um estado psicológico, que algo de seu passado subsista em seu presente. Se o momento presente ainda não está no momento seguinte, então o estado acaba e recomeça incessantemente. Uma consciência que acaba e recomeça incessantemente é inconsciência; há, portanto, um prolongamento das partes anteriores desse estado nas partes ulteriores, nas partes posteriores.

Se, agora, em vez de considerar um estado, eu considerar dois, o estado *a* e o estado *b*, a mesma coisa será verdadeira para esses dois estados: é impossível que *a* não continue em *b*, e que não haja em *b* algo que prolongue *a*. Temos, pois, um estado múltiplo, mas uma multiplicidade que existe apenas porque a reflexão, uma vista captada de fora, cinde a continuidade, distingue estados que supomos serem todos uniformes, mais ou menos invariáveis, mais ou menos estáveis. Aqui também há representação conceitual, se nos situamos fora da coisa; e se nos situamos fora da coisa, dividimos e fixamos e, consequentemente, não há mais duração, não há mais transcurso. O transcurso é identificado apenas quando nos situamos no interior, se a visão for verdadeiramente interna e psicológica; mas, então, não há mais multiplicidade distinta, não há mais representação conceitual.

Estamos sempre na presença deste dilema: ou a representação é de natureza tal que escapa ao conceito, e então ela é intuitiva, consiste em reposicionar-se na corrente daquilo que se move e em adotar-lhe o movimento, não sendo, pois, conceitual; ou lidamos realmente com uma representação conceitual, mas então a duração escapa, ou, se acreditamos capturar a duração, se efetivamente a possuímos, é porque reintegramos o primeiro modo de representação; encaixamo-lo, introduzimo-lo no segundo.

Não insisto com essas ideias, pois foram desenvolvidas ao longo de todo o curso do ano passado. Limito-me a concluir que o que resulta do curso do ano passado e da introdução ao curso deste ano é que o tempo é, por essência, algo que não pode expressar-se simbolicamente, que não pode caber em uma representação por conceitos puros e, consequentemente, pode-se prever que o filósofo que tenta encerrar o tempo em uma representação dessa espécie ou submetê-lo a uma representação dessa espécie vai deparar-se com insuperáveis dificuldades. E foi precisamente isso que deteve a filosofia desde seus primórdios na Grécia antiga. Imediatamente, não direi por um feliz acaso, mas pela própria perspicácia dos filósofos gregos, encontramo-nos na presença do maior problema: como conseguir conceber conceitualmente o que é a própria mudança, a duração? E imediatamente emergiram os problemas mais graves. É o que mostraremos na próxima aula.

Reservei, porém, intencionalmente alguns minutos para responder a duas objeções muito interessantes que me foram enviadas por dois ouvintes deste curso. Essas objeções são, aliás, relativas a uma questão incidente que tem sua importância.

Havíamos escolhido como exemplo, a respeito dos signos, a vida, haja vista o princípio vital exprimir-se simbólica e exteriormente pela organização, em primeiro lugar, e, em seguida, pelo funcionamento dos órgãos. Havíamos citado esse exemplo ao lado de vários outros; atribuímos-lhe uma grandíssima importância, e isso por uma razão especial, pois nossa intenção é, senão no ano que vem, pelo menos no ano seguinte[42], iniciar um curso que se estenderá por vários anos sobre a questão das teorias da vida, encaradas não do ponto de vista do biólogo, mas do ponto de vista do filósofo, do ponto de vista das ideias filosóficas implicadas nas diferentes teorias biológicas.

Atribuo, portanto, certa importância a essas objeções, embora se refiram apenas a um ponto incidente. A objeção é a seguinte: o senhor diz que a vida é percebida por nós por meio de nosso olho, pois quando falamos de um ser vivo, trata-se de um ser percebido por nós visualmente; e o senhor afirma existir aí uma visão absolutamente simbólica, e mesmo duplamente simbólica, pois nosso olho, que é um signo da vida, um símbolo da vida, percebe um corpo organizado que é, ele mesmo, um símbolo, e há, assim, um símbolo percebido por um símbolo, um simbolismo em segundo grau.

Fazem-me observar que isso implica que a percepção exterior, a percepção dos corpos, capture, abranja apenas signos, uma realidade puramente simbólica, e perguntam-me se essa é realmente a opinião desenvolvida ou latente neste curso.

Lembro que, em um curso anterior, eu disse precisamente o contrário, e declarei que a percepção não é tão simbólica quanto se pretende, e que é um equívoco afirmar, como fez Helmholtz[43], que nossas percepções são apenas signos da realidade, se as consideramos como algo que não guarda nenhuma semelhança com a realidade. E, no entanto, acrescento que, de outro ponto de vista, do ponto de vista que foi desenvolvido neste mesmo curso, este ano, a percepção é, de fato, um signo.

Com efeito, quando é que há signo? Qual é a condição necessária e suficiente para que haja signo? Dissemos que o signo é essencialmente fixador. Consideremos um movimento, consideremos uma realidade variável. Especificar, simbolizar será, primeiramente, fixar; será, em seguida, adotar certa atitude. O signo, dizíamos, é certa atitude relativamente à ação; o significado é a realidade vista através da ação. E, então, o signo despedaça, divide. Ora, existe uma percepção imediata das coisas; percebemos imediatamente a totalidade das coisas. Não passamos das partes ao todo, mas do todo às partes. A percepção consiste em despedaçar, em fragmentar um todo que é inicialmente dado indiviso. Assim, quando temos a percepção de um corpo, temos a percepção de algo que destacamos do todo, que é apenas um fragmento do todo. Dissemos, aliás, que a realidade é móvel, que ela é essencialmente movimento.

Mas perceber é fixar, é imobilizar, e é fixar e imobilizar para as necessidades da ação, e nossos órgãos de percepção simbolizam as necessidades da ação, expressam as necessidades da ação. Por todas essas razões, um corpo, embora seja percebido, em certo sentido, tal qual ele é, em outro sentido ele é percebido apenas simbolicamente, pois é percebido apenas como fragmento, como algo imóvel, ao passo que o todo é movimento e algo relativo a nós, enquanto o corpo, fazendo parte do todo, existe mais para si do que para nós. Por essas razões, nossa percepção é simbólica, e nosso olho, enquanto órgão de percepção, isto é, órgão de ação que se prepara, representa simbolicamente uma necessidade vital, que faz nascer esse simbolismo. Portanto, todo corpo percebido é percebido dessa mesma forma, simbolicamente.

Tratando-se de um corpo vivo, e não de um corpo qualquer[44], o simbolismo é duplo, pois o corpo representa não somente a parte destacada e fixada do todo, mas, além disso, certo trabalho muito misterioso cujo segredo o filósofo deve, entretanto, buscar, mas do qual percebemos evidentemente apenas o exterior, pois esses elementos em número infinito que compõem um organismo, e esse movimento em número infinito que constitui o funcionamento de um organismo, tudo isso deve ter uma chave simples, pressentimo-lo, adivinhamo-lo. Tudo isso é um composto que é o equivalente de algo simples, e o composto equivalente do simples é, por sua própria definição, o signo.

Portanto, temos realmente o direito de afirmar que existe aqui um simbolismo à segunda potência, um simbolismo duplo.

Quanto à segunda questão, ela é mais especial, e direi apenas algumas palavras a seu respeito. Trata-se do darwinismo. Disséramos, de passagem[45], que, na teoria de Darwin, cada particularidade que se apresenta e constitui a vantagem de um ser na concorrência vital é tratada como algo que se acrescentaria ao resto, sem modificar o resto; ela é tratada mecanicamente, de alguma forma – ao passo que é muito difícil conceber que uma modificação, mesmo ligeira, se produza em um ser vivo, sem que ele esteja inteiramente impregnado por ela.

Dizíamos que, se uma flor que geralmente se apresenta branca aparece, um belo dia, vermelha, ela deve ser vermelha – metaforicamente – até em suas raízes, isto é, o vermelho a penetra inteiramente, e não por conta de uma camada de vermelho-vivo que se terá passado por cima.

Dizem-me que, inicialmente, pronunciei a palavra "acaso"; não me lembro de ter pronunciado a palavra acaso. Primeiramente, o acaso não existe; não há variação devida ao acaso, se entendemos por acaso a ausência de causa – digamos uma variação acidental.

Eis, porém, algo que seria mais grave. Darwin admitiria que as mais leves modificações resultassem de uma modificação profunda e, de alguma forma, vital do próprio ser. Não estou certo de que ele o admita; admite, de fato, haver uma correlação entre uma modificação e outra modificação, uma particularidade e outra particularidade, e, de resto, as primeiras páginas de seu livro sobre *A origem das espécies*[46] contêm certo número de exemplos que se tornaram clássicos dessas correlações entre uma particularidade e outra particularidade. Mas, que eu saiba, ele não afirma haver uma correlação entre uma particularidade e o todo do ser vivo, entre uma particularidade e o princípio interno, indiviso de sua vida, entre uma particularidade e aquilo a que chamarei de seu esforço vital[47].

Tanto não o diz que, em sua explicação da hereditariedade (e é nisso que eu estava pensando, no que existe de mecanístico nisso), há uma hipótese essencialmente mecanicista:

a hipótese das gêmulas das partículas do ovo, das quais cada uma é representativa de um elemento do organismo, sendo essas partículas distintas, separadas, de tal maneira que uma particularidade, uma modalidade de um elemento ou outro não atinge, segundo essa hipótese, a própria essência da vida. Não parece, segundo essa hipótese, que uma particularidade esteja ligada à própria vitalidade, à totalidade da vitalidade de um organismo.

Porém, e isto é tudo que desejo reter desta pequena discussão, há um ponto incontestável; é tudo que eu queria dizer e o que todos nós admitimos: a teoria de Darwin, se procurarmos extrair dela a quintessência filosófica, é uma teoria de natureza mecanicista, na qual se considera que as diferenças se acrescentam umas às outras, e não se penetram intimamente em um princípio indiviso.

De resto, aproximou-se muito frequentemente a teoria de Darwin de certas teorias dos filósofos mecanicistas gregos. Evidentemente, a semelhança existe apenas do ponto de vista filosófico da metafísica que está nela implicada, pois o que faz o grande mérito de Darwin é algo inteiramente diferente: é a enorme massa de fatos e de observações que ele acumulou, mas, do ponto de vista filosófico, é realmente uma direção mecanicista que encontramos nessa doutrina.

Eu fazia questão de insistir nessas duas objeções muito interessantes em si mesmas, e que dizem respeito a uma parte do curso que, por não ter grande importância este ano, poderá adquirir outra nas exposições que faremos em um dos próximos anos.

QUINTA AULA
SESSÃO DE 9 DE JANEIRO DE 1903

Senhores,

Procuramos, nas lições que serviram de introdução a este curso, mostrar, por um estudo da natureza e do caráter dos signos em geral, e, em seguida, por um resumo do que havia sido dito aqui, no ano passado, sobre a ideia de tempo, que o tempo, ou a duração, é o que, por sua própria natureza, menos se presta à expressão por signos, o que mais escapa a uma representação simbólica. Para conceber a duração, é necessário um esforço, pelo qual invertemos a direção habitual do trabalho do pensamento. Pensar consiste, no sentido habitual da palavra, em partir de certos conceitos, isto é, de certos signos e em ir com o signo ao encontro da realidade. Pensar, no sentido ordinário da palavra, é fazer à realidade certo número de perguntas prontas, formuladas de antemão; é instalar-se no imóvel, no estável, no desconhecido, aguardar e agarrar, de passagem, a realidade que passa.

Mas então o movimento, isto é, o tempo, a duração, escapa, e se quisermos recapturar essa realidade, se quisermos conceber adequadamente o tempo e a duração, é o procedimento inverso que deveríamos aplicar. É preciso, escalando de volta o declive da natureza, invertendo, revertendo o sentido habitual do trabalho do pensamento, tentar instalar-se de uma vez só no movimento, naquilo que dura, sob o risco de reencontrar, em seguida, ao longo de todo o caminho, os conceitos que constituem tantas sinalizações na estrada. Portanto, do tempo, uma vez apreendido por um esforço interior, pela consciência, podemos passar para os conceitos. Mas não há nenhum meio de passar do conceito ao tempo[48]; consequentemente, uma filosofia que se instala nos conceitos, e que faz dos conceitos o único meio de conhecer, é uma filosofia que está condenada a deixar o tempo escapar, ou a negligenciá-lo, a ignorá-lo completamente, ou a fazer dele uma ilusão pura. O tempo, desse ponto de vista, não é nem analisável nem exprimível.

Era, portanto, absolutamente natural que espíritos que consideravam a palavra capaz de alcançar e de exprimir qualquer realidade fossem levados a negligenciar a duração, ou a considerá-la como pura ilusão.

A filosofia grega adotou, de uma ponta à outra, esse ponto de vista sobre o devir, sobre a duração – e ela tinha de adotá-lo, se levarmos em conta o que é a própria característica desse espírito grego. Talvez não seja inútil – isto é apenas um parêntese, em um momento em que a cultura grega vai, não digo desaparecer, mas, pelo menos, se restringir certamente a um número muito pequeno de iniciados[49] – perguntar, e isto faz parte da própria questão que abordamos hoje, qual é o traço característico, o traço mais marcante desse espírito. Não lhes ensinarei nada de novo ao dizer que esse traço característico, essencial, visível em todas as obras do gênio grego, é a precisão. Os gregos são os inventores da precisão[50].

A precisão não é uma qualidade indispensável, essencial do espírito. Podemo-nos privar dela: um "aproximadamente" basta para toda espécie de coisas, práticas e até mesmo, em certo sentido, teóricas. Temos naturalmente um "aproximadamente", e nos contentamos com "aproximadamente". A precisão é algo que foi inventado, e que poderia não o ter sido. É um acidente histórico: aconteceu, por um concurso feliz de circunstâncias, o qual se produziu em certo ponto do espaço e do tempo, que homens, certos homens, atribuíssem uma importância capital à precisão, à adequação perfeita do fundo e da forma, a uma inserção da ideia na forma, de tal maneira que, entre essa forma e essa ideia, não houvesse nenhuma folga, nenhuma distância, nenhum intervalo.

Inserção perfeita, completa, da ideia na forma; busca, acima de tudo, da precisão: eis evidentemente o traço característico do espírito grego. Isso é visível em todo lugar, em tudo que os gregos nos deixaram e, primeiramente, em sua literatura, que é isso acima de tudo. Uma literatura não é, necessariamente, guiada pela preocupação com a precisão. Houve literaturas antes da literatura grega, e houve outras desde então que não se inspiraram todas nos gregos; e, para nos atermos às nossas literaturas ocidentais, a literatura inglesa e a literatura alemã, embora certamente impregnadas de classicismo e muito inspiradas pelos clássicos, não são, entretanto, herdeiras diretas da cultura helênica.

Aquilo que parece distinguir essas literaturas da literatura grega e da literatura latina, e aquilo por onde elas se afastam da literatura que frequentemente lhes serviu de modelo, é que elas não visam unicamente a exprimir-se; procuram também sugerir, isto é, a forma não circunscreve sempre de maneira estreita o contorno da ideia. Frequentemente, a forma não possui conteúdo absolutamente indicado; o autor faz apelo ao leitor para preencher com um conteúdo que não é absolutamente determinado de antemão, que é parcialmente indeterminado, a forma, o molde que ele apresenta. Essa literatura é sugestiva de ideias tanto quanto expressiva de ideias. Mas a própria essência do helenismo e, pode-se dizê-lo, do classicismo, o que faz o classicismo é uma tamanha adequação da ideia à forma que é preciso que, na forma, a ideia esteja dada; ela lá se encontra totalizada de tal maneira que não possa haver lugar para a interpretação puramente sugestiva, puramente individual. A lealdade, a sinceridade é, de alguma forma, a exposição perfeita da ideia embutida na forma. Eis o que é o classicismo em geral, e o helenismo em particular, e é isso que íamos buscar na cultura grega; é nesse sentido, é por essa via que nossa própria literatura é certamente herdeira direta da literatura grega.

É preciso lamentar que se tenha renunciado, pelo menos no caso da maioria dos espíritos cultos, a esse meio de cultura? Provavelmente, houve aí uma evolução inevitável, e que se iniciou há muito tempo: no mesmo dia em que se deixou de fazer do grego o objetivo, a meta dos estudos clássicos. Não digo que o latim não seja tão preciso quanto o grego, mas os latinos não inventaram a precisão; receberam-na, imitada, e tiveram de restringi-la a um pequeno número de ideias, a um número de ideias muito menos considerável; tiveram de encolher o campo de suas investigações. Em suma, a precisão perfeita, a adaptação perfeita da forma ao fundo, isso parece ser uma invenção dos gregos, e algo acidental; isso se deve a certa qualidade, que talvez seja um defeito sob outros aspectos, e que é a qualidade mestra do espírito grego.

Isso é visível na literatura grega, e é visível na ciência grega. Os gregos inventaram a demonstração; são os verdadeiros inventores da demonstração matemática. Ela não existia antes deles.

Foi frequentemente dito que a matemática, que a geometria não era de origem grega, e, de fato, foi demonstrado que os egípcios conheceram certas proposições geométricas. Mas também foi demonstrado, por trabalhos recentes, que os egípcios obtinham essas propriedades geométricas por meios empíricos; eram, certamente, generalizações da experiência; não havia demonstração. A demonstração é uma invenção grega; trata-se de uma inserção tão perfeita, tão rigorosa das proposições umas nas outras e em uma definição primordial que, em nenhum lugar, ao longo de toda a dedução, existe intervalo, distância, folga. É o rigor, é o absoluto na forma; uma demonstração geométrica é um absoluto. Uma vez feita, não compreendemos como ela poderia ter sido feita de outra maneira.

Isso é ainda algo contingente no espírito humano. Produziu-se e poderia nunca se ter produzido. A matemática teria existido de qualquer modo, pois a demonstração não é essencial na matemática, e compreende-se que o espírito humano tenha seguido essa via. Poderíamos ter chegado imediatamente à matemática tal qual os modernos a concebem: a matemática como um estudo da variação contínua de uma ou de várias grandezas ligadas a outras grandezas. A demonstração é algo muito especial. É algo que recolhe, que escolhe, ao longo dessa continuidade, variações, certas estações, certos lugares de repouso, e estuda certas relações estáticas assim obtidas; é algo que poderia não ter sido. Mas, se isso não tivesse acontecido, a matemática, mesmo existindo, não teria sido o que ela é, isto é, o modelo da precisão, do rigor, o próprio tipo do rigor e da precisão. É isso que os gregos inventaram.

Eu dizia que a precisão é uma grande qualidade; é, por vezes, um defeito, e a medalha tem seu reverso. Aí onde buscamos a precisão acima de tudo, somos necessariamente levados a considerar como inexistente o que não é exprimível com uma precisão perfeita e, com mais forte razão, o que absolutamente não é exprimível. E é natural, nessas condições, que tudo que é progresso, tudo que é devir, tudo que implica geração, evolução, que tudo isso escape, ou escapasse, mais ou menos completamente ao espírito grego. Isso é muito visível na literatura grega e na ciência grega. Existem estados de alma que os gregos não conheceram ou, pelo menos, que sua literatura não conheceu, que ela deixou inteiramente de lado; e são justamente os estados de alma mais profundos, os que não são totalmente exprimíveis por palavras e, com mais forte razão, os que absolutamente não são exprimíveis por palavras, tudo que pode ser apenas sugerido e não expresso, isto é, em resumo, uma boa parte do que alimenta a poesia lírica dos modernos, tudo isso foi deixado de lado pelos gregos.

Eu dizia que isso é visível na ciência grega. É uma ciência estática, uma ciência muito precisa, mas uma ciência que omite sistematicamente tudo que não entra no quadro rigoroso de uma demonstração. Há um homem que talvez seja o maior gênio matemático que tenha jamais existido, e que é grego: é Arquimedes[51]. Pois bem, Arquimedes, que é o inventor da mecânica, rumou imediatamente para a parte da mecânica que nos parece, hoje, a mais distante da realidade, a mais artificial, a que supõe, a que corresponde inteiramente a uma construção do espírito; e, ao contrário, a parte da mecânica que alcança o real, que circunscreve estreitamente o real, a realidade que se torna movimento, dinâmica, ele não a conheceu. Por quê? Porque a estática é o que entrou no quadro absolutamente preciso e rigoroso da demonstração. Não digo que a dinâmica seja menos precisa, menos rigorosa sob a forma que os modernos lhe conferiram, mas foi necessário, mais ou menos artificialmente, conduzi-la a adquirir esse rigor; ela não o possuía originariamente.

Arquimedes é muito instrutivo desse ponto de vista, quando se considera sua matemática. Ele teve a ideia dos procedimentos matemáticos mais complicados e de mais difícil aplicação; fez aquilo a que chamamos hoje de integrações. Mas, o que é muito curioso, ele nunca considerou esses procedimentos, esses métodos que aplicava, senão como espécies de andaimes externos às coisas, que os matemáticos constroem provisoriamente para medir, e dos quais procuram livrar-se o mais rápido possível. Ele justifica cada uma de suas integrações por meio de uma demonstração particular, sempre *per absurdum* – pelo absurdo, se não se admitir a exatidão de seus cálculos, mas nunca lhe veio a ideia de que os elementos que entram em seu cálculo fossem elementos reais. Se essa ideia lhe tivesse vindo ao espírito, ele teria sido levado a construir uma matemática como a dos modernos, com a ideia de infinitamente pequeno na base, a ideia de infinitamente pequeno considerado como elemento real, integrando a realidade. Tal ideia não lhe veio e, supondo que lhe tivesse vindo, ele a rejeitaria, pois isso seria renunciar à precisão, ao rigor absoluto da demonstração. Eis, portanto, o traço realmente característico do espírito grego, e se nos quiséssemos convencer, por um estudo exterior da filosofia grega, da importância capital que a expressão e, sobretudo, a expressividade sempre tiveram para os gregos, bastaria seguir, na filosofia, a história do vocábulo que significa, originária e essencialmente, a palavra.

Λόγος [*Lógos*] é a palavra e, em seguida, λόγος [*lógos*] é a demonstração. É assim que se designa a demonstração matemática: λόγος [*lógos*]. E, então, passa a ser o raciocínio em geral; é também a razão, em geral, e, em seguida, o conceito, a Ideia, tal qual Platão e Aristóteles a compreenderam; o conceito é a definição justamente porque é um conceito. Um λόγος [*lógos*] é uma definição. E, então, à medida que avançamos na história da filosofia grega, o significado do termo se amplia ainda mais, permanecendo, ao mesmo tempo, muito próximo do sentido originário. Entre os estoicos, λόγος [*lógos*] é o que explica e o que causa também a vida; é a razão seminal, a razão geradora; é o princípio da organização vital. E, então, na filosofia de Plotino, o λόγος [*lógos*] passa para o primeiríssimo plano; não que isso seja muito visível, mas se desejamos compreender Plotino, como dizíamos no ano passado, é desta última [noção][52] que devemos partir: λόγος [*lógos*], isto é, a razão geradora, algo que é estendido entre a Ideia e o devir.

É verdade que Plotino tomou o cuidado de nos indicar, de maneira implícita, como esse senso de organização se prende ao sentido original. O λόγος [*lógos*] assim entendido é como o papel de um ator; e, com efeito, o λόγος [*lógos*] tem primitivamente esse sentido; o discurso que se pronuncia é também o papel que um ator recita. A vida de um ser vivo é a recitação de um papel, é o desenrolar de algo que estava enrolado; portanto, trata-se realmente, em certo sentido, da recitação de um papel escrito. Assim, constata-se que tudo que exprime, tudo que é pensamento e tudo que é vitalidade, isto é, em suma, os dois aspectos essenciais da realidade, tudo isso é expresso, de alguma forma, pelo mesmo termo, que significa a palavra, o discurso. Isso significa dizer que, para os gregos, o discurso, a expressão, a exprimibilidade, é o todo do pensamento, e o que não é exprimível e perfeitamente exprimível não conta para o pensamento.

Se assim é, surpreende encontrar-se formulada, desde os primórdios, desde a primeira aparição do idealismo grego, a ideia de que é real apenas o que é suscetível de expressão perfeita? A filosofia da escola de Eleia[53], que é, ao que parece, a primeira forma do idealismo rigoroso, sustenta-se, tal qual a encontramos em Parmênides, a quem conhecemos um pouco melhor que seu predecessor Xenófanes, inteiramente nesse princípio. Sabemos, pelos fragmentos que nos foram deixados de Parmênides, que é o λόγος [*lógos*] que deve servir para distinguir a realidade da ilusão. Se desejamos saber o que é ilusório, o que é real, apliquemos o λόγος [*lógos*]. E o que entendia ele por λόγος [*lógos*]? Nos fragmentos que nos foram deixados dele, encontramos, por diversas vezes, unidas as duas palavras "pensar e falar"; ... para ele, é a mesma coisa; ... não conseguirás nem saber nem exprimir; ... isso não é nem pensável nem exprimível etc.[54]. As duas palavras se encontram unidas nos fragmentos. Isso é muito significativo. Ademais, sabemos que o λόγος [*lógos*] era indicado por ele como algo que separa o real e o ilusório.

O ponto de partida é, portanto, este: se desejamos saber o que é real e o que é ilusório, procuremos o que é pensável ou exprimível e o que não o é.

Parece bastante difícil para nós, com os fragmentos que nos foram deixados, reconstituir exatamente a ordem das ideias de Parmênides. Podemos proceder aqui somente por hipótese, mas parece realmente que a primeira consequência tirada dessa posição do critério da verdade é que uma coisa é ou não é. Aí está um princípio que encontramos formulado nos fragmentos de Parmênides, e que era provavelmente a primeira consequência da ideia de que apenas é real e verdadeiro o que é absolutamente exprimível.

O princípio de contradição, tal qual ele o formulou, era o seguinte: a coisa é ou não é ... ; eis a forma radical do princípio de contradição. E se, com efeito, declararmos somente ser verdadeiro o que é absolutamente formulável, enunciaremos, dessa maneira, o princípio de contradição: é preciso que uma coisa seja ou não seja. É o que diz a linguagem; não há meio-termo entre ser e não ser.

Se admitirmos esse princípio, e ele está longe de ser tão evidente quanto parece – e sob a forma radical que os eleatas lhe conferiram –, resultará disso, e esta é a consequência que Parmênides tirava desse princípio, duas consequências das quais examinaremos apenas a segunda. A primeira é que a multiplicidade é impensável, ininteligível, não existe, e que tudo é uno. Essa era uma das conclusões de Parmênides. A que mais nos interessa e que constitui, no fundo, outra forma da primeira é que toda espécie de mudança, toda espécie de devir é ininteligível. Se admitimos que uma coisa é ou não é, não há devir, nada devém. Por quê? É bastante difícil, hoje, habituados que estamos a não levar em conta exclusivamente a lógica e as condições da linguagem, ver por quê. Se enunciamos esse princípio lógico de que uma coisa é ou não é, o devir fica, com isso, excluído, no entanto, é realmente assim. O devir é o estado de uma coisa que é e não é, que é isto e que não é isto, pois é, ao mesmo tempo, aquilo; a passagem disto àquilo é a passagem de uma coisa que é e não é. Para dizer a verdade, não é uma coisa. Basta falarmos de uma coisa para fixá-la.

Explico-me mais claramente. Se adotamos o ponto de vista da realidade, aquele que indicávamos no início desta lição, se consideramos a realidade tal qual ela é em si mesma, independentemente de toda expressão, a realidade evidentemente é, acima de tudo, uma transição, uma passagem, um movimento, e então o devir, a mudança não tem necessidade de entrar em conceitos, em conceitos prontos. Muito mais do que isso, ela não pode entrar neles; mas nós imediatamente nos situamos fora dos conceitos, situamo-nos na experiência; apreendemos o devir e a duração em si mesmos. Ao contrário, se entendermos que conhecer seja passar do conceito à coisa, e não da coisa ao conceito, conhecer necessariamente consistirá em imobilizar, em fixar, e, consequentemente, o devir escapará. Procuro explicar-me mais claramente a partir de um exemplo.

Escolho um exemplo em que o sujeito e o atributo sejam ambos substantivos; ficará mais claro. Eis uma proposição: a criança devém o homem. Se desejo compreender essa proposição em si mesma, se desejo compreender a realidade em si mesma, o que farei passar para o primeiro plano? Trata-se evidentemente do devir. Não existe, de certa forma, uma criança pronta; não existe um homem pronto; o que realmente existe é a evolução, é o devir, é a evolução da criança, que nunca é inteiramente criança, ao homem, que nunca é inteiramente homem. O que há de real é apenas a evolução da infância até a virilidade, até a velhice: infância, virilidade, velhice, tudo isso são estações na estrada do devir, estações que existem para um espírito que, situado fora do devir e desejando exprimi-lo claramente, imobiliza, tira fotos instantâneas em determinados pontos, e assim nascem conceitos que correspondem a expressões muito precisas: criança, homem etc. Portanto, tudo está claro se partimos do movimento e do devir como do próprio fato da realidade, e as dificuldades lógicas são facilmente suportadas, sob a condição de que a lógica faça certas concessões.

Mas suponho, e este é o ponto de vista dos gregos, que partamos dos termos criança, homem etc. como sendo realidades. [Mas][55] então a realidade é o que está inteiramente pronto. Temos a criança, temos o homem, e então a passagem de um ao outro se torna um acidente qualquer que se intercala, que constatamos, mas faz escândalo, que é um escândalo para o espírito e para a lógica. Pois como pode a criança, que por definição é uma criança, ser um homem? A criança devém o homem. A partir do momento em que tenho a criança como sujeito, como posso identificar a criança sujeito com o homem atributo? Isso quer dizer que a criança é criança, e não é criança sendo homem. Os senhores me dirão que o atributo é: a criança está devindo homem. É verdade, mas isso apenas posterga a dificuldade, pois a criança é uma coisa por hipótese, é uma coisa pronta; isso corresponde a um conceito bem determinado, e dizer que ela está devindo homem equivale a dizer que ela não está pronta, que ela é algo diferente do que dizíamos. Existe nisso algo que fere a lógica. Se admitimos que o que é dado são coisas, e não movimentos ou transições, é impossível dizer a respeito de uma coisa algo diferente disto: ela é o que é. A criança é criança, o homem é homem; mas entre a criança e o homem, não há passagem lógica possível.

É o que dizia Parmênides; pode-se dizer de uma coisa apenas o seguinte: ela é o que é, e não outra coisa. E, consequentemente, uma conclusão é necessária: se é verdade que todo devir, toda mudança é ilógica, inexprimível, e se, por outro lado, o que é ilógico, inexprimível, irracional, é irreal, então decorre disso que não há mudança, não há devir, e que toda nossa experiência variável, móvel, é uma ilusão. Essa é a conclusão de Parmênides, essa é a conclusão da escola de Eleia. É a conclusão de filósofos que, tendo descoberto a concepção da lógica, da inteligibilidade e, sobretudo, da exprimibilidade perfeita, as condições da precisão absoluta na linguagem e, consequentemente, também na lógica, viram-se como que inebriados por essa descoberta, e concluíram que o que não se presta à lógica, à aplicação da lógica simples, à aplicação do discurso preciso, não existe; do que a própria negação da mudança e daquilo a que chamamos a duração, o tempo em geral.

Não encontramos, aliás, nos fragmentos que nos foram deixados, nada de explícito sobre o tempo e a duração. Veremos na próxima lição que é em Platão que encontramos, pela primeira vez, algo absolutamente preciso e extremamente interessante sobre o tempo, sobre a duração.

Mas, se não encontramos teoria explícita do tempo, encontramos, não em Parmênides, mas em Zenão de Eleia, a indicação implícita das razões pelas quais o tempo, a sucessão é necessariamente ilusória. Faço alusão aos argumentos de Zenão de Eleia contra o movimento.

No ano passado, estudamos esses argumentos[56]. Limitamo-nos, é verdade, ao mais conhecido deles, o argumento de Aquiles e a tartaruga. Não retomo esse argumento, mas gostaria de mostrar que os eleatas perceberam muito bem o nervo da dificuldade, o ponto capital, o ponto difícil do problema; viram muito bem que, se desejamos alcançar a precisão extrema do discurso, se erigimos a lógica em critério da realidade, é preciso chegar a considerar a passagem de um ponto a outro, a transição, como algo acidental, algo que se acrescenta à coisa. Em outros termos, viram muito bem que, se é a lógica, no sentido em que a consideravam, isto é, o da não contradição absoluta, que é o fundo das coisas, é preciso conseguir demonstrar que a transição, que a passagem é apenas um acidente. Pois bem, todos os argumentos de Zenão convergem nesse ponto. Não temos tempo para expô-los em detalhes, mas consideremos aquele que já foi, por diversas vezes, examinado este ano: o argumento da Flecha; é o mais instrutivo, do nosso ponto de vista[57].

Suponhamos, diz ele, a flecha voando. Em cada um dos pontos de seu trajeto, ela está imóvel, pois, por hipótese, ela corta, em cada um dos pontos de seu trajeto, um espaço equivalente a ela mesma; em cada momento de seu trajeto, ela preenche certo espaço que lhe é equivalente. A partir do momento que ela preenche um espaço que lhe é equivalente, ela se encontra, nesse momento, imóvel; pois, se estivesse em movimento, ocuparia um espaço maior do que ela. Portanto, em um momento qualquer de seu trajeto, ela ocupa um espaço que a contém exatamente. Ela está, pois, imóvel, e, estando imóvel em todos os pontos de seu trajeto, ela não se move.

Enunciemos as coisas de forma mais simples. Imaginemos uma flecha que leva certo tempo para ir de a a b; se a considero em um momento indivisível de seu trajeto, ela está imóvel, pois, para mover-se, seria necessário considerar vários momentos sucessivos. Consideramos apenas um; ela está, portanto, imóvel a todo instante, e não se move: a mobilidade é uma ilusão.

Qual é o próprio fundamento dessa argumentação? Dissemo-lo expressamente nas lições precedentes[58]: a flecha que vai de a a b atravessa certo espaço. Se desejo dar-me conta da realidade, do processo real, é preciso que eu me coloque na flecha. Ela vai de a a b em um só salto; trata-se, portanto, de algo indivisível e uno; é uma realidade indivisível. Se a examino de fora, em vez de situar-me nela, percebo a trajetória *a-b*; ela percorreu o caminho *a-b*, e se eu aceitar então dizer que o que é real não é a transição, mas a posição, ah!, raciocinarei então como fez Zenão, isto é, considerarei cada um dos pontos por onde passa a flecha. Em cada um desses pontos, há uma posição da flecha e, em cada posição, ela está necessariamente imóvel, visto termos suposto que, nesse momento, ela ocupava essa posição. A partir do momento que, em cada momento de seu trajeto, ela coincide com o ponto em que se encontra, e que esse ponto, por hipótese, é um ponto do espaço imóvel, ela está imóvel, em cada momento, e o movimento é feito de imobilidade.

A verdade, porém, é que a flecha nunca está em um ponto de seu trajeto; nunca se encontra nele. Nós encaramos o movimento de fora, vemos um espaço percorrido, dividimos esse espaço como queremos, colocamos um ponto indivisível aqui, outro acolá. Mas isso é uma reconstrução artificial do movimento com posições, com imobilidades. Se desejamos encarar a coisa tal como ela é, é preciso que nos situemos no próprio movimento, e não no imóvel, e então diremos que a flecha não está imóvel em um ponto, pois não há pontos; nunca, em nenhum momento, ela está imóvel, pois não existe momento. Existe o trajeto da flecha e, então, existe o espaço, que podemos dividir arbitrariamente e no qual podemos supor tantos pontos indivisíveis quanto quisermos. Mas Zenão segue inteiramente a lógica de sua hipótese quando se situa no espaço, e não no movimento, no espaço, e não no tempo; e, então, há apenas posições, e sendo a passagem de uma posição para outra um escândalo para a lógica, uma vez adotado esse ponto de vista, essa passagem inexiste. Se desejamos nos dar conta dessa passagem, encontramos, entre as duas posições, novos pontos imóveis; entre esses pontos, outros pontos, e poderemos ir tão longe quanto quisermos, haverá sempre imobilidade e nunca movimento. Com efeito, nunca se conseguirá fazer movimento empregando imobilidade, e essa é a única refutação possível do sofisma da flecha.

O argumento é o mesmo na Dicotomia. Os senhores se lembram desse argumento de Zenão. Suponhamos um móvel; se está no ponto *a* e deseja chegar ao ponto *b*, é preciso que passe pelo ponto *m*, que é o meio da linha *a-b*; para que chegue ao ponto *m*, é preciso que passe por *p*, que é o meio de *a-m*, e, assim por diante, poderemos continuar indefinidamente; o móvel nunca chegará ao ponto que deseja alcançar, pois é preciso que passe pelo meio dos pontos que ele separa, e isso se pode prolongar ao infinito. Mas a solução desse sofisma – muito mais grave do que se pensa, pois, no fundo, não é um sofisma, mas o enunciado das dificuldades insuperáveis que surgem diante do filósofo na presença do movimento, quando ele pretende reconstituí-lo de fora, em vez de situar-se em seu interior – é muito simples.

Na realidade, o movimento do móvel de *a* a *b* é algo concreto: poderá ser uma flecha que atravessa, de repente, o espaço *a-b*, poderá ser um caminhante que atravessa o espaço *a-b*, em dez vezes, em quinze vezes, ou em dez ou quinze passos; pode ser qualquer coisa, mas sempre alguma coisa; trata-se de certo movimento articulado, organizado interiormente de certa maneira. Deem-me essa articulação, essa organização, e haverá necessariamente, a cada vez, certo número de atos indivisos, e teremos de considerar o movimento como sendo constituído dessa maneira. Digamos que seja um caminhante que vai de *a* a *b*; ele não dividirá seu espaço como Zenão o divide; realizará, digamos, cinco, seis passos, após o que terá ultrapassado o ponto *b* e, consequentemente, o terá alcançado. Mas Zenão, considerando não esse mesmo movimento, mas o espaço que subtende esse movimento, e considerando que esse espaço é divisível conforme a vontade, desarticula o movimento como quer, de qualquer maneira, e o reconstrói, em seguida, com espaços, imobilidades, algo de externo. Necessariamente, chega a negá-lo, pois não se faz movimento com o que é imóvel.

E a mesma coisa ocorre ainda com o sofisma de Aquiles. Examinamo-lo detalhadamente no ano passado: trata-se novamente da confusão entre o movimento e o espaço percorrido, ou, pelo menos, a ideia de que o movimento coincide com o espaço percorrido, e pode ser tratado como ele. Donde resultaria, com efeito, que, sendo o espaço imóvel, o movimento também é imóvel, ou não há movimento.

O mais instrutivo dos argumentos de Zenão, após o da Flecha, que citávamos no início, talvez seja este argumento tão singular e menos conhecido que os outros, o argumento do Estádio. Ele é bastante difícil de formular, e seria preciso uma figura. Expusemo-lo desta forma, que é mais clara[59].

Suponhamos uma estação ferroviária, a que chamaremos *a-b*:

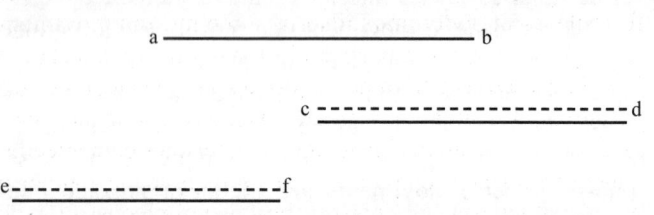

a ——————————— b

c ------------------------ d

e ---------------------- f

Suponhamos dois trens avançando em sentido contrário, e com a mesma velocidade e passando um ao lado do outro no meio da estação: teremos, portanto, o trem *c-d* e o trem *e-f*. Suponhamos que esses trens *c-d* e *e-f* tenham o mesmo comprimento e que sejam exatamente tão compridos quanto a estação.

Quando o ponto *c* tiver chegado à altura do ponto *a*, quando o condutor de um dos trens tiver chegado a uma extremidade da estação, o condutor do outro trem, do trem *e-f*, terá chegado ao ponto *b*, isto é, à outra extremidade da estação. Consequentemente, o condutor que estiver no ponto e terá percorrido todo o comprimento do ponto $e\text{-}f$; terá passado sucessivamente diante de todos os pontos da linha $e\text{-}f$; portanto, o ponto c terá percorrido todo o intervalo $f\text{-}e$; mas terá percorrido também a metade da linha $a\text{-}b$, pois terá chegado à extremidade da estação. Assim, ao mesmo tempo, o condutor situado em c terá percorrido a distância $e\text{-}f$, e uma distância igual à metade de $e\text{-}f$; terá percorrido, ao mesmo tempo, dois caminhos, dos quais um é o dobro do outro, o que é, com efeito, absurdo, se supusermos que o movimento se aplica contra o espaço percorrido. Aí está todo o sofisma de Zenão, e aplicando-se o mesmo movimento sobre dois espaços, dos quais um é o dobro do outro, isso é absurdo; mas, se admitimos que o movimento não se aplica contra o espaço percorrido, que somos nós que subtendemos o espaço ao movimento, compreendemos muito bem que, conforme o ponto em que nos situarmos, conforme a hipótese que formularmos, poderemos inserir, sob o mesmo movimento, um espaço ou um espaço duplo. Consequentemente, tudo fica claro se nos situamos no interior do movimento, tudo fica obscuro se nos situamos fora dele. Vemos claramente, a partir desse argumento de Zenão, que se desejamos compreender o movimento e nos dar conta de sua possibilidade, é preciso que nos situemos nele, e não que busquemos reconstruí-lo de fora, com termos que, não correspondendo ao movimento, são imóveis e, consequentemente, incapazes, por seu acúmulo ou sua justaposição, de fazer mobilidades.

Na próxima lição, trataremos da primeira teoria do tempo que encontrávamos na história da filosofia. Mostraremos como a página do *Timeu** em que essa teoria é expos-

---

* Escrito por volta de 360 a.C., o *Timeu* é um dos diálogos de Platão. Centrado na figura do personagem-título, Timeu de Locros, o qual dialoga com Sócrates, Crítias e Hermócrates, o texto reflete sobre a natureza do mundo sensível e os seres humanos. [N. T.]

ta projeta uma grandíssima luz sobre toda uma parte da filosofia de Platão, a que começa a ser estudada de perto hoje, após ter sido considerada relativamente negligenciável, a parte da filosofia de Platão que trata do devir e que se exprime por meio de mitos.

SEXTA AULA
SESSÃO DE 16 DE JANEIRO DE 1903

Senhores,
Diremos algumas palavras sobre a teoria do tempo em Platão. É, aliás, em Platão que encontramos, pela primeira vez, uma teoria do tempo, teoria esboçada em uma página do *Timeu*. Faço a leitura das principais passagens desse texto, das páginas 37 a 38 do *Timeu*[60]. Platão acaba de explicar o processo muito complicado, como os senhores lembram, pelo qual Deus, isto é, o grande demiurgo, o grande artista, compôs a alma do mundo, a alma destinada a animar e a mover as coisas, e assim ele prossegue:

> Quando o pai, o gerador do mundo, viu mover-se e viu essa imagem dos deuses eternos, a alma do mundo, rejubilou e, repleto de alegria, quis torná-la ainda mais semelhante a seu modelo (ἔτι δὴ μᾶλλον ὅμοιον ηρὸς τὸ παράδειγμα [*eti dè mallon omoion pros to paradeigma*]).
>
> Esse modelo é, em si mesmo, um ser vivo eterno (ζῷον ἀίδιον [*dzôon aidion*]). Esforçou-se, na medida do possível, em tornar assim – isto é, eterno – o próprio Universo. Não era possível conferir a eternidade completamente (παντελῶς [*pantelôs*]), perfeitamente ao ser gerado, mas Deus inventa então uma imagem móvel da eternidade (εἰκὼ δ' ἐπενόι

κινητόν τινα αἰῶνος ποιῆσαι [*eikô d'epinoei kinèton tina aiônos poièsai*]) e, organizando, ao mesmo tempo, o céu, fabrica, enquanto a eternidade permanece em sua unidade, uma imagem da eternidade que caminha de acordo com o número (ποιεῖ μένοντος αἰῶνος ἐν ἑνὶ κατ' ἀριθμὸν ἰοῦσαν αἰώνιον εἰκόνα [*poiei ménontos aiônos en eni kat'arithmon iousan aiônion eikona*]). Fabrica a eternidade permanecendo na unidade. E foi a isso que chamamos de tempo, pois os dias, os meses e os anos não existiam antes do nascimento do céu, e foi organizando o céu que Deus preparou o nascimento.[61]

Salto aqui algumas linhas relativas ao passado e ao porvir. Cito, entretanto, a seguinte frase: "São estes – o passado e o porvir – formas do tempo, o qual imita o eterno e gira de acordo com o número (κατ' ἀριθμὸν κυκλουμένου [*kat' arithmon kukloumenou*]), o tempo circulando conforme o número"[62].

E, finalmente, chego à conclusão dessa passagem:

> O tempo nasceu, portanto, ao mesmo tempo que o céu, de modo que, produzidos juntos, juntos se dissolvam, supondo que sua dissolução possa um dia ocorrer, e foi ele gerado a partir do modelo da natureza eterna, pois o modelo é para toda a eternidade (ἔστιν ὄν [*estin on*]). Mas o tempo, devemos dizer, a todo instante, foi e será (γεγοώς τε καὶ ὢν καὶ ἐσόμενος [*gegonôs te kai ôn kai esomenos*]). É, assim, somente a respeito da eternidade que se pode dizer que ela é. O tempo nunca é. Deve-se, porém, dizer a todo instante que ele foi e será.[63]

É muito preciso. Por fim, na sequência dessa passagem – encerro aqui a citação – Platão nos mostra Deus fabricando outros círculos internos ao primeiro círculo, para neles fazer girarem os diferentes astros e, depois, todas as demais coisas geradas no interior do universo, cujo invólucro extremo é, girando sobre si mesmo, o céu.

Aí está, senhores, a passagem do *Timeu* relativa ao tempo, e essa passagem é muito importante, pois poderia servir para marcar e para fazer compreender também a passagem, a transição entre o que alguns denominam hoje as duas filosofias, ou aquilo a que chamaremos simplesmente os dois pontos de vista de Platão.

Quais são esses dois pontos de vista? É preciso indicá-los, defini-los; será este o melhor comentário possível para essa passagem.

O ponto de partida de Platão, senhores, não é duvidoso; trata-se do mesmo problema que expúnhamos aqui na última vez[64]: aquele levantado pelos filósofos eleatas e por eles resolvido de certa maneira. O problema é o seguinte: como podemos admitir, sem contradição, sem disparate, que uma coisa devenha e, consequentemente, que uma coisa dure? Como admitir, sem disparate, que o quente devenha frio, o pequeno grande, a criança adolescente e homem. Dizíamos, outro dia: com efeito, existe aí, se formularmos, se enunciarmos o princípio sob sua forma absoluta, algo de contraditório, na medida em que o quente é o quente; o frio, o frio; a criança, uma criança; o homem, um homem; e que dizer que um devém o outro é admitir que um é e não é ele mesmo.

Pois bem, existe aí, portanto, um disparate aparente, e dizíamos outro dia ser ele apenas aparente, se vemos no devir e na mudança o que eles, na realidade, são, o próprio fundamento da existência das coisas. Se digo "a criança devém homem" e considero a criança, enquanto criança, como uma realidade pronta, e o homem como algo pronto, tenho então dois termos logicamente imutáveis, a criança e o homem, e a mudança, a passagem da criança ao homem se torna algo que logicamente não se pode compreender, pois será preciso admitir que a criança, que por hipótese é apenas criança, acaba devindo, em certo momento, homem, na transição. Mas, dizíamos, a realidade não é nem a criança, nem o homem, mas o progresso, a evolução; é o devir pelo qual a criança devém adolescente; o adolescente, homem; o homem, velho; e os termos, infância, adolescência, virilidade, velhice, não constituem realidades, mas pontos de vista do espírito, ou concepções do espírito acerca de uma realidade que é variável. A verdadeira realidade é a mudança, é o devir, é a transição contínua. E, então, o que existe apenas para o nosso espírito, o que tem somente o valor de um signo, para empregar a expressão de nossas primeiras lições, são estes termos: infância, adolescência etc. Esses signos correspondem a imagens, a visões imóveis do espírito sobre uma realidade que se transforma e que passa.

E, então, se encararmos as coisas desse ponto de vista, não haverá disparate algum em que a criança devenha homem, e o homem, velho; ao passo que haverá disparate lógico em que isso se faça se considerarmos a realidade como sendo a criança, o homem, o idoso, isto é, a realidade como sendo constituída por conceitos e a partir do modelo dos conceitos.

Eis a solução que indicávamos e que, pelo menos em nossa opinião, impregna mais ou menos a filosofia moderna. Mas um antigo não poderia propor tal solução, e o ponto de vista dos antigos é inteiramente diferente. O conceito é o que formamos naturalmente e, por ser o que formamos naturalmente, acreditamos também que é o que corresponde à própria realidade; de modo que, antes de tentar essa outra solução que indicamos, era realmente preciso tentar, apenas com o conceito, sair do disparate, da contradição. Os eleatas se limitaram a negar a mudança. Platão desejou explicá-la, conservá-la, sustentando, ao mesmo tempo, que a realidade é o imutável, o conceito. Como fez isso? A solução, senhores, é a seguinte: dizer que o quente devém frio e que o pequeno devém grande é absurdo; mas o disparate desapareceria se, embora sustentando que o quente é quente, que o frio é frio, que o pequeno é pequeno, que o grande é grande, supuséssemos que essas coisas em si mesmas imutáveis, o quente, o frio, a grandeza, a pequeneza, sucedem-se, reúnem-se ou, antes, se substituem umas às outras, de alguma forma, no mesmo lugar.

Suponhamos – é uma comparação que, acredito, já fizemos, e que, de resto, está no espírito da doutrina platônica e da famosa comparação à caverna – uma lanterna mágica e copos diversamente coloridos[65]: um copo azul e um copo vermelho, por exemplo, e, além disso, uma tela. A lanterna projeta, nessa tela, um após o outro, o vermelho e o azul, de modo que a tela, antes vermelha, devém azul. Haveria certamente disparate em dizer que o vermelho devém azul, ou mesmo que a tela vermelha devém tela azul, mas não há disparate em dizer que o vermelho e o azul se sucedem na tela; o vermelho permanece imutável, permanece vermelho, o azul permanece azul, a tela permanece tela. Temos, portanto, três coisas imutáveis: o vermelho, o azul e a tela, e, no entanto, temos a mudança, o devir, ou, pelo menos, tudo o que nos dá a aparência dele.

Pois bem, aí está o princípio da solução platônica. Esse princípio é muito explicitamente exposto por Aristóteles, que o adotou, embora, segundo ele, sua doutrina sobre este ponto se afaste da de Platão. Mas, no livro XII da *Metafísica*, após ter assinalado a dificuldade, levantada pelos eleatas, a dificuldade que existe em admitir que um contrário se possa transformar em outro contrário, que o vermelho possa devir azul, ele nos diz o seguinte: "em nossa doutrina, essa dificuldade se afasta pelo fato de admitirmos os dois contrários e, além disso, uma terceira coisa" (Ἡμῖν δὲ λύεται τοῦτο εὐλόγως τῷ τρίτον τι εἶναι [*èmin de luetai toûto eulogos to triton ti einai*])[66], um terceiro princípio a que Aristóteles chama o que é subjacente ao contrário, ou melhor, a matéria (η ὕλη [*è ulè*])[67], mas o terceiro princípio que Platão já admitia sob uma forma muito menos nítida; tratava-se, para ele, do infinito, o grande e o pequeno, algo que não estava determinado e que, no entanto, serve de substrato às Ideias, às qualidades que passam[68].

Aliás, eu dizia que é Aristóteles quem formula mais explicitamente esse princípio, mas já o encontraríamos assaz explicitamente exposto no próprio Platão. Há uma passagem do *Timeu*, por exemplo, em que ele nos fala desse receptáculo, isto é, literalmente, esse objeto mole destinado a receber a impressão (το ἐκμαγεῖον [*to ekmageion*]). E, então, há coisas que entram e que saem (τὰ εἰσιόντα καὶ ἐξιόντα [*ta ephionta kai eksionta*]).

Ele acrescenta tratar-se de imitações das Ideias (ὄντων τῶν μιμήματα [*ontôn tôn mimèmata*])[69].

Assim, há uma tela, um receptáculo, e, então, há o reflexo das coisas eternas que vão e vêm, e tudo isso nos dá a aparência do devir e da mudança.

Existe um texto do livro VII de *A República* no qual Platão evidencia muito claramente a tarefa do dialético, que é a de resolver as coisas múltiplas e, consequentemente, variáveis em Ideias eternas[70]. Trata-se sempre da mesma ideia: a saber, que a mudança se explica, ou, pelo menos, o disparate inerente à mudança se dissipa, se considerarmos como constitutivas da mudança coisas em si mesmas imutáveis, de essência imutável, com, além disso, um receptáculo que não é absolutamente nada, que não é mais isto do que aquilo, mas onde isto, aquilo e todo o resto podem passar.

Aí está, senhores, o princípio na solução platônica. Em suma, a essência dessa explicação, ou, antes, dessa redução do devir, poderia exprimir-se da seguinte forma: concordaremos em considerar que a mudança, o devir, é apenas a diminuição, a degradação, de alguma forma, do que é eterno, do que é dado à nossa percepção e do que lhe é dado como variável, como movente; tudo isso se obtém pela via da diminuição, se considerarmos o imutável, o eterno, as qualidades discernidas dos objetos e concebidas como existindo em si. É preciso conceber – volto novamente à minha comparação – copos de cor imóveis, imutáveis; atrás desses copos de cor, uma luz; acima desses copos, uma luz; e, por fim, abaixo, a imensidão escura do vazio. E então essa luz projeta essas cores pintadas sobre o copo através do vazio escuro, e todos esses reflexos multicolores, ao procurar uma tela, encontrando-a, aliás, na própria escuridão do vazio, todas essas cores misturam-se, entrelaçam-se, produzem o mundo em que vivemos, os fenômenos variáveis que temos diante dos olhos, e é isso que é dado à nossa percepção.

Porém, se desejamos construir a ciência, se nos desejamos elevar à própria realidade, devemos retornar a esses copos coloridos e, sobretudo, à luz que está acima e atrás deles. Pois bem, esses copos são as Ideias platônicas, e a luz é a Ideia das Ideias, a Ideia-mestra, aquela que o próprio Platão denomina a luz, o sol do mundo inteligível: é a Ideia do Bem. E o papel do filósofo, o papel do dialético, consiste em retornar a essas Ideias, em reencontrar-lhes o lugar exato, em saber como estão postas, situadas umas em relação às outras, em determinar quais as que são parentes umas das outras, quais as que, ao contrário, não guardam nenhum parentesco e, por fim, e sobretudo, se possível, em elevar-se à Ideia do Bem, que domina todas as demais Ideias e da qual essas outras Ideias extraem sua luz e sua realidade.

Eis, de forma esquemática, a essência, ou, poderíamos dizer, o que há de essencial na teoria das Ideias. Lembro que essa teoria implica não serem os conceitos que nos são apresentados na linguagem meros signos da realidade, construções de nosso espírito; esses conceitos, tais como se encontram na linguagem, ou, antes, retificados – pois Platão considera que é preciso retificar esses conceitos que a linguagem nos apresenta, mas, enfim, de direito, senão de fato, eles estão na linguagem –, não são, como diria mais precisamente um moderno, algo parcialmente convencional, parcialmente fabricado, enfim, algo humano. Não, esses conceitos têm uma existência em si mesmos, existem de direito, possuem algo de divino, e o que encontramos no mundo da percepção é o conceito embaralhado, o conceito decrescido, e para passar do conceito, que é, por si mesmo, imóvel, imutável – Platão diz eterno – à realidade, basta diminuir o conceito, supô-lo imperfeito, supô-lo declinante.

É, portanto, isso que se encontra, primeiramente, na teoria das Ideias, e então há outra coisa – insistimos nesse ponto há dois anos[71]: há, sobretudo, a ideia, como a necessidade de extrair da matemática, da geometria, que era a única ciência constituída na época de Platão, o que ela tem de essencial. A influência da matemática sobre a filosofia foi capital em todas as épocas da história da filosofia. A forma que a filosofia assumiu foi sempre determinada pela forma que tinham, na mesma época, as ciências que apresentavam maior rigor, maior precisão, e que davam maior satisfação ao espírito.

Ora, o geômetra se transporta das figuras reais, imperfeitas, variáveis, para modelos perfeitos, imutáveis. Estabelece para essas figuras imutáveis, que servem de modelo, por via de demonstração, certas proposições, e então aplica essas proposições, aproximadamente, às figuras do mundo real.

Se desejarmos obter uma ciência da realidade em geral, procederemos da mesma maneira: nos transportaremos dos modelos inteligíveis a puras Ideias imutáveis, perfeitas, que estejam para as coisas variáveis e imperfeitas, assim como estão as figuras do geômetra para as figuras da realidade, e teremos, assim, uma matemática mais vasta, uma grande matemática, da qual a outra matemática será apenas um caso particular.

Tomemos, portanto, os conceitos que encontramos na linguagem, retifiquemo-los, façamos que se juntem às figuras matemáticas, façamos que as figuras matemáticas sejam apenas um caso particular, apenas alguns entre os conceitos, e não os mais elevados de todos os conceitos e, consequentemente, porém que todos os conceitos sejam figuras matemáticas, mas mais plenas, superiores, mais perfeitas do que elas; teremos o mundo platônico das Ideias, na confluência dessas duas correntes, uma que se criou seguindo a linguagem, outra que se criou seguindo a via aberta pela matemática.

Aí está, senhores, ao que me parece, muito simplificada e muito esquematizada, a teoria platônica das Ideias; aí está o primeiro ponto de vista sobre as coisas; aí está o que alguns tendem hoje a denominar a primeira filosofia de Platão; aí está, em todo caso, metade, pelo menos – quer se fale de duas filosofias ou de dois pontos de vista –, e provavelmente muito mais, do platonismo. Existe, porém, outra coisa:

Os senhores sabem que, nos Diálogos de Platão, os mitos, isto é, as fábulas, ocupam um grandíssimo lugar. Muito se escreveu sobre a natureza dessas fábulas, sobre seu alcance e seu valor. Digamos, de imediato, que não se deve considerá-las todas em bloco como se tivessem o mesmo valor e o mesmo alcance. Há, evidentemente, alguns desses mitos que são apenas metáforas prolongadas, alegorias, fantasias poéticas – pois Platão, dizem, começara como poeta e, em todo caso, permaneceu poeta por toda a vida. Um mito – escolho, ao acaso, o de *Fedro*[72] –, a história desses homens que, ao escutarem cantar as musas, perderam o beber e o comer e foram transformados em cigarras, um mito dessa espécie – e existem muitos dessa espécie – é, evidentemente, apenas uma fantasia de poeta. De resto, Platão a conta com um tom parcialmente galhofeiro.

Há, porém, mitos cujo tom é absolutamente distinto, mitos graves, solenes, que se iniciam, por vezes, com um tom misterioso. Não é raro que Platão ponha esses mitos, que geralmente têm uma duração considerável, na boca de um estrangeiro, sobretudo de um oriental, ou de um filósofo pitagórico; um exemplo: Diotima de Mantineia, ou Er, o Armênio, ou ainda Timeu[73] – pois *Timeu* possui a forma mítica –, que é um filósofo pitagórico. Isso é tudo quanto ao exterior desses mitos.

No que diz respeito ao conteúdo desses mitos, trata-se, em resumo, sempre da mesma coisa: trata-se sempre da alma, quer da alma humana, quer da alma do mundo, a alma universal, e trata-se de Deus ou dos deuses, no sentido platônico; trata-se da alma de Deus, e também – e isto é uma consequência imediata daquilo – do devir, da mudança; são explicações das coisas que temos diante dos olhos, das coisas físicas. Pois é por meio da alma, da alma humana, da alma universal, é por meio de Deus que se explica a mudança; Deus e a alma são, para Platão, princípios de movimento e de geração.

Sobre o valor e o sentido desses mitos, senhores, muito se discutira; não obstante, concordava-se geralmente em considerá-los como secundários na filosofia platônica. Para uns, todos esses mitos eram pura fantasia; para outros – e esses estavam muito perto, ao que parece, da verdade – tratava-se, ao lado da dialética platônica, que é a própria ciência, de algo que concerne à opinião; eram exposições, feitas por Platão, da ordem, da maneira como se deve conceber o processo de geração das coisas. Esse processo não pode apresentar-se sob a forma dialética, pois ele conduz apenas a Ideias, isto é, ao eterno, mas pode apresentar-se sob a forma de história, sob a forma mítica, e são essas histórias que Platão nos conta nos mitos.

Em resumo, as opiniões eram diversas. Não se concordava quanto ao sentido e o valor desses mitos, mas se concordava em considerá-los secundários e, sobretudo – acerca deste ponto, havia acordo –, consideravam-se esses mitos, isto é, essas teorias da alma e de Deus, de ψυχή [*psyché*] e de θεὸς [*theós*], como contemporâneos, na filosofia platônica, da teoria das Ideias, como duas coisas que sempre caminharam lado a lado, juntas, em Platão.

As coisas mudaram completamente de figura há alguns anos, cinco anos, desde o trabalho do sr. Lutoslawski[74] sobre a lógica de Platão. Esse filósofo, utilizando, aliás, numerosos trabalhos já existentes, aplicou a Platão, de maneira muito mais rigorosa do que havia sido feito até então, o chamado método estilométrico[75]. Os senhores sabem que a ordem de composição dos Diálogos de Platão é praticamente desconhecida, exceção feita a alguns diálogos cujo lugar na obra de Platão se podia fixar de maneira praticamente certa; para os demais Diálogos, estávamos reduzidos a conjecturas e, de modo geral, a classificação que se fazia deles se assemelhava muito a uma petição de princípio, pois somente se podiam classificar esses Diálogos segundo a hipótese que se formulava, *a priori*, sobre a evolução da filosofia platônica.

Ao contrário, com o método estilométrico, pôde-se chegar a uma classificação objetiva e, provavelmente, mais ou menos definitiva dos Diálogos de Platão, assim como à reconstituição de sua ordem cronológica.

Esse método consiste em considerar aquilo a que se poderia chamar, por uma expressão um pouco familiar, os tiques de um escritor. Todo escritor, assim como todo orador, tem seus tiques, o que significa que há certas expressões, certas palavras, certas construções frasais que ele repete naturalmente, e a observação mostra que essas repetições de palavras, de construções frasais, de partículas, tratando-se de um autor grego – pois os senhores conhecem o papel das partículas em grego –, essas repetições variam nas diferentes épocas da vida de um orador, ou de um escritor. Então, se fizermos a estatística comparativa e relativa, levando sempre em conta a extensão dos Diálogos, o número das repetições, certas expressões, e compararmos essas diferentes estatísticas entre si, os senhores imaginam que poderemos distinguir, na obra de um escritor, certo número de períodos que correspondem a tantas variedades estilísticas.

Aplicado com a maior engenhosidade, com a maior paciência aos Diálogos de Platão, esse método conduziu o autor a, primeiramente, redescobrir, para os diálogos de Platão cujo lugar no conjunto da obra conhecíamos exatamente, ou quase certamente, aquilo que já sabíamos – o que constitui a prova, a garantia da veracidade e do valor do método estilométrico. Quanto aos demais Diálogos, porém, esse método permitiu situá-los, para muitos deles de uma maneira muito original e que projeta uma luz muito grande, muito intensa sobre a marcha e a evolução do pensamento platônico.

Resumo, em poucas palavras, essa classificação: primeiramente, os Diálogos socráticos; todo mundo concorda sobre este ponto, não havendo ainda neles indícios da teoria das Ideias. Em seguida, Diálogos que contêm o esboço dessa teoria: *Crátilo*, *O banquete*, *Fédon*, em que essa teoria está suficientemente nítida. Por fim, os Diálogos em que a teoria das Ideias está exposta em toda sua precisão, em toda sua nitidez e que marcam o apogeu da doutrina platônica: *A República*, o *Fedro*, que seria preciso situar após *A República*; e, ao que parece, no *Fedro*, já se esboça algo de novo.

Após esses Diálogos, porém, vêm outros que marcam um período crítico do pensamento de Platão: o *Teeteto*, o *Parmênides*, os quais nunca se cogitou situar neste lugar, e que, por essa razão, eram tão difíceis de compreender que alguns duvidavam de sua autenticidade. Em seguida, Diálogos de transição e, no entanto, bastante claros na nova ordem de ideias: o *Fe[dro]*[76], *O sofista*. E, por fim, o que marca com nitidez a última fase do pensamento platônico: o *Timeu*, os fragmentos de *Crítias* e as *Leis*; e o que caracteriza este último período, segundo o sr. Lutoslawski, seria o abandono da teoria das Ideias, pelo menos em sua forma primitiva. Platão chegara a essa concepção de Ideias eternas, independentes, subsistindo por si próprias no mundo inteligível. No último período, em seus últimos Diálogos, ele teria compreendido que as Ideias não podem subsistir assim, por si próprias. O que teria então passado para o primeiro plano, o que teria sido a própria existência para ele, teriam sido as duas coisas de que falávamos há pouco, os dois termos que constituem a própria matéria do mundo inteligível: ψυχή [*psyché*] e θεὸς [*theós*], a alma e Deus; e as Ideias, nesta segunda filosofia, já não seriam mais do que modalidades da inteligência divina e da inteligência humana.

Portanto, nesta última fase, Platão, abandonando ou modificando profundamente a teoria das Ideias, faz passar a alma e Deus para o primeiro plano e os erige em realidade verdadeira e absoluta[77].

Senhores, não creio que seja necessário ir tão longe. Acredito, primeiramente, que seja preciso conservar a classificação de Lutoslawski para os Diálogos de Platão. Existem certamente nela coisas duvidosas, mas, de modo geral, ela realmente parece subsistir, e foi certamente nessa ordem que os Diálogos foram compostos. Mas, no que diz respeito às conclusões formuladas por Lutoslawski, há efetivamente reservas a serem feitas, e a principal delas é a que diz respeito a esse abandono por Platão da teoria das Ideias: considerar a teoria das Ideias como tendo sido apenas um incidente na filosofia platônica é, evidentemente, cometer um grande exagero. Não compreenderíamos Aristóteles, não compreenderíamos por que Aristóteles, que evidentemente conhecia Platão, tanto a última filosofia como a primeira, não nos tenha dito nada a respeito da última forma do platonismo e tenha considerado a filosofia platônica como sendo inteiramente a teoria das Ideias.

Acrescento que compreenderíamos ainda menos Plotino, pois, se Platão dissera que as Ideias são representações de Deus, que as Ideias estão em Deus, Plotino, que procurava justamente um elo entre as Ideias e a divindade e que desejava permanecer tão fiel quanto possível a Platão, teria evidentemente aceitado essa opinião, ao passo que sua filosofia é inteiramente diferente, e que ele considerava as Ideias, os inteligíveis, os νοητὰ [*noetà*], como projeções, diminuições da unidade divina.

Não se pode, portanto, ir tão longe, não é possível seguir essa última concepção do platonismo até esse ponto. Mas existe algo a ser retido; é o seguinte: a partir de certo momento, e uma vez que foi constituída a teoria das Ideias, a atenção de Platão, ao que parece, desviou-se das Ideias, e ele abordou novos problemas, como se essa teoria das Ideias o tivesse conduzido a um impasse, e ele desejasse, a todo custo, deixá-la.

Que impasse é esse? É bastante evidente, senhores, que a grande dificuldade consistia, após elevar-se do mundo das coisas que passam às Ideias eternas, em tornar a descer. Se resolvemos as coisas que passam, o devir, a mudança, em Ideias eternas, eis que nos encontramos no eterno. Que razão há para deixá-lo, e por que haveria algo além de Ideias? O verdadeiro problema era, portanto, esse; é o problema que devia ser formulado a Platão. O problema não era saber por que existem Ideias, como acreditam, como parecem acreditar alguns dos novos intérpretes de Platão, e, consequentemente, não era este: supor um Deus ou uma inteligência em que existissem Ideias. Não, o problema era saber por que existem coisas, por que existe algo além das Ideias.

Ora, senhores, e termino aqui por onde comecei, a solução para esse problema encontramo-la, assim como seu princípio, na passagem do *Timeu* que líamos há pouco. Qual é o problema? Estamos no eterno, e não há razão alguma para deixá-lo; a eternidade basta a si mesma; por que existiriam coisas que mudam? O problema seria resolvido ou, pelo menos, teríamos um sacrifício menor a fazer, não teríamos grandes concessões lógicas a fazer, se pudéssemos demonstrar o seguinte: que, uma vez estabelecida a eternidade, pelo fato de a estabelecermos, estabelecemos ao mesmo tempo e necessariamente algo que está nela implicado, que está nela contido, assim como a moeda está contida na peça de ouro, algo que seja seu troco.

O que é a eternidade, tal qual Platão a concebe? É algo uno, pois todas as Ideias estão, de alguma forma, compreendidas na Ideia do bem, algo fechado em si mesmo, algo que não muda, e, finalmente, algo absoluta e perfeitamente inteligível. Suponhamos algo que se aproxime, o tanto quanto possível, de tudo isso, que seja tangente a isso, como diria um matemático, algo que esteja para isso assim como está a quantidade movente para seu limite. Como conceberemos essa coisa? Suponhamos uma esfera girando sobre si mesma, suponhamos que a totalidade das coisas que mudam seja uma esfera girando sobre si mesma e girando regularmente (κατ' ἀριθμὸν [*kat' arithmon*]), perfazendo o ciclo de acordo com o número. Teremos um movimento perpétuo, é verdade, e, no entanto, teremos a imobilidade, a imutabilidade, pois a esfera, girando sobre si mesma, está sempre em si mesma, ocupando o mesmo lugar. Considerando-se todas as partes, elas se movem; considerando-se o todo, ele é imóvel e também fechado em si mesmo, ele é uno, tem certa unidade e, por fim, é o que mais se assemelha ao inteligível, pois se move de acordo com o número, e o número, a ciência matemática para Platão, é o que mais se aproxima do inteligível.

Então, estabelecendo as Ideias, e a Ideia do Bem, e o enrolamento de todas as coisas eternas em si mesmas e na eternidade, estabeleceríamos algo que dela se aproxima o tanto quanto quisermos, uma esfera girando sobre si mesma, regularmente e de acordo com o número, e isso seria o tempo; esse movimento da esfera é o tempo, e, uma vez estabelecido, o movimento da esfera pode ser transmitido gradualmente, cada vez mais baixo. Teremos todas as mudanças, teremos o mundo do devir que terá sido estabelecido, em suma, pelo mero fato de estar estabelecido o mundo da eternidade.

Acabo de formular uma solução que é, na verdade, a de Aristóteles muito mais do que a de Platão. Veremos na próxima lição, quando estudarmos a teoria do tempo em Aristóteles, que é assim que se deve concebê-la. Mas todo o essencial dessa teoria do tempo, todos esses elementos, pelo menos, se encontram na passagem do *Timeu* que líamos há pouco; encontram-se todos lá, com algo a mais, e é esse algo a mais que Aristóteles eliminou, e é o que faz a superioridade e a razão de ser da teoria de Aristóteles; encontram-se todos lá com, além disso, a alma do mundo, que Aristóteles rejeita, e, no entanto, ele age como se a aceitasse. A alma do mundo, ou o demiurgo, o Deus artista, arranjador do mundo, Aristóteles não o conserva; o Deus de Aristóteles não é mais, de modo algum, o demiurgo: é o Pensamento do Pensamento (νοήσεως νόησις [*noéseôs nóesis*]).

Portanto, Aristóteles se limita a suprimir o elemento propriamente mítico. E por que e como o suprime? Porque viu claramente o que Platão apenas confusamente percebeu: Aristóteles nos deu, a mais do que Platão, uma teoria da causalidade, e todo o essencial dessa teoria da causalidade, como mostraremos, é a ideia de que o efeito está implicado na causa, de que o efeito é a causa diminuída, é uma diminuição de causa; estabeleçam a causa e os senhores estabelecerão implicitamente o efeito, como uma diminuição da causa. E, por conseguinte, se aceitarmos a teoria da causalidade de Aristóteles, a derivação do sensível em relação ao inteligível se explicará por si mesma, pela teoria da causalidade. Tal teoria não existe em Platão, e ele acreditou dever juntar aos elementos que acabamos de enumerar um θεὸς [*theós*], um demiurgo, um Deus arranjador das coisas, um Deus que é a causa. Ele não se elevou a uma concepção suficientemente abstrata da causalidade para conceber a duração, o devir, o tempo, pois tudo isso advém necessariamente da eternidade, uma vez esta estabelecida.

Há, portanto, aqui algo, não a menos, mas a mais do que existe em Aristóteles, e é esse algo a mais que faz o caráter mítico e, por isso mesmo, inferior da doutrina sobre esse ponto.

Na próxima ocasião, abordaremos a teoria do tempo em Aristóteles, e veremos que ela esclarece sobre muitos pontos, como se pode pressentir após o que acabamos de dizer, a teoria de Platão.

SÉTIMA AULA
SESSÃO DE 23 DE JANEIRO DE 1903

Senhores,
 Nas duas ou três lições que dedicaremos a Aristóteles, veremos que o problema do tempo, que foi explicitamente tratado por Aristóteles, permite, talvez melhor do que o fariam outros problemas, estabelecer uma distinção precisa entre o ponto de vista de Aristóteles e o de Platão.
 Essa distinção, de maneira geral e no conjunto de sua filosofia, é bastante difícil de demonstrar. O próprio Aristóteles diz afastar a teoria platônica das Ideias; não obstante, se afasta a Ideia, ele retém a Forma, e frequentemente designa a Forma por uma palavra que lhe é mais ou menos própria: μορφή [*morphé*], mas ainda mais frequentemente εἶδος [*eidos*], e é essa mesma palavra que Platão emprega para designar a Ideia. Em suma, Aristóteles fala em εἴδη [*eide*], em Ideia, assim como Platão[78].
 Dir-se-á que a Forma aristotélica de que fala Aristóteles é algo interior à realidade, que a Forma está nas coisas, ao passo que a Ideia platônica é algo exterior à realidade sensível? A Forma aristotélica seria inerente às coisas, imanente, como se diz hoje, e a Ideia platônica seria exterior às coisas sensíveis, seria transcendente. Trata-se de fato da distinção

que o próprio Aristóteles estabelece, pois ele condena a Ideia platônica por ser algo separado da realidade sensível (χωριστών [*choristón*]), ao passo que a Forma, a Ideia tal qual ele a entende, é interior, imanente ao real... Mas, primeiramente, seria bastante difícil sustentar que a transcendência é radical no próprio Platão. Existem efetivamente textos dos *Diálogos* de Platão que nos autorizariam a ver na Ideia platônica um princípio que não está absolutamente separado e distinto da realidade sensível, a tal ponto que certos historiadores da filosofia, indo, aliás, longe demais, afirmaram que a Ideia platônica era imanente à realidade. Porém, sem aprofundar esse problema e sem resolver a questão, limitemo-nos a dizer que as próprias ideias de imanência, de interioridade – de transcendência, isto é, de exterioridade recíproca – estão longe de ser ideias claras... Quando digo que essa lâmpada é exterior a esta mesa, digo algo perfeitamente claro: isso significa que a lâmpada e a mesa ocupam lugares distintos no espaço. Quando digo que esta mesa está situada nesta sala, que ela não é mais exterior a outra coisa, mas interior a outra coisa determinada, ainda tenho em mente uma ideia bem clara; trata-se de uma relação de inclusão [espacial][79]: inclusão, exclusão, inerência, exterioridade recíproca, imanência, transcendência, todos esses são termos muito claros, se recorremos a metáforas [espaciais][80], se nos situamos no espaço. Mas, uma vez abandonado o espaço – e ninguém dirá que as Ideias platônicas, ou mesmo as Formas aristotélicas, são coisas extensas –, é extremamente difícil dizer o que se entende por imanência e por transcendência, e talvez a questão do tempo, o problema do tempo, nos sirva precisamente para dissipar uma parte das obscuridades que envolvem essa questão e, justamente, mostrar com certa precisão em que, como e em que sentido a Forma aristotélica é imanente e a Ideia platônica é transcendente à realidade sensível.

Mas, primeiramente, não será inútil procurar os pontos comuns, incontestavelmente comuns a Platão e a Aristóteles. Pode-se dizer que o ponto de partida de Aristóteles é o mesmo que o de Platão, e que o problema que ele enfrenta é idêntico: trata-se de explicar a mudança, o devir em geral, sem cair em contradição e evitando os disparates assinalados pelos primeiros idealistas gregos. Platão imaginara uma solução cujo princípio indicávamos outro dia[81]; trata-se, de modo geral, da mesma solução, em princípio, adotada por Aristóteles: seria absurdo dizer que o pequeno devém grande – isso seria supor que o pequeno é pequeno, e [que] ele não o é –, e absurdo dizer que o quente devém frio, ou o frio quente, enfim, que um contrário possa devir o outro contrário. Aristóteles enuncia esse princípio por diversas vezes: primeiramente, os contrários não podem agir uns sobre os outros (ἀπαθῆ γὰρ τὰ ἐναντία ὑπ' ἀλλήλων [apathè ta enantia up' allèlôn])[82], os contrários não podem sair uns dos outros (τὸ ἐναντία μὴ ἐξ ἀλλήλων [to enantia mè ex allèlôn]), nos diz ele, na *Física*[83]; portanto, a ideia é sempre a mesma: uma qualidade não pode devir outra qualidade, uma qualidade é o que ela é. E, consequentemente, trata-se, evitando, ao mesmo tempo, o disparate que haveria em dizer que uma qualidade se transforma, de explicar, todavia, e de admitir a transformação. Ora, isso pode ser feito se considerarmos as qualidades imutáveis em si mesmas, mas cedendo seu lugar umas às outras, partindo para serem substituídas pela qualidade contrária, e permanecendo essas qualidades imutáveis e intransformáveis em si mesmas. É verdade que, para isso, será preciso considerar o objeto sensível como o local de encontro, dizíamos outro dia, e também o local de passagem de qualidades múltiplas, que se substituem umas às outras. Aristóteles nos diz, particularmente no livro XII da *Metafísica* – já fizemos, aliás, alusão a esse texto na última ocasião –, após ter abordado as dificuldades inerentes ao problema da mudança em seus predecessores: entre nós, essa dificuldade se resolve pela hipótese da terceira coisa (Ἡμῖν δὲ λύεται τοῦτο εὐλόγως τῷ τρίτον τι εἶναι [èmin de luetai toûto eulogos to triton ti einai]); existe um contrário, e o contrário que o substitui – o quente e o frio, o frio substituindo o quente, aí estão dois contrários – e, então, há a terceira coisa, que não é nenhum dos dois contrários, que não é nada de determinado nem de determinável, mas na qual se sucedem e, em certos casos, até mesmo se justapõem os dois contrários[84]. Esse terceiro elemento do qual Platão já falara, mas não definira com precisão e tampouco nomeara de maneira definitiva, Aristóteles o faz passar, senão para o primeiro plano, pelo menos para o segundo, em seu sistema; é uma noção que está sempre à vista e à qual ele conferiu um nome preciso e que subsistiu: é a matéria (ὕλη [ulè]).

Há, portanto, aqui uma diferença de precisão entre as duas doutrinas, sendo que uma é relativamente vaga sobre este ponto, a outra muito precisa, mas se trata, no fim, apenas de uma diferença de forma, e não de uma diferença fundamental.

Pois, se agora, senhores, considerarmos o conjunto das Ideias, ou o conjunto das Formas, não mais duas Formas, dois contrários, ou duas Ideias que se sucedem na matéria, mas a totalidade das Ideias, das Formas, pouco importa a palavra, se considerarmos o mundo platônico das Ideias e o sistema aristotélico das Formas, a diferença tampouco será uma diferença radical, ou mesmo mais categórica.

O que, em resumo, é o mundo platônico das Ideias? É a hipótese de um *duplicatum*, uma duplicata inteligível do mundo sensível; o mundo sensível nos apresenta coisas que se entrelaçam ao acaso, qualidades que se misturam ou se justapõem, tudo isso acidentalmente, sem que possamos fazer outra coisa, se nos ativermos a isso, além de contar ou expor uma história. Essa história, que oferece apenas relações cronológicas de sucessão, o cientista, o dialético, o filósofo – esses três termos são sinônimos para os antigos – a substituem por relações, não mais cronológicas, mas lógicas: separam as Ideias, separam as qualidades, as propriedades, repartem-nas segundo suas afinidades, classificam-nas, estabelecem entre elas relações quer de coordenação, quer de subordinação, mas, em todo caso, relações lógicas que substituem as relações cronológicas que, de modo geral, constituem para Platão o mundo das Ideias.

Ora, acerca deste ponto, Aristóteles não difere essencialmente de Platão; o fundo, a essência e a quintessência dessa concepção da ciência são, em resumo, o seguinte: a ciência está pronta, é algo que está pronto desde sempre, e o papel do cientista, o papel do filósofo não é o de construí-la, não é o de fazê-la, mas simplesmente o de redescobri-la, de esclarecê-la, de iluminá-la; ela está aí, nas coisas, e o cientista lhe ilumina sucessivamente todos os pontos. É preciso conceber – já recorri, acredito, a esta comparação[85] – algo como o cinturão das luminárias a gás que desenham os contornos de um monumento público e que se iluminam apenas nas noites de festa. O cinturão está aí, desenha a forma do monumento, aguarda simplesmente um acendedor, ou vários acendedores, e, no fim, nada se acrescentará, nada se criará, nada se fará além de iluminar o que lá estava, o que já existia, e é por isso que, para os antigos, nessa concepção da ciência, pouco importa a personalidade do filósofo, a personalidade do cientista, pouco importa que seja este ou aquele quem ilumina: será sempre a mesma iluminação, e pouco importa a ordem na qual se fará essa iluminação de pontos obscuros. Seja qual for a ordem, o resultado será o mesmo, a ciência está lá; basta, de alguma forma, recolhê-la nas coisas.

Ora, essa concepção é também a concepção de Aristóteles: ele encara a ciência como estando pronta; o papel do cientista é tomar conhecimento dela. Aristóteles nos diz, no tratado *Sobre a alma*, que o espírito está potencialmente em todas as coisas[86]; todas as Ideias no sentido de Formas estão no espírito: ele define o espírito como "o lugar das Ideias"[87] (τόπος εἰδῶν [*topos eidôn*]). E acrescenta: todas as Ideias, todas as Formas estão potencialmente no próprio espírito, o espírito é potencialmente todas as Formas (ἔστι δυνάμει πάντα τὰ εἴδη [*esti dunamei panta ta eidè*]).

Isso significa que a ciência está não somente nas coisas, mas até mesmo no espírito; o mundo das Ideias está lá, desenhado como em uma chapa fotográfica onde a fotografia ainda não está revelada e aguarda apenas o banho revelador; a ciência está feita.

Ora, senhores, é acerca desse ponto que os modernos se separam dos antigos, não na teoria, reconheço, mas na prática: se considerarmos as teorias da ciência entre os modernos, elas ainda estão inteiramente imbuídas do espírito platônico e aristotélico. A teoria da ciência é a teoria de algo que existe de direito, que está pronto, de direito, e as diferentes descobertas científicas são descobertas, e não invenções: limitamo-nos a descobrir, a levantar a tampa, de alguma forma, pois a coisa já estava aí. Mesmo a ideia que tiveram certos filósofos modernos, a maioria dos filósofos modernos, da possibilidade de uma matemática universal é algo dessa espécie: é a ideia de um sistema de verdades perfeitamente vinculadas, constituindo de direito a ciência integral, e cujos elementos se revelam todos progressivamente aos cientistas.

Porém, se considerarmos – e é o que sempre se deve fazer – não o que dizem os filósofos e os cientistas modernos, mas o que eles fazem, perceberemos que sua concepção é inteiramente diferente; falo de sua concepção da ciência.

Na prática, a ciência, entre os modernos, é uma colaboração entre o homem e a natureza; não se trata certamente de uma concepção arbitrária e artificial; mas a invenção dos símbolos, o que já é muito, depende do cientista, assim como também depende do cientista a ordem em que serão formulados os problemas, e a forma em que serão formulados; a tal ponto que, se os grandes cientistas tivessem sido outros, outra teria sido a forma e, em certa medida, o fundo da ciência. Sem chegar ao ponto de falar em uma contingência radical da ciência, e ainda menos de uma contingência verdadeira na natureza, parece, contudo, incontestável que a ciência seja, pelo menos em parte, contingente.

Se a mecânica, em vez de partir da consideração da gravidade... É isso que serviu para estabelecer as primeiras leis da mecânica; sigamos essa hipótese, quase inverossímil, reconheço, mas a coisa era, no entanto, possível... Se a mecânica tivesse partido da consideração dos fenômenos elétricos e mecânicos, é provável que os símbolos da mecânica tivessem sido bastante diferentes, e até mesmo que o sistema das verdades solidamente encadeadas da mecânica teria sido bastante diferente; não digo que teria sido algo inteiramente diverso, mas a diferença poderia ter sido bastante profunda.

E, com mais forte razão, se as próprias ciências se tivessem sucedido em outra ordem, se os grandes cientistas do Renascimento, em vez de serem matemáticos, tivessem sido biólogos – afinal, isso era possível –, se fosse a biologia que se tivesse desenvolvido, talvez a física tivesse assumido outro aspecto, não digo toda a física, mas talvez alguma parte tivesse sido menos mecânica do que o é. Talvez os fenômenos vitais... Teriam sido necessárias, para isso, grandes descobertas que não foram feitas, que ainda não se realizaram... mas, enfim, imagina-se que os fenômenos vitais teriam podido servir de modelos, e não simplesmente os fenômenos puramente mecânicos, os movimentos puros no espaço. Tudo isso é concebível e, em todo caso, os cientistas modernos procedem como se a ciência fosse isso, uma colaboração entre o homem e a natureza, e não somente um trabalho para simplesmente afastar o véu que nos dissimularia uma ciência pronta, formulada desde sempre e inerente e transcendente às coisas.

Ora, a hipótese de Aristóteles, assim como a de Platão, é a hipótese dessa ciência eterna, pré-formada, pronta, nas coisas, e sendo tal hipótese, comum a Aristóteles e Platão, algo de muito importante, uma das partes mais importantes das duas doutrinas, ela os aproxima tão estreitamente que se torna muito difícil, desse ponto de vista, estabelecer entre as duas filosofias uma distinção precisa.

Como estabelecer essa distinção? Ela não está nem nas relações entre a Forma e a matéria, entre a Ideia e a matéria, nem totalmente na relação das Ideias entre si, das Formas entre si. Onde está, portanto, a diferença?

Essa diferença, senhores, parece estar, sobretudo, na relação, isto é, na relação entre, por um lado, esse sistema de verdades coordenadas e subordinadas umas às outras, ou seja, essa ciência pronta desde sempre, e, por outro lado, o impedimento para cada um de nós de perceber essa ciência.

Para Platão, o esforço que ele tem de realizar para discernir essa ciência é algo que não tem um conteúdo positivo, não é algo positivo... Eu falava agora há pouco em afastar um véu: em Platão, é isso. Há certamente um esforço a ser feito para, por meio da dialética, elevar-se cada vez mais alto nas Ideias, mas tal esforço consiste unicamente em afastar algo que impede de ver.

Em Aristóteles, o esforço a ser realizado não possui um conteúdo simplesmente negativo; ele tem um conteúdo positivo, pois – e aqui está, ao que parece, a diferença essencial, radical – as Ideias – denominemo-las Ideias, pouco importa que se traduza por Ideia ou Forma a palavra εἶδος [*eidos*][88] – não estão, na verdade, realizadas completamente; falta-lhes sempre alguma coisa, o que Aristóteles exprime ao dizer que existe sempre potencialidade, ao lado do ato; nunca a Ideia é dada completamente em ato, ou, antes, existe apenas uma:

é a Ideia das Ideias, o Pensamento do Pensamento, isto é, Deus. Mas, quanto a todas as demais Ideias, todas as demais Formas, elas nunca estão completamente estabelecidas, nunca estão completamente realizadas; o sistema das Formas, o sistema das Ideias existe de direito, está aí de direito, e não de fato; sempre falta alguma coisa.

Consideremos as Formas de Aristóteles; essas Formas, essas Ideias estão presentes, mas sempre diminuídas. Há uma imagem que já empreguei para evidenciar a coisa: é preciso conceber os εἴδη [eide] em Aristóteles como molas comprimidas. Suponhamos uma mola comprimida: ela está, por esse mesmo motivo, diminuída, não corresponde inteiramente a si mesma; as Formas de Aristóteles estão nesse caso.

Mas – e é aqui que nos aproximamos da questão especial de que tratamos este ano, a questão do tempo e do devir – o que há de muito notável, mas eu não diria novo, em Aristóteles, pois isso já estava indicado em Platão, embora não explicitamente, é que essa diminuição é precisamente o devir, a mudança, o que, em si mesmo, é diminuição da Ideia, incompletude da Ideia, é o que nos parece existir sob a forma de devir, de mudança de todas as coisas. Se comprimirmos uma mola, ela tenderá a se alargar, a se ampliar; ela desejaria distender-se, mas essa distensão não é nada de positivo; ela expressa simplesmente a diminuição da mola, aquilo que lhe falta.

O devir, a realidade variável, o que há de variável na realidade é, para Aristóteles, isto mesmo: é uma diminuição das Ideias, uma diminuição da Forma.

É preciso, portanto, tomar as Ideias de Platão, supô-las diminuídas, comprimidas, ver nessa diminuição e nessa compressão o devir, a mudança em geral, e se terá, pela introdução desse elemento de diminuição, a principal diferença entre Aristóteles e Platão. Mas essa diferença é capital, pois a filosofia de Platão, dizíamos outro dia[89], compreende duas partes muito distintas: há, por um lado, a teoria das Ideias, a dialética, e, por outro, os mitos e fábulas que Platão conta. E por que há mitos e fábulas? É porque, para Platão, as Ideias estão completamente realizadas, existem em sua integralidade, não encontram obstáculos, nem impedimentos; o mundo das Ideias, isto é, o sistema das verdades científicas, está aí. Então, por que existe outra coisa, uma realidade sensível, mudança? Para explicar a mudança, Platão é obrigado a introduzir, ao lado das Ideias, abaixo delas, o princípio da mudança, sobre o qual se pode simplesmente dizer que ele age no tempo, e do qual se pode apenas descrever cronologicamente as ações, e essa descrição cronológica é o mito platônico.

Ora, curiosamente, Aristóteles ataca apenas a teoria platônica das Ideias e pouco fala dos mitos; é a teoria das Ideias que ele parece rejeitar. Na realidade, é a teoria das Ideias que ele aceita, e o que ele rejeita são os mitos. A filosofia de Aristóteles não é outra coisa senão um esforço de reconstruir o platonismo dispensando os mitos, e esse esforço alcança tanto êxito quanto poderia alcançar, e Aristóteles atinge a meta proposta simplesmente supondo que todas as Ideias aceitas não existem completamente. Elas quase existem, mas falta-lhes sempre alguma coisa; existem de direito, mas não existem de fato. Entre o direito e o fato, há uma distância, e essa distância é o movimento, a mudança; é algo negativo. Fiquemos com as Formas; não temos necessidade, como faz Platão, de acrescentar alguma coisa, de acrescentar o Θεός [Theós] de Timeu, princípios físicos, para obter a realidade[90]. Nada temos a acrescentar; acrescentar alguma coisa seria pedir ao espírito uma concessão. Afinal, por que haveria algo além da perfeição lógica das Ideias? Não temos nada a acrescentar, temos apenas algo a subtrair. De alguma forma, essa diferença aritmética, essa distância entre as Formas tais como são e as Formas tais como deveriam ser para serem inteiramente elas mesmas é justamente o devir, a mudança no mundo.

Portanto, não temos necessidade dos mitos. Basta-nos admitir, além da realidade que Platão admitia, algo que não nos podemos recusar a admitir, pois não se trata do real; não é algo positivo, mas negação.

Senhores, trata-se, portanto, de algo de negativo que se deve acrescentar à Ideia para obter a realidade sensível e movente, aquilo a que Aristóteles chama de matéria, ὕλη [*ulè*].

Consideremos um exemplo: a Forma da humanidade, da virilidade, caso fosse plenamente realizada, seria a imutabilidade completa. Mas um homem nunca é completamente homem; a Forma procura realizar-se, mas não pode ser completamente realizada. É o que Aristóteles exprime dizendo que essa Forma é anexada a uma matéria e, então, é essa mistura de Forma e matéria que se traduz pelo progresso, pelo desenvolvimento contínuo no qual o homem procura a si mesmo, sem nunca se encontrar completamente. Quando se vai encontrar, é preciso que morra e que outro ser renasça, que o imite, e, por um processo circular, essa realidade se busca interminavelmente, sem nunca conseguir ser totalmente ela mesma: ela imita a eternidade, diz-nos em algum lugar Aristóteles[91]. O ser está vivo pela sucessão circular dos indivíduos que se substituem e imitam a eternidade; é uma imitação, mas não a coisa em si; a coisa procura a si mesma, sem nunca se encontrar completamente.

Existem, portanto, as Ideias, as Formas, e existe, além disso, anexada à Ideia, à Forma, uma negação. É preciso conceber a coisa como faria um matemático: uma adição de duas quantidades, [uma][92] positiva, outra negativa; temos a Forma, a ela juntamos a matéria, não é nada de positivo.

Se eu lhes perguntar: o que se deve acrescentar a 20 para obter 15? Os senhores me responderão: é preciso acrescentar -5. Pois bem, da mesma forma, para Aristóteles, o que se deve acrescentar à Forma imóvel, à Ideia platônica para obter o mundo da mudança? É preciso acrescentar a ela menos alguma coisa. A matéria é esse "menos", é essa diminuição: a Forma mais a diminuição. Eis a realidade.

Essa diminuição, ou essa matéria, Aristóteles a considera, precisamente por essa razão, como algo que é causa, algo que, à sua maneira, constitui uma causa. Ele nos diz que a causa, a verdadeira causa, é a Forma, αιτιών [aition]; é isso que é *causa*. Mas a matéria é o que ele denomina συναίτιον [sunaítion], é uma causa associada à outra. Se os senhores quiserem ter a mudança, é preciso αιτιών [aition], mais a diminuição. Com esses dois termos, os senhores estabelecem a mudança, o movimento, movimento que os senhores podem considerar de dois pontos de vista diferentes. Se o considerarem provindo da Forma, os senhores terão a causalidade eficiente; se o considerarem indo até a Forma, os senhores terão a finalidade; terão, assim, a matéria, a Forma, o princípio, o ponto de partida do movimento (τὸ ὅθεν ἡ κίνησις [to othen è kinèsis]) e a causa final[93]. Se desejarmos formular isso de forma mais simples, mais precisa, diremos que o que realmente existe para Aristóteles é a Forma com sua diminuição. [Trata-se][94] da realidade concreta, da realidade variável.

Ora, posso, por abstração, considerar separadamente um ou outro desses dois termos; posso separar os dois termos e considerar "Forma" à parte. Tenho então a Ideia platônica, a Forma tal qual ela seria se fosse completamente realizada; mas ela não o é concretamente. Posso considerar o menos à parte e, então, terei a matéria. Se considero os dois termos juntos, tenho o concreto, a realidade variável.

Agora, posso ler esta expressão "Forma – (menos)" em duas direções diferentes: posso lê-la na direção da flecha, indo da Forma até o menos, ou posso lê-la na outra direção, indo do menos até a Forma. Se eu me situo no primeiro ponto de vista, encontro a Forma parecendo diminuir-se, decair e, consequentemente, deformar-se, pois diminuir ou decair é deformar-se – por conseguinte, quando encaramos a questão desse ponto de vista, a causa é eficiente. Se, ao contrário, sou a flecha, indo do menos à Forma, tenho um menos, uma negação, um nada, um vazio que procura preencher-se, isto é, uma aspiração; é a direção da finalidade, uma ascensão.

No primeiro caso, tenho uma processão, como diriam os alexandrinos; no segundo, uma conversão[95]. Porém, são apenas quatro pontos de vista sobre uma única e mesma coisa; as quatro causas de Aristóteles que acabo de enumerar constituem quatro pontos de vista sobre uma única e mesma coisa, sobre a Forma diminuída, e como a própria diminuição é somente uma negação, são quatro pontos de vista sobre a Forma. Em resumo, a Forma é a realidade, a única, para Aristóteles; a Forma com, além disso, é preciso dizê-lo, a negação, que, no fundo, é irredutível àquela.

Aí está, senhores, o ponto de partida da filosofia aristotélica. Mas, se desejarmos compreender, se desejarmos expor com relativa facilidade a teoria do tempo na filosofia de Aristóteles – e as duas próximas lições serão dedicadas ao que há de especial nessa teoria do tempo –, se desejarmos compreender o mecanismo pelo qual o movimento circular, a periodicidade, a duração saem daquele que é o princípio supremo da filosofia aristotélica, da Forma inteiramente pura... será talvez bom examinarmos como Aristóteles concebe o processo pelo qual descemos, na série das Formas, até a matéria inteiramente pura, e o processo pelo qual também subimos, na série das Formas, até a Forma inteiramente pura.

Consideremos a expressão que acabamos de escrever no quadro; ela indica que o que existe na realidade é a Forma diminuída, a Forma com uma carência. Consideremos uma Forma qualquer, a que chamaremos A; o que existe é essa Forma diminuída, isto é, A –. De que se trata? Trata-se de uma aspiração a ser A; é A incompleto, querendo ser. É preciso, portanto, que haja algo que aspire a ser A; denominá-lo-emos B; será uma nova Forma inferior à anterior, um tipo inferior na evolução que conduz a A. Encontraremos, pois, em B, uma nova Forma, e essa Forma, assim como as outras, não pode existir completamente; por conseguinte, denominá-la-emos B –. Abaixo dela, há C –, e, assim por diante, à medida que descermos na série, encontraremos Formas cada vez menos completas, que implicam, consequentemente, cada vez mais matéria, cada vez mais negação; e se fôssemos até o fim, supondo que haja um fim, o que encontraríamos é algo onde a Forma é nula, onde a negação é tudo. Teríamos, na extremidade, um X, que seria a negação inteiramente pura; é o que Aristóteles denomina a matéria, a pura matéria, que não é nada determinado, mas, na verdade, simples abstração, pois nunca se a alcançará completamente, e é por isso que ele nos diz que essa matéria pura, essa [πρώτη][96] ὕλη [*próte ulè*] nunca existe senão potencialmente; não existe em ato; é preciso imaginar – isto será mais alexandrino do que aristotélico – um foco de luz, os raios afastando-se do foco e, à medida que se afastam, a escuridão torna-se cada vez maior. Se fôssemos ao infinito, encontraríamos a escuridão completa, a negação completa da luz; mas nunca a alcançaremos; é um limite pensado, mas nunca completamente realizado. A matéria-prima de Aristóteles parece ser algo dessa espécie.

Procuremos agora seguir o processo inverso. O que se deve fazer? Subiremos mais alto que A, teremos uma Forma superior que denominaremos M – etc. E então, à medida que subimos, temos cada vez menos negação, cada vez mais afirmação, e, no limite, lá em cima, haveria um Z, que seria a Forma inteiramente pura, sem matéria, isto é, uma Ideia completamente realizada. Mas esse Z difere do X, pelo fato de que o X é potencial, nunca está realizado, ao passo que o Z, ou melhor, a Forma das Formas, a Forma suprema, está, ao contrário, plenamente realizada, dada em ato. É preciso que assim seja, pois se ela não estivesse dada em ato, nada existiria, na medida em que todo o resto é apenas uma diminuição dela.

Temos, portanto, lá em cima, a Ideia plenamente realizada, que é ato puro, e lá em baixo, existindo potencialmente, uma matéria, que é a simples negação. Como devemos conceber essa Forma absolutamente superior, a Forma plena e completamente realizada? É indispensável que digamos algumas palavras a esse respeito, se desejarmos compreender a gênese do tempo.

Essa Ideia plenamente realizada, senhores, é o Deus de Aristóteles, é o que ele denomina o pensamento pensando a si próprio, [a] νοήσεως νόησις [*noéseos nóesis*]. Mas é preciso realmente dar-se conta do que Aristóteles entende por isso; não acreditemos que o Pensamento do Pensamento seja algo comparável àquilo a que chamamos de consciência. Aristóteles nunca se expressou claramente sobre esse ponto, e não encontramos, aliás, em Aristóteles uma teoria da consciência. Entretanto, a consciência tal qual a entendemos é algo que supõe tempo, duração. Ora, como veremos, o Deus de Aristóteles é exterior ao tempo, exterior à duração; é dele que provém o tempo. Portanto, a consciência empírica, tal qual a concebemos, é dificilmente concebível no Pensamento do Pensamento. Porém, para os antigos, isso se torna muito claro: para Plotino, a consciência supõe uma divisão. Plotino nos dirá que a consciência... Ele é, aliás, o único entre filósofos antigos a ter analisado a consciência por si mesma... Dir-nos-á que a consciência supõe uma divisão, uma cisão pela qual o espírito ou, se me permitem, a Ideia, consegue contemplar a si mesma, como em um espelho (οἶον ἐν κατόπτρῳ [*oion en katoptro*])[97]. Aí está a consciência. Ora, essa cisão não pode existir em Deus, que é o pensamento pensando a si mesmo, na unidade absoluta. Plotino vai até mesmo mais longe, e nisso ele não parece ser infiel ao pensamento de Platão, quando diz que a consciência, tal qual a entendemos, implica... Vejam como isso é contrário a nossas ideias... que não conhecemos a nós mesmos, pois alcançar-se dessa forma é dividir-se em duas partes, das quais uma conhece a outra e, consequentemente, o que conhece não coincide mais com o que é conhecido, logo, consciência, no sentido que atribuímos a essa palavra, implica um ser que não conhece a si próprio.

Ora, Deus, que é o Pensamento que se pensa, conhece a si próprio, absolutamente, perfeitamente. Então, como devemos conceber esse Pensamento do Pensamento?

Basta, senhores, fazermos tábua rasa de nossas ideias atuais a esse respeito; basta concebermos não o pensamento sujeito, atuante, mas o pensamento objeto; quando se pensa, existem duas coisas: o que pensa e o que é pensado. Para nós, o essencial é o que pensa; quando falamos de um pensamento, concebemos alguém que pensa; o essencial do pensamento é aquilo que pensa. Para os antigos, o essencial é o que é pensado; não é a inteligência que é o essencial; quando a inteligência pensa, o essencial é o inteligível, e nesta expressão de Aristóteles, νοήσεως νόησις [*noéseos nóesis*], o que está em primeiro plano não é νοήσεως νόησις [*noéseos nóesis*]; não é o Pensamento pensante, mas o Pensamento pensado. O que significa dizer – expresso-me em termos mais claros – que se desejássemos encontrar um sinônimo para a expressão Pensamento do Pensamento, um sinônimo que fosse mais inteligível para os modernos do que é a expressão νοήσεως νόησις [*noéseôs nóesis*], seria preciso dizer, não Pensamento do Pensamento, mas Forma das Formas, Ideia das Ideias (εἶδος εἶδον [*eidos eidon*]).

Aí está, se adotarmos o ponto de vista moderno, algo que certamente permitirá compreender melhor o pensamento de Aristóteles, o que significa que, para chegar ao Deus de

Aristóteles – vejam a que ponto ele é diferente daquilo que concebemos quando falamos de uma substância divina –, para conceber o Deus de Aristóteles, é preciso tomar todas as Formas de que fala Aristóteles, todas as Formas múltiplas análogas às Ideias platônicas, e supor todas essas Formas entrando umas nas outras, enroscadas, por assim dizer – essa expressão não trairá o pensamento de Aristóteles, pois o movimento circular sai imediatamente, como veremos, do Pensamento do Pensamento. É preciso conceber todas as Formas constituindo apenas uma completamente realizada, e será esta a Ideia da Ideia, o pensamento concentrado em si mesmo, retomando a si mesmo[98].

Agora, juntem a essa Ideia das Ideias uma negação, aquilo a que Aristóteles chama de matéria, e verão toda a continuidade das coisas sensíveis e, nas coisas sensíveis, haverá sempre εἴδη [*eide*], Formas incompletamente realizadas. Se uma Forma estivesse completamente realizada, ela seria Deus, coincidiria com o Pensamento do Pensamento, compreenderia todas as demais Formas, pois a multiplicidade das Formas vem justamente de serem estas incompletas, do que existe como negação acrescentada ao ser, e, consequentemente, é preciso que todas as demais Formas, sem exceção, sejam Formas mais da matéria, Formas incompletamente realizadas.

Imaginemos – volto sempre à comparação de agora há pouco – um ponto luminoso. Se não houvesse nada além desse ponto luminoso, por hipótese, não haveria outra coisa, tudo seria unidade; mas os senhores não podem não ter trevas ao mesmo tempo que o ponto luminoso. Estabeleçam, pois, o ponto luminoso, e não poderão furtar-se de estabelecer trevas; porém, mesmo juntando as trevas ao ponto luminoso, os senhores fazem desse ponto algo que irradia, isso devém uma irradiação. Pois bem, a concepção aristotélica do mundo é isto: os senhores estabelecem a Forma das Formas, isto é, a própria luminosidade, mas não podem estabelecer a luz sem estabelecer as trevas; trata-se de um nada. Juntem as trevas à luz e terão a irradiação; terão, consequentemente, todos os objetos, os raios múltiplos, os objetos que são misturas de luz e de sombra, a luz incompleta, misturada a trevas, isto é, a Forma misturada à matéria, a Forma diminuída, e a Forma diminuindo-se cada vez mais[99].

É assim que, sem recorrer a mitos, sem sair da hipótese das Ideias, ou da hipótese das Formas, Aristóteles nos explica a gênese das coisas, a geração, a mudança, o devir.

Senhores, nas duas próximas lições, teremos de deixar essas abstrações e essas concepções um pouco esquemáticas sobre a filosofia de Aristóteles, e examinar de mais perto os textos, para chegar à teoria aristotélica do movimento circular e do tempo.

OITAVA AULA
SESSÃO DE 30 DE JANEIRO DE 1903

Senhores,
    Devemos, na lição de hoje, examinar mais de perto a relação entre Deus e o mundo na filosofia de Aristóteles, isto é, a relação entre a imutabilidade e o movimento e, por fim, para formular o problema nos termos que nos interessam este ano, entre a eternidade e o tempo.
    Segundo Aristóteles, a mudança é perpétua no universo; a mudança não pôde começar, nem pode terminar, diz ele no livro XII da *Metafísica*. Exprime-se exatamente nestes termos: é impossível que o movimento tenha nascido, ou que pereça (ἀδύνατον κίνησιν ἢ γινέσθαι ἢ φθαρῆναι [*adunaton kinèsin è ginesthai è phtharènai*]); e acrescenta: ... tampouco o tempo[100]. No livro VIII da *Física*, Aristóteles retoma esse ponto, invertendo a ordem dos termos: diz que o movimento não pôde começar nem pode terminar, pois, se começasse ou terminasse, haveria um começo ou um fim para o tempo. Ora, o tempo não pôde começar; o tempo, diz, é uma modalidade do movimento (πάθος τι κινήσεως [*pathos tès kinéseos*])[101]. Teremos de ver, na próxima lição, o que isto significa: o tempo é uma modalidade do movimento. Se, portanto, o movimento tivesse começado, o tempo também

teria começado, o que é inconcebível, e, consequentemente, impossível...

É assim que, nessa passagem, Aristóteles nos apresenta seu pensamento. Na verdade, ele inverte aqui, como frequentemente o faz, a ordem das ideias; não é raro que enuncie como causa o que é consequência, e não é porque o tempo é perpétuo, sem início e sem fim, que o movimento se prolonga para sempre; veremos que é o contrário: é porque o movimento carece de começo e de fim que não há começo nem fim para o tempo.

Portanto, o movimento não possui começo nem fim, é perpétuo, e deve-se acrescentar que, segundo Aristóteles, ele é contínuo, isto é, não pode haver interrupção, mudança no universo. O universo, o mundo tal qual o percebemos, é uma mudança que se prolonga sem trégua, sem interrupção, e, com efeito, se houvesse uma interrupção, um vazio, estando todo movimento abolido, então o movimento que se reiniciasse proviria do nada, o que é contrário à hipótese que acabamos de formular; acabamos de mostrar que não pode haver começo absoluto, como diríamos hoje, para o movimento. O movimento, portanto, não possui começo nem fim, não admite interrupção nem vazio, e é contínuo no universo.

Isso equivale a dizer, e este é o sentido dessa proposição geral, que deve haver no mundo certo movimento que nunca começou, que nunca terminará e que também jamais se interrompe. Perceberemos – é a sensação que no-lo demonstra – movimentos que começam e que terminam, movimentos que se interrompem, movimentos descontínuos; todos esses movimentos parciais são, em alguma medida, como extraídos de uma fonte inesgotável de movimento; todos esses movimentos separados uns dos outros, descontínuos, constituem tantos fragmentos destacados da continuidade de um movimento que nunca se interrompe.

Que movimento é esse, sem começo e sem fim e nunca interrompido? Aristóteles se faz essa pergunta, e a resolve por via de eliminação. Os senhores se lembram de que existem, para ele, três espécies de movimentos, movimentos ou tempos, sinônimos de mudanças; na língua de Aristóteles, existem três espécies de mudanças: a mudança segundo a qualidade, o que ele designa como αλλοίωσις [*alloiôsis*], qualificativo, por exemplo, do frio ao quente, ou do quente ao frio; há a mudança segundo a grandeza (κατὰ μέγεθος [*kata megethos*]), o crescimento e o definhamento (αὔξησις καὶ φθσις [*auksesis kai phthisis*]), e, por fim, a mudança segundo o lugar (κίνησις κατὰ τόπον, φορά [*kínesis kata topon, phora*]), a translação, aquilo a que chamamos hoje de movimento propriamente dito no espaço[102]. Passemos em revista essas diferentes espécies de movimentos do ponto de vista que nos interessa.

Diremos, primeiramente, que o movimento que não começa nem termina e não se interrompe é uma mudança de qualidade. Existe, em algum lugar no universo, a passagem de um contrário a outro contrário que se faça sem interrupção? Aristóteles responde que não é possível, pois supor uma mudança, por exemplo, do frio ao quente, e do quente ao frio é uma oscilação, uma espécie de movimento pendular, um vai e vem; é impossível que, nas duas extremidades dessa mudança, não haja um repouso, uma interrupção, consistindo precisamente em produzir-se a mudança de direção ou de sentido. Semelhante movimento não seria, portanto, contínuo, mas pausado, interrompido. Diríamos o mesmo sobre o movimento de crescimento e de definhamento: há necessariamente um vazio nas extremidades.

Resta, então, o movimento segundo o lugar, e o movimento que buscamos, o movimento ininterrupto, contínuo, perpétuo que buscamos, e do qual os demais movimentos são, de alguma forma, oriundos; tal movimento pode somente ser um deslocamento no espaço, um movimento de translação. Que movimento de translação será esse? Aqui também devemos proceder por via de eliminação; existem, segundo Aristóteles, duas espécies de movimento de translação: o movimento retilíneo e o movimento circular, e todos os demais são compostos desses dois movimentos.

Consideremos o movimento retilíneo: primeiramente, segundo Aristóteles, não pode haver linha reta indefinida, pois tudo que é real é finito; na filosofia de Aristóteles, o infinito existe apenas potencialmente. Como ele diz[103], não há infinito atual, pela razão muito simples de que o infinito atual é algo que não se pode pensar e compreender, e o que é inconcebível é impossível. Isso, portanto, não é real, é potencialidade, e não realidade. Se, portanto, um movimento retilíneo se prolongasse continuamente, sem interrupção, isso poderia apenas ser um movimento de vai e vem em uma linha finita; teríamos uma linha A-B, e então, repetindo-se indefinidamente, o movimento de A a B, e de B a A. Contudo, pela razão que acabamos de indicar, se tal movimento se produzisse, ele não seria contínuo, pois, nas duas extremidades ainda haveria tempos de parada. Se os senhores supõem um pêndulo que vai de A a B, e de B a A, há um momento de parada, infinitamente pequeno, mas ainda assim uma parada em A e em B, pois a velocidade muda de direção, de sentido, de sinal, como dizemos hoje; temos uma velocidade que decresce de maneira contínua e cresce, em seguida, de maneira contínua; ela passou, portanto, por zero, e houve um momento de interrupção.

Portanto, esse movimento, segundo Aristóteles, não seria contínuo, ideia muito notável, muito sutil e que desempenhou um grande papel na história, eu não diria da filosofia, mas da mecânica, pois essa ideia de Aristóteles segundo a qual, em um movimento dessa espécie, existem interrupções marcou os homens do Renascimento, que, aliás, dela extraíram consequências absolutamente diferentes. Disseram a si mesmos que, em um movimento oscilatório que se reproduz constantemente, se há tempos de parada nas extremidades, é porque o movimento pode renascer daquilo que parece ser o vazio de movimento, é porque aquilo que, aos nossos olhos, aparece no movimento sob a forma de um deslocamento no espaço não é o todo do movimento, e porque, quando o movimento nos parece interrompido na extremidade, ainda há, entretanto, alguma coisa: um interior do movimento, e daí o estudo dinâmico do movimento que substituiu um estudo puramente exterior...[104].

Fecho, porém, este parêntese: a meta de Aristóteles é demonstrar que um movimento dessa espécie não pode ser o movimento contínuo, ininterrupto, do qual todos os outros movimentos vão, de alguma forma, alimentar-se.

Então, o movimento que buscamos não pode ser nem o movimento segundo a qualidade, nem segundo a grandeza; pode somente ser o movimento segundo o lugar, e entre os movimentos segundo o lugar, devemos eliminar os movimentos retilíneos. Resta apenas o movimento circular; o movimento que procuramos pode apenas ser um movimento circular.

Imaginemos, então, o universo como uma grande esfera, limitada pelo céu, o primeiro céu, como Aristóteles o denomina, pois existem vários. Imaginemos, portanto, esse primeiro céu, invólucro do universo, que Aristóteles suporá girando indefinidamente sobre si mesmo: um movimento contínuo e uniforme. Então, esse movimento circular vai transmitir-se, pouco a pouco, às esferas concêntricas do céu que constituem o universo em geral; o universo é um sistema de esferas concêntricas.

Eis, portanto, o movimento que se vai transmitir da esfera inferior às esferas interiores[105]; ele se transmite, e ao transmitir-se, como, aliás, tudo que se transmite, ele se altera, degenera, torna-se cada vez menos perfeito, e quando alcança o sol, torna-se um movimento irregular, isto é, não uniforme, segundo Aristóteles, do sol sobre seu círculo oblíquo, sobre sua órbita; ele devém esse movimento irregular, sendo esse movimento irregular, o do sol, a condição, a causa de todas as mudanças que se realizam em nosso mundo sublunar, o mundo em que estamos. Esse curso do sol sobre sua órbita é a causa do crescimento e do definhamento, do nascimento e da morte, de todas as transformações da matéria umas nas outras, e todas essas transformações, para Aristóteles, são alternâncias; a água, diz, transforma-se em ar – pois, para Aristóteles, a água é ar em vapor –, mas o ar torna a ser água.

Se considerarmos não mais os elementos físicos, mas os seres que vivem, veremos a geração, o crescimento, a morte, e uma vez reformados os círculos, um recomeço de tudo isso: o nascimento, o crescimento, novamente a morte; temos um círculo, algo, diz-nos Aristóteles, que imita a eternidade, que é a eternidade na medida do possível: ἀΐδιον καθ ὃν ἐνδέχεται τρόπον [*aidion kath' on endechetai tropon*], como ele diz em *De generatione* e no tratado *Sobre a alma*[106]. Ele afirma que o animal gera o animal, e a planta, a planta, de modo a participarem da eternidade e do divino (ζῷον μὲν ζῷον, φυτὸν δὲ φυτόν, ἵνα τοῦ ἀεὶ καὶ τοῦ θείου μετέχωσιν [*dzôon mèn dzôon, phuton de phuton, ina tou aei kai tou theiou mètechôsin*])[107].

Há, portanto, alternância, vicissitudes, como uma oscilação, afinal, entre os contrários que imitam, de muito longe, mal e deformando-a, a circularidade perfeita do movimento da mais alta esfera. Isso é visível – segundo Aristóteles, o movimento está em todo lugar – até nos movimentos humanos. Pois, se Aristóteles não diz, em lugar algum, que as Formas de governo se sucedem circular e regularmente, há uma passagem bastante curiosa do livro IV da *Física* na qual afirma que as coisas humanas se sucedem em círculo (φασὶ

[...] κύκλον εἶναι τὰ ανθρώπινα πράγματα [*phasi [...] kuklon einai ta anthrôpina pragmata*])[108].

Assim, circularidade, reprodução periódica das mesmas causas e dos mesmos efeitos, movimento oscilatório, movimento pendular de um contrário a outro contrário, eis o que, para Aristóteles, é característico do mundo infralunar, e é somente a reprodução imperfeita, menos bela e menos completa, daquilo que ocorre no primeiro céu, o movimento circular do último invólucro do mundo.

É preciso conceber, por conseguinte, os movimentos parciais que atingem nossa percepção como projeções desse movimento circular. Eis um esquema que poderá fazer compreender a coisa: suponhamos um círculo que corresponderá ao tempo, no plano vertical, o do quadro, e suponhamos um ponto N que seria um movimento no sentido da flecha, sobre esta circunferência; temos, portanto, um ponto N, que se move indefinidamente sobre esta circunferência, no sentido indicado pela flecha, e sempre no mesmo sentido. Imaginemos agora um plano que seria horizontal, isto é, perpendicular ao do quadro, um plano P, e a todo momento de seu curso, projetemos o ponto N sobre o plano P. A circunferência que acabo de traçar se projeta evidentemente no plano P segundo uma linha reta, já que supusemos o plano da circunferência perpendicular ao plano P...

Chamemos A e B às duas extremidades do diâmetro; teremos A' e B', que serão as duas extremidades da projeção. Enquanto o ponto N vai de A a B com um movimento circular uniforme, sua projeção vai de A' a B'; o movimento do móvel N de A a B é uniforme, mas está claro que o movimento de sua projeção, de A' a B', não é uniforme; vai acelerando, partindo do ponto A até o meio da linha, e diminuindo até a extremidade; temos, segundo Aristóteles, um movimento variado e, consequentemente, imperfeito.

Portanto, enquanto o móvel N vai de A a B, percorrendo a metade superior da circunferência, sua projeção vai de A′ a B′; enquanto o móvel N continua seu curso, de B a A, percorrendo a metade inferior da circunferência, sua projeção retorna de B′ a A′, e, assim, o que se transmite em um movimento circular e uniforme se projeta em um movimento oscilatório, pendular, variado e não uniforme. Isso nos proporcionará um esquema que poderá representar com suficiente exatidão o mundo; o universo, segundo Aristóteles, é isto: um movimento circular uniforme, projetando-se no mundo infralunar, transmitindo-se pouco a pouco, projetando-se sob a forma de um movimento oscilatório, alternância entre a vida e a morte, a morte e a vida, passagem contínua de um contrário a outro contrário, e vice-versa, concepção, senhores, que é comum, no que diz respeito ao mundo, à maioria dos filósofos antigos, com modificações, admito, mas o que caracteriza sua concepção do mundo é, em geral, a circularidade.

Nossa concepção moderna é radicalmente diferente; não admitimos, em lugar algum, a circularidade, nem na física, nem na biologia, nem na história, nem na moral. Na física, não se admite que o mundo, se considerado como um todo, possa jamais passar novamente pelo mesmo estado; aquilo a que se chama o princípio de Carnot se oporia a isso, não podendo haver reversibilidade[109]. Na história natural, encontramos a mesma coisa; a geologia e a biologia nos mostram uma sucessão de acontecimentos, de mudanças, de formas características, de diferentes períodos, mas nunca retornos ao mesmo ponto, e também consideramos a história como um progresso dessa espécie. E, na moral, na política, acreditamos, com ou sem razão, haver um progresso contínuo, e não oscilação e circularidade. Por fim, concebemos a evolução como sendo retilínea. Os antigos a concebiam circular, e Aristóteles formulou, com a maior precisão, essa evolução, mostrando como uma circularidade original, a circularidade do primeiro céu, transmite-se pouco a pouco, alterando-se, com suas vicissitudes oferecendo alternâncias de geração e de destruição[110].

Seja como for, ainda não chegamos ao Deus de Aristóteles. Estamos na extremidade da esfera, temos o movimento circular do primeiro céu. Como Aristóteles passa disso ao Deus motor dessa esfera?

Segundo Aristóteles, todo movimento – este é um princípio que está enunciado no livro VIII da *Física* – supõe um motor[111]. Se supusermos que esse motor move a si mesmo, que ele é móvel, será preciso outro motor, e assim por diante. Destarte, do movimento remontamos sempre a um motor. Pode essa regressão do movimento ao motor, que, se é móvel, supõe outro motor, e assim por diante, prolongar-se ao infinito? Não, é preciso parar, e sempre pela mesma razão, pois não pode haver, segundo Aristóteles, infinito realizado, dado; é preciso parar em um motor. Se o supusermos móvel, não se tratará de um verdadeiro motor; será preciso subir ainda mais. Se o supusermos parcialmente móvel, parcialmente imóvel, então a parte móvel se explicará pela parte imóvel, e, por conseguinte, não se terá de levá-lo em consideração, e, de todo modo, será preciso, no fim, parar em um motor imóvel.

Portanto, de movimento em movimento, chegar-se-á a um motor imóvel, e é por isso que Aristóteles situa acima do primeiro céu sempre em movimento, movendo-se circularmente, Deus, sendo este o primeiro motor daquele.

Mas, notemo-lo, senhores, essa prova da existência de Deus nada tem em comum com a prova tradicional que é oferecida, extraída, ela também, como por vezes se diz[112], da existência de um primeiro motor. Foi dito: o movimento supõe o movimento, o qual supõe o movimento, e assim por diante; é realmente preciso parar em uma imobilidade, em um motor, que pôs todo o resto em movimento. Uma prova dessa espécie implica ter o movimento se iniciado, ter sido criado; há, nessa prova, a ideia da criação, ideia absolutamente estranha à filosofia de Aristóteles, como, aliás, à filosofia antiga em geral. Aristóteles nunca acreditou na criação. Muito mais do que isso, no que diz respeito ao movimento, ele nos diz explicitamente no texto que citávamos há pouco, no início da lição, que o movimento nunca se iniciou, e o que é mais notável, do nosso ponto de vista, é isto: é por nunca se ter iniciado o movimento que é preciso um primeiro motor; aí onde Aristóteles demonstra a necessidade da existência de Deus por um primeiro motor, ele insiste em nunca se ter iniciado o movimento[113].

E, se o movimento nunca começou, por que haveria de existir um primeiro motor? Porque o primeiro motor, para Aristóteles, é de fato a causa, se me permitem, do movimento; é a causa deste, mas é sua causa no sentido de princípio, ἀρχή [arché]. Aristóteles emprega a palavra princípio, o que significa tanto a razão lógica quanto a causa eficiente; isso significa que se trata daquilo que dá a explicação para o movimento.

Ora, queremos que Deus seja a imutabilidade, a eternidade. Se o movimento não fosse perpétuo, se o movimento tivesse um começo, não haveria mais necessidade, para explicá-lo, de supor uma causa eterna; é preciso que a causa contenha eminentemente, em estilo moderno[114], tudo o que o efeito contém. Se o efeito é um movimento perpétuo, é preciso que a causa explique não somente o movimento, mas sua perpetuidade. Em outros termos, se o movimento carece de começo e fim, é preciso que o sustentemos em uma eternidade, e é por carecer o movimento de começo e fim que se deve buscar seu princípio em uma existência eterna.

Não é, portanto, historicamente que Deus é a causa do movimento; ele não é a causa deste no tempo, não deu origem ao movimento em determinado momento, mas diríamos, em estilo moderno, que o movimento e Deus são coeternos um ao outro, assim, absolutamente, como a consequência é coeterna ao princípio, e assim como um teorema, em geometria, é coeterno à sua definição.

Aristóteles não encara as coisas exatamente assim, mas, enfim, o movimento e Deus não são efeito e causa no tempo; são, um em relação ao outro, como uma consequência e um princípio. Elevamo-nos, portanto, por essa via; é o resumo de toda a argumentação das mudanças que se observam no mundo infralunar, alternativas de gerações e de destruições – elevamo-nos dessas alternativas ao movimento circular, e desse mesmo movimento ao motor imóvel que é Deus.

Aí está, ao que me parece, o curso das ideias ou, pelo menos, o curso da exposição em Aristóteles. Se nos ativéssemos a isso, compreenderíamos apenas muito imperfeitamente a relação que existe em Aristóteles entre Deus e as coisas, e, mais especialmente, a relação que existe entre a eternidade e o tempo que acarreta o movimento circular do céu. Compreendê-las-íamos muito mal, pois existe um ponto que permaneceria inexplicado, e mesmo inexplicável, caso se adotasse tal ordem: como e por que o primeiro motor, ao qual Aristóteles se eleva por essa argumentação, é o Pensamento do Pensamento? Seria ele, afinal, Deus, tal qual Aristóteles o concebe? Trata-se de uma causa eterna de movimento; mas por que seria ele o Pensamento que pensa a si mesmo? Existe aí um vazio que não se pode explicar, se essa é de fato, no pensamento de Aristóteles, a relação entre Deus e as coisas. Se aí está toda a relação, existe evidentemente outra coisa, e com os textos do próprio Aristóteles, interpretando-os convenientemente e, sobretudo, à luz do que veio depois, acredito que se possa chegar a completar as coisas e a preencher o vazio.

Reportemo-nos ao que dizíamos na última lição. Procurávamos estabelecer uma diferença entre a filosofia de

Platão e a de Aristóteles do ponto de vista da teoria das Ideias, ou das Formas[115]; e dizíamos que, para Aristóteles, a Ideia, ou, como ele diz, a Forma, é a mesma coisa, a Ideia nunca está completamente realizada; está sempre incompleta. Para Platão, a Ideia está completa, mas, para Aristóteles, ela nunca está completa; ela está sempre se procurando; é sempre quase ela mesma, mas falta alguma coisa, e o que lhe falta é justamente sua materialidade. Aquilo a que Aristóteles chama o motor é, em suma, o que falta a uma Ideia, a uma Forma, para ser completamente ela mesma; e é nesse sentido que se pode dizer que a Forma de Aristóteles é imanente, ao passo que a Ideia de Platão, talvez sem ser sempre transcendente, tende, segundo ele, a ser transcendente: imanência, transcendência, interioridade, exterioridade são palavras extremamente obscuras, metáforas extraídas [da linguagem][116]) do espaço. Se desejamos conferir-lhes um sentido preciso, deve-se definir a imanência pela incompletude, pela defeituosidade, pela carência de alguma coisa. Ao contrário, a transcendência é a completude; a Ideia de Aristóteles é imanente na medida em que é incompleta, nunca inteiramente dada e, por definição, ela está na matéria, sendo a matéria, por definição, o que falta à Forma para ser completamente ela mesma.

Aí está a diferença que havíamos estabelecido entre as duas doutrinas, e dizíamos ser preciso então conceber, na filosofia de Aristóteles, as Formas subordinadas umas às outras, cada vez mais incompletas à medida que descemos, de modo a, descendo de Forma em Forma, encaminharmo-nos para o que é a carência absoluta da Forma, um vazio da Forma, aquilo a que Aristóteles chama então [a matéria-prima][117], πρώτη ὕλη [*proté ulè*], a qual nunca é realizada, existe apenas potencialmente, mas da qual nos aproximamos cada vez mais, à medida que descemos mais baixo na série das Formas. E dizíamos que, seguindo o caminho inverso, subindo rumo a Formas cada vez mais completas, chega-se à Forma completa, à Forma pura.

Ah! Esta já não existe mais apenas potencialmente, como a matéria. Essa Forma existe em ato, como diz Aristóteles, e ela é até mesmo a única que existe completamente em ato; é a única que seja ato puro; de sorte que, na filosofia de Aristóteles, temos, no fim, dois termos: a pura matéria, à qual nunca chegaríamos, mas à qual tendemos como a um limite, um puro nada, a negação da Forma, e, em seguida, a pura Forma que, por sua vez, não é simplesmente um limite ideal, mas uma realidade. A Forma perfeita, completamente realizada, é Deus, o Deus de Aristóteles; e, a seu lado, a matéria, isto é, o nada, que não podemos deixar de estabelecer, pois se estabelecemos o tudo, estabelecemos também o nada. Eis os dois termos extremos da filosofia de Aristóteles.

Ora, observemos que esses dois termos são eternos, tanto um como o outro, o que é óbvio. Quanto à Forma pura, quanto a Deus, a eternidade é de sua essência; é Deus que é o Pensamento do Pensamento, recolhido em si mesmo, sem mudança possível; é a eternidade. Mas a pura matéria é a eternidade também; pois como poderia ela mudar? Mudar, para Aristóteles, é mudar de qualidades ou mudar de grandeza, ou ainda mudar de lugar. Mas a matéria não possui qualidades, não pode mudar de qualidades; não possui grandeza, e não pode, portanto, aumentar nem diminuir; não tem lugar, pois não está contida em nada; não pode, portanto, deslocar-se. Ela também é eterna.

Temos, portanto, na filosofia de Aristóteles, uma diante da outra, duas eternidades: eternidade da Forma, e aquilo a que se pode chamar a eternidade do nada. Ora, se estabelecemos essas duas eternidades, temos o mundo sensível, o mundo em movimento, que, para Aristóteles, não é outra coisa senão a distância, o intervalo, a diferença, no sentido de uma diferença aritmética, entre essa perfeição, esse tudo, e esse nada. Não é nada além disso. Digamos um número, o número perfeito dos pitagóricos, 10. Se tivéssemos apenas esse número, poderíamos considerá-lo como uma unidade, uma dezena, algo indiviso; mas não podemos estabelecer esse número sem estabelecer, ao seu lado, o 0, e, se estabelecemos 10 e 0, estabelecemos a possibilidade do intervalo 1, 2, 3, 4, 5, até 9, até 10. Pois bem, levando até o limite o pensamento de Aristóteles – eu não poderia invocar o texto que sustenta essa argumentação, pois ela não se encontra em nenhum lugar, mas em todo lugar no pensamento de Aristóteles –, as coisas, o movimento são esse intervalo entre a matéria-prima, que é, em suma, o nada, e esse Pensamento do Pensamento, que é Deus; e como as duas extremidades do intervalo são eternas, eterno também é o intervalo; eterno é o movimento. O movimento existe sempre porque ele é a distância entre a Forma pura e a matéria pura. Tal distância é o mundo sensível sempre em movimento, e é uma perpetuidade de movimentos, pois se trata de uma medida, a medida de uma diferença aritmética entre dois termos eternos e imutáveis[118].

Eis o que significa, para Aristóteles, a relação; eis aquela que, no pensamento de Aristóteles, é a relação entre Deus e as coisas, entre o primeiro motor e o movimento, e é nesse sentido e somente nesse sentido que a eternidade de Deus e a perpetuidade do movimento no universo se sustentam uma à outra.

Ora, se continuarmos nesse sentido, creio que possamos estimar o intervalo entre Deus, considerado como primeiro motor na filosofia de Aristóteles, e Deus considerado como o Pensamento do Pensamento, o Pensamento que pensa a si mesmo. Basta, repito, continuar no sentido dessa interpretação, indo um pouco mais longe. Aqui também não poderemos invocar um texto absolutamente formal, talvez não sigamos absolutamente a letra da doutrina de Aristóteles, mas não acredito que seremos infiéis a seu espírito.

O que seria esse Pensamento do Pensamento, recolhido em si mesmo? Como dizíamos outro dia, trata-se da totalidade das Formas possíveis penetrando-se reciprocamente umas às outras. É uma copenetração de todas as Formas inteligíveis, é o Pensamento do Pensamento, diz Aristóteles; poderia também ser, dizíamos, a Forma do Pensamento, εἶδος εἶδον [*eidos eidon*] tanto quanto νόησις [*nóesis*]. É uma existência recolhida em si mesma. Quando dizemos que Deus pensa a si próprio, indicamos, com isso, que ele é, para si mesmo, seu próprio lugar; ele contém a si mesmo. Quanto a nós, quando pensamos, somos desdobrados; existe o que pensa e o que é pensado, o sujeito e o objeto. Mas esse pensamento divino, esse Pensamento do Pensamento é um pensamento tal que o sujeito contém o objeto, e o objeto, o sujeito; contendo-se um ao outro, eles são, um em relação ao outro, continente e conteúdo. Poder-se-ia dizer que o Deus de Aristóteles é, em si mesmo, seu próprio sítio, seu próprio lugar, e que é assim que ele inicialmente se define. Por outro lado, esse Pensamento que pensa a si mesmo é um Pensamento que ruma para seu objeto, mas, o que é notável, que retorna a si, pois o sujeito e o objeto não são mais distintos. Deus pensa a si próprio, e na medida em que se pensa, retorna a si mesmo. Quanto a nós, quando pensamos, somos sujeitos rumando para um objeto; o sujeito vai até o objeto, que é diferente dele; retorna, em seguida, a si mesmo. Retorna ao objeto. É um movimento pendular, isto é, oscilatório, um movimento imperfeito, mas, para o Deus de Aristóteles, as coisas ocorrem de outra maneira: o sujeito vai até o objeto e, no objeto, encontra a si mesmo; trata-se de um *circulus*, de um círculo fechado.

É, portanto, por uma espécie de movimento circulatório no mesmo lugar que se define, em Aristóteles, o pensamento divino. Eis o Deus de Aristóteles.

E, então, Aristóteles, descendo de seu Deus até o mundo, encontra, em primeiro lugar, diante de si, aquilo que mais se assemelha a Deus, aquilo que o imita melhor. O que pode imitar Deus da melhor maneira possível? O que nós encontramos primeiramente será necessariamente algo extenso, pois, se não fosse extenso, se estivesse recolhido em si mesmo, se fosse uno, seria o próprio Deus; será, portanto, algo necessariamente extenso.

Mas, se dissermos que esse algo extenso é o continente universal, que não estará contido em nada, teremos então algo que contém tudo, que não está contido em nada, que contém a si mesmo; algo que, na extensão, imita Deus, tanto quanto lhe é possível imitá-lo. É por isso que diremos que a primeira Forma que encontramos é o invólucro extremo do mundo, e que é ele que mais se assemelha a Deus. Assim o constituímos.

Consideremos agora esse invólucro. Que forma se lhe deve conferir? Deve-se supô-la móvel ou imóvel? Mais uma vez, não a podemos supor imóvel, pois a imobilidade completa, perfeita, é, por definição, a propriedade de Deus. Suponhamos, porém, que esse invólucro seja esférico, e animemo-lo com um movimento circular, regular, uniforme. Então, por um lado, teremos algo que imita o tanto quanto possível, na extensão, a eternidade divina; teremos o movimento perpétuo, sempre semelhante a si mesmo, e, por outro lado, haverá um movimento que, por um aspecto, consistirá em imobilidade. Pois Aristóteles nos diz, no tratado *Do céu*, e ele retomou por diversas vezes essa ideia, à qual está muito apegado, que o movimento circular, o movimento de uma esfera, é aquele que se faz no mesmo lugar, tendo em vista que as partes se deslocam, mas o todo não se desloca. As partes ocupam um lugar mudando de lugar, mas o todo não muda de lugar, permanecendo sempre no mesmo invólucro esférico do céu; mudando todas as partes de lugar, trata-se, nesse sentido, de um movimento, mas o todo é imóvel. Aliás, não estando contido em nada, o todo não tem lugar; mas, de qualquer maneira, o todo é imóvel, na medida em que é o movimento de uma esfera sobre si mesma. Temos, portanto, um movimento que imita, da maneira mais próxima possível, o movimento do Pensamento divino, um movimento no mesmo lugar, um movimento de algo que, ao completar a totalidade de sua revolução, não sai do lugar.

Aí está, provavelmente, no pensamento de Aristóteles, a relação de Deus com o mundo. Se adotarmos exatamente o curso de exposição que adotamos no início da lição, se nos elevarmos dos movimentos do mundo ao movimento circular, e do movimento circular ao primeiro motor, será extremamente difícil, e até mesmo impossível, dizer por que esse primeiro motor é o Pensamento do Pensamento. Mas, se partirmos do Pensamento do Pensamento concebido como a Forma das Formas, poderemos então deduzir disso a necessidade, para a Forma mais aproximada de Deus, de ser a Forma esférica de um último invólucro girando sobre si mesmo. E veremos, então, pouco a pouco, transmitir-se, degradando-se, o movimento circular.

Eis aquela que parece ser, no pensamento de Aristóteles, a relação entre Deus eterno e o movimento perpétuo das coisas.

Mas devemos, senhores, e este será o objeto da próxima lição, examinar ainda mais de perto essa relação, e buscar o que Aristóteles pode entender por um contato entre Deus e o mundo, contato que faz sair da eternidade o tempo. E isso nos reconduzirá então à análise da teoria precisa do tempo, que se encontra no quarto livro da *Física*.

NONA AULA
SESSÃO DE 6 DE FEVEREIRO DE 1903

Senhores,
    Na última lição, procuramos mostrar como Aristóteles relaciona o movimento circular do primeiro céu ao Pensamento do Pensamento, isto é, a Deus. Hoje estudaremos, no livro IV da *Física*, a teoria do tempo que é, mais particularmente, a de Aristóteles. Uma vez encerrado esse exame especial, estaremos prontos para retornar ao ponto em que nos tínhamos detido, e buscar, com maior precisão, situando-nos no ponto de contato entre Deus e a última esfera, o primeiro céu, a relação exata que Aristóteles estabelece entre Deus, a eternidade e o tempo.
    Essa teoria do tempo ocupa toda a segunda parte do livro IV da *Física*. A primeira parte é dedicada ao espaço, ou, pelo menos, como diz Aristóteles, ao lugar, pois, para ele, o espaço é o lugar[119]. Aristóteles – e ele será seguido neste aspecto por todos seus sucessores, por todos os filósofos que lhe sucederão, até mesmo pelos filósofos modernos, até mesmo pelos de nosso tempo – situa no mesmo plano e estuda da mesma maneira, como veremos, o lugar e o tempo. Será até mesmo útil analisar muito rapidamente sua teoria do lugar, para melhor compreender a do tempo, pois Aristóteles,

e nisso ele foi novamente seguido pelos demais filósofos, analisa o espaço, ou melhor, o lugar muito mais atentamente que o tempo, e se contenta, quanto ao tempo, com um esboço, na segunda metade do livro IV da *Física*, ao passo que a ideia de lugar se encontra muito aprofundada na primeira metade do livro. Não será, portanto, inútil dizer algumas palavras sobre essa teoria do lugar. Veremos muito mais claramente a partir dessa teoria do que a partir da teoria do tempo que método Aristóteles seguiu, por quais ideias sucessivas ele passou, e como, partindo da ideia do senso comum, ele chega pouco a pouco a reencontrar a própria filosofia, o que não é surpreendente, pois sua filosofia é, no fundo, apenas a sistematização teórica do pensamento conceitual, tal qual se encontra armazenado na linguagem[120].

O que é, portanto, para ele o lugar? Aristóteles parte da ideia do senso comum; o lugar, para todo o mundo, é o continente. Aceitaremos essa ideia do senso comum. O lugar é o continente.

O que é o continente? Poderíamos, inicialmente, acreditar que o continente de um objeto é o vazio que esse objeto preenche. É certo que, hoje, quando falamos do espaço, trata-se do espaço vazio ocupado pelo corpo. Mas Aristóteles lhe dedica uma parte de seu quarto livro. Considera que não existe vazio, que este é impossível e até mesmo inconcebível, e nega o vazio por muitas razões, sendo duas principais: uma razão aparente, que ocupa um grande lugar em sua argumentação, e uma razão matemática, aliás, bastante estranha.

Aristóteles imagina que, quando um corpo cai, ele se move mais ou menos rapidamente, conforme a densidade do meio que atravessa, de tal modo que sua velocidade é inversamente proporcional à sua densidade; do que resultaria que, quando decresce a densidade, a velocidade aumenta proporcionalmente, e quando a densidade se torna nula, a velocidade se torna infinita. Ora, é impossível que um corpo se mova em velocidade infinita. Não há, portanto, vazio. Aí está uma razão que toma muito espaço[121]; existe outra mais importante, não expressa de maneira explícita, mas que está no fundo das razões dadas por Aristóteles.

Essa razão é que, se o vazio existisse, ele seria ou Forma ou matéria, ou um composto dos dois, pois não há nada além disso para Aristóteles. Ora, o vazio não possui Forma, é indeterminado, e tampouco é matéria, pois sabemos que uma matéria é sempre uma tendência a alguma coisa; não é um puro nada. Ora, o vazio seria um puro nada. Não há, portanto, vazio. E o lugar é, então, um continente, e não o vazio.

Resta apenas supor que o vazio seja um corpo que contém o objeto, e que é esse continente que contém o lugar; poderíamos, portanto, dizer provisoriamente que o corpo que contém outro corpo é o lugar deste. Mas existe, nesse corpo continente, um amontoado de coisas inúteis; tudo que não toca imediatamente o objeto contido é inútil. Podemos, portanto, reter do corpo continente apenas sua superfície interior, seu limite interior, aquele que toca o corpo contido, e obtemos esta primeira definição do lugar: o lugar é a superfície interna do continente.

Mas o que, então, é continente, e o que é conteúdo? Para que haja um lugar, são necessários dois corpos, um contido no outro. O que me garante, porém, que eles sejam dois, que uma parte de um corpo não se distinga desse mesmo corpo? É preciso, portanto, definir a dualidade dos corpos, até porque não encontramos vazio entre os dois para distingui-los. Diremos que um corpo é distinto de outro quando se pode mover independentemente do outro. Definição muito precisa. Aliás, é novamente o senso comum que nos diz que o lugar é imóvel; por conseguinte, se tivermos um corpo móvel em um invólucro imóvel, é o invólucro imóvel que será o lugar, e é o móvel que será o conteúdo em relação a esse continente. Digamos, portanto, que o lugar é a superfície imóvel do continente.

Quais serão as superfícies imóveis dos continentes? Se eu considerar um corpo enquadrado, encaixado em outro corpo, o segundo será certamente móvel, assim como o primeiro, embora móvel, pode ser independente dele[122]; será preciso que eu me detenha quando encontrar algo imóvel. Ora, como os senhores se lembram, para Aristóteles, existem quatro elementos – a terra, a água, o ar e o fogo –, que estão enquadrados uns nos outros: a terra estando enquadrada na água, a água no ar, e o ar no fogo. Por outro lado, se eu considerar um corpo qualquer, ele será ou água, ou ar, ou terra, ou fogo, ou um composto desses corpos, e esse corpo, tendo sido afastado de seu elemento, tende a retornar a ele, pois o que faz o ar subir e o fogo subir, assim como a água descer, é simplesmente que o corpo, quando separado de seu elemento, permanece a ele atado, como direi, tal como em um elástico, existe algo que tende a reconduzi-lo a seu elemento. Portanto, todo corpo que é afastado de seu elemento é imóvel apenas de fato, mas não de direito; aguarda apenas uma ocasião para a ele retornar. Ele foi constrangido (βίαιος [*biaios*]), diz Aristóteles; trata-se de um movimento constrangido que o trouxe até aqui, e ele tende, por seu movimento natural (κατά φύσιν [*kata phusin*]), a retornar a seu elemento. Não procuremos, portanto, a verdadeira imobilidade senão nos quatro elementos.

Temos, portanto, nossos quatro elementos – água, ar, terra, fogo – sucedendo-se, enquadrados uns nos outros; diremos que o lugar é a superfície imóvel que limita cada um desses elementos. Cada uma dessas superfícies imóveis é, em relação ao que ela contém, o lugar.

Eis, porém, algo que vai perturbar a combinação. Observa-se que os elementos são realmente imóveis em certo sentido, mas são móveis em outro. Segundo Aristóteles, os elementos estão constantemente em vias de permutação circular: a água devém ar, isto é, a água se vaporiza; Aristóteles considerava o ar como um vapor, o ar torna a ser água. Há sempre, por efeito do movimento circular que se transmite pouco a pouco, uma metamorfose circular, por exemplo, da água em ar, ou do ar em água, e essa mudança se produz continuamente. Os elementos têm, portanto, toda a aparência de serem imóveis, sendo imóveis as faixas de separação; mas a imobilidade é apenas relativa, não é definitiva. Em suma, de um corpo contido qualquer, tivemos de passar para um corpo continente qualquer, e de um corpo continente qualquer para o elemento desse corpo. Eis que somos agora obrigados a atravessar a série dos elementos, a nos distanciar cada vez mais do centro; chegamos à última esfera, ao primeiro céu. Aí está um continente; trata-se do continente universal. Seria ele imóvel? Não, move-se continuamente, como sabemos, mas é um movimento circular, e um verdadeiro movimento circular, de acordo com o espaço, de acordo com o lugar; ele é circular na medida em que cada uma de suas partes se move circularmente. Se examino uma estrela presa à esfera, constato que ela se move circularmente; cada parte, portanto, se move em círculo; move-se, porém, o todo?

Primeiramente, de modo geral, um movimento esférico, o movimento de uma esfera que gira em torno de seu centro é, segundo Aristóteles, o movimento de algo cujas partes mudam de lugar, mas cujo todo não muda de lugar, pois ele tem sempre o mesmo continente. Portanto, de modo geral, pode-se dizer de um movimento circular que ele se desloca quanto a suas partes, mas não quanto à sua totalidade. Mas o que é verdadeiro para uma esfera qualquer o é muito mais para o movimento da mais alta esfera, o movimento do primeiro céu, pois o primeiro céu, por definição, não está contido em nada. Não estando contido em nada, ele não tem, portanto, lugar; não tendo lugar, não pode mudar de lugar; estamos, portanto, na presença de um invólucro sobre o qual se pode dizer, em todos os sentidos, que, encarado em sua totalidade, é imóvel, e na medida em que se trata do continente universal, diremos que o verdadeiro lugar, o lugar universal (τόπος κοινός [*tópos koinós*]), como diz Aristóteles, é o primeiro céu.

Os senhores veem por qual série de ideias Aristóteles, partindo da simples concepção comum, da definição que o senso comum dá para o lugar, a saber, o continente e o continente imóvel, é gradualmente levado a definir o lugar por esse primeiro céu que mostramos contíguo a Deus. Assim como Deus contém a si próprio, sendo o lugar de seu próprio Pensamento, essa mais alta esfera, contígua a Deus, imitando Deus à sua maneira, é ela mesma seu próprio lugar, e o lugar universal. Mas, pouco a pouco, por uma espécie de delegação, ela transmite às esferas inferiores e aos elementos, assim como às partes dos elementos, o poder que ela tem de se chamar o lugar; e é por isso que Aristóteles nos dirá que os elementos – água, terra, fogo – são lugares; trata-se do que ele denomina o lugar próprio (τόπος οἰκεῖος [*tópos oikeios*]). E, então, embora indeterminado e provisoriamente imóvel, um corpo, ou, pelo menos, a superfície interna desse corpo, será um lugar ainda provisório, ou, como diz Aristóteles, um lugar primeiro (πρῶτος τόπος [*prótos tópos*]). Eis três espécies de lugar: o lugar próximo, o lugar próprio e o lugar universal, isto é, o verdadeiro lugar, aquele que é o lugar por si mesmo, enquanto os outros são apenas lugares por imitação, ou, como eu dizia há pouco, por delegação deste. Os demais lugares são lugares que encontramos, primeiramente, em nosso caminho, na ordem do conhecimento, e que são os primeiros na ordem do conhecimento, mas os últimos na ordem da existência; os primeiros, de fato, se me permitem, e os últimos, de direito.

Veremos que o caminho seguido por Aristóteles para estabelecer a natureza do tempo é um caminho análogo, ainda que não nos dê todos os detalhes a seu respeito. Aristóteles começa assim:

Primeiramente, não há tempo sem mudança, pois, diz ele – traduzo-o tal qual –, quando não mudamos em nosso pensamento (ὅταν μηδὲν μεταβάλλωμεν τὴν διάνοιαν [*otan mèden metaballômen tèn dianoian*]), parece-nos que não houve tempo (οὐ δοκεῖ ἡμῖν γεγονέναι χρόνος [*ou dokei èmin gegonenai chronos*]), assim como, segundo a fábula, aqueles que adormecem em Sardo imaginam, ao despertarem, não ter havido transcurso de tempo[123]. Portanto, continua Aristóteles, se não houvesse vários agoras, sucessivos νῦν [*nun*], se houvesse apenas um agora, um agora uno e indivisível, não haveria, para nossa alma, tempo. Suponhamos uma pessoa no escuro, isto é, uma pessoa que não percebesse nenhuma mudança externa; suponham os senhores uma pessoa fechada em sua consciência; a partir do momento em que há movimento em sua alma – traduzo Aristóteles textualmente –, o tempo passa imediatamente a existir. Aí está o ponto de partida.

Seria então o tempo, pergunta-se Aristóteles, o próprio movimento? Não, e isso por duas razões. A primeira, diz-nos Aristóteles, é que o movimento está em cada coisa; está na coisa que se move. Existem tantos movimentos diferentes quanto existem coisas em movimento, ao passo que existe apenas um tempo, que é o mesmo para todas as coisas e todos os movimentos.

Segunda razão, que é muito próxima da primeira: um movimento tem sua própria velocidade, e os diferentes movimentos têm velocidades variáveis. O tempo tem uma única velocidade; transcorre em fluxo uniforme. Muito mais do que isso, é em relação a essa uniformidade [do] tempo – e isto é muito notável, em uma época em que ainda não havia noções de mecânica, em que a mecânica não existia – que se mede a diversidade das velocidades, dos diferentes movimentos. Dessa forma, e isto está subentendido, é justamente por existirem movimentos, velocidades variáveis, que existe um tempo uniforme; essa mesma variabilidade supõe a uniformidade do tempo. Por conseguinte, o tempo é diferente do movimento.

Assim, primeiro ponto, se não houvesse movimento, e por movimento Aristóteles entende, como os senhores sabem, a mudança em geral, não haveria tempo; e, segundo ponto, o tempo não é o movimento. Portanto, conclui Aristóteles, trata-se de algo relativo ao movimento, trata-se de certa modalidade do movimento (πάθος τί κινήσεως [*páthos ti kinéseos*]). Eis o ponto de partida.

O que acontecerá, portanto, com o movimento? Enquanto não houver um antes e um depois, um πρότερον [*próteron*] e um ὕστερον [*usteron*], enquanto nos encontrarmos no movimento (ἐν τῷ νῦν [*en to nun*]), não haverá tempo; mas quando a alma declara que existem dois agoras, o antes e o depois, dizemos então que existem dois tempos. Assim, o tempo nasce logo que distinguimos um antes e um depois, uma série de agoras – traduzo Aristóteles quase textualmente –, e, também, acrescenta Aristóteles, assim que passamos a contá-los. Daí esta definição do tempo: o tempo é o número do movimento, de acordo com o antes e o depois (ὁ ἀριθμός κινήσεως κατά το πρότερον και ὕστερον [*o arithmos kinèseôs kata to prôteron kai usteron*])[124]. E ele acrescenta: o número pode ser encarado – teremos de voltar a isto daqui a pouco – de dois pontos de vista diferentes; há o número numerado (ἀριθμητόν [*arithmetón*]), o número contado, e há o número por meio do qual contamos e que, se me permitem, traduzirei por "o número numerando" (ἀριθμούμενον [*arithmoumenon*]); há o número numerado e o número numerando. Ora, o tempo não é o número numerando, mas o número numerado. Em outros termos, há duas coisas a distinguir no número: há o ato de numeração, o fato de contar, e isso é o número numerando; e há o número propriamente dito, o número uma vez contado, o número numerado. O número numerando é evidentemente apenas um elemento, talvez o principal, o que deverá ser examinado; é apenas um elemento do número. Para que continue sendo número, requer-se o ato de uma pessoa que conta, mas, além disso, é preciso que algo seja contado. É somente quando a operação é efetuada, quando há Forma e matéria, que o número existe. Por conseguinte, o número propriamente dito é o número numerado. O tempo não é o número numerando, mas o número numerado.

O número de quê? Quais são as unidades de que este número é feito? De modo geral, Aristóteles as definiu antecipadamente, quando disse que, para haver tempo, é necessário existirem vários agoras, vários vῦv [*nun*]; a unidade é o agora. Mas o que entende ele por agora? Seria um ponto matemático, um instante de duração? Aristóteles tomou o cuidado de afastar essa interpretação. Primeiramente, de modo geral, Aristóteles nos diz, e nos explica em várias passagens, particularmente quando critica os argumentos de Zenão, que o tempo não se pode compor de indivisíveis; mas, mais particularmente, no quarto livro da *Física*, toma o cuidado de nos dizer que, se considerarmos o agora como um simples limite, algo como o ponto matemático que serve de limite a uma linha, não poderemos dizer que exista tempo. Trata-se de um presente que possui certa dimensão, de um presente que é certa extensão de duração.

Mas, então, levanto a questão de saber que presente será esse, que agora será esse que deve servir de unidade para o tempo e que, como acabamos de dizer, não pode ser um simples instante, um simples ponto matemático.

A essa pergunta, Aristóteles não responde de maneira explícita. Contudo, lembremo-nos do procedimento que Aristóteles acaba de seguir para estabelecer a verdadeira natureza do lugar, a natureza do espaço. Partiu dos lugares inferiores, dos espaços que são espaços apenas provisoriamente e por uma espécie de delegação, e, pouco a pouco, encaminhou-se para o lugar que é o lugar não somente de fato, mas de direito, para o lugar universal, para o primeiro céu.

Aqui, Aristóteles parte de um movimento qualquer que tenhamos diante dos olhos, se é um movimento exterior, que percebíamos interiormente, uma mudança interna. E então, provavelmente, vai, por etapas sucessivas, elevar-se desses movimentos diversos, discordantes, movimentos entre os quais é impossível escolher uma unidade, por serem todos eles movimentos derivados e inferiores a um movimento que será o movimento definitivo, podendo servir de medida a todos os demais. Temos indicações desse procedimento na segunda parte do livro IV da *Física*, mas somente indicações[125]. Aristóteles nos diz: existe um tempo único que abrange todos os tempos, assim como existe um lugar único que abrange todos os lugares; os senhores veem que o paralelismo é rigoroso.

Traduzi para os senhores textualmente; e, um pouco mais longe, eis o que ele acrescenta: se o que vem primeiro é a medida de todas as coisas da mesma espécie, então o movimento regular, em círculo, circular, é, antes de tudo, a medida, e é por isso que o tempo parece ser (δοκεῖ εἶναι [*dokei einai*]), o que significa, para Aristóteles (ele sempre introduz esta atenuação...[126])... e é por isso que o tempo parece ser o movimento da esfera, pois é por meio dele que se movem os demais movimentos[127].

Em suma, a conclusão de Aristóteles não é duvidosa: assim como, para conseguirmos definir o lugar, devemos, pouco a pouco, encaminhar-nos para este lugar que consiste no envolvimento de todas as coisas pela última esfera, pelo primeiro céu; e, assim como, na imobilidade desse céu, considerado em sua totalidade, encontramos o essencial do que é preciso para constituir o espaço, se partirmos de um movimento qualquer com a ideia de que o tempo é uma modalidade desse movimento, e o número que o mede, como não encontramos em nenhum dos movimentos sublunares a regularidade que nos permite obter uma medida estável e definitiva, elevar-nos-emos progressivamente ao movimento das esferas e, particularmente e sobretudo, ao movimento regular do primeiro céu; e é em um movimento desse céu, pois esse céu, embora imóvel em sua totalidade, é móvel em suas partes, que procuraremos a medida de todos os demais movimentos. O tempo será o número que mede esses movimentos, isto é, de modo geral, o número das revoluções do último céu. Aí está o tempo universal, aquele que serve de medida a todos os demais. Por isso essa modalidade, esse *páthos*, essa modalidade do movimento do primeiro céu transmitindo-se, descendo pouco a pouco rumo a todos os outros movimentos que, aliás, derivam, como sabemos, desse movimento do céu supremo. Tal modalidade, transmitindo-se pouco a pouco, acabará medindo igualmente um movimento qualquer, e é nesse sentido, e somente nesse sentido, que se dirá que todos os movimentos se encontram em um mesmo tempo, sendo esse tempo o número que lhes serve de medida. Aí está, muito brevemente resumida, a teoria do tempo que encontramos no quarto livro da *Física*.

Se nos ativéssemos a isso, o paralelismo seria absoluto entre a teoria do tempo e a teoria do lugar em Aristóteles, mas, embora a semelhança seja muito grande, existe uma diferença capital e essencial do ponto de vista que nos interessa este ano. Os senhores lembram que Aristóteles iniciou sua exposição dizendo que o tempo começa assim que se produz uma mudança na alma – diríamos, hoje, na consciência –, e que, quando não há mudança na consciência, como ocorre quando os peregrinos vão adormecer no templo de Sardo e despertam acreditando não terem dormido, não existe mais tempo. Foi por onde ele começou, eis agora por onde ele termina. Traduzo textualmente; é uma pergunta que Aristóteles faz a si mesmo: (πότερον μὴ οὔσης ψυχῆς εἴη ἂν ὁ χρόνος [*poteron mè ousès psuchès, eiè an o chronos*]) "se não houvesse alma, haveria tempo?"; e Aristóteles responde: "Se não há mais ninguém que numera, que conta, tampouco há alguém que seja número, de modo que não há mais número, e se apenas a alma e a inteligência da alma são capazes de numerar, não pode haver tempo".

Assim, partindo, ao definir o tempo, daquilo a que chamaríamos uma consideração de ordem psicológica, tendo começado por fazer observar que, sem um fio interior dos fatos de consciência, não haveria, para nós, tempo, tendo-se, aliás, distanciado muito dessa consideração para chegar, pouco a pouco, a definir o tempo por certa mobilidade do movimento do primeiro céu, Aristóteles retorna, afinal, a seu ponto de partida, e nos diz que, se não houvesse alma, não haveria tempo (ἀδύνατον εἶναι χρόνον ψυχῆς μὴ οὔσης [*adunaton einai chronos, psuchès mè ousès*]).

Como compreender tal afirmação? Ela produz um som muito moderno; ela confere ao tempo uma aparência, como diríamos hoje, de subjetividade, ou, pelo menos, de relatividade em relação a nosso espírito. Certamente, Aristóteles toma o cuidado de nos dizer que o tempo não é o ato de contar; ele é o número numerado, e não o número numerando, e, consequentemente, o tempo não é o ato interior subjetivo pelo qual se conta; para que o tempo esteja completo, é preciso que o número esteja completo. Ora, enquanto houver apenas o céu girando e completando revoluções, o número estará aí apenas potencialmente, como diria Aristóteles; haverá a matéria do número. Para que o número esteja completo, para que não seja simplesmente potencialidade, mas ato, é preciso que o ato intervenha e, por conseguinte, o número somente estará completo quando seus dois elementos forem dados ao mesmo tempo: o numerando e o numerado.

Nesse sentido, o número que é o tempo é realmente algo exterior, objetivo, no entanto, há essa afirmação absolutamente precisa de Aristóteles de que, se não houvesse alma, não haveria número. E parece bastante difícil, se nos ativermos a essa afirmação, estabelecer uma diferença precisa em relação à doutrina moderna do tempo, que considera o tempo como subordinado à existência do espírito humano; de sorte que, uma vez suprimido o espírito humano, também o tempo desaparece.

Em resumo, a afirmação de que é impossível haver tempo se não houver alma (ψυχῆς [*psychès*], significando, assim, a inteligência da ψυχή [*psyché*]) e de que é impossível haver tempo se não houver o homem pensante, o espírito humano, tal afirmação, Kant a aceitaria: o tempo é uma forma pura de nossa sensibilidade.

E, no entanto, está bastante claro que o pensamento de Aristóteles não é kantiano, e até mesmo que estamos aqui muito longe de Kant. Onde está exatamente a diferença?

Quando um moderno ou, particularmente, quando Kant nos diz, quer em sentido puramente psicológico, quer em sentido criticista, que o tempo é relativo ao nosso espírito, entende-se com isso que o tempo é algo contingente, algo que é, mas poderia não ser, pela razão muito simples de que, se não houvesse um espírito humano feito como ele é feito, o tempo desapareceria. Ora, Aristóteles de fato nos diz que, se não houvesse alma, não haveria tempo; mas poderia não haver alma? Para Aristóteles, é impossível.

Se pudermos demonstrar que isso é impossível para Aristóteles, se pudermos demonstrar que, para Aristóteles, uma vez estabelecido o céu e, sobretudo, o movimento do primeiro céu, estabelece-se a alma como algo necessário, vejam, então, os senhores a que ponto o alcance de sua afirmação será restrito. Esta frase "suprimida a alma, não há mais tempo" significará simplesmente que, se estabelecermos o movimento do céu, o céu envolvendo todas as coisas e se movendo com um movimento regular, se estabelecermos o céu, como não podemos deixar de estabelecer com ele a alma por ele envolvida, o tempo nascerá de uma ação e de uma reação, do movimento sobre a alma, e da alma sobre o movimento. O tempo será, portanto, uma coisa absolutamente necessária. E a frase "não poderia haver tempo se não houvesse alma" significa simplesmente que, para definir o tempo, é preciso certamente levar em conta, acima de tudo, o céu e seu movimento, mas também algo que é dado no céu e que deve desempenhar algum papel na definição.

Toda a questão está, portanto, aí; a questão consiste em saber em que medida e por que a alma e a inteligência da alma são, para Aristóteles, coisas necessárias. Por que, neste universo que é definido pelo movimento do céu, é preciso que existam almas, que exista uma inteligência? Por que isso é necessário? Por que esta segunda existência é estabelecida pelo mero fato de estabelecer-se a primeira?

Questão extremamente obscura, senhores, muito obscura, pois carecemos de textos, e Aristóteles somente nos falou da inteligência, primeiramente, por meio de algumas alusões em alguns tratados e, em seguida, por meio de dois ou três parágrafos da terceira parte do tratado *Sobre a alma*, parágrafos repletos de dificuldades. A questão é extremamente confusa e, no entanto, não podemos evitá-la, pois, na teoria do tempo de Plotino, que teremos de examinar, senão na próxima vez, pelo menos na aula seguinte, ela é de uma importância capital, pois mostraremos que essa teoria neoplatônica, atravessando a Idade Média, atravessando, sobretudo, o Renascimento, transmitiu-se, por intermédio dos platônicos do Renascimento, aos modernos, e determinou, pelo menos em parte, a orientação da filosofia moderna sobre o ponto que nos interessa. Portanto, essa teoria de Plotino, que é uma teoria capital, gira inteiramente, em suma, em torno da questão da relação entre a alma e a inteligência, em torno, primeiramente, da relação da alma com a inteligência, e da relação da alma com o mundo.

Os elementos dessa teoria de Plotino já estão presentes em Aristóteles, mas sob uma forma bastante frágil, bastante obscura; importa, desde já, distingui-los na medida do possível.

A primeira questão suscitada é a seguinte: por que, estabelecido o céu e seu movimento circular, é preciso que haja almas? Sob essa primeira forma, a questão é fácil de resolver. O que é a alma? Como Aristóteles define a alma? Trata-se, diz, da enteléquia do corpo vivo. Entende tratar-se da Forma cuja matéria é o corpo; trata-se, se me permitem, da unidade desta multiplicidade que é a vida, algo que denominaremos a lei de geração e de evolução do ser vivo. Eis o que primeiramente é a alma.

Ora, se a alma assim se define, é preciso conceber sua gênese; sabemos que o movimento circular do primeiro céu, transmitindo-se gradualmente, acaba por determinar o movimento do sol sobre sua órbita, movimento que representa, alterado, corrompido, degenerado, o movimento do primeiro céu. E é esse movimento do sol que determina as alternâncias de geração e de corrupção e, consequentemente, que explica ou que é a razão para o crescimento e o definhamento dos seres vivos; de modo que os corpos vivos e, consequentemente, as Formas dos corpos vivos, isto é, as almas, se encontram eminentemente inclusos, eminentemente compreendidos nessa forma de circularidade que caracteriza o movimento do primeiro céu.

Até aqui não há dificuldades, ainda que não tenhamos textos precisos para citar para essa interpretação. Contudo, a alma a que chegamos assim não é, de modo algum, a alma que, segundo Aristóteles, conta; é a alma fugitiva, é também, se me permitem, a alma sensitiva; essa alma é dotada de percepção e de imaginação, *fantasia*, e consequentemente, também de memória, sendo a memória apenas um ponto de vista sobre a imaginação, um aspecto sobre a imaginação. Temos, portanto, a alma fugitiva e sensitiva; não temos alma que conta, ψυχή [*psyché*], que se deve traduzir pela alma e a inteligência da alma; não, a alma inteligente é a inteligência da alma que conta. Trata-se de saber, e é a isto que reduzimos a questão, por que e em que medida a inteligência para Aristóteles é algo necessário – a inteligência tal qual a encontramos na alma –, e se é verdade que, estabelecido o céu com seu movimento circular, também se estabelece a inteligência.

É bastante evidente que não se pode tratar de deduzir a inteligência do movimento do céu circular, mas talvez a inteligência e o movimento circular do primeiro céu derivassem necessariamente de um único e mesmo princípio. Eis o ponto que devemos examinar.

Como os senhores sabem, a inteligência – para Aristóteles, o "νοῦς [*nous*]" – não é uma parte da alma. Ela vem acrescentar-se à alma, afirma Aristóteles; ela entra na alma, diz, por uma porta: θύραθεν ἐπεισιέναι [*thurathen epeisienai*][128], famoso texto do *Geração dos animais*; a inteligência entra, portanto, na alma por uma porta, a inteligência se acrescenta a ela; trata-se de algo acrescentado à alma. Aristóteles distingue não duas inteligências, mas duas formas, dois aspectos, se me permitem, duas partes da inteligência: a inteligência passiva, o νοῦς παθητικός [*nous pathetikós*], e a inteligência ativa ou, antes, produtiva, a que se chamou νοῦς ποιητικός [*nous poietikós*][129]. O que Aristóteles entende por inteligência passiva? Trata-se evidentemente – isto parece, pelo menos, resultar dos textos – de uma inteligência da qual temos plena consciência, a inteligência de que falamos correntemente quando dizemos que somos seres inteligentes; trata-se de uma inteligência da qual temos consciência e uma inteligência que se desenvolve e que se opera ou funciona no tempo; trata-se, em suma, daquilo a que Aristóteles chama a διάνοια [*dianoia*]. A única inteligência de que temos consciência é essa; é uma inteligência que não tem outra matéria além dos dados da percepção, os dados dos sentidos e da imaginação. O νοῦς παθητικός [*nous pathetikós*] não tem outra matéria além dos dados dos sentidos e da imaginação. Contudo, ela traz uma forma, a própria forma do pensamento, a universalidade. Portanto, o νοῦς παθητικός [*nous pathetikós*], a inteligência passiva, é essa parte da inteligência que, ao entrar em uma alma, transmite-lhe verdadeiramente o pensamento, trazendo-lhe não materiais novos, mas uma Forma vinda de cima, a forma da universalidade que lhe permite aplicar o pensamento propriamente dito, a reflexão, ao que, no animal, é apenas percepção e imaginação espontânea. Trata-se de algo que funciona no tempo; é a inteligência discursiva; e em "discursiva", lê-se "cursiva", algo que corre, que passa (διεξέρχεται [*diekserkhetai*]), uma inteligência em movimento, dirá Plotino. Mas, por trás dessa inteligência, diz-nos Aristóteles, existe outra; existe a inteligência ativa, aquilo a que se chamou o νοῦς ποιητικός [*nous poietikós*], e, do que diz Aristóteles, parece realmente resultar que dessa inteligência ativa não temos consciência, visto que o que conhecemos é a inteligência discursiva. Não temos consciência dela, e ela não toma nenhum tempo, pois não pode mudar.

O que, portanto, é essa inteligência ativa? Foi dito, e esta é uma interpretação que já remonta à Antiguidade[130], que se trata da inteligência divina, [a] νόησις [*nóesis*][131]. Poderíamos, porém, citar um texto de Aristóteles em que ele diz o contrário. Entretanto, ao que me parece, trata-se, pelo menos, de algo que se aproxima muito disso. Se concebermos a inteligência divina como uma luz, ela será como um raio dessa luz, raio imóvel como a própria luz. Imaginemos a inteligência humana, as inteligências voltando-se para Deus por uma espécie de conversão conforme uma direção esteja assim marcada, conforme exista uma espécie de raio que vai de Deus até a alma humana, uma transição, um local de passagem; pois bem, esse local de passagem, essa transição será o νοῦς ποιητικός [*nous poietikós*], a inteligência produtiva. Ela é eterna, imóvel como o próprio Deus, e é quando esse raio entra em uma alma que, participando da mobilidade dessa alma, ele devém a inteligência discursiva desenvolvendo-se no tempo.

Portanto, a inteligência ativa não é outra coisa senão essa parte original da inteligência, provavelmente oriunda de Deus. Mas este é então o único ponto que nos importa: essa parte original da inteligência eterna, imóvel e invisível está sempre por trás da inteligência passiva que se desenvolve e funciona na duração.

Mas há um ponto que certamente terá impressionado os senhores.

Quando Aristóteles nos fala do movimento do primeiro céu, movimento regular, circular, ele considera esse movimento – voltaremos a este ponto – como sendo apenas o desenrolar no movimento e a expressão, sob a forma de tempo, daquilo que é a eternidade divina, e Deus, assim compreendido, é o motor imóvel do céu. A Relação da inteligência ativa com a inteligência passiva parece ser a mesma: a inteligência ativa é o motor imóvel, e a inteligência passiva, a διάνοια [*dianoia*], é o que se move com um movimento contínuo sob o impulso dessa inteligência ativa que está presente, mas, em razão de sua própria eternidade, escapa à consciência.

O que se deve concluir disso? Procuro aqui reconstruir Aristóteles, mas não creio estar muito longe do espírito de sua doutrina; é que existe um paralelismo absoluto entre as duas coisas. Se estabelecemos o Pensamento do Pensamento e estabelecemos Deus, estabelecemos necessariamente o movimento circular do céu; também estabelecemos necessariamente, assim que admitimos a possibilidade de um olhar voltado para Deus, a inteligência ativa, e essa, se encontrar uma alma, devirá a inteligência discursiva, aquela que conta. Por conseguinte, não podemos estabelecer o movimento circular do céu, que é apenas uma expressão atenuada da realidade divina, sem estabelecer a alma e o pensamento que entra na alma e, consequentemente, a numeração por esse pensamento e, consequentemente, o tempo. De sorte que o tempo é uma necessidade absoluta, ainda que ele exista somente sob a condição de haver uma alma e, em certa medida que acabamos de determinar, pelo pensamento dessa alma.

Na próxima lição, que será nossa lição de conclusão sobre Aristóteles, procuraremos examinar de mais perto a relação que une o tempo tal qual acabamos de defini-lo à eternidade divina. Essa lição nos servirá de passagem para Plotino. Procurarei, quer nessa lição, quer na seguinte, falar de uma carta muito interessante que me foi enviada por um ouvinte deste curso e, a respeito dessa carta, explicar por que escolhemos exclusivamente Platão, Aristóteles e Plotino para estudar a teoria do tempo entre os gregos antigos.

DÉCIMA AULA
SESSÃO DE 13 DE FEVEREIRO DE 1903

Senhores,
    Na lição de hoje, exporemos o princípio que nos parece essencial, o mais abstrato, em todo caso, da teoria aristotélica do tempo. Poderemos, assim, relacionar, comparar, mais estritamente do que fizemos até o momento, a teoria aristotélica do tempo à teoria de Platão, e mostrar como a de Aristóteles se conecta à de Platão, como aquela deriva desta e, sobretudo, o que ela lhe acrescenta.
    Dizíamos que, para Aristóteles, assim como para Platão, o essencial da coisa é sua Ideia[132]: εἶδος [*eidos*]. É verdade que, quando encontramos a palavra εἶδος [*eidos*] em Aristóteles, traduzimo-la preferencialmente por Forma, e temos razão em traduzi-la assim, pois a Ideia aristotélica, ao contrário da Ideia platônica, está na coisa, é a determinação da coisa, é o conceito que exprime a coisa e que entra em sua definição...
    Portanto, a Ideia, para Aristóteles, está na coisa. Tomamos, porém, o cuidado de dizer que o dentro e o fora são metáforas extraídas da linguagem do espaço, que esses termos somente possuem significado em filosofia sob a condição de darmos uma definição para eles, e que, aqui, no caso atual, interioridade e exterioridade, imanência e transcendên-

cia possuem um sentido muito claro: transcendência significa realização completa; imanência, realização incompleta. Dizer que a Ideia está nas coisas é afirmar que a Ideia, para empregar a linguagem de Aristóteles, está mesclada à matéria, à materialidade, e dizer que ela está mesclada à matéria é dizer simplesmente que não está completamente realizada, que lhe falta alguma coisa. É essa carência, essa distância entre o que ela é e o que deveria ser, caso existisse completamente, é o resto dessa subtração aritmética que Aristóteles denomina, de modo geral, a matéria, a materialidade de uma coisa.

Portanto, a Ideia aristotélica está na coisa, no sentido de estar incompleta, e todas as Ideias de Aristóteles, exceto uma, estão, nesse caso, incompletamente realizadas.

Por outro lado, estando as Ideias incompletamente realizadas, sendo essa incompletude a materialidade, e tendo ela também por efeito, por resultado necessário, aparecer sob a forma de mudança, de devir no espaço e no tempo, temos uma série de Formas que se escalonam, de Formas sobrepostas umas às outras, cada uma delas deformando-se porque está incompleta, e, na medida em que está incompleta, de tal modo que estamos sempre na presença de uma carência que nos força a nos elevar cada vez mais alto. E, no entanto, é preciso chegar a um termo, pois, a partir do momento em que a subtração se faz, em definitivo, é realmente preciso que haja uma quantidade verdadeira, fixa, da qual o resto é subtraído, uma quantidade tal que a diferença entre esta e as demais meça as distâncias que aparecem e que se traduzem por tantas mudanças no espaço e no tempo.

Daí a necessidade de elevar-se a uma Forma superior a que Aristóteles chama de Pensamento pensando a si próprio, aquilo a que chamamos, a que poderíamos também chamar de Forma das Formas, uma Forma que reúne em si, em estado de concentração, e resume tudo que existe de real, de inteligível em todas as Formas possíveis; essa Forma completamente realizada, a única que esteja completamente realizada, é o Deus de Aristóteles.

Resulta disso que a teoria aristotélica das Formas se distingue, primeiramente, da teoria platônica das Ideias, na medida em que, enquanto as Ideias platônicas estão todas realizadas e completamente realizadas, entre as Formas aristotélicas, existe apenas uma, no fim, que esteja completamente realizada: é Deus. Mas, se considerarmos esta última Forma, o Pensamento do Pensamento, a Forma das Formas, parece-me extremamente difícil estabelecer uma diferença, uma distinção muito nítida entre essa Forma e a Ideia que, para Platão, está no topo do mundo inteligível, a Ideia do bem. Aquilo a que Platão chama a Ideia do bem (Αγάθων [Agathon]) é uma Ideia que reúne em si todas as outras Ideias, que lhes exprime toda a inteligibilidade.

Certamente, se considerarmos a definição aristotélica de Deus, inspirando-nos em elementos mais modernos, se fizermos do Pensamento do Pensamento, acima de tudo, algo de consciente, se no Pensamento do Pensamento virmos, acima de tudo, o ato de pensar, o trabalho intelectual de algum modo, teremos no topo da filosofia de Aristóteles um ser que parece diferir por seus atributos psicológicos da Ideia do Bem tal qual a encontramos em Platão. Porém, quando consideramos o uso que Aristóteles faz dessa νοήσεως νόησις [noéseos nóesis], do Pensamento do Pensamento, quando nos dedicamos a nos desprender de toda segunda intenção, de toda interpretação moderna, quando procuramos ver nesse Pensamento do Pensamento o que Aristóteles provavelmente viu nele, isto é, a Forma das Formas, a qual contém em si, enrolada em estado de concentração e de unidade, a multiplicidade indefinida de todas as Formas possíveis, quando concebemos o Deus de Aristóteles dessa maneira e nessa medida, vemos encolher cada vez mais a distância entre o Deus de Aristóteles e o Bem de Platão, de modo que, em última análise, a diferença entre as duas doutrinas parece muito menor na concepção de Deus, Ideia-mestra – a Ideia do Bem de um lado, a Ideia de Deus do outro –, do que na concepção de todas as demais. Poderíamos dizer que, em todo o resto, existe uma diferença, pois, no que diz respeito a todas as outras Ideias, elas são completas para Platão, incompletas para Aristóteles; transcendentes, se me permitem, para Platão, ainda que Platão tenha tentado diminuir o tanto quanto possível essa transcendência, certamente à medida que avançava em idade. Mas, enfim, podemos dizer, de direito, que todas as outras Ideias, assim como esta, são transcendentes em Platão, ao passo que, em Aristóteles, apenas esta é transcendente. Mas justamente por haver, neste ponto, tanto em um como no outro, transcendência, podemos dizer que a diferença é mínima e tende a zero, à medida que levamos adiante a análise e o aprofundamento.

Portanto, se adotarmos o ponto de vista da imutabilidade, da eternidade, se adotarmos o ponto de vista do Pensamento do Pensamento, por um lado, e da Ideia do Bem, por outro, a diferença será mínima entre as duas doutrinas.

Se considerarmos agora não mais a imutabilidade, mas o devir, não mais a eternidade, mas o tempo, aqui também a diferença será leve, muito pequena entre as duas doutrinas, a de Platão e a de Aristóteles.

Para Aristóteles, o devir, no mundo infralunar, exprime o movimento circular, imperfeito do sol sobre sua órbita. Esse movimento imperfeito, irregular, é ele mesmo apenas um efeito, uma diminuição ou uma alteração do movimento regular, este perfeito, do primeiro céu. Esse movimento regular, perfeito, do primeiro céu é, portanto, aquilo que, transmitindo-se gradualmente e sempre se diminuindo, alterando-se, acaba por produzir como resultado a mudança, as alternâncias de geração e de destruição que atingem nossos sentidos e se traduzem à nossa percepção.

Por outro lado, Platão diz algo absolutamente análogo. Não apresenta a mudança exatamente dessa forma no *Timeu*. Entretanto, lembremos que as mudanças que se realizam no mundo em geral são por ele vinculadas à alma do mundo; que a própria alma do mundo está estreitamente ligada ao movimento circular do céu; e que o demiurgo do *Timeu*, o Deus de que se trata no *Timeu*, artesão, arranjador das coisas, após ter composto a alma do mundo, imprime o movimento regular ao céu e compõe, assim, o tempo, o qual é a imagem imóvel da eternidade, confundindo-se esta com o movimento da abóbada celeste.

É bem verdade que Aristóteles, que procura frequentemente estabelecer, entre sua doutrina e a de Platão, uma diferença mais profunda do que a que existe na realidade, tomou o cuidado, por alusões muito claras no livro IV da *Física*, que comentávamos outro dia, de diferenciar sua doutrina acerca desse ponto da de Platão. Ataca aqueles que identificam o tempo com o movimento da abóbada celeste, do céu; ataca, em suma, Platão, sem nomeá-lo. Segundo ele, o tempo não é o movimento circular: é o número que mede esse movimento, e esse número implica a existência de uma alma que conta e, por conseguinte, o tempo resulta de uma colaboração entre esse movimento circular do mundo e a ação da alma que enumera as revoluções e as adiciona.

Sim, mas mostrávamos outro dia que, na concepção de Aristóteles, a alma que conta é algo estreitamente ligado à própria existência do céu e de seu movimento circular. Haveria uma diferença profunda entre Platão e Aristóteles, se Aristóteles nos dissesse que, tendo em vista o movimento circular do sol, seria preciso, para que nascesse o tempo, que lhe acrescentássemos algo que poderia não estar estabelecido, uma vez estabelecido esse movimento. Mas procuramos demonstrar que, tendo em vista o movimento circular, sua transmissão de esfera em esfera e as alternâncias de geração e de corrupção do mundo sublunar, é preciso que a vida se produza e, consequentemente, que haja homens e, se esses homens possuírem um grau suficiente de perfeição, é preciso que entre neles, como um raio, esse pensamento que, uma vez na alma, se torna discursivo. É o pensamento que conta, e, por conseguinte, se estabelecemos o movimento circular e toda a perfeição que ele implica, estabelecemos, ao mesmo tempo, o homem, e até mesmo o homem que conta, inteligente, e depois, finalmente, o tempo, que supõe a ação e a reação desses dois termos um sobre o outro. De sorte que, enfim, aqui também, a diferença entre Platão e Aristóteles é muito menor do que parecia inicialmente.

Em resumo, quer consideremos a imutabilidade, a eternidade do primeiro princípio, quer consideremos o tempo e o devir em geral, temos, tanto em Aristóteles como em Platão, duas sistematizações, poderíamos dizer, absolutamente análogas.

Quanto ao primeiro ponto, Aristóteles, assim como Platão, toma todas as Formas, ou então todos os conceitos, e fazendo-os entrar uns nos outros, constitui uma unidade, que é o sumo da inteligibilidade, a Forma das Formas, a Ideia das Ideias, o Pensamento do Pensamento. Platão faz o mesmo, e aquilo a que chama a Ideia do Bem é algo da mesma espécie; por outro lado, no que diz respeito aos fenômenos, como diríamos hoje, as mudanças na duração, Platão e Aristóteles tomam as mudanças e as consideram como recortadas em certa continuidade de mudanças, cada vez mais regular, à medida que se sobe na série das causas, de modo que, no nível mais alto, tem-se uma mudança contínua, regular, uniforme, o movimento circular do céu, do qual provêm, como de uma fonte inesgotável, todas as outras mudanças, todos os devires parciais: trata-se do tempo. Quer consideremos a teoria da eternidade ou a teoria do tempo em Platão e em Aristóteles, as teorias são análogas e, repito, cada vez mais análogas, à medida que se extrai delas a quintessência. Não é, portanto, nem quanto ao primeiro ponto nem quanto ao segundo que esses dois filósofos se separam um do outro.

Qual é, portanto, a diferença? Evidentemente, ela não pode existir, senhores, senão no vínculo, na relação que esses dois filósofos estabelecem entre os dois termos; um, Aristóteles, foi muito mais longe que o outro: aprofundando, desenvolvendo uma Ideia que existia em estado latente e implícito mais do que explicitamente em Platão. Para Platão, qual é a relação entre os dois termos?

Tendo em vista a Ideia de Deus, tendo em vista o Bem, tendo em vista as Ideias em geral, como, na medida em que o devir se prende ao tempo e é representado pelo tempo, conceber a relação desse devir e dessas sucessões no tempo com o primeiro princípio?

No *Timeu*, Platão nos diz ser preciso fazer intervir um demiurgo, e não encontramos outra explicação a não ser esta: existe um Deus, um grande artesão, um Deus supremo, o primeiro de todos os Deuses, e esse Deus molda as coisas a partir do modelo das Ideias, é ele quem arranja o mundo tal qual ele é, quem lhe imprime seu movimento e quem, em suma, ao fazer o tempo, constitui a regularidade do devir.

Portanto, na doutrina de Platão, é preciso um mediador, e esse mediador evidentemente não é, como disseram alguns historiadores, a Ideia do Bem; existe aí uma interpretação inteiramente falsa, um verdadeiro contrassenso deste historiador, no entanto tão profundo, da filosofia: Édouard Zeller[133]. É demasiado evidente que o Deus do *Timeu* não é a Ideia do Bem e, aliás, nem sequer uma Ideia; ele molda as coisas a partir do modelo das Ideias, trata-se de uma essência intermediária, algo de intermediário entre a Ideia e o devir: ele é menos que uma Ideia. Platão necessitava de uma essência dessa espécie, não podia privar-se dela. A partir do momento em que era preciso explicar a passagem da Ideia às coisas e que ele não tinha a sua disposição uma teoria da causalidade, como diríamos hoje, que lhe permitisse privar-se de um mediador, havia a necessidade de uma explicação mítica; entre a Ideia que deve servir de modelo e o devir em geral, ele intercala, então, Deus, tal qual ele o define no *Timeu*: uma essência intermediária capaz de conceber a Ideia e capaz de realizá-la, à maneira de um artista, em uma matéria mais ou menos refratária, mais ou menos predisposta. Aí está a explicação de Platão.

Inteiramente diferente é a de Aristóteles, e dizíamos – esse foi o início de nossa aula, e é por onde concluiremos – que Aristóteles extrai de Platão, em grande parte, a teoria das Ideias que ele ataca, mas rejeita absolutamente o platonismo dos mitos, do qual falou muito menos, e é particularmente na eliminação do mito, o qual *Timeu* é do início ao fim, que reside um dos méritos essenciais da filosofia de Aristóteles.

Para afastar o Deus do *Timeu*, o que se deveria fazer? Era preciso chegar a uma concepção da causalidade que permitisse extrair automaticamente, de algum modo, o devir da imutabilidade, e o tempo da eternidade. Era preciso, por uma teoria da causalidade, afastar o demiurgo do *Timeu* ou, antes, estabelecer, entre a eternidade imutável do primeiro princípio e o movimento circular do tempo, uma relação tal que o demiurgo do *Timeu*, o θεός [*theós*], pudesse, de alguma forma, entrar no princípio supremo da νοήσεως νόησις [*noéseos nóesis*]. Essa Ideia do Bem que Platão situou no ponto mais alto de sua dialética, mas que não pode agir sobre as coisas, Aristóteles se arranja para que ela tenha uma ação sobre as coisas, sem sair de si mesma, e para que seja ela a fazer tudo a despeito de sua imutabilidade; e como é ela que faz tudo, é ela que se torna o demiurgo, e o Deus platônico, que se tinha de algum modo colocado entre a Ideia do Bem e as coisas, vai entrar na Ideia do Bem, e é quando esse Deus platônico, quando o demiurgo tiver entrado na Ideia do Bem que teremos uma Ideia do Bem, uma Ideia das Ideias, a qual será, por esse mesmo fato, Deus, e é por isso que a Ideia das Ideias é Deus para Aristóteles, ao passo que ela não o é para Platão. Para este, Deus é inferior às Ideias; para Aristóteles, Deus está na Forma das Formas, porque o papel que era atribuído a Deus, como arranjador, demiurgo, será atribuído ao Pensamento do Pensamento, e, assim, é de algum modo o Pensamento do Pensamento que vai cumprir a função de divindade na filosofia aristotélica. É aí, portanto, que está a grande diferença.

A questão agora é saber como Aristóteles pôde atribuir tal concepção ao Pensamento do Pensamento; como o Pensamento do Pensamento, absolutamente análogo à Ideia do Bem em Platão, como esse Deus afirmado em si mesmo pode, entretanto, agir como se saísse constantemente de si; como é possível que esse Deus – que não pode, segundo a definição de Aristóteles, nem agir nem produzir – comporte-se, entretanto, como se incessantemente agisse e produzisse...

No tratado *Do céu*, e sobretudo no livro x da *Ética a Nicômaco*, Aristóteles nos diz, em termos próprios, ser preciso excluir de Deus a ação e, particularmente, a produção[134]; tendo em vista ser preciso privá-lo da ação (του μεν πραττει αφαιρουμενου [*tou men prattein aphairoumenou*]) e da produção, o que lhe resta, senão a contemplação (τι λειπεται πλην θεωια [*ti leipetai plèn teoria*])? É um Deus que contempla, que não pode agir nem produzir; no entanto, tudo se passa como se agisse, como se produzisse.

Lembremo-nos de que tudo que existe fora de Deus, tudo que está em nosso mundo e no mundo em geral, tudo isso imita Deus o tanto quanto possível e na medida em que mais nos aproximamos do primeiro céu. Lembremo-nos de que o primeiro céu são o lugar e o tempo universais, e que, como lugar universal, ele contém a si mesmo, e, ao conter a si mesmo, imita Deus, que é, para si mesmo, seu próprio lugar – estando o pensamento inteiramente recolhido em si mesmo em Deus. Lembremo-nos de que esse mesmo céu, na medida em que gira com um movimento regular e uniforme, e indefinido, imita o tanto quanto possível a eternidade divina e o *circulus*, o movimento circular no mesmo lugar de um pensamento que, pensando a si próprio, volta a si próprio enquanto vai até seu objeto.

Portanto, Aristóteles arranjou as coisas para aproximar o tanto quanto possível o mundo em seu conjunto de Deus; não falta quase nada, mas falta alguma coisa: entre o primeiro céu (πρωτος ουρανος [*prôtos ouranos*]) e Deus, do qual o primeiro céu é uma imitação, existe uma distância; trata-se de saber como passar de Deus ao primeiro céu, qual é exatamente a relação, a passagem.

Sabem os senhores que, segundo a interpretação corrente de Aristóteles, a relação causal que existe entre Deus e as coisas é uma relação de atração. Invoca-se geralmente o famoso texto do capítulo 7[135] do livro XII da *Metafísica*[136]. Nesse texto, Aristóteles nos mostra como o primeiro céu se move em círculo com um movimento eterno. Trata-se, diz, de um motor: esse movimento do primeiro céu põe em movimento todo o resto. Mas, acrescenta, não se trata do primeiro motor, mas de um motor movido (κινουν και κινουμενον [*kinoun kai kinoumenon*]). É necessário haver, portanto, acima dele, um motor imóvel, e então, por uma série de considerações – resumo esse texto inteiro – fundadas justamente na natureza do desejo e da inteligência, Aristóteles chega à conclusão de que Deus move o mundo como objeto de amor (ερωμενον δε ταλλα κινει [*erômenon de talla kinei*]) e, por meio do que é movido, por meio do primeiro céu que é assim movido, Deus deseja todo o resto, deseja como objeto de amor. Do que se conclui que é preciso conceber o Deus de Aristóteles como um ideal, e o mundo movendo-se inteiramente atraído pela perfeição de Deus, que ele procura imitar.

Que essa concepção da finalidade exista em Aristóteles, isso não é duvidoso, mas que esse seja o ponto de vista definitivo e não provisório, isso me parece muito mais duvidoso, mas não pelas razões que já foram alegadas na Antiguidade pelo comentador Teofrasto, que observava que o mundo, para ser atraído, precisaria possuir uma alma e que Aristóteles não conferiu alma ao mundo. Para que haja desejo, diz Teofrasto, é preciso lidar com seres animados (εμψυχα [emphukha])[137]. Esse não é o caso do mundo, e o historiador e filósofo alemão Zeller diz algo análogo: declara incompreensível a ideia desse mundo que não tem consciência e que, no entanto, seria movido pela atração dada à perfeição e como que por seu desejo[138].

Isso é realmente considerar a coisa de um ponto de vista um pouco estreito; existem duas coisas no desejo: a consciência e, sobretudo, a tendência. Ora, é certo que, para nós, modernos, a consciência é algo muito importante; é algo muito menos importante para os antigos, e sobretudo para Aristóteles: desejo no sentido de tendência, e até mesmo de tendência inteligente, não implica necessariamente consciência. Portanto, não é aí que está a dificuldade. A dificuldade aqui estaria muito mais no fato de que, para considerar como definitiva e final essa explicação da causalidade divina, seria preciso admitir que, para Aristóteles, o mundo já existe atualmente e preso, de algum modo, com sua forma, fora da colaboração divina; seria preciso, de algum modo, supor que o mundo se move na direção de Deus, existindo enquanto mundo, sem Deus. Ora, é muito certo que, na filosofia de Aristóteles, se os senhores suprimirem Deus, que é a própria fonte de toda determinação, de toda Forma, de toda atualidade, não resta mais nada, resta apenas a matéria, a primeira matéria, que é o puro nada, uma pura possibilidade. Como essa pura possibilidade poderia mover-se na direção de Deus, e ser por ele atraída?

Ser atraído, sofrer uma atração, ter um desejo, sentir um amor, mesmo tomando essa palavra em sentido absolutamente metafórico, tem-se aí certa determinação, certa existência; mas isso já supõe a ação divina. Então, como explicar essa ação divina, essa causalidade divina por algo que somente pode existir se já o estabelecermos?

Aí está uma grandíssima dificuldade. Vou, porém, mais longe: essa interpretação aristotélica não se concilia com os textos formais do mesmo filósofo. Há toda uma série de textos que somos obrigados a negligenciar, a considerar seja como alegorias ou até mesmo, segundo certos historiadores, como ininteligíveis, como negligenciáveis, em razão de sua ininteligibilidade, e que somos obrigados a negligenciar nesta hipótese.

Primeiramente, de modo geral – sou obrigado a me lançar nessas explicações um pouco especiais, mas isto é necessário –, para Aristóteles, um motor – e Deus é o primeiro motor – não pode transmitir o movimento senão por um contato. Isso é formalmente dito no livro III da *Física* (202 *a* 7):

> Um movimento não se pode produzir senão pelo contato do motor (συμβαίνει δὲ τοῦτο θίξει τοῦ κινητικοῦ [*sumbainei de touto thixei tou kinètikou*]).[139]

Mais particularmente, no livro VII da *Física*, Aristóteles aplica esse princípio à ação divina:

> O primeiro motor [, diz,] deve tocar o que é tocado ou ser a ele contíguo (ἀνάγκη τὸ πρῶτον κινοῦν ἢ ἅπτεσθαι ἢ συνεχὲς εἶναι τῷ κικουμένῳ [*anagkè to prôton kinoun è aptesthai è suneches einai tô kinoumenô*]).[140]

E, um pouco mais longe, Aristóteles nos diz que o primeiro motor pode ser encarado como causa final ou eficiente, e que, deste último ponto de vista, ele está em contato com o móvel: αμα τῷ κινουμένῳ [*ama tô kinoumenô*][141].

Sendo a palavra *ama* aquela que Aristóteles sempre emprega para designar o contato, no livro VI da *Física*, ele define o contato da seguinte forma:

> Chamo contato às coisas cujas extremidades estão *ama*, juntas.[142]

Portanto, segundo Aristóteles, Deus toca o céu, e não o toca uma única vez; isso não pode ser algo como o piparote original dado ao mundo: é preciso lembrar que, para Aristóteles, um movimento não existe e não se prolonga senão sob a condição de prolongar-se incessantemente o impulso. Isso é formalmente dito por Aristóteles no livro VIII da *Física*[143], assim como alhures.

Para Aristóteles, se uma pedra que é lançada continua a se mover, isso se deve ao fato de que o ar se fecha atrás dela e renova, a cada vez e a todo instante, um choque. Em outros termos, Aristóteles ainda não conhecia, o que é normal, a lei da inércia; portanto, para ele, um movimento não se prolonga senão sob a condição de que a causa renove indefinidamente sua ação, e, consequentemente, se é por um contato que Deus age sobre o céu, o contato é contínuo e perpétuo. Aliás, aqui está um texto em que Aristóteles retoma esse ponto e o expressa em termos próprios. Na *Física*, 267 *b* 6, ele nos diz:

> A ação do primeiro motor deve exercer-se no centro ou na periferia (ἄυται γὰρ αἱ ἀρχαὶ – ἐκεῖ ἄρα τὸ κικοῦν [*autai gar ai archai – ekei ara to kinoun*]).

E prossegue dizendo que é a circunferência que se move mais rápido:

Ora, aquilo que se move mais rápido é o que mais se aproxima do primeiro motor. É, portanto, na circunferência que está o primeiro motor...[144]

Aqui estamos, senhores, muito longe do "Ele se move como objeto de amor". Mas é preciso lembrar, primeiramente, que Aristóteles considera o espaço como se ele se encerrasse no céu. Diz, em determinado momento, que, fora do céu, não há mais tempo nem lugar. Ora, Deus está fora do céu; por conseguinte, ele não está em um lugar, Deus não está no espaço...

Parece ser tanto mais difícil compreender como Deus toca o céu. Existe, porém, um ponto que não reteve suficientemente a atenção dos comentadores: Aristóteles nos fala de contato; mas o que é o contato para ele? O contato é uma percepção: αίσθησις [*aisthesis*], é até mesmo a percepção por excelência, na medida em que todas as outras são mais ou menos modalidades do contato, modalidades do toque.

O que é uma percepção para Aristóteles? Define-a como a passagem de uma forma do objeto percebido no ser que percebe...[145]

Por conseguinte, o contato é a transmissão de uma forma.

Mas, se assim é, e se, para Aristóteles, o contato é o que explica a ação divina, se, por outro lado, o contato significa, para ele, transmissão de uma forma que significaria esse texto, onde ele teria dito então que Deus agiu por meio de um contato perpétuo sobre as coisas, por meio de um contato perpétuo entre as coisas e o primeiro céu? Isso significaria simplesmente que o movimento do céu, e, aliás, todas as demais formas, tudo isso não seria outra coisa senão a transmissão por Deus de sua Forma, na medida do possível. É preciso conceber Deus e o céu como estando estabelecidos de tal sorte que o céu é a transmissão; o céu, movendo-se circularmente, oferece-nos uma transmissão da Forma divina.

É verdade que, se as coisas acontecessem assim, e se nossa interpretação for exata, eis algo muito estranho que vai ocorrer: Deus transmite algo ao céu, e, nesse sentido, toca o céu, mas o céu não transmite nada a Deus, e, por conseguinte, não toca Deus. Aconteceria, portanto, nesta hipótese, que Deus tocaria sem ser tocado.

Pois bem, é justamente o que Aristóteles nos diz em um texto que desconcertou os comentadores, *Sobre a geração e a corrupção*, 323 *a* 31:

> se há um motor imóvel, ele toca o móvel, mas nada o toca... (ει τι κινει ακινητον ον *[...]* νοῦς [*ei ti kinei akinèton on [...] nous*]).[146]

Ele tocaria o móvel, mas nada o toca. O que isso significa? Significa simplesmente que a causalidade divina deve ser considerada como uma espécie de transmissão por via de diminuição. Concebamos Deus como o Pensamento do Pensamento e, então, imaginemos uma diminuição, a mais leve possível, mas, assim mesmo, uma diminuição dessa essência; essa diminuição é a extensão no espaço, no tempo, é a abóbada do céu, é o céu girando indefinidamente sobre si mesmo, e é tudo que é realizado, determinado gradualmente por esse movimento circular.

Portanto, a causalidade, para Aristóteles, é, acima de tudo, essa descida progressiva das Formas. É preciso, na filosofia de Aristóteles, conceber, acima de tudo, a causalidade assim: trata-se da cunhagem da peça de ouro... Volto sempre a essa imagem, que já empreguei antes[147]: se estabelecemos a peça de ouro, não podemos não estabelecer, ao mesmo tempo, a moeda que está nela compreendida; se estabelecemos o pensamento imóvel (νοῦς [*nous*]), estabelecemos o pensamento móvel discursivo, que é como o troco do céu, e se estabelecemos Deus imutável, eterno, estabelecemos o movimento regular, periódico do céu que é o tempo, desenvolvimento indefinido dessa eternidade. A causalidade é isso, é a necessidade para o inferior de ser estabelecido quando se estabelece o superior, é a necessidade para o incompleto de existir assim que se estabelece o completo; é, por outro lado, a transmissão, por via de sua própria diminuição, daquilo que está contido na Forma.

Observemos que Aristóteles falou de causa eficiente e de causa final. Poderia ter falado também de contato; tudo isso é a mesma coisa para ele. Se me situo naquilo que é causado, percebo o que é causado como estando em movimento, e esse movimento é um trabalho para realizar a perfeição da Forma: é uma finalidade. Se me situo na causa, percebo nessa causa, como estando nela contidas, todas as diminuições dela mesma que serão seu efeito. E direi então que essa causa é eficiente. Se estou no efeito, falo da[148] finalidade; se estou na causa, falo de causa eficiente; por fim, se estabeleço juntos o causante e o causado, a causa e o efeito – e este é, em suma, o ponto de vista mais completo –, direi que há contato: isso significará que existe a participação de uma Forma por via de transmissão e de diminuição.

Chegamos, senhores, a uma representação bastante abstrata do princípio fundamental da filosofia de Aristóteles[149]. Acredito que esse princípio se encontre mais ou menos latente em toda a *Metafísica* de Aristóteles, assim como em sua *Física*, ou, aliás, em tudo que escreveu.

Mas esse princípio aparece em plena luz do dia, como veremos na próxima vez, quando se considera a filosofia de Plotino, a qual, por um aspecto, é apenas uma interpretação da filosofia de Aristóteles. Esse princípio será, para Plotino, o princípio da irradiação: será a ideia segundo a qual, se estabelecermos a luminosidade, não nos podemos impedir de estabelecer, ao mesmo tempo, os raios, e raios que vão se reduzindo, sempre diminuindo, se me permitem, por uma mistura de obscuridade, não sendo a obscuridade outra coisa senão esse mesmo enfraquecimento.

Porém, se procurarmos adotar o ponto de vista que adotáramos no início deste curso e, sobretudo, no ano passado, se procurarmos a base de uma filosofia dessa espécie, sua posição diante de ideias mais modernas, diante de ideias contemporâneas, os senhores verão como é grande a distância: poderíamos dizer que é o inverso da concepção que apresentávamos para o tempo e a duração em geral. Dizíamos: se desejamos compreender o devir, devemo-nos reposicionar nele, por uma espécie de simpatia intelectual, por uma intuição da duração real; é isso que a consciência nos apresenta, e se desejarmos conceber todas as demais durações e a mudança em geral, é por uma extensão da consciência que devemos conseguir fazê-lo: seja espalhando nossa própria duração, supondo-a cada vez mais larga, seja, ao contrário, concentrando-a cada vez mais, de modo a dar-lhe uma vitalidade crescente. Mas é sempre sob a forma psicológica e com base no modelo daquilo que sentíamos interiormente[150] que devemos conceber o tempo; de modo que uma filosofia do real é uma filosofia que faz proceder, quer por espalhamento, quer por concentração desse sentimento interior da duração, todo o resto – sendo o aspecto lógico das coisas um aspecto absolutamente legítimo, mas sendo, de modo geral, algo mais simbólico, e não a própria realidade.

Ora, o ponto de vista dos antigos, tal qual ele já emerge em Aristóteles, tal qual emerge mais claramente em Platão, é o ponto de vista interno. O que fazem os antigos? Tomam, ao contrário, os conceitos, esses conceitos que consideramos como tantas imobilizações do real, tantos pontos de vista imóveis sobre a duração móvel, e procuram encaixar todos esses conceitos o tanto quanto possível uns nos outros, de modo a extrair-lhes a quintessência, obter uma unidade que resuma por dedução tudo que existe nessa multiplicidade, e é assim que Platão chega à Ideia do Bem, e Aristóteles, ao Pensamento do Pensamento, quintessência de todo pensamento. Sim, mas é a imutabilidade absoluta: como extrair daí o movimento, como extrair daí tudo que a experiência nos mostra? Isso pode apenas ser feito por um postulado indemonstrado, indemonstrável, e absolutamente necessário: o postulado segundo o qual, se estabelecemos a imutabilidade conceitual, todo o resto dela advém, assim como o troco advém de uma peça de ouro; e segundo o qual, se estabelecemos essa imutabilidade absoluta, o movimento regular, o tempo é necessariamente estabelecido, e nos arranjamos de modo a ter uma concepção da causalidade que compreenda, na medida do possível, essa passagem, e também de maneira a ter uma concepção do tempo, da duração, tal que o tempo se aproxime, o tanto quanto possível, da eternidade, imitando a eternidade por sua regularidade e por aquilo a que poderíamos chamar sua circularidade.

Portanto, tudo isso, senhores, é extremamente simples: consideramos o devir, consideramos o tempo, mas não desejamos estudá-lo em si mesmo; substituímo-lo por todos os pontos de vista conceituais possíveis sobre ele, e fazemos com que todos esses pontos de vista conceituais, todos esses conceitos entrem uns nos outros, e extraímos deles algo absolutamente imutável. Todo o problema consiste em extrair disso aquilo que, em resumo, é preciso dizê-lo, parece ser a própria realidade, e esse problema não pode ser resolvido senão, por um lado, por uma concepção do tempo, e, por outro, e sobretudo, por uma concepção da relação causal que *a priori* – não direi por uma petição de princípio, mas, enfim, haveria para um crítico muito severo algo dessa espécie – nos façam compreender como necessária a passagem da imutabilidade à mudança perpétua e ao tempo.

Essa me parece ser, levada ao seu limite – mas este é o método que seguimos neste curso: consideramos o princípio das diferentes filosofias e o levamos até o fim, procurando extrair-lhe a quintessência –, a concepção aristotélica do tempo e da eternidade, e de suas relações. Passaremos para Plotino na próxima lição.

DÉCIMA PRIMEIRA AULA
SESSÃO DE 20 DE FEVEREIRO DE 1903

Senhores,
    Vimos que, em Platão, a teoria do tempo ocupava apenas um lugar assaz pequeno. Lemos aqui e comentamos uma página do *Timeu*, onde essa gênese do tempo se encontra exposta[151]. O problema certamente ocupa um lugar maior na filosofia de Platão do que se pensava inicialmente, pois uma vez constituída a teoria das Ideias, a grande questão é saber como se opera a passagem da Ideia às coisas e, de modo geral, da eternidade ao tempo. Não obstante, é muito certo que a solução do problema, em Platão, é inteiramente mística; ela é apresentada sob a forma de símbolos, e ela, ou o problema que ela resolve, está longe de ocupar um lugar considerável na filosofia platônica. Já em Aristóteles o problema se aprofunda e, sem ainda ocupar o primeiro plano, tende a ele incontestavelmente.
    Primeiramente, no plano material, o problema ocupa toda uma metade do livro IV da *Física*, e Aristóteles o retoma por diversas vezes em outros tratados. Mas independentemente do lugar material que o problema ocupa, pode-se dizer que ele é tratado por Aristóteles de modo a vincular-se aos princípios dominadores da doutrina, pois ele começa

por uma redução de todos os movimentos graduais ao movimento circular. O próprio movimento circular do primeiro céu, percebido e numerado pela alma, vai produzir o tempo, e o tempo, por sua vez, vai vincular-se à eternidade, ao Pensamento do Pensamento, por meio desse contato cuja natureza procurávamos, na última lição, definir: o contato, isto é, a transição, isto é, enfim, a relação causal, tal como está implicada em toda a filosofia de Aristóteles, isto é, a passagem necessária do que é superior ao que é inferior, do que é completo ao que é incompleto, sendo o incompleto como uma diminuição necessária.

Portanto, em Aristóteles, o problema tende a inserir-se entre aqueles que ocupam o primeiro plano.

Ele ocupa o primeiro plano em Plotino também. Digamos imediatamente que é bastante difícil saber o que ocupa o primeiro plano na filosofia de Plotino[152]. Esse filósofo, como os senhores sabem, nos deixou 54 tratados. Admitindo que Porfírio[153], que os editou e reuniu em seis grupos de nove tratados, não tenha cortado alguns em dois ou três para chegar a esse número de 54, que tanto almejava, não há um sequer, ou não há nenhum livro das *Enéadas* que não seja uma exposição de conjunto da doutrina, um olhar sobre todo o sistema. Essa é a maneira de Plotino; é assim que trata as questões. Não deseja ou não as consegue isolar, separá-las umas das outras, tratá-las de maneira absolutamente independente. Se nos ativermos ao exterior de sua doutrina, ela se apresenta em cada um desses tratados tal qual é geralmente apresentada, o que significa tratar-se efetivamente da teoria das três hipóstases, das três substâncias. No topo, a unidade absoluta, Deus uno; o Uno que é apenas Uno e sobre o qual não se pode dizer nada; em seguida, abaixo, a inteligência, o mundo platônico das Ideias, os inteligíveis, e abaixo da inteligência, abaixo do νοῦς [*nous*], a alma, como a denomina Plotino, a ψυχή [*psyché*], que é como um desenvolvimento da inteligência. Essa alma se prolonga ela mesma como corpo, estando o corpo, segundo a expressão enérgica de Plotino, na alma, e não a alma no corpo; o corpo é a alma na medida em que esta se obscurece e, consequentemente, materializa-se, sendo a materialidade apenas a sombra que vem intercalar-se na luz.

Portanto, se nos ativermos ao exterior, podemos dizer que o que aparece é a doutrina das três hipóstases, e é natural que nos impressionemos primeiramente com ela.

Porém, se avançarmos mais, se aprofundarmos mais a ideia de Plotino, constataremos que o pensamento dominante é uma ideia bastante diferente; é uma ideia de natureza psicológica. Dizíamo-lo no ano passado, a respeito de uma explicação do livro 9 da *Enéada* VI[154]. A ideia dominante da filosofia de Plotino, a que serve de acompanhamento, de base profunda, de algum modo, para todo o resto, é a ideia que, em Plotino, recebe o nome de λόγος [*lógos*], palavra que se pode traduzir pela razão geradora, e Plotino concebe essa razão geradora como um desenvolvimento, um desenrolar. Eu diria quase que a ideia essencial de Plotino é uma visão mais do que uma ideia, é uma visão de desenrolar, e de desenrolar necessário. Traduzimos λόγος [*lógos*] por razão, mas poderíamos também o traduzir por papel, o papel de um ator; λόγος [*lógos*] é aquilo que, no papel de um ator, é dado de uma vez só, escrito de uma vez por todas, de alguma forma, independentemente do tempo, e aquilo, então, que vive por meio do ator, que se desenrola no tempo. Vemos intervir essa ideia de λόγος [*lógos*] implícita ou explicitamente em todos os momentos importantes do pensamento de Plotino. Trata-se, em resumo, de um λόγος [*lógos*], pois Plotino pronuncia a palavra a esse respeito, o que faz que o Uno, a pura unidade divina, se irradie com uma inteligência, uma multiplicidade de inteligíveis. Isso já é um desenrolar, mas ainda não se situa no tempo. Então, é também o λόγος [*lógos*] que faz que o inteligível, a inteligência se desenrole, se desenrede, de alguma forma, em uma alma, a qual, intemporal por seu cume, se desenvolve no tempo por sua base. O λόγος [*lógos*] está, portanto, em todo lugar no sistema. Trata-se de uma visão simples.

É raro não encontrar em um filósofo, sempre presente, certa visão, algo muito simples que fornece a chave para todo o resto, uma visão de algo sobre o qual o resto é apenas um conjunto de pontos de vista[155]. A ideia que aparece como geral, em Plotino, é esta, a do λόγος [*lógos*] gerador, a ideia de razão geradora, e é essa necessidade de desenrolar que está na base e no topo do sistema que explica por que é preciso haver no topo do sistema uma unidade absoluta, tão enrolada quanto possível, e na base, lá embaixo, uma multiplicidade tão indefinida quanto possível, um desenrolar tão completo quanto possível. Isso significa dizer que o problema do tempo, encarado como um desenrolar daquilo que não enrola, encarado como um desenrolar da eternidade, é um problema que ocupa o primeiro lugar entre as preocupações desse filósofo.

Antes, porém, de estudar essa ideia, e tudo que Plotino dela extraiu, não será inútil dizer – este é um assunto que já abordei em uma das últimas lições[156] – por que limitamos a Plotino, Aristóteles e Platão este estudo da teoria do tempo entre os antigos. Não seria difícil encontrar, nos fragmentos que nos foram deixados dos filósofos estoicos, ou até mesmo epicurianos, assim como entre os predecessores de Aristóteles, os elementos de uma teoria. Recebi uma comunicação muito interessante de dois ouvintes deste curso a esse respeito, sobre os predecessores de Platão.

Mostra-se, com base nos textos de Simplício, de Teofrasto, de Estobeu, ou mesmo de Aristóteles, como é possível encontrar, entre os primeiros filósofos gregos, os elementos de uma teoria do tempo que seria realmente a teoria de uma duração, de uma realidade imediatamente dada como devir, e como essa teoria, que se encontra no âmago da filosofia platônica, ou à qual Platão, pelo menos, faz alusão, foi muito rapidamente substituída pela filosofia dos conceitos, talvez por conta da dificuldade, da impossibilidade em que se encontrava o gênio grego de conceber claramente o que não era adequadamente exprimível[157].

Trata-se aí de uma visão muito penetrante, engenhosa e da qual se pode admitir o essencial.

Entretanto, haveria restrições a fazer a respeito dos textos nos quais nos apoiamos. Quando se trata desses antiquíssimos filósofos, deve-se acolher apenas com muita circunspeção os testemunhos muito posteriores a Aristóteles, como os testemunhos de Estobeu ou de Simplício. Podemo-nos fiar a Aristóteles, e abordamos com alguns detalhes os eleatas, justamente porque conhecemos bem, por meio de Aristóteles, os argumentos de Zenão e as ideias essenciais dos filósofos da escola de Eleia. Mas, em Aristóteles, as ideias de seus antecessores, dos filósofos que o precederam, já são percebidas apenas através da doutrina dele. São expostas em termos e em razão de ideias que são, por vezes, ideias criadas pelo próprio Aristóteles: por exemplo, a potencialidade e o ato, a matéria e a Forma. Portanto, aqui, a ideia já sofre certa deformação. Mas Aristóteles é muito próximo desses filósofos e, sobretudo, ele é capaz de compreendê-los.

Mas quando se trata de testemunhos muito posteriores, esses são, na maioria das vezes, testemunhos de filósofos que não conheceram diretamente aqueles de quem falam ou os escritos daqueles de quem falam. Conhecem-nos apenas por meio de vários intermediários; e digo então que é preciso ser muito cauteloso, a menos que já exista, em algum escrito de Aristóteles, um começo de confirmação, e mesmo nesse caso há que se perguntar se o texto em questão não seria uma paráfrase do texto de Orígenes[158], que teria sido o único conhecido pelo filósofo que faz essa citação, caso em que a citação careceria de valor, sendo preciso ater-se ao texto de Orígenes.

Em outros termos, é muito difícil, e até mesmo impossível, para o estudo que fazemos este ano, trabalhar com base em fragmentos. A razão para nos atermos a Aristóteles, Platão e Plotino – deixo de lado, evidentemente, os simples comentadores, ou então aqueles que são apenas alunos, como Porfírio e Jâmblico – está em serem eles, entre os filósofos originais, os únicos de quem tenhamos as obras completas. Ora, com fragmentos, pode-se, criticando-os muito seriamente, chegar a reconstituir o exterior da teoria, sobre um ponto determinado, mas é impossível captar-lhe o espírito. Ora, é esse espírito que procuramos, pois estudamos um problema que nem sempre foi tratado de maneira explícita. É, portanto, a Platão, Aristóteles e Plotino que somos obrigados a nos ater, pela natureza do assunto de que tratamos.

Acrescento que esses três filósofos nos mostram muito clara e manifestamente um único e mesmo pensamento, desenvolvendo-se, evoluindo, cada um dos três conferindo-lhe sua marca original. Trata-se sempre, no que diz respeito à teoria do tempo, de uma tentativa para, tendo feito convergir tudo na direção de conceitos cada vez mais concentrados, cada vez mais próximos de uma unidade absoluta, extrair dessa unidade, por um processo necessário, o desenrolar no tempo.

Em Platão, não se pode dizer que exista um processo necessário, pois é um artista, o divino artista, que, trabalhando como todos os artistas, molda as coisas a partir de certo modelo; trabalha assim, mas poderia, ao que parece, trabalhar de outra maneira. Mas, em Aristóteles, a passagem já aparece como necessária, pois trata-se de uma necessidade, pode-se dizê-lo, absoluta, que faz com que, estabelecido o

Pensamento do Pensamento, seja preciso [estabelecer], gradualmente e descendo, uma série de imitações cada vez mais imperfeitas, virtualmente contidas nessa perfeição. E, como veremos, em Plotino, a necessidade da passagem se acentua ainda mais, e o princípio se torna muito mais claro, expondo-se em plena luz do dia. É que Plotino é um pensador, um filósofo original, e não, como por vezes se disse, o mero representante de sabe-se lá que tendência impessoal que se teria produzido no terceiro século de nossa era, em Alexandria, pela reunião e pela convergência de um grandíssimo número de doutrinas. Acreditou-se, por muito tempo, que essa filosofia nascera espontaneamente ou, pelo menos, que fora provocada por instigação de certo filósofo, que, aliás, nada escreveu, Amônio Sacas, e que Plotino era somente um discípulo, aliás muito penetrante, de Amônio Sacas[159].

Mostramos, no ano passado, tratar-se aí de uma lenda. Amônio Sacas incontestavelmente existiu, mas é certo que Plotino não lhe tomou sua doutrina; nos seus 54 tratados, não se fala em Amônio Sacas, o nome não é pronunciado. Porfírio, discípulo e amigo de Plotino, pronuncia o nome de Amônio Sacas em sua biografia de Plotino, para dizer que Plotino seguiu as lições de Amônio. Mas isso é tudo; não se fala mais em Amônio Sacas nos escritos de Porfírio, nem nos de Jâmblico.

É verdade que existe um testemunho do século v, de um bispo cristão chamado Nemésio. São dois textos de Amônio citados por Nemésio, dois textos muito notáveis, por conterem o enunciado de ideias que são de Plotino, e isso nos mesmos termos em que ele as expôs, e ideias importantes de Plotino[160]. Mas mesmo isso deve-nos advertir contra esse testemunho, pois sabemos, e estamos de acordo a esse respeito, que Amônio não escrevera nada. Como, portanto, dois séculos depois dele, puderam ser textualmente citadas suas palavras, quando, nesse intervalo, nem Porfírio nem Jâmblico haviam falado a seu respeito? Como, senão porque, uma vez estabelecida a lenda em virtude da qual era Amônio Sacas o iniciador das ideias da escola de Alexandria, foi em Plotino que, na ausência de escritos de Amônio, foram buscadas as ideias de Amônio? Estamos, portanto, a dar voltas em um círculo.

Em contrapartida, existe, dizíamos no ano passado, outro testemunho do século v: trata-se de um testemunho de Hiérocles, que nos diz – e isto é muito mais digno de fé, pois é mais vago e mais geral – que Amônio pôs fim ao antagonismo entre peripatéticos e platônicos. Antes de Amônio, consideravam-se as doutrinas de Platão e de Aristóteles como essencialmente diferentes; mas esse filósofo mostrou que não era assim, e fez ver que toda a verdade se encontra na doutrina purificada de Platão – cito aqui sua expressão[161].

Por outro lado, Porfírio, em sua biografia de Plotino, conta-nos a anedota de que Plotino procurava seu rumo e ainda não era filósofo. Ia de escola em escola em Alexandria; escutava os diferentes mestres, mas nada o satisfazia, até o dia em que, tendo ouvido Amônio Sacas, exclamou: τουτον εζητουν [*touton edzetoun*] ("é este que eu procurava")[162].

Combinando esse testemunho de Porfírio com o de Hiérocles, conseguimos reconstituir aproximadamente o que poderia ter acontecido. Foi certamente uma revelação para Plotino o ensino de um filósofo que mostrava o acordo entre Platão e Aristóteles; foi o ponto de partida de Plotino, foi isso que ele tomou de Amônio; é uma ideia que domina toda a filosofia de Plotino, a de que Platão e Aristóteles disseram a mesma coisa. E isso a tal ponto que ele frequentemente atribui a Platão teorias que são indubitavelmente de Aristóteles. E isso nos explica e nos faz compreender por que um dos historiadores que falaram de Plotino, Kirchner, disse que Plotino, designado como neoplatônico, é, antes, um neoaristotélico[163]; e, de fato, há mais de Aristóteles do que de

Platão em Plotino, o que não impede que Plotino tenha acreditado dever tudo a Platão. É um discípulo entusiasta de Platão, reverencia-o como uma divindade e, quando o cita, não o nomeia. Diz: ele, o Mestre.

Há, portanto, aí alguma coisa, seguramente, que foi sugerida a Plotino: a ideia de um acordo perfeito entre Platão e Aristóteles. Mas isso é tudo que foi sugerido a Plotino, e o fundo de sua doutrina, as ideias essenciais, parecem realmente ser ideias do próprio Plotino.

Plotino é um gênio original; é curioso que ele não seja mais conhecido. Foi muito pouco estudado; isso certamente se deve à grande dificuldade de sua linguagem. Sua linguagem é muito difícil, incorreta, repleta de elipses, de subentendidos; é a escrita de alguém que, como ele diz, escreve "contemplando". Ele nos diz que a natureza produz contemplando, por uma espécie de distração; contempla e, em sua distração, produz, sendo a produção apenas uma distração da contemplação[164]. Ora, segundo seus biógrafos, Plotino escrevia assim; contemplava, e a escrita se fazia por si mesma[165]. Isso nos explica por que seus escritos são muito obscuros. Obscuros na primeira vez que os abordamos, pois à medida que nos aprofundamos, percebemos que o fundo do pensamento é claro; a ideia é clara. Direi até mesmo que não há filósofo sobre o qual possamos alcançar maior clareza e conclusões mais definitivas do que Plotino, pois dispomos de sua obra inteira. Trata-se de um caso único; temos sua biografia escrita por um homem que foi seu discípulo e seu amigo fiel, Porfírio, e temos, também de Porfírio, esclarecimentos, em uma linguagem muito superior, e toda uma interpretação da doutrina de Plotino.

Portanto, se aceitarmos recorrer a todos esses auxílios, chegaremos a uma visão bastante clara e bastante nítida da filosofia de Plotino. Eu dizia tratar-se de uma filosofia, e também de uma personagem extremamente curiosa; trata-se, como diríamos hoje, de um caso psicológico. É um caso à parte o de Plotino; trata-se, primeiramente, de um grego que fez questão de permanecer grego. Esse é o traço mais aparente de sua fisionomia. Plotino é um filósofo que está convicto, que não se cansa de repetir que toda a verdade está com os filósofos gregos, e que todos eles disseram a mesma coisa; que os filósofos que precederam Platão pressentiram Platão, e que alcançaram a verdade na exata medida em que pressentiram Platão; que aqueles que vieram depois repetiram, desenvolveram Platão, e também alcançaram a verdade nessa mesma medida; e que, por fim, toda a filosofia grega, do início ao fim, é una, de uma unidade que constitui a marca da verdade.

Aí está um traço destacado de Plotino; e, observemo-lo imediatamente, é por isso mesmo um erro ir buscar a explicação para a filosofia de Plotino na influência das doutrinas orientais. Foi dito que Plotino sofria, acima de tudo, a influência do Oriente, e acrescentou-se: do judaísmo e do cristianismo[166].

No que concerne à primeira dessas influências, a do judaísmo, é provável que Plotino não tenha conhecido diretamente os escritos de Fílon; se os conheceu, foi por intermédio de um filósofo pitagórico chamado Numênio[167], e, no que me diz respeito, não encontro indícios dessa influência nos 54 livros de Plotino.

O Deus uno de Plotino é o deus a que necessariamente se chega quando se faz convergir em um mesmo ponto as doutrinas de Platão e de Aristóteles. Se partirmos da ideia de que Platão e Aristóteles disseram a mesma coisa, se forçarmos os princípios das duas doutrinas até o ponto em que venham a coincidir, é a essa concepção da divindade que chegaremos, uma unidade superior à divindade, ao ser, como diz Plotino. Não há qualquer necessidade de supor uma influência estrangeira.

Quanto ao cristianismo, não temos nenhuma prova de que Plotino o tenha conhecido diretamente, tal qual o ensinavam Clemente e Orígenes em Alexandria[168]. Em todo caso, ele não manifestou seu sentimento sobre esse ponto. Mas conheceu uma forma, aliás, muito alterada, mesclada a uma massa de outros elementos, do cristianismo; trata-se do que se designa por gnosticismo, ao qual ele dedicou inteiramente um de seus tratados, o livro 9 da segunda *Enéada*[169]. Esse livro é, do início ao fim, uma refutação sistemática, eu diria até mesmo uma refutação em que o tom de violência destoa do restante da obra desse filósofo. Sente-se que ele considera as ideias e, sobretudo, as expressões que empregam os gnósticos como algo bárbaro, algo antagônico ao gênio grego. Em resumo, não há, nos 54 livros de Plotino, uma linha sequer que não se possa explicar materialmente, primeiro pelo gênio de Plotino, obviamente, mas também, se fizermos questão de discernir os conhecimentos e as influências, por Platão e, sobretudo, Aristóteles. A filosofia de Plotino representa evidentemente um esforço, o último esforço do paganismo que se sente ameaçado. O paganismo se retrai em si mesmo, vai procurar tudo que a Grécia produziu de excelente, de mais forte; concentra tudo isso em um corpo de doutrinas, e procura opor esse corpo de doutrinas, como uma espécie de dique, ao fluxo constante das ideias novas.

Como filósofo puro, Plotino é, acima de tudo, isso: é o último esforço do paganismo que sua filosofia [representa], e ele é pagão, acima de tudo, pela inteligência.

Sê-lo-ia pelo sentimento, pelo coração? Essa é outra questão. Escapa-se com dificuldade à influência do meio ambiente. Pode-se escapar-lhe pelo espírito, pela inteligência, pelo raciocínio, mas é muito mais difícil escapar-lhe pelo sentimento, isto é, pelo que há, em suma, de mais profundo no homem.

Eu dizia, portanto, que não há uma frase em Plotino que não possa explicar-se, em sua materialidade, pela influência de Platão, Aristóteles e a filosofia grega. Isso será verdade para uma frase, muito menos verdade para um parágrafo, e de modo algum verdadeiro para um livro; e, com mais forte razão, para o conjunto dos livros de Plotino.

Existe aí algo de absolutamente novo, um fôlego, um entusiasmo qualquer, algo que não existe nem em Platão nem em Aristóteles, pelo menos não nesse grau. Foi dito que, frequentemente, o tom de Plotino era o tom da oração, de alguém que ora[170]. E há algo disso; sua exposição tem algo de uma oração; nada em comum com essa serenidade, essa placidez de exposição que encontramos nos antigos filósofos gregos. Trata-se realmente de algo religioso, e religioso no sentido que os modernos atribuem à palavra.

Recentemente, um psicólogo[171] dizia que, se tomarmos o sentimento religioso, independentemente da religião, se o considerarmos como um fato, pouco importa seu valor objetivo, se procurarmos analisá-lo, encontraremos dois elementos essenciais. Primeiramente, um sentimento de alegria, sabe-se lá que iluminação alegre de todos os objetos, e, então, além disso – como isso é, de resto, bastante visível, até mesmo exteriormente, esse psicólogo nada disse de novo, mas talvez tenha levado a análise mais longe –, em segundo lugar, um sentimento de união a algo superior, algo como um sentimento de força, o sentimento de uma energia maior, que extrairíamos de uma fonte indefinida de energia, fonte da qual nos aproximamos por um esforço de vontade.

Esses dois elementos são visíveis em Plotino, e são eles que dão uma coloração toda especial e inteiramente nova à sua exposição. Nesse sentido, embora não haja, na própria materialidade da doutrina, nada que não se possa explicar por influências puramente gregas, há certamente no tom, no estilo, enfim, no que é a alma da doutrina, algo de muito novo, e isso nos explica por que esse filósofo, que parece simplesmente ter coordenado as ideias de Platão e de Aristóteles, preparou toda uma nova evolução da filosofia[172]. Quando estudarmos a filosofia moderna, o problema do tempo entre os modernos – poderemos falar disto apenas de passagem –, veremos que papel considerável desempenharam os neoplatônicos do Renascimento, os quais estavam todos imbuídos da filosofia de Plotino. Foram eles que prepararam esse deslocamento de pontos de vista: o movimento exterior no espaço, o movimento interior na consciência. Ora, pode-se dizer que esse deslocamento de centro já se encontra esboçado em Plotino; encontra-se apenas esboçado. Na aparência, a ordem dos termos é a mesma que em seus antecessores, e o movimento, a mudança, quer seja exterior no espaço ou interna na consciência, é sempre considerada, de modo geral, como algo interno. Mas, o que é notável, pela primeira vez essa mudança é estudada em si mesma. Plotino é o primeiro dos filósofos gregos a nos ter dado uma psicologia completa, aprofundada, da teoria da consciência[173]; procurou até mesmo nos oferecer a gênese da consciência, isto é, da vida interior no tempo. Foi, portanto, ele quem preparou o deslocamento de eixo, o deslocamento de centro que levaria à constituição daquilo a que chamamos de filosofia, e até mesmo a ciência moderna. Isso é muito visível nas *Enéadas*; há uma teoria da consciência na qual insistiremos na próxima lição, uma teoria do desenrolar do pensamento no tempo, cujo princípio será bom indicar, pois já encontramos, de modo geral, esse princípio implícito em Aristóteles. Mas Plotino o expôs de modo a preparar uma filosofia que acabará por tomar a direção oposta à da filosofia de Aristóteles.

Essa teoria da consciência se baseia inteiramente nisto: em ser a consciência um desdobramento da Ideia. Quanto a nós, quando falamos de uma ideia, de uma representação qualquer, vemos essa representação como uma modalidade da consciência; esta se desenrola no tempo, ela tem ideias; as ideias estão na consciência, são modalidades da consciência. Plotino concebe as coisas de maneira inversa. Mas, como eu dizia, chegaríamos, pouco a pouco, graças às indicações contidas nessa filosofia, ao ponto de vista inverso, partindo deste. O ponto de vista de Plotino é, portanto, invertido; segundo ele, é a consciência que é uma modalidade da Ideia. Como assim? Escolho um exemplo simples. Concebemos uma representação qualquer, digamos a ideia de um triângulo, sob a forma de uma imagem. Imagino certo triângulo no espaço e, por isso mesmo, no tempo; é certa representação espacial que avança no tempo. Minha consciência se desenvolve no tempo, e com ela essa representação. Suponho que eu queira passar dessa imagem de um triângulo que vejo em um quadro, ou que concebo em minha imaginação, a ideia pura do triângulo, a ideia abstrata geral do triângulo; procuro livrar-me da imagem; não consigo fazê-lo completamente, pois a imagem ainda está aí, seguindo a ideia, é um substrato da ideia; ainda estou no tempo. Acrescento que ainda estou na consciência, estou perfeitamente consciente de minha representação; concebo conscientemente um triângulo imagem, servindo de suporte ao triângulo ideia.

Agora, suponho que eu queira chegar à ideia pura, à ideia simples do triângulo livre de toda imagem, a essa ideia do triângulo que não está mais no espaço, que não implica mais um espaço, e que é, por isso mesmo, superior ao tempo; enfim, à representação da lei da geração, da formação do triângulo.

À medida que avanço rumo a essa representação, sinto que me afasto mais do tempo, que me abstraio mais da duração e que cada vez mais saio da consciência. Quando acredito estar chegando a essa representação completa, perfeita, independente de toda imagem e de toda materialidade, de toda duração, talvez eu esteja fora do tempo, mas estou fora da consciência. Não se trata do subconsciente, mas do hiperconsciente, algo que seria mais do que a consciência.

Pois bem, se para obter essa ideia pura do triângulo, devo, ao mesmo tempo que saio do tempo, sair da consciência, ao mesmo tempo que me elevo acima do tempo, elevar-me acima da consciência, não poderia eu dizer que a consciência do triângulo, a consciência da imagem do triângulo, ou, se me permitem, a imagem consciente do triângulo se obtém inversamente por uma degradação da Ideia do triângulo? A pura Ideia do triângulo é superior ao tempo, mas é também hiperconsciente e, para que a consciência do triângulo, que pode apenas ser a consciência da imagem do triângulo, nasça, é necessário e é suficiente que essa Ideia intemporal do triângulo diminua, caia de algum modo.

Aí está a ideia de Plotino; é a ideia que Plotino aplica à alma. Considerem a alma humana; existe a alma propriamente dita, tal qual a percebemos pela consciência, e existe então aquilo a que ele chama a Ideia, a Ideia da alma, a alma concebida do ponto de vista inteligível. Ao lado e acima de Sócrates, que se desenvolve no tempo, existe Sócrates intemporal, pois Plotino, ao contrário de Platão, embora pretenda repetir Platão nesse ponto, acredita que existem Ideias individuais, que cada um dos indivíduos é representado no mundo inteligível por uma Ideia[174].

Se considero Sócrates, ele aparece aos nossos olhos, e aos seus próprios olhos, como um desenrolar no tempo, e ele é isso, se me permitem, por uma parte de si mesmo, e, por essa razão, ele é consciente. Mas, ao mesmo tempo, existe o Sócrates-Ideia, e esse Sócrates-Ideia está para o Sócrates-real assim como a Ideia do triângulo está para tal imagem consciente e temporal do triângulo. Para passar da Ideia de Sócrates à alma de Sócrates, a Sócrates existindo no tempo, não há nada a acrescentar, há apenas algo a suprimir. Suponham uma queda, a Ideia caindo por si mesma, e, por esse único motivo, ela faz nascer a consciência, a qual é apenas o desdobramento da Ideia. Essa, na medida em que observa a si mesma em um espelho, na medida em que tem esse desdobramento, na medida em que, por uma espécie de refração, se desdobra, é a consciência. Os senhores percebem como, dessa teoria da consciência, pode-se passar para uma teoria da gênese do tempo em geral, e da duração.

Fiz questão de expor imediatamente o princípio mais difícil, o mais abstrato da doutrina, mas, na próxima lição, chegaremos a uma exposição muito mais clara, a exposição da doutrina de Plotino sobre a alma individual e sobre a consciência, na medida em que essa teoria da alma e essa teoria da consciência preparam a do tempo em geral, a qual não está mais ligada então à alma individual, à alma humana, mas àquilo a que Plotino chama de alma universal, a alma do mundo.

DÉCIMA SEGUNDA AULA
SESSÃO DE 27 DE FEVEREIRO DE 1903

Senhores,
Devemos estudar, na filosofia de Plotino, a teoria da consciência.

À primeira vista, essa teoria pareceria não se vincular diretamente ao assunto especial que nos interessa este ano, a questão do tempo. Contudo, constataremos que, no pensamento de Plotino, as duas questões são inseparáveis, pois veremos que a consciência, para Plotino, é um desenrolar *sui generis*, um desenrolar da Ideia. Ora, esse desenrolar de certa ideia que é a Ideia de um indivíduo, em certa consciência que é a consciência e, em resumo, a duração interna desse indivíduo, esse desenrolar no pensamento de Plotino é paralelo, e poderíamos até dizer idêntico, ao desenrolar pelo qual a totalidade das Ideias, concentrada na inteligência, no νοῦς [*nous*], como Plotino a denomina, apresenta-se no tempo sob a forma da alma universal, mas essas explicações virão apenas na próxima lição. Hoje, estudaremos esse desenrolar especial, esse desenvolvimento especial que, em resumo, é a criação, pela Ideia, de uma consciência.

Plotino é o primeiro, o único filósofo antigo a nos ter apresentado uma teoria da consciência. Encontramos essa teoria desenvolvida em um número bastante grande de passagens. Exagerou-se a obscuridade dessas passagens e a dificuldade dessa teoria; exagerou-se porque não se levou em conta que Plotino é obrigado, por encontrar-se na presença de uma questão nova que não havia sido tratada antes dele, ou tratada explicitamente, a criar uma terminologia, fabricar um vocabulário. Ele chega a designar a consciência por termos e palavras bastante diferentes.

Cada um desses termos constitui um ponto de vista sobre a consciência; ele estudou e analisou a consciência adotando sucessivamente esses diferentes pontos de vista, e é essa multiplicidade de pontos de vista que se deve levar em conta, assim como a diversidade de nuances e de sentidos dos diferentes termos, se quisermos ter uma ideia suficientemente completa que se tornará, por isso mesmo, uma ideia clara da teoria da consciência em Plotino.

Os termos de que Plotino se utiliza são três: emprega, por vezes, e até mesmo com bastante frequência, o termo παρακολούθησις [*parakolouthesis*] ou παρακολούθημα [*parakolouthema*], e também o termo συναίσθησις [*sunaisthesis*], e, por fim, a palavra ἀντίληψις [*antilepsis*]. São essas as três palavras pelas quais ele designará igualmente a consciência[175]; trata-se, porém, de nuances, de sentidos assaz diferentes, e essas nuances devem ser distinguidas o mais precisamente possível umas das outras.

Entre esses três termos, o mais geral para designar a consciência é acompanhamento; a consciência, para Plotino, é, portanto, algo que acompanha o estado interior; e é de fato assim que, ainda hoje, definiríamos a consciência. O que é a consciência? É algo que acompanha um estado de alma, e que o revela à própria alma. Sentir um estado, saber que o sentimos, é acompanhar esse estado em algo que é precisamente a consciência. Hoje, diríamos de bom grado que a consciência é uma luz que acompanha o estado psicológico. Para Plotino, é um acompanhamento, mas não uma luz; seria, antes, o contrário, um obscurecimento, uma sombra que acompanha a verdadeira realidade.

Existe hoje, e de há muito tempo, aliás[176], uma teoria da consciência que faz da consciência, como ela diz, um epifenômeno, isto é, algo que vem acrescentar-se a certo processo, o qual, para esta escola, é um processo puramente material e mecânico. Produzir-se-iam no cérebro certos fenômenos físico-químicos; ocorreriam movimentos moleculares, mais ou menos complexos. Quando esses movimentos alcançassem certo grau de complicação, e apresentassem, aliás, certas propriedades ainda não definidas, a consciência viria acrescentar-se, como uma espécie de fosforescência comparável à que se produz quando esfregamos um fósforo contra uma parede. Assim como esse movimento é desenhado ao longo da parede por um traço fosforescente, seriam desenhados por uma espécie de fosforescência psíquica alguns dos movimentos que se realizam na matéria cerebral. Segundo essa teoria, a consciência é, pois, um epifenômeno. A palavra de Plotino, παρακολούθησις [*parakolouthesis*], poderia traduzir-se por epifenômeno; tratar-se-á, contudo, de um epifenômeno em sentido inteiramente diferente, podemos até mesmo dizer em sentido inverso daquele que lhe atribuem os mecanicistas modernos. Para estes, a consciência é um epifenômeno na medida que vem acrescentar-se algo superior a um processo inferior. É uma luz, dizíamos, como uma auréola com que se coroa, em dado momento, o estado psicológico, como um fogo-fátuo que anda, que vai e vem por cima do estado psicológico; é algo a mais que o estado interior, é um mais. Para Plotino, seria um menos, a consciência é um acompanhamento negativo, um obscurecimento.

Há um texto, ou, antes, muitos textos, nos quais se discerne muito claramente essa ideia de Plotino; mas ela é, sobretudo, visível quando Plotino nos fala quer da inteligência, do νοῦς [*nous*], quer, com mais forte razão, do que é superior à inteligência, isto é, o Uno, o Deus de Plotino. Dir-nos-á, por exemplo, na *Enéada* v, ao falar do Uno, que ele é ἀναίσθητον ἑαυτοῦ [*anaisthethon eauton*]; ele carece de sentimento de si mesmo, não conhece a si mesmo. E, então, acrescentará, e esta será sua conclusão: ele não tem consciência, não tem esse acompanhamento de si mesmo que é a consciência (οὐδὲ παρακολουθοῦν ἑαυτῷ [*oude parakolouthoun eauto*])[177]. Portanto, para Plotino, a consciência é um epifenômeno sob a condição de considerar-se esse epifenômeno um menos que se acrescenta à passividade do estado interno; será, se me permitem, uma quantidade negativa, como dizem os matemáticos, a qual, acrescentando-se a determinada quantidade positiva, a diminui. Esse é o sentido geral do παρακολούθημα [*parakolouthema*], ou παρακολούθησις [*parakolouthesis*], em Plotino.

Mas essa consciência, que é um acompanhamento do estado interior, Plotino a concebe de dois pontos de vista diferentes – e aqui entramos no âmago de sua teoria –, e é a esses dois pontos de vista diferentes que correspondem as duas expressões συναίσθησις [*sunaisthesis*] e ἀντίληψις [*antilepsis*].

Foi por não se terem distinguido esses dois pontos de vista que se exagerou as obscuridades da teoria de Plotino, e se encontrou nela contradições que não existem.

Do primeiro ponto de vista, a consciência é definida como uma espécie de συναίσθησις [*sunaisthesis*]. Essa palavra não significa originariamente consciência; não, será, mais precisamente, simpatia, ou melhor, consenso, acordo. Portanto, συναίσθησις [*sunaisthesis*] é certa harmonia, certo acordo. Plotino atribuirá, por exemplo, a συναίσθησις [*sunaisthesis*] à alma universal, àquilo a que chama a ψυχή [*psyché*] (ψυχή του παντός [*psychè tou pantos*]); ela tem a συναίσθησις [*sunaisthesis*], mas não a consciência. Portanto, συναίσθησις [*sunaisthesis*] é, antes e acima de tudo, um consenso, um acordo[178].

Por exemplo, Plotino nos dirá que, no mundo tal qual é constituído, pelo desenrolar da alma do todo no mundo, há simpatia, acordo simpático, συναίσθησις [*sunaisthesis*] de todas as partes umas com as outras.

Esse acordo é por ele provado de várias maneiras. Primeiramente, pela astrologia, na qual acredita. De onde vem que podemos ler o destino dos homens nos astros, o porvir e o presente, sobretudo o presente? Isso não vem, diz, de influírem os astros na conduta dos homens ou em seu destino, mas de serem todas as partes do mundo tão solidárias umas às outras, tão simpáticas umas às outras, que não há parte, por menor que seja, que não reflita o todo, e que o todo se encontra presente em cada uma das partes. Cada parte é como um livro escrito em caracteres secretos, e, se possuíssemos a chave, se conhecêssemos a combinação, poderíamos ler em cada parte o que se encontra no conjunto.

Assim se explica, para Plotino, a astrologia e assim se explicam, para ele, a magia, os amavios, os feitiços, todas essas coisas em que acredita. Dir-nos-á, por exemplo, que as diferentes partes do mundo são como as cordas de uma lira: se fizermos vibrar uma corda, as outras também vibrarão. Por quê? Porque pertencem, diz, ao mesmo sistema de harmonia, o que explica a comunicação simpática do movimento de uma a todas as demais.

Ele explicará assim o amor, que é, para ele, uma espécie de magia. A música, que ele aproxima naturalmente do amor, e a magia, tudo isso é, para ele, da mesma natureza, e tudo isso revela as intercomunicações de todas as coisas, e como que uma vibração concordante de cada coisa ao anúncio de todas as outras.

É a essa simpatia, a esse acordo, a essa espécie de harmonia preestabelecida de tudo com tudo na alma universal que ele atribuirá primeiramente o nome de συναίσθησις [*sunaisthesis*]. E isso nos explica por que uma percepção consciente para Plotino já é, na alma individual, uma συναίσθησις [*sunaisthesis*], pois, para ele, perceber é encontrar-se em comunicação simpática com o objeto que se percebe e, por isso mesmo, com o todo.

Eis, por exemplo, um texto da *Enéada* I, livro 1, §9:

> τὴν διάνοιαν ἐπίκρισιν ποιουμένην τῶν ἀπὸ τῆς αἰσθήσεως τύπων εἴδη ἤδη θεωρεῖν καὶ θεωρεῖν οἷον [σὺν] συναισθήσει. [*tèn dianoian epikrisin poiouménèn tôn apo tès aisthèseôs tupôn eidè èdè theorein kai theorein oion* [*sun*] *sunaisthèsei.*]

A inteligência discursiva, a διάνοια [*dianoia*], a inteligência fazia uma escolha das impressões vindas da sensação, contempla as Ideias, e as Ideias, como que por uma συναίσθησις [*sunaisthesis*] [...]

Aqui, essa palavra não pode traduzir-se senão por harmonia preestabelecida e, ao mesmo tempo, consciência; essa harmonia preestabelecida é a consciência,

> τῶν ἔξω πρὸς τἄνδον ὁμοιότης καὶ κοινωνία [*tôn eksô pros tandon omoiotès kai koinônia*]

[...] pois essa inteligência é como que uma semelhança e uma comunidade do exterior com o interno [...][179].

Aí está, portanto, o sentido original, na língua de Plotino, da palavra συναίσθησις [*sunaisthesis*]: uma simpatia; e os senhores veem como, desse sentido de simpatia, passamos muito naturalmente para o sentido de consciência, sendo essa o som que nossa alma produz quando ela vibra sistematicamente com a alma universal e o resto das coisas.

Por outro lado, se essa palavra συναίσθησις [*sunaisthesis*] designa uma espécie de simpatia do interior com o exterior, e da parte com o todo, ela significará também, considerando-se a alma e abstraindo-se de todo o resto, uma simpatia de todas as partes da alma às demais partes.

Consideremos uma alma humana, com a multiplicidade dos fenômenos que nela se produzem. Quando esses fenômenos forem simpáticos uns aos outros, quando houver entre eles uma espécie de acordo, de harmonia, produzir-se-á então uma συναίσθησις [*sunaisthesis*], e aqui essa palavra significa, ao mesmo tempo, acordo e consciência.

Vejamos, por exemplo, um texto, encontraremos muitos deles: na *Enéada* IV, livro 4, §45, está dito que, em um ser vivo (συναίσθησις παντὸς πρὸς πᾶν [*sunaisthesis pantos pros pan*]), existe um acordo, um consenso, uma simpatia de cada órgão com o todo. Trata-se de um acordo; a vida é aqui um consenso orgânico. De resto, Plotino dirá, alhures, que cada ser vivo é um mundo formado a partir do modelo do grande: *micros cosmos*, um microcosmo. E Plotino passa insensivelmente para esta outra ideia muito semelhante que acabamos de indicar, segundo a qual, em nossa alma, existem impressões múltiplas, impressões diversas, e que, logo que essas impressões conseguem entrar em acordo, existe consciência, pois, afirma, há comunicação recíproca dessas partes umas com as outras. Eis, por exemplo, na *Enéada* V, liv[ro] 1, §12, uma frase significativa:

οὐ γὰρ πᾶν ὃ ἐν ψυχῇ ἤδη αἰσθητὸν [*ou gar pan o en psychè èdè aisthèton*]

Nem tudo que está na alma é perceptível; há percepção [traduzo literalmente] somente quando (δι' ὅλης ψυχῆς ἐλήλυθεν [*di' olès psychès elèluthen*]) "isso" chega a atravessar a alma inteira [...]

το δὲ λνωρίζειν, ὅταν μετάδοσι[ς] γένηται καὶ ἀντίληψις. [*to de gnôridzein, otan métadosi[s] genètai kai antilepsis.*]

O conhecimento do que acontece na alma se produz apenas quando há... digamos, intercomunicação[180] [é assim que traduzo a palavra: μετάδοσις (*métadosis*)].

Nessa mesma *Enéada* v, livro 3, §13, encontramos um texto mais conciso, que diz a mesma coisa:

ἡ συναίσθησις πολλοῦ τινος αἴσθησις ἐστι. [*è sunaisthèsis pollou tinos aisthèsis esti.*]

Συναίσθησις [*Sunaisthesis*] é a percepção de uma pluralidade.[181]

Assim, deste primeiro ponto de vista, os senhores veem o que é a teoria da consciência em Plotino; é uma teoria que se aproxima muito da concepção atual da consciência. O que nos diz a psicologia contemporânea? Diz que é preciso distinguir entre um estado de alma e a consciência que temos dele; para que um estado de alma seja consciente, não lhe basta existir – a psicologia contemporânea não admitiria, e acredito que ela tenha razão, que todo estado de alma seja consciente; é preciso também que ele seja captado pelo que se denominará a unidade sintética da pessoa. Considera-se a consciência propriamente dita como uma síntese; um estado entra na consciência somente sob a condição de ser aceito, recebido por essa síntese, e, consequentemente, de estar em harmonia, de estar em comunicação com todo o resto da materialidade da pessoa.

Consideremos essa multiplicidade de estados sintéticos presentes na consciência; suponhamos que um estado se separe, que não faça mais parte da síntese; ele cairá no inconsciente. Suponhamos que uma multiplicidade de estados suficientemente coerentes, suficientemente sistematizados entre si, se separe do todo; esses estados sistematizados cairão no inconsciente ou no subconsciente, como por vezes se diz hoje. Formar-se-á então, ao lado e acima do eu propriamente dito, uma ou várias personalidades secundárias, e de todo modo, seja qual for a consequência extraída da tese, a tese está aí, a saber: que uma coisa é um estado psicológico, outra coisa a consciência que se adquire dele, e que essa consciência é ou resulta de uma síntese de estados psicológicos múltiplos capazes de concordarem uns com os outros. Digo que essa é a tese atual da psicologia.

Não pretendo que essa seja a tese definitiva, muito pelo contrário; é visível que essa concepção do eu é uma concepção atomística da consciência, uma concepção da vida interior calcada no exterior ou em uma hipótese que pretende representar exatamente o exterior. É provável que a psicologia se oriente cada vez mais para uma hipótese que conduza a consequências análogas e que talvez explique as mesmas coisas, mas de natureza bastante diferente.

Nesta outra hipótese, não haveria estados psicológicos capazes de existir separadamente como átomos que ora subissem rumo à síntese consciente e se tornassem conscientes, ora descessem às profundezas do subconsciente. Não; seria preciso considerar a totalidade dos estados psicológicos – conscientes e inconscientes, pouco importa – como se formassem uma unidade indivisa. Contudo, nunca há mais que um ponto dessa massa que é luminosa; é ela que se vem inserir exatamente naquilo a que chamarei as necessidades atuais da ação. Somos seres feitos, acima de tudo, para agir, e, para agir, é preciso contrair-se. Eu diria quase que agir é distanciar-se de si mesmo, ou, em outro sentido, é prestar atenção, concentrar a totalidade de sua vida psicológica em um ponto determinado, o que significa, em suma, esquecer a maior parte de si mesmo. A consciência é, acima de tudo e necessariamente, o esquecimento da maior parte de si, é a atenção fixada em um ponto e fixada com tamanha intensidade que vem convergir nesse ponto apenas o que é praticamente útil no momento presente, permanecendo o restante na obscuridade; é como uma massa escura que arrastamos atrás de nós. E é preciso que assim seja. E estamos tanto mais adaptados à ação, somos um espírito tanto mais são, teremos uma saúde moral[182] tanto mais forte, quanto mais formos capazes de esquecer e de negligenciar tudo que não é indispensável ao momento presente. As psicoses, algumas neuroses e doenças mentais não são outra coisa senão a irrupção intempestiva do que deveria permanecer oculto na parte luminosa de nosso eu, no que está presente na consciência e na memória atual, do que deveria permanecer esquecido. Ser perfeitamente são intelectualmente é, certamente, saber lembrar, mas é também, e sobretudo, saber esquecer. A vida é um fenômeno de concentração, de atenção e, por isso mesmo, complementarmente, um fenômeno de esquecimento; e isso implica que a consciência, a vida interior seja um todo indiviso, ainda que a luz da consciência não deva nunca esclarecer senão a ponta extrema e móvel dessa vida interior.

Aí está, ao que me parece, uma concepção da consciência que, sem ser atomística como a outra e sem ter os inconvenientes de uma concepção necessariamente simbólica, pois todo atomismo é mais ou menos simbólico, explicaria igualmente bem os fatos.

Seja como for, a tese de Plotino se assemelha muito a essa concepção atomística da vida interior. Em Plotino, aliás, ela é, como veremos, provisória; não se trata do ponto de vista definitivo; mas, desse ponto de vista, se considerarmos a consciência como uma συναίσθησις [*sunaisthesis*], um acordo das partes, ficaremos impressionados com o que há de analogia, de parentesco entre as concepções de Plotino e as de certos psicólogos contemporâneos. Mas, eu dizia, trata-se aí, em Plotino, apenas de um ponto de vista provisório, e ao lado desse ponto de vista, há um ponto de vista bastante geral que se conforma – não sempre, pois não existe absoluto, e um filósofo nunca possui uma terminologia absolutamente definida –, ou que corresponde, mais precisamente, à expressão ἀντίληψις [antilepsis].

Desse segundo ponto de vista, a consciência é algo inteiramente diferente: em vez de ser uma síntese, é uma análise. Desse segundo ponto de vista, a consciência não é mais o que se produz quando partes múltiplas do corpo e, em seguida, da alma se retraem em um ponto e estão em harmonia umas com as outras; ao contrário, é uma cisão, uma divisão, é uma análise não mais de termos inferiores como aqueles que estavam, há pouco, abrangidos na síntese, mas de um termo superior, uma análise da Ideia, no sentido que Plotino atribui à palavra εἶδος [eidos], o inteligível, uma análise da Ideia que se prolonga como ato. Dizíamos, outro dia[183], que Plotino, e nisto ele se afasta de Platão, embora pretenda repetir Platão, considera que existe no mundo inteligível Ideias que correspondem não somente aos gêneros, mas aos indivíduos, pelo menos quando se trata dos homens, dos indivíduos humanos. Cada um de nós tem sua Ideia que o representa no mundo inteligível, um νοητόν [noetón], que, enrolada, envolvida no νοῦς [nous], na inteligência, o representa, e aquilo a que chamamos nossa alma, desenvolvendo-se no tempo e até mesmo no espaço, não é outra coisa senão um prolongamento no espaço e no tempo deste inteligível que é a Ideia superior à alma.

Desse segundo ponto de vista, a consciência será uma divisão, uma cisão, uma análise da Ideia. É preciso que concebamos nossa pessoa, como a denominamos, como tendo seu lugar em cima, como diz Plotino, e então que concebamos essa personalidade – essa Ideia (não é uma personalidade) – como intemporal, extraespacial, é óbvio, inconsciente, hiperconsciente. A consciência, se adotarmos esse ponto de vista, nascerá na passagem dessa unidade à multiplicidade, no desenvolvimento dessa Ideia unidade, ou, como diz Plotino, em sua cisão, em sua divisão.

Os textos são muito numerosos, e seria preciso citar muitos deles para dar uma ideia adequada desse pensamento tão interessante. Citarei apenas os principais.

Plotino nos explica, primeiramente, em mais de um lugar, como pensar; aquilo a que chama pensar, no sentido próprio da palavra, não é, de modo algum, o que nós assim denominávamos. Não é ter uma ideia, mas ser essa Ideia, coincidir com essa Ideia. Ele dirá, por exemplo, e isto é significativo, que podemos pensar sem saber que pensamos, e mesmo quando pensamos, não sabemos propriamente que pensamos; não percebemos nosso pensamento. Na *Enéada* IV, liv[ro] 3, §30, Plotino se pergunta onde está a diferença entre a Ideia e a consciência da Ideia, entre a Ideia e o conhecimento que se tem de ter essa Ideia, e sua resposta é a seguinte:

> τὸ νόημα ἀμερὲς καὶ οὔπω οἷον προεληλυθὸς εἰς τὸ ἔξω ἔνδον ὂν λανθάνει, ὁδὲ λόγος ἀναπτύξας καὶ ἀπάγων ἐκ τοῦ νοήματος εἰς τὸ φανταστικὸν ἔδειξε τὸ νόημα οἷον ἐν κατόπτρω καὶ ἡ ἀντίληψις αὐτοῦ οὕτω καὶ ἡμονὴ καὶ ἡμνήμη.
> [*to noèma amerès kai oupô oion proelèluthos eis to eksô endon on lanthanei, ode logos anaptuksas kai apagôn ek tou noèmatos eis to phantastikon edeikse to noèma oion en katoptrô kai è antilepsis autou outô kai èmonè kai èmnèmè.*]
>
> O ato de pensar (τὸ νόημα [*to nóema*]), indivisível, não tendo ainda prosseguido para o exterior, oculta-se, estando no interior, mas o λόγος [*lógos*] [...]

– vemos aqui a palavra λόγος [*lógos*], da qual falávamos outro dia, e dizíamos que seria preciso traduzi-la, em geral, por uma necessidade de desenrolar, uma necessidade de desenrolar-se, e não há aqui outra maneira de traduzir λόγος [*lógos*], uma necessidade de desenrolar –

> […] tendo-o desenvolvido, e tendo-o tirado do estado de puro pensamento para impeli-lo rumo à imaginação, mostrou esse ato puro de pensamento como que em um espelho, e a consciência que ele tem de si mesmo é ἀντίληψις [*antilepsis*].[184]

Os senhores veem que, para passar da Ideia, que é uma imutabilidade absoluta, à consciência, que é necessária na duração, que toma tempo, é preciso, segundo Plotino, supor algo como uma excursão da Ideia fora de si mesma; ocorre algo que Plotino descreve como um reflexo em um espelho – ele emprega frequentemente essa imagem. Acredito que se ele tivesse conhecido a física moderna, também teria escolhido a imagem do prisma, a qual transmitiria igualmente bem seu pensamento: um feixe de luz branca caindo em um prisma; a Ideia gera a consciência por essa refração, por essa diminuição, em suma, de si mesma. Encontramos a mesma ideia na *Enéada* I, livro 4, § 10, passagem muito curiosa, na qual Plotino começa por nos dizer que a consciência – vejam como estamos longe do ponto de vista moderno, pois é o ponto de vista da συναίσθησις [*sunaisthesis*] que seria o ponto de vista moderno – não é indispensável nem ao pensamento, nem à virtude, nem à felicidade. Aquele que age com coragem não sabe, enquanto age, que age com coragem, e age melhor por isso; e pode-se dizer que a consciência de um ato lhe enfraquece a energia, e que a vida intensa não se estende em sentimentos, em consciência[185]. E, então, Plotino chega a perguntar-se, nessa passagem, como e em que caso o pensamento se acompanha de consciência, se acompanha de uma percepção do pensamento, e eis sua resposta:

A consciência, ἀντίληψις [*antilepsis*], parece nascer quando o pensamento dá meia-volta (ἀνακάμπτοντος τοῦ νοήματος [*anakamptontos tou noèmatos*]);

Plotino entende com isso que o pensamento desce, οἷον ἀποσθέντος πάλιν, ὥσπερ τὸ ἐν κατόπτρῳ περὶ τὸ λεῖον καὶ λαμπρὸν ἡσυχάζον [*oion aposthentos palin, ôsper to en katoptrô peri to leion kai lampron èsuchadzon*], ele é como que empurrado para trás, assim como em um espelho – sempre a imagem do espelho – a imagem se estende ao longo da superfície lisa e brilhante[186]. Plotino retoma frequentemente essa mesma ideia. Há, na *Enéada* v, livro 8, §11, um texto análogo a esse, em que Plotino nos diz, por exemplo, que para compreender perfeitamente a beleza, para ter a Ideia completa da beleza, seria preciso ser a própria beleza, ter uma união íntima com ela. Continua dizendo, e vejam como isto está longe de nós, que as coisas de que mais temos consciência são as que nos são mais estranhas, que sentimos a doença mais do que a saúde, pois a doença nos é estranha, mas, acrescenta, de nós mesmos e das coisas que são realmente nossas, não temos nenhum sentimento: ἀναίσθητοι [*anaistheton*][187], carecemos de sentimento. Ora, nesse estado de nossas consciências, diz, estamos nós mesmos em posse completa do que está em nós, pois conseguimos fazer coincidir nosso ser com o conhecimento que temos dele. Fizemos de nós e do que conhecemos uma coisa só. Mas, então, não há mais, no sentido que atribuíamos a esta palavra, consciência.

Poderíamos multiplicar os textos. A *Enéada* IV, livro 4:

> podemos possuir inconscientemente melhor do que se soubéssemos, pois, se soubéssemos, possuiríamos como uma coisa estranha, sendo nós mesmos estranhos, ao passo que, não sabendo que possuímos, podemos ser o que possuímos.[188]

Assim, desse segundo ponto de vista, a consciência se apresenta a nós como uma divisão e uma diminuição de algo que transcende a consciência, aquilo a que Plotino chama a Ideia, o pensamento puro não no sentido moderno, não no sentido de ato, de pensamento, mas no sentido de objeto do pensamento, no sentido de Ideia, de objeto de contemplação.

Que os elementos dessa concepção da consciência já se encontrem em Platão, ou, em todo caso, em Aristóteles, isso não parece duvidoso. Mas não há, nesses filósofos, nem definição nem teoria da consciência; os elementos de uma concepção dessa espécie estão muito certamente na filosofia anterior a Plotino, mas encontramo-los pela primeira vez em Plotino desenvolvidos, sistematizados, e sobretudo com a nota própria desse filósofo, uma nota psicológica.

Digo tratar-se de uma teoria. Para Plotino, não se trata de uma teoria; ele nos dá essa concepção da consciência como uma espécie de fato de observação interior. Há textos em que Plotino apresenta essa passagem do pensamento à consciência como um fato. Citarei, por exemplo, este início tão admirável do livro 8 da *Enéada* IV, no qual Plotino nos diz... ele descreve o estado em que ele mesmo se encontra, e no qual, provavelmente, toda alma pode encontrar-se, quando, saindo daquilo a que ele chama o sono do corpo (a própria expressão, em grego, é mais enérgica: despertando do corpo, diz ele), como de um sono, ele se encontra em um estado de puro pensamento. Talvez não seja o êxtase, mas, enfim, é o pensamento inteiramente puro, é a alma entrando no inteligível, e então, quando desce desse estado, a questão que se apresenta a ele consiste em saber como pode ter descido dele, como pode o pensamento se dividir em consciência, e como ele pode achar-se em um corpo[189]. Em outros termos, o problema, para ele, não consiste em saber como se passa da consciência a algo superior; a verdadeira dificuldade é saber como, com o que é superior à consciência, se pode descer à própria consciência. Se lá estivéssemos situados, do outro lado, levantaríamos esse problema, e veríamos tratar-se da verdadeira dificuldade.

É isso, portanto, o que há de pessoal, de particular e, pode-se dizê-lo, de muito original em Plotino: essa concepção da consciência como uma diminuição da Ideia, concepção que aparece em muitas passagens e que se baseava, nele, em uma espécie de observação pessoal e interior.

A questão que é agora levantada, e que é indispensável se desejarmos resolver o problema que enfrentamos neste curso, consiste em saber qual é a gênese da duração, em saber como, em Plotino, esses dois pontos de vista que acabamos de indicar se reúnem. Acabamos de dizer que, para Plotino, a consciência é, ao mesmo tempo, uma síntese e uma análise; em certo sentido, é a síntese de uma multiplicidade de estados inferiores, provindo certamente do corpo, e, em outro sentido, é uma análise, uma divisão de algo superior vindo do inteligível. Como, para Plotino, esses dois pontos de vista se encontram e como pode a consciência ser ao mesmo tempo essas duas coisas?

Para responder a essa pergunta, é preciso saber o que, para Plotino, é a alma, tratando-se da alma de um ser vivo; é preciso saber o que, para ele, é a vida. A teoria de Plotino, sobre esse ponto, é extremamente profunda e original. Não podemos expô-la amplamente; direi apenas o que é indispensável para compreender o que virá na próxima lição.

O desenrolar da eternidade sob a forma de tempo, a vida é, para Plotino, o ponto de encontro de duas correntes diferentes e até mesmo opostas; há algo que vem de baixo e há algo que vem de cima. Se considero um corpo vivo, mais especificamente um corpo humano, ele é, primeiramente, feito de uma junção de partes materiais, produzida pelo que Plotino denomina a alma do todo, aquilo a que chamaríamos as forças da natureza. O corpo humano é, em parte, produto das forças da natureza; a natureza faria o corpo humano. Plotino diz que ela quase o faria; a força física, como diz Plotino, a alma do mundo, quase faria o ser vivo; mas falta-lhe alguma coisa: é preciso que a essa obra da natureza, da alma universal, venha acrescentar-se, repassando em seus contornos, o trabalho da alma individual, da alma que deve animar esse corpo. A natureza produz algo que é quase o corpo vivo, que aspira a sê-lo, que se ergue em uma aspiração a ser completamente vivo, e então, enquanto o corpo é como que erguido por essa aspiração, algo desce, atraído por esse corpo, algo a que esse corpo se assemelha, e é esse duplo fenômeno, de ascensão e de descida, esse duplo fenômeno de atração da alma por um corpo, que faz a alma cair, descer; e é esse erguimento de um corpo pela aspiração a ser completamente ele mesmo e a estar vivo o que faz a vida.

E, então, já vemos despontando em Plotino a possibilidade de fazer da vida uma síntese e uma análise; uma síntese no sentido de que houve, sob a influência da alma universal, ou das forças da natureza, uma junção de partes harmônicas entre si para formar um corpo vivo, e a consciência será, então, uma espécie de síntese desse todo. Mas, por outro ponto de vista, tratar-se-á de uma análise, pois a Ideia, caindo sob a forma de alma, divide-se, dissocia-se, tende à multiplicidade. Portanto, dessa dupla origem da vida deriva a necessidade de uma dupla origem da consciência.

Se desejarmos, porém, compreender como se produz o encontro entre as duas correntes, por que essas duas correntes devem encontrar-se, e como a natureza, isto é, de modo geral, a alma do todo, trabalha de tal maneira que almas individuais possam vir a inserir-se em sua obra, é preciso saber como nascem as almas individuais, como a Ideia cai, como se produz a queda da alma virtualmente contida na Ideia. Posso apenas delinear esse assunto; na próxima vez, retomarei muito rapidamente este ponto, indicando o processo do tempo em geral, mas é sobre essa queda da alma individual que está calcada, na mente de Plotino, a formação da alma do todo – muito embora a operação pela qual se constitui a alma universal não seja, diz ele, uma queda.

O que é, portanto, essa queda da alma, virtualmente contida em sua Ideia? Plotino a apresenta de muitas maneiras diferentes. Há, primeiramente, uma maneira mítica de apresentar a coisa.

De um primeiro ponto de vista, essa queda se apresenta a nós como uma queda moral; trata-se de uma diminuição, uma degradação da Ideia, ou, antes, do que está envolvido na Ideia. Plotino começa por nos fazer observar que, se considerarmos o corpo que traduz o homem, que o exprime, o corpo parecerá ser arrastado para uma luta perpétua com outros corpos. É uma comparação que reaparece diversas vezes nas *Enéadas*; ele compara o conjunto das coisas daqui de baixo a um drama. Tudo é combinado, tudo é cooperante. Mas, acrescenta, é a unidade de um drama que envolve muitas batalhas: ὥσπερ ἂν εἰ δράματος λόγος – εἷς ὁ τοῦ δράματος ἔχων ἐν αὐτῷ πολλὰς μάχας [*ôsper an ei dramatos logos – eis o ton dramatos echôn en autô pollas machas*][190]. Os senhores veem aparecer aqui a palavra λόγος [*lógos*], que designa como que o libreto de um drama. É um combate, uma luta, e se os senhores estudarem esse combate, verão que tudo acontece como se cada corpo, cada parte aspirasse a ser o todo; é uma espécie de egoísmo que caracteriza os corpos vivos; cada um desejaria ser o todo.

Assim, na *Enéada* III, livro 2, §17, ele diz que cada qual se precipita sobre seu próprio bem (εἰς τὸ αὐτῶν ἀγαθὸν σπεύδοντα [*eis to autôn agathon speudonta*]). E nos dá a razão para isso: é, diz, porque, em cada um, predomina, acima de tudo, o desejo de viver (ἡ τοῦ ζῆν ἔφεσις [*è tou dzèn ephesis*])[191]. Schopenhauer dirá: o querer-viver é exatamente a mesma coisa; princípio de egoísmo, princípio de mal, também nos diz Plotino, o desejo de viver, o querer-viver, é a causa de todo mal, e faz que cada um aspire a ser tudo.

Ora, o que a consideração do corpo já deixa pressentir, uma observação mais aprofundada da alma confirma. Na *Enéada* v, liv[ro] 1, §1, Plotino atribui a queda da alma a uma espécie de queda da Ideia, a Ideia pura onde a alma se encontra virtualmente implicada; a alma está na Ideia, assim como o que é implícito está em algo que o contém implicitamente. A alma esquece Deus, seu pai.

Como puderam as almas esquecer Deus, seu pai?

(τί ποτε ἄρα ἐστὶ τὸ πεποιηκὸς τὰς ψυχὰς πατρὸς θεοῦ ἐπιλαθέσθαι [*ti pote ara esti to pepoièkos tas psychas patros theouepilathesthai*]).

Ele acrescenta:

O princípio de todo o mal é a audácia.

(ἀρχὴ μὲν τοῦ κακοῦ ἡ τόλμα [*arché men tou kakou è tolma*])[192].

É o desejo de pertencer-se no inteligível. Tudo está em tudo, cada Ideia está em todas as outras, e todas as Ideias estão em cada uma. Para que uma descida da alma se produza, é preciso que haja como que um princípio de divisão, de separação, enfim, um princípio de esquecimento, e uma obediência ao desejo de viver e à necessidade de lutar.

Que audácia, portanto, é essa? Em que consiste a τόλμα [*tólma*], a audácia de que fala Plotino? É que, diz ele, no §12 da *Enéada* IV, as almas dos homens, tendo contemplado sua imagem no espelho de Baco Dionísio, precipitaram-se sobre as outras (ἀνθρώπων ψυχαὶ εἴδωλα αὑτῶν ἰδοῦσαι οἷον Διονύσου ἐν κατόπτρῳ ἐκεῖ ἐγένοντο ἄνωθεν ὁρμηθεῖσαι [*anthrôpôn psychai eidôla autôn idousai oion Dionusou en katoptrô ekei egenonto anôthen ormètheisai*]). Há, portanto, algo como um espelho, um efeito de miragem que atrai a alma[193]. Para Plotino, é simplesmente a matéria, que ele supõe aqui, misticamente, ser anterior ao processo pelo qual ela nasce, mas estamos em uma exposição mais precisamente mística; há um tipo de atração pela matéria. A matéria apresenta a essa alma, que ainda não existe – existe apenas a Ideia –, algo como uma imagem de si mesma sob a forma de corpo, e há como que uma atração de algo que sai da Ideia para animar o corpo, e é assim que se produz, ao mesmo tempo, a alma individual e a descida da alma.

Assim, desse primeiro ponto de vista, vemos que, para Plotino, existem razões de ordem moral, uma razão de egoísmo, uma razão de audácia que faz que a Ideia saia de si mesma, ou que haja algo que sai da Ideia e assim se crie a consciência e, com ela, o desenrolar de uma alma no tempo.

Veremos, porém, na próxima lição, que Plotino adota outro ponto de vista, ele nos apresenta a mesma coisa sob uma forma mais interessante e, de modo geral, com muito mais profundidade, como um processo necessário. Há uma necessidade inerente às Ideias que as faz sair das almas que descem e caem, e é essa mesma necessidade que faz que o todo da inteligência, a totalidade dos inteligíveis, recolhida em um νοῦς [*nous*], como ele diz, essa totalidade una do inteligível se retraia, se subdivida em uma multiplicidade definida de termos, e assim, por um processo necessário, o tempo saia da eternidade.

É desse processo que falaremos na próxima lição.

DÉCIMA TERCEIRA AULA
SESSÃO DE 13 DE MARÇO DE 1903

Senhores,

Em nossa última lição, fomos levados, pela teoria da consciência que encontramos em Plotino, a estudar a operação da tomada de posse do corpo pela alma.

Os senhores se lembram de que, de um primeiro ponto de vista, a que poderíamos chamar de ponto de vista mítico, Plotino nos mostra essa operação como uma descida e até mesmo como uma queda.

Há duas virtualidades, uma na presença da outra. A alma ainda não existe; ela está enterrada em sua Ideia. Há a Ideia universal que representa, por exemplo, Sócrates, o inteligível Sócrates. A alma está virtualmente nesse inteligível; encontra-se nele apenas virtualmente.

Por outro lado, o corpo espera que a alma tenha descido. O corpo, segundo Plotino, não existe mais do que isso, ou, pelo menos, para empregar sua expressão, ele ainda não está terminado, ele aspira a sua plenitude.

Há, portanto, uma virtualidade de corpo e uma virtualidade de alma, duas possibilidades que estão na presença uma da outra, que se atraem reciprocamente, e dessa atração recíproca resulta, segundo ele, um encontro, e esse encontro é a vida; é a vida no tempo, a vida consciente da alma.

É bastante curioso ver que Plotino pretende encontrar tal teoria em todos os filósofos gregos. Abro, por exemplo, o livro 8 da *Enéada* IV, §1. Ele nos diz que essa já era a ideia de Empédocles. Traduzo a passagem:

> Empédocles disse que é lei para uma alma culpada cair em um corpo e que foi após ter fugido de Deus (a expressão é mais enérgica no texto: fugitivo de Deus) que ela veio aqui para tornar-se escrava da furiosa discórdia (ἁμαρτανούσαις νόμον εἶναι ταῖς ψυχαῖς πεσεῖν ἐνταῦθα καὶ αὐτὸς "φυγὰς θεόθεν" γενόμενος ἥκειν "πίσυνος μαινομένῳ νείκει" [*amartanousais nomon einai tais psychais pesein entautha kai autos "psychas theothen" genomenos èkein "pisunos mainomenô neikei"*]).

Evidentemente, acrescenta também o seguinte:

> Quando Platão falou da descida da alma em um corpo, disse que a alma se encontra nele acorrentada e enterrada (ἐν δεσμῷ τε εἶναι καὶ τεθάφθαι ἐν αὐτῷ [*en desmô te einai kai tethaphthai en autô*]).[194]

Assim, segundo Plotino, haveria uma ideia tradicional da filosofia grega neste primeiro ponto de vista, a que chamávamos mítico, a que poderíamos igualmente chamar moral, e que é, em suma, semimítico e semimoral.

A operação pela qual a alma toma um corpo é apresentada como um efeito de orgulho, um efeito de audácia. Plotino nos diz que a alma, a alma humana, na medida em que está no inteligível, participa de todas as outras almas. Um inteligível contém todos os outros inteligíveis.

Há uma comparação que Plotino emprega diversas vezes e que nos faz compreender bem seu pensamento. Compara os inteligíveis às proposições, às diversas proposições de uma mesma ciência, e por ciência deve-se entender a geometria, na qual sempre pensam os filósofos antigos, mesmo quando não falam a respeito. Em uma ciência, diz, um teorema, uma proposição contém as outras proposições. E, com efeito, não se pode enunciar uma proposição relativa à circunferência sem a implicar, sem a envolver e compreender nela a definição da circunferência e, com isso, todas as demais proposições relativas à circunferência. Em uma proposição, está contida a teoria inteira. O mesmo ocorre com os inteligíveis. Se consideramos um inteligível, ele contém todos os demais e está contido em cada um deles. Há uma penetração recíproca de todos os inteligíveis uns pelos outros.

Mas então, se consideramos a alma em sua fonte, se consideramos a alma no inteligível, ela penetra todas as outras almas, e é por elas penetrada. É uma implicação recíproca.

Todavia, abaixo desse estado de implicação recíproca, há o estado a que poderíamos chamar de explicitação, de separação recíproca, e isso é a existência no espaço e, por conseguinte, também no tempo.

No espaço, um corpo é exterior a outro corpo, um ser a outro ser. Há, portanto, ao lado e abaixo dessa existência, dessa forma da existência que é uma implicação recíproca de tudo em tudo, outra forma que é, ao contrário, a exterioridade de tudo em relação a tudo, e isso é a materialidade, é a existência material.

Então, segundo Plotino, há uma certa ilusão da alma. A alma está, como direi, afogada, ou melhor, não, ela não está afogada no inteligível; ela está no inteligível penetrando tudo e é penetrada por tudo. Ela imagina que será mais independente, que pertencerá mais a si mesma se passar para esse estado de exterioridade recíproca das coisas, em que cada uma delas parece bastar a si mesma. O futuro corpo, por sua vez, apresenta justamente essa esperança. Há como um efeito de magia. A alma imagina que, uma vez nesse corpo, pertencerá inteiramente a si mesma. É por isso que se deixa cair nele, mas mal caiu nele, apercebe-se de sua ilusão; caiu na armadilha. Essa parte do todo está bem separada do todo, mas justamente por conta dessa limitação a alma se encontra cercada e, no entanto, consciente; lembrando-se de que ela é o todo, deseja continuar a ser o todo. Daí, então, um impulso interno, a tendência a tomar mais lugar, a querer todo o lugar. É o que Plotino designa por uma expressão que Schopenhauer reterá: o querer viver, o desejo de viver, que faz, diz ele, com que cada ser persista e se afunde cada vez mais no egoísmo, cada qual precipitando-se sobre seu bem pessoal[195]. Daí, acrescenta, uma luta, um combate, uma luta entre todas as almas, luta contínua, cujo espetáculo, o que é bastante notável, não o conduz, de modo algum, ao pessimismo, como fará com Schopenhauer. Ao contrário, Plotino nos diz que essa luta é uma harmonia, é uma simpatia universal que faz tudo vibrar em uníssono na luta das almas e, de resto, de todos os seres entre si; isso é ordenado, diz, para o filósofo que contempla as coisas de cima. É como essas lutas, esses combates que se encontram em certas danças. Os combates das almas, diz, se sucedem com a regularidade de uma dança pírrica. Encontramos aqui, portanto, mais uma vez, a coordenação, a conspiração universal.

Não é menos verdade que encontramos nesse estado da alma, uma vez que ela tomou posse de um corpo, um estado de descontentamento, de desafeição que faz ela correr atrás de si mesma, procurando-se sempre e não se encontrando nunca, pois não é na direção em que ela vai que ela conseguirá preencher-se. Seria preciso, como diz Plotino, retroceder, dar meia-volta pela contemplação rumo ao inteligível e rumo à unidade. Ao contrário, quanto mais ela avança, quanto mais a alma avança no sentido da matéria, mais ela caminha rumo às extremidades e, consequentemente, mais se afunda nessa obscuridade e nessa dispersão universal às quais ela gostaria de se subtrair.

Esse é, senhores, o primeiro ponto de vista que Plotino adota, mas trata-se apenas de um primeiro ponto de partida, e no livro 3 da *Enéada* IV, em que essa teoria está exposta e em que ele nos mostra mais uma vez a alma caindo, já vemos despontar uma explicação mais física e até mesmo mais [mítica][196]. Enquanto Plotino conta essa história, a história da queda das almas, ele está no tempo. É realmente preciso que ele permaneça aqui fiel ao espírito da metafísica antiga que se situa fora do tempo, se nos quiser fornecer uma explicação satisfatória, pois o inteligível está fora do tempo, e é daí que se deve partir; e, enquanto estivermos no inteligível, ainda não haverá tempo. Portanto, essa explicação de seu pensamento é uma explicação de natureza mítica e provisória. Já nesse livro 3, após ter descrito a queda da alma, Plotino acrescenta o seguinte:

> Talvez seja o elemento múltiplo (τὸ πολὺ αὐτῆς [*to polu autès*]) da alma que faça com que ela seja atraída para baixo.
> Talvez ela seja atraída para baixo pela multiplicidade que lhe é inerente.[197]

Acrescentará ainda – e esta é uma ideia que retorna por diversas vezes e sempre nos mesmos termos – que a alma, que é, aliás, o veículo das razões geradoras, o veículo dos λόγοι [*lógoi*], que é da mesma natureza do λόγος [*lógos*], que até mesmo é λόγος [*lógos*], é acima de tudo uma potência divisora, uma atividade divisora. É uma natureza divisora. A alma é, portanto, como uma força de divisão.

Acrescentará – e isto pareceria, à primeira vista, estar em contradição com o precedente ponto de partida – que é a alma que faz seu corpo, que é ela que constrói seu corpo, que o cria inteiramente. Dir-nos-á que a alma se envolve de matéria, assim como a luz de obscuridade[198].

E é, de fato, essa comparação que sempre retorna, do início ao fim das *Enéadas*. Há essa comparação a um feixe de luz que parte de um ponto luminoso. Existe um ponto luminoso e, partindo desse ponto, um cone de luz. Se considerarmos um raio saindo do ponto luminoso, Plotino, que não conhece, é óbvio, a óptica moderna, concebe esse raio sempre diminuindo de intensidade à medida que se afasta do centro, isto é, carregando-se de obscuridade. Podemos dizer, se quisermos, que se trata de uma diminuição de luz; podemos dizer, em outro sentido, que se trata de uma adição de trevas.

Se adotarmos esse segundo ponto de vista, se dissermos que são trevas que se vêm acrescentar à luz, à medida que avançamos, isso seria aproximadamente o mesmo que dizer que um corpo vem acrescentar-se à alma à medida que ela desce.

Expliquemos agora essa ideia. Dizíamos que é preciso conceber primeiramente as almas confundidas com suas Ideias, confundidas com os inteligíveis, e os próprios inteligíveis penetrando-se reciprocamente como raios de luz penetrando-se no ponto de onde divergem.

Aí está, portanto, o ponto de partida: todas as almas juntas no inteligível, e todos os inteligíveis confundidos, mas, à medida que o raio se afasta do ponto de partida, à medida que os inteligíveis se afastam do ponto de partida, eles são confundidos; é preciso que se afastem a partir do momento em que não permanecem confundidos em um único ponto, a partir do momento em que há algo além da unidade absoluta.

À medida, portanto, que se afastam, enchem-se de obscuridade; sua intensidade luminosa diminui. É essa obscuridade crescente que constitui a materialidade do corpo, e é nesse sentido que Plotino nos diz – é uma frase famosa e frequentemente repetida: não é a alma que está no corpo, mas o corpo que está na alma[199]. A alma não está no corpo, pois não se pode dizer que o corpo preexista à alma e a receba. O corpo não é uma realidade, mas uma negação. O corpo está na alma. Eis o pensamento real e definitivo de Plotino sobre esse ponto.

É, aliás, curioso – separei, para a comodidade destas explicações, os dois pontos de vista – ver que, no pensamento de Plotino, os dois pontos de vista convergem, são muito próximos e, em certos momentos, até coincidem. Passa-se naturalmente de um ponto de vista para outro.

No livro 3 da *Enéada* IV, encontramos, primeiramente, a descida da alma apresentada, como dizíamos há pouco, sob a forma de uma viagem mágica. Trata-se de um fenômeno mágico. Algo como um feitiço da alma, que é enfeitiçada por seu corpo. Ela desce movida pela força da atração, pela potência da magia. Ainda estamos, portanto, no ponto de vista mítico e moral, mas, na mesma passagem, trata-se de uma espécie de necessidade, que faz que, em determinada hora, cada alma desça, deva descer, cada uma por sua vez, quando chega seu momento, como se um [arauto] a chamasse (οἷον κήρυκος καλοῦντος [*oion chèrukos kalountos*])[200].

Por fim, nessa mesma passagem, Plotino nos diz que a alma – e isto expressa seu pensamento definitivo – desce, por assim dizer, automaticamente (οἷον αὐτομάτως [*oion autômatos*])[201].

Encontramos, aliás, a mesma nuance na teoria que concerne à escolha, isto é, a escolha de um corpo pela alma, pois Plotino nos diz que a alma escolhe seu corpo.

Constatamos ainda, nessa mesma passagem, pois não há necessidade de buscar outra, que a alma se entrega ao corpo que é a imagem de sua preferência e de sua disposição originária, ou, ainda, ao corpo que lhe é preparado pela semelhança de sua disposição, ou, ainda, ao corpo adaptado.

Plotino emprega um número muito grande de expressões sinônimas; em seu pensamento, trata-se sempre do ponto de vista psicologicamente moral. Há um corpo que apresenta à alma a imagem de suas qualidades e de seus defeitos; ela se reconhece nele como em um espelho, comparação que frequentemente retorna. Então, ela é atraída e desce.

Em seguida, imediatamente após o ponto de vista físico, a que poderíamos chamar metafísico, Plotino acrescenta: "Ela sai no corpo necessário" (πρόσφορον σῶμα [*prosphoron soma*]). É uma necessidade. Cito o texto da *Enéada* IV, mas encontraríamos outros sem dificuldade; Plotino passa, portanto, muito naturalmente do primeiro ponto de vista ao segundo.

Este segundo ponto de vista é, pois, muito importante, capital na filosofia de Plotino. Trata-se precisamente do ponto de vista que nos interessa, o ponto de vista do desenrolar de tudo que é uno, de tudo que aparece como unidade. Esse princípio penetra toda a filosofia de Plotino, do início ao fim: há uma necessidade inerente ao Uno, uma força inerente ao inteligível, que ainda é uno, e inerente até mesmo à alma, na medida em que ela possui certa unidade; trata-se da necessidade do desenrolar que faz cada ser extrair de si mesmo, no sentido da divisão e da multiplicidade, tudo que ele contém, sob a forma de unidade.

Já empregamos uma comparação à qual é preciso que retornemos; trata-se da comparação da cunhagem de uma peça de ouro[202]. Dada uma peça, é preciso que toda a moeda seja dela extraída, e, quando se trata desta peça infinitamente preciosa que é a alma, infinita é a moeda que dela é extraída. Iríamos, uma vez inseridos nessa via, ao infinito.

É, portanto, uma necessidade interna de desenrolar que faz com que a Ideia se torne consciente, com que o inteligível se prolongue como alma, já sendo alma, e desapareça na medida em que se considera a parte superior da alma, diz Plotino, o que faz que essa alma avance, caminhe sempre para a frente no sentido do múltiplo, o que, por conseguinte, faz que a alma se desdobre no corpo e, de algum modo, se materialize.

Esse é, ao que parece, o pensamento de Plotino no que diz respeito à consciência, à encarnação, à entrada de uma alma em um corpo. Era necessário passar por esse intermediário para chegar à teoria geral do tempo, tal qual a encontramos em Plotino, pois Plotino vai simplesmente generalizar ou, antes, estender a teoria que acaba de oferecer para o desenvolvimento da alma em corpo e a Ideia de consciência.

Plotino – e dissemos que esta é a nota dominante de sua filosofia – é, de modo geral, psicólogo. Ele se situa, primeiramente, diante da consciência e procede por via de extensão, de generalização.

Existem duas coisas, quando se considera o mundo, o mundo que sai dos inteligíveis: a alma individual, a alma de Sócrates, por exemplo; e a alma universal, a alma do mundo, a que contém tudo.

Se considerarmos o [ponto de vista][203] da exposição em Plotino, parece que ele parte sempre da alma do todo para chegar à alma do indivíduo, à alma individual, mas, se considerarmos o ponto de vista da invenção, o procedimento é inteiramente diferente: parece realmente que é da alma individual que ele parte para chegar à alma universal. Ora, o que o desenvolvimento interno como consciência é para uma alma individual, o desenrolar como tempo, como duração em geral é para a alma universal, e é partindo da alma individual e de seu próprio desenvolvimento que se consegue compreender o desenvolvimento da alma do tempo.

Se considerássemos essa teoria do tempo em Plotino em certas passagens desse livro, encontraríamos, então, tão forte semelhança com a teoria de Aristóteles que poderíamos acreditar em uma identidade, e, de fato, como veremos, as duas teorias são muito próximas, mas a inspiração é muito diferente. A inspiração é, em Plotino, de natureza muito mais psicológica, e essa particularidade basta para atribuir à sua teoria um caráter inteiramente novo, inteiramente diferente.

Os antigos não se enganaram a esse respeito. Um dos continuadores de Plotino, Proclo, muito posterior a Plotino, diz-nos que é nessa teoria do tempo que Plotino se mostrou mais inspirado (ἐνθεαστικώτατα [*entheastikôtata*]), isto é, literalmente, com o máximo de inspiração[204]. É com o máximo de inspiração que falou do tempo.

Encontramos algo de análogo em Simplício, que naturalmente situa Aristóteles muito acima de todos. Simplício nos deixou um comentário desenvolvido da teoria do Tempo em Aristóteles. Trata-se da segunda parte do livro IV da *Física*, mas, ao falar dos modernos – pois eram modernos para ele –, diz que Plotino foi o primeiro a pensar em fazer a verdadeira teoria do tempo (πρῶτος τον πρῶτον επιζήσας χρόνων [*prôtos ton prôton epidzèsas chronon*])[205].

Os antigos, portanto, não se tinham enganado sobre a importância dessa teoria em Plotino, e haviam compreendido a originalidade dela, a despeito da semelhança exterior com Aristóteles.

A originalidade está inteiramente no caráter psicológico dessa teoria, na explicação de que, aí onde há tempo, há uma alma, e de que o tempo é a própria alma. O tempo é de natureza psicológica.

Plotino concebe – é preciso sempre voltar a este ponto – cada inteligível como se prosseguisse, avançasse rumo à multiplicidade, desenvolvendo-se, desenrolando-se.

Se assim é para cada inteligível, o mesmo deve ocorrer com a totalidade dos inteligíveis.

Consideremos um dos inteligíveis, um dos raios luminosos: ele avança, depois se enfraquece, envolve-se de escuridão. Consideremos a totalidade dos raios luminosos, consideremos a totalidade dos inteligíveis, podemos então dizer o mesmo a seu respeito. Podemos dizer sobre o conjunto dos inteligíveis o que dizíamos sobre cada um deles. Mas o que é o conjunto dos inteligíveis? É a Ideia das Ideias (εἶδος εἶδον [*eidos eidon*]). As Ideias, os inteligíveis, considerados em sua integralidade, são uma única coisa; formam a unidade do νοῦς [*nous*], o qual, em Plotino, é, de modo geral, mais ou menos o que era em Aristóteles o Pensamento do Pensamento. Assim como as Ideias progridem, desenvolvem-se e, tratando-se, por exemplo, da Ideia de Sócrates, desenvolvem-se como consciência, a Ideia do tempo se desenvolve, por sua vez, não como consciência, pois a alma universal não é consciente, mas como duração.

Portanto, se considerarmos a Ideia das Ideias, a inteligência, o νοῦς [*nous*], e considerarmos essa Ideia das Ideias como procedente, ela devém a alma universal, a alma do tempo; assim como uma Ideia se cerca de materialidade, ou, antes, se carrega de materialidade, descendo pelo mero fato de sua descida, a Ideia do tempo se carrega, por sua vez, de materialidade. E, assim, Plotino nos dirá que o mundo está na alma universal, absolutamente como o corpo de um homem está na alma humana. Há simetria, correspondência entre esses termos.

Essas considerações preliminares nos permitirão compreender essa teoria do tempo, que está exposta no livro 7 da *Enéada* VIII. Esse livro 7 é um dos mais notáveis que Plotino tenha escrito. Compreendemo-lo bem, aliás, somente quando o comparamos ao livro 8, que deve servir de introdução à leitura de Plotino, livro, aliás, famoso, intitulado: "Da contemplação e da natureza".

Esse livro, como eu disse, é essencial para a inteligência de Plotino; eu poderia acrescentar ser ele indispensável para a inteligência da filosofia grega em geral. Nele encontramos a ideia essencial e geradora dessa filosofia.

A ideia desse livro, como indica o título, é de que a natureza deriva da contemplação. A natureza é a produção dos seres, a produção de todas as coisas. A contemplação é a Ideia, é a pura Ideia, o inteligível puro.

Pois bem, a natureza, como produção, não é outra coisa senão a diminuição do inteligível. É como uma distração da contemplação. A contemplação, residindo em si mesma, é o puro inteligível[,] a pura inteligibilidade; ela sai de si mesma apenas porque esquece a si mesma. É como uma distração. Não é uma imperfeição quando se trata do todo, é uma imperfeição quando se trata das partes, mas, enfim, é uma distração.

Essa ideia de que a ação é apenas uma contemplação menor é o próprio fundo da filosofia de Aristóteles, e poderíamos até mesmo dizer da filosofia de Platão[206]. É o resultado inevitável, necessário de uma teoria que insere toda realidade em um conceito. Se partirmos da ideia de que a realidade é o conceito, haverá tanto mais realidade quanto mais estivermos perto do próprio conceito; a alma será tanto mais real, tanto mais alma quanto mais danificada ela estiver no conceito, mais afogada em sua Ideia.

Consequentemente, tratando-se de uma produção, e com mais forte razão de uma produção material, essa produção será apenas a própria diminuição da Ideia, uma diminuição da contemplação. A filosofia dos conceitos conduz necessariamente à conclusão de que a ação é uma contemplação menor.

O livro 8 da *Enéada* III desenvolve amplamente esse pensamento. Não foi sem razão que Porfírio situou esse livro relativo às Ideias imediatamente antes do livro relativo à natureza. Percebeu que há solidariedade entre essas duas ideias, que o tempo, por um lado, é o desenrolar da inteligência como alma, e que a ação é uma contemplação menor.

Resumo muito brevemente o livro 7. Como de costume, Plotino se expressa primeiramente em termos míticos. Traduzo textualmente:

> É preciso, diz, que nos reportemos a essa vida imóvel, homogênea, sem desvio, que subsiste na unidade e em uma conversão para a unidade [...]

Trata-se do inteligível, do νοῦς [*nous*], ou, se me permitem, do mundo das Ideias de Platão.

> O tempo ainda não existia. Antes de ter gerado a atração, repousava em si mesmo no ser.

Repousava no ser. Em Plotino, ser é sempre sinônimo de inteligibilidade, de pensamento.

Repousava no inteligível, não sendo ainda o tempo, mas a natureza agitada (φύσεως [δὲ] πολυπράγμονος [*phuseôs [dè] polupragmonos*]) [,] a natureza agitada que desejava ser senhora de si mesma e bastar a si mesma entrou em movimento.

Essa natureza agitada é a alma que existe virtualmente no inteligível.

> Ela entrou em movimento, e ele, isto é, o tempo, também entrou em movimento, e, levando-nos sempre para a atração, sempre para o ulterior, sempre para o diferente, fizemos do tempo a imagem da eternidade.[207]

Eis a forma mítica da doutrina: o inteligível repousa em si mesmo, mas está virtualmente presente no inteligível uma natureza desorganizada, uma natureza agitada, uma necessidade de agitação e de desorganização, e essa imobilidade entrou, assim, em movimento por uma espécie de agitação que faz que o anterior corra sempre para o posterior e que haja um progresso sem fim, um desenrolar sem fim. O tempo proveio da eternidade; o tempo é uma imagem da eternidade... A palavra é, aliás, de Platão[208].

Mas [Plotino][209] abandona imediatamente o ponto de vista mítico, e chega ao outro ponto de vista, a essa necessidade do desenrolar que está no interior da Ideia.

> Assim como [traduzo novamente] "o λόγος [*lógos*], desenrolando-se no seio da semente imóvel, evolui, faz saídas sucessivas (διέξοδον [*dieksodon*]) [isso é, aliás, intraduzível, é o ato pelo qual se percorrem todos os elementos de uma série...] evolui para a pluralidade e se estende enfraquecendo-se (εἰς μῆκος ἀσθενέστερον πρόεισιν [*eis mèkos asthenesteron proeisin*]), ela também [a alma do mundo] fazendo o mundo semelhante, à imitação do inteligível, o mundo que se move com um movimento que não é o de lá de cima, mas que se assemelha ao de lá de cima..."[210]

É preciso saber que, para Plotino, há, no mundo das Ideias, um movimento. Qual é? Acrescenta tratar-se de um movimento no mesmo lugar. É um movimento imóvel, um movimento no sentido de que, se considerarmos os inteligíveis, não podemos impedir-nos de pensar nas Ideias que estão neles contidas, mas é um movimento que se opera sem que se deixe o ponto em que se está. Suponhamos, por exemplo, um geômetra que passe em revista as diferentes proposições relativas ao círculo. Necessita tempo para isso, pois a passagem em revista de todas as proposições consome necessariamente tempo, mas quanto mais estivesse acostumado à geometria, menos tempo lhe seria necessário. Se ele fosse a própria Geometria, é no imediato que possuiria todas as proposições contidas em uma só. Isso seria o movimento, um movimento como aquele que se produz no inteligível.

Aí está o sentido desta expressão, o movimento do mundo, o mundo que se move com um movimento que não é o de lá de cima, mas que se assemelha ao de lá de cima e que procura ser a sua imagem.

> Ela se tornou temporária... (ἑαυτὴν ἐχρόνωσεη [*eautèn echronôsen*]) [a palavra de Plotino é intraduzível[,] foi fabricada para esta circunstância] ela se temporalizou, tornou-se temporária, fornecendo sua atividade parte por parte, ela engendra por essa atividade a sucessão.[211]

Plotino nos mostrará como essa alma imita e contrafaz, em todos os pontos, a inteligência, a Ideia das Ideias e, consequentemente, como, em todos os pontos, o tempo será uma imitação e uma espécie de contrafação da eternidade.

Não o seguirei nessa demonstração. O resumo dessa demonstração é o seguinte: no lugar da vida lá de cima, da vida do mundo inteligível, há outra vida. Em vez do movimento da alma contemplativa – o movimento da alma contemplativa é o movimento da alma que está no inteligível, isto é, o movimento no mesmo lugar de que falávamos há pouco –, há o movimento de certa parte da alma, pois há uma parte da alma que permanece em cima, no inteligível, e outra que desce. É esta que constitui o mundo material. Em vez da identidade, da uniformidade, da estabilidade que, de algum modo, realiza um ato e depois outro; em vez da indivisibilidade e do uno, uma imagem de "uno" que é uno apenas em sua continuidade; em vez do infinito e do tempo, uma marcha ao infinito que vai sempre rumo ao que vem depois; em vez do tempo, ou, literalmente, do tempo em bloco, o que está em condições de ser o tempo parte por parte e que estará sempre em condições de assim se tornar.

A ideia, como os senhores veem, é muito clara para Plotino, que resume sua teoria do tempo com uma fórmula que se tornou famosa:

O tempo é a vida da alma, de seu movimento de transporte de uma manifestação a outra manifestação (ψυχῆς ζωῆς ἐν κινήσει μεταβατικῇ ἐξ ἄλλου εἰς ἄλλον βίον [psychès dzôès en kinèsei metabatikè eks allou eis allon bion]).

Nessa passagem, βίος [bios] se opõe a ζωή [zoé]. Ζωή [Zoé] significa a evolução da vida, e βίος [bios] é um ato determinado, uma etapa da evolução, fórmula enérgica que nos mostra que o tempo é inseparável das realidades psicológicas, que ele é o próprio desenrolar da alma, e, como corolário a essa definição, Plotino acrescenta algo que poderia também ser considerado o resumo da filosofia antiga:

> O tempo não está, portanto, mais fora da alma do que a eternidade está fora da Ideia.[212]

Em outras palavras, há proporção entre esses termos. O tempo está para a alma assim como a eternidade está para o inteligível. A proporção, sem sair das médias, será sempre verdadeira. O tempo está para a alma assim como a eternidade está para a Ideia.

Temos a Ideia. Trata-se do eterno, do conceito. Temos, em seguida, a alma. Trata-se do desenrolar no tempo.

Os senhores veem que toda essa filosofia antiga conduz, com Plotino, a um livro que é considerado, a justo título, pelos próprios antigos, como capital; ela conduz a uma teoria do tempo que é cada vez mais precisa, na qual o tempo é cada vez mais o desenrolar das Ideias sob a forma de consciência na alma individual, sob a forma de sucessão em geral, se considerarmos a alma do tempo.

Se quisermos conceber – e isto será necessário para nossa próxima lição, que servirá de transição entre Plotino e os modernos – perfeitamente essa filosofia de Plotino, e sua teoria do tempo, será preciso voltar ao esquema que eu fiz no ano passado a respeito de minhas explicações sobre Plotino, esquema que é, aliás, indispensável. Esse esquema estava certamente na mente de Plotino em toda sua exposição. É preciso, digo, conceber o ponto A...

O Sr. Bergson traça, no quadro negro, a seguinte figura:

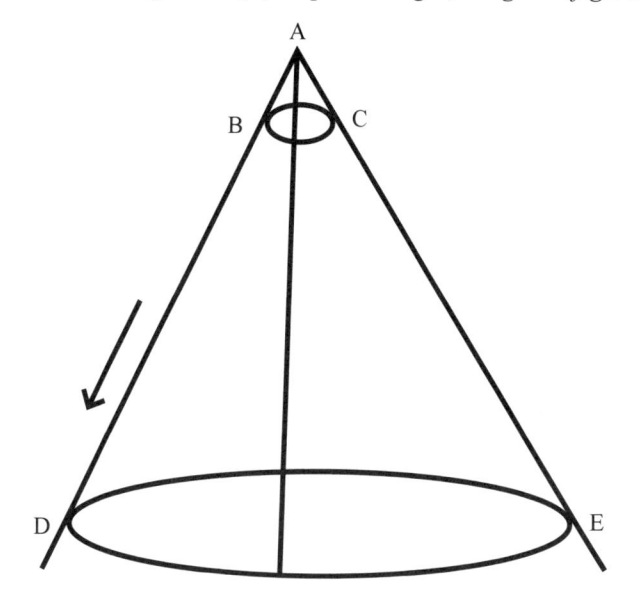

Consideremos, primeiramente, um ponto, a que chamaremos ponto A. Este será o cume do cone de luz. É o Uno de Plotino, a unidade absoluta, sobre a qual não dissemos absolutamente nada ou muito pouco nesta exposição, na medida em que faço um resumo, mas que desempenha, em Plotino, um papel considerável. Plotino chega a ela pela necessidade de seu sistema. É preciso que haja um ponto onde tudo isso esteja completamente reunido. O Uno não desempenha em Plotino um papel tão ativo quanto a inteligência e, sobretudo, a alma, que é a hipóstase essencial em Plotino.

É preciso conceber esse ponto A como um foco de luz, e desse foco de luz parte um cone luminoso.

Se desejarmos conceber, de acordo com Plotino, um inteligível e até mesmo Ideias, será preciso que consideremos um raio de luz no momento em que sair do ponto A, o mais perto possível da saída.

Teremos, por exemplo, uma seção a que chamaremos de B. C., muito próxima do ponto A.

Quando Plotino define os inteligíveis, as Ideias, ele nos diz, em muitas passagens, que esse inteligível é uma visão de Deus. É como um ponto sobre o Uno, um ponto sobre a Ideia. É preciso conceber raios de luz que sairiam do ponto A e que entrariam imediatamente nele, como se desejassem, logo após saírem, restabelecer contato com o Uno; é como uma série de idas e vindas entre o ponto A e a seção B. C.

Mal deixou o ponto A, um raio já aspira a retornar a ele. Para dizer a verdade, essa saída e esse retorno existem apenas do ponto de vista de A. Existe um movimento no local, como diz Plotino; existe um não sei quê que faz que o Uno e o inteligível se equivalham. Assim que considero o Uno, passo a lidar com uma multiplicidade de inteligíveis que virão a coincidir com o ponto luminoso de onde eles saem[213].

Eu dizia, no ano passado[214], que seria preciso conceber essa seção B. C. como borracha. Seria preciso supor essa seção, esses pontos capazes de se dilatarem como uma borracha que, mal se dilatou, retoma sua posição original.

Há, entre os inteligíveis da seção B. C. e o ponto A, a mesma relação na filosofia de Plotino; trata-se da mesma relação; essas duas hipóstases não são tão distintas quanto se poderia acreditar[215].

Isso nos faz compreender por que o êxtase de que fala Plotino, esse êxtase que ele experimentou, nos diz Porfírio, por duas vezes em sua vida, não é precisamente o êxtase dos místicos cristãos, mas outra coisa, outra coisa muito mais próxima daquilo a que Platão e Aristóteles chamavam a contemplação pura[216]. É algo que certamente supera a pura inteligência, mas que ainda é certamente de natureza inteligível. Não há, em Plotino, solução de continuidade entre o inteligível e o Uno.

Essa hipóstase será a seção arbitrária B. C., que poderemos tornar tão arbitrária quanto quisermos.

Por outro lado, se fizermos questão de ter todo o resto, isto é, a alma universal e o mundo, será preciso que prolonguemos o raio no sentido da flecha que desce aqui e que o prolonguemos ao infinito.

Notem que, enquanto estivermos no ponto A e na seção B. C., enquanto estivermos na região A. B., estaremos na eternidade. Trata-se da eternidade, do Uno; trata-se, portanto, da visão de Deus. O tempo começa quando descemos a partir do ponto B. Então, aquilo a que Plotino chama a alma universal não é outra coisa senão o prolongamento ao infinito de todos os raios que continuam a descer abaixo da seção B. C. Aí está a alma universal: é o prolongamento ao infinito de todos os raios.

Agora, essa alma universal engendra o mundo material. O que isso significa no pensamento de Plotino? Significa simplesmente que, à medida que esses raios se distanciam da luz, a luz diminui, isto é, há mais obscuridade; é a materialidade. Pode-se, portanto, dizer que é o tempo que gera a matéria, na medida em que a alma se dualiza, como diz Plotino, ao sair do Uno para, em seguida, carregar-se de matéria.

Aliás, trata-se sempre da mesma operação: se quisermos definir com mais precisão a materialidade, será preciso fazer uma segunda seção. Denominá-la-emos D. E., situando-a o mais longe possível da primeira. Quando mais ela descer, mais representará o pensamento de Plotino. Será preciso, portanto, situar muito longe, próximo à base, um desses recortes D. E. Isso será o mundo material, aquilo que Plotino tem em mente quando diz que a matéria está na alma do mundo, e não a alma na matéria.

Os senhores veem que, se, nesse recorte que representará a materialidade, desejarmos representar a alma individual, a alma de Sócrates, o corpo de Sócrates, teremos de fazer o seguinte: considerar um desses raios, digamos o raio A. B. Esse raio A. B. é um inteligível, uma visão do Uno; é Sócrates, o inteligível Sócrates.

Em seguida, nesse raio, na medida em que se torna B. D. e se prolonga indefinidamente, encontramos a alma descendo, saindo do inteligível e avançando rumo à matéria. Se quisermos conceber o corpo de Sócrates, tomaremos o ponto D. Em volta do ponto D, há raios obscuros, cada vez mais obscuros à medida que descemos. O Sócrates material será esse raio luminoso, quando enfraquecido e envolto de escuridão.

Compreende-se que se possa dizer, em certo sentido, que é a alma que fez seu corpo, e, em outro sentido, que ela encontra seu corpo preparado. Se adoto o ponto de vista do raio A. D., é ele que gera sua obscuridade; mas se me situo no plano D. E., percebo esse raio fazendo parte do mundo da matéria e a matéria apresentando à alma de Sócrates, ao inteligível de Sócrates, um corpo inteiramente preparado no qual ela entra, no qual ela se deixa cair.

Os senhores veem como os dois pontos de vista se conciliam, acredito, assaz facilmente. É preciso ver essa imagem incessantemente presente no espírito, se quisermos compreender perfeitamente o pensamento de Plotino.

Em minha próxima lição, que servirá de transição à filosofia moderna, demonstraremos que o problema da liberdade[217] já se expôs em Plotino sob a forma que lhe conferem os modernos, ou algo perto disso, isto é, como consequência necessária da relação entre o tempo e a eternidade, entre o desenrolar do conceito e o próprio conceito.

DÉCIMA QUARTA AULA
SESSÃO DE 20 DE MARÇO DE 1903

Senhores,
Em nossa última lição, falamos da teoria do tempo em Plotino e procuramos discernir o princípio dessa teoria. Pareceu-nos claramente, acredito, com Plotino, e graças a ele, que o problema do tempo, sem que isso seja sempre manifesto, é, no entanto, um problema capital, poderíamos até mesmo dizer o problema capital da filosofia antiga. Isso é visível em Plotino; também era visível em Aristóteles e em Platão, mas, à luz de Plotino, percebemos, acredito, com suficiente clareza, que já em seus predecessores o problema do tempo era o problema capital. Percebe-se, portanto, a importância do problema, assim como o princípio de sua solução. Esse princípio é latente, inconsciente e, de modo geral, apenas entrevisto em Platão; ele é suficientemente visível, ainda que somente implícito, em Aristóteles. É explícito, e se revela em plena luz do dia, em Plotino.

Esse princípio é o princípio da necessidade, do desenrolar, do desenvolvimento pelo qual a eternidade, a imutabilidade devêm o movimento e o tempo.

Eu dizia que, em Platão, esse princípio é somente entrevisto e, com efeito, se Platão o tivesse percebido claramente, provavelmente não teria procedido sob a forma mítica para nos falar da gênese, da geração das coisas. Procedendo sob a forma mítica, mostrando-nos, no *Timeu*, o demiurgo, isto é, as essências intermediárias entre a Ideia e as coisas... É o grande artista. Apresenta-nos no *Timeu*, eu dizia, o demiurgo, que molda as coisas a partir do modelo das Ideias e, particularmente, que fabrica a alma do mundo e, com a alma do mundo, o tempo a partir do modelo da eternidade imóvel. Procedendo, portanto, assim, por meio do mito, contando, em suma, uma história, Platão mostrou não se ter inteiramente assenhorado, não ter inteiramente dominado o princípio de sua filosofia, a julgar pelo que dela saiu.

Portanto, em Platão, o princípio existe, mas invisível, virtual, implícito, mais do que explícito, e em todo caso, obscuro o bastante para que não se possa extrair dele uma explicação puramente científica, puramente filosófica do processo de geração das coisas.

Entendo por explicação científica e filosófica uma explicação que mostra a necessidade. A partir do momento em que Platão faz intervir essas essências intermediárias, ele admite, por esse mesmo motivo, que o processo é contingente; consequentemente, sua explicação não é puramente racional e não é inteiramente satisfatória para o espírito.

A explicação de Aristóteles é muito mais satisfatória; e por quê? Porque Aristóteles, ao propor justamente eliminar o mito platônico, pois este parece ser o principal objeto de sua metafísica, teve, para isso, de fazer o que Platão não fizera: analisar a fonte e em certa direção. Há abaixo da filosofia de Aristóteles, e através dessa filosofia uma corrente subterrânea, um princípio que circula pelo sistema, que não está formulado em lugar algum e está em todo lugar, a saber, aquele segundo o qual, ao estabelecermos o mais, estabelecemos o menos, e que, se estabelecemos o mais perfeito, estabelecemos também o menos perfeito, que está envolto no mais perfeito e necessariamente existe, e que é o seu troco... retomo sempre essa comparação ao troco de uma moeda[218]. Concentramos todas as realidades, todas as Formas em uma única Forma, a Forma das Formas que é o Pensamento divino, o Pensamento do Pensamento. Estando suposto esse Pensamento, não se pode deixar de supor também todas as diminuições possíveis desse Pensamento, todas as diminuições necessárias, todas as imitações inferiores, menos perfeitas desse Pensamento. Então, imediatamente abaixo desse Pensamento fechado em si mesmo e que retoma a si mesmo, há um movimento circular do céu, e o céu será o veículo do tempo, e esse movimento circular do céu será o próprio tempo, o tempo, desenrolar necessário da eternidade imóvel.

E, então, nesse círculo, fixaremos sucessivamente todos os círculos concêntricos menores, cada vez menores. Será preciso imaginar reduções sucessivas em qualidade, reduções sucessivas desse processo de movimento circular; pouco a pouco, esse movimento se transforma, diminuindo, alterando-se e dando lugar alternadamente a gerações e corrupções que encontramos em nossas experiências.

Assim, em virtude da necessidade, haverá Formas. A Forma se revestirá de matéria. Sendo essa matéria, em suma, apenas uma negação, uma diminuição da Forma, pelo mesmo processo, a eternidade vai revestir-se do tempo, não sendo o tempo nada de positivo, não acrescentando nada à eternidade, muito pelo contrário, resultando o tempo da eternidade pela adição de uma negação, de uma quantidade negativa.

Esse é o princípio onipresente, ainda que invisível e latente, nessa metafísica de Aristóteles. Em Plotino, o princípio aparece em plena luz do dia. Pode-se dizer que não há um livro nas *Enéadas* de Plotino, entre os 54 livros, em que esse princípio não apareça no primeiro plano. Ele nos fornece a chave para o sistema; explica-nos essas três hipóstases de Plotino, faz-nos compreender, sobretudo, a relação entre essas três hipóstases.

Existe, primeiramente, o Pensamento do Pensamento, o Pensamento divino, a que Plotino chama a inteligência. Pode-se certamente, ao que parece, pelo desenvolvimento e pelo desenrolar necessário, extrair-lhe o tempo, o processo do devir, ou, como diz Plotino, a alma universal com a natureza por ela gerada; mas por que existe, então, inerente a esse pensamento, a substância divina? O que faz que esse desenrolar no tempo seja necessário? Por certo, essa necessidade é perfeitamente possível, mas não é visível e, naquilo a que se poderia chamar a própria definição do Pensamento divino, não há nada que exija haver algo além dele. Ora, todo o artifício de Plotino, e é isso que ele acrescenta a Aristóteles, tudo que há de novo em Plotino sob este aspecto, sob o aspecto da doutrina das hipóstases, é que existe, precisamente, algo que faz com que, até no Pensamento divino, até naquilo a que ele chama o νοῦς [*nous*], a inteligência, possa ler-se a necessidade para essa inteligência de se desenrolar como processo de devir e de gerar, com a alma universal, a natureza inteira. Como assim? É porque Plotino nos mostra, na inteligência, os inteligíveis. A inteligência é a totalidade dos inteligíveis, é o mundo das Ideias, é a totalidade das Formas de Aristóteles. Aristóteles já o dizia, mas, para Plotino, todas essas Formas e todas essas Ideias são como pontos de vista, tantas visões de algo superior que será, propriamente falando, Deus; Deus, a essência superior, segundo Plotino, a primeira hipóstase, é a unidade pura, superior à inteligência, e até mesmo superior, diz, à existência.

Se quisermos conceber a inteligência, aquilo a que ele chama a segunda hipóstase, o νοῦς [*nous*], será preciso que consideremos todas as visões possíveis dessa unidade divina, de modo que a inteligência em Plotino, a segunda hipóstase, seja algo que esteja fora do tempo, que realmente seja a unidade, pois todos os inteligíveis são uma coisa só, e que, no entanto, já manifeste uma necessidade de desenvolvimento; isso já é o desenvolvimento.

O artifício de Plotino consistiu, em suma, em reunir, muito mais do que fizera Aristóteles, e em concentrar, em uma unidade muito superior, a totalidade das Formas, a totalidade dos inteligíveis, em fazer convergir todos os inteligíveis em uma unidade de tal forma superior que, em tudo que há de inteligível, na inteligência, já haja desenvolvimento, desenrolar. De modo que basta continuar nessa via para chegar à alma universal, à natureza e, em resumo, ao tempo.

Pode-se dizer que Plotino, para fazer sair, muito necessariamente, o tempo da inteligência, da alma universal, do νοῦς [*nous*], recuou de alguma forma e subiu mais alto que Aristóteles e Platão. Procurou um impulso para gerar o tempo, procurou um impulso em um princípio superior tão uno, tão simples que o tempo, o processo das gerações, aparece já no caminho, na rota desse impulso no qual se gerará o tempo. Em resumo, Plotino exacerbou o princípio da doutrina de Aristóteles e da doutrina de Platão para chegar a uma concepção mais fácil do que haviam feito esses dois filósofos, sobre a necessidade do devir e uma geração do tempo pela eternidade.

Eis, em suma, o que procuramos mostrar nas duas ou três últimas lições. Resta-nos, para concluirmos sobre Plotino e, sobretudo, para mostrar a passagem da filosofia de Plotino à filosofia moderna, dizer algumas palavras sobre problemas que ocupam um grandíssimo lugar em Plotino e que ele foi o único, entre os filósofos antigos, a tratar desta maneira e a situar no primeiro plano. Trata-se, primeiramente, do problema da liberdade, o qual, aliás, já era em Plotino, continuou a ser, desde então, e, em suma, sempre foi o problema do desenrolar do tempo. Esses dois problemas são solidários, e, para dizer a verdade, constituem um problema só.

Antes de Plotino, o problema da liberdade não havia sido formulado claramente. Encontra-se, entre os estoicos, a teoria do determinismo, que implica uma reflexão já muito aprofundada acerca do problema da liberdade, mas não creio que alguém antes de Plotino tenha percebido tão bem a necessidade e a única via por onde uma filosofia como a sua, isto é, a filosofia intelectual, pudesse buscar-lhe a solução. Dessa forma, Plotino prepara, ao menos, uma parte da filosofia moderna[219].

Dissemos que há, em Plotino, o que não existe em nenhum de seus antecessores: uma nota psicológica. Mostramos que, para ele, o problema do tempo, o problema da duração, já se apresenta, em parte, sob a forma psicológica, e que ele foi o primeiro a oferecer uma teoria da consciência. Da mesma forma, ele foi o primeiro a se dar realmente conta das dificuldades que enfrenta, em uma doutrina como a sua, a solução desse problema, e foi o primeiro a empreender esforços para triunfar sobre essas dificuldades. Será útil, e até mesmo necessário, insistir um pouco nessa teoria da liberdade em Plotino. Esse estudo não possui somente um interesse histórico. Vejo na teoria da liberdade em Plotino algo que pode servir, pelo menos em parte, como demonstração a esta proposição à qual já fizemos mais de uma alusão ao longo deste ano ou nos cursos anteriores, isto é, a de que muitos problemas filosóficos, muitas dificuldades que parecem até mesmo insuperáveis em filosofia, devem-se menos à natureza das coisas ou mesmo à natureza do espírito humano do que a certas circunstâncias acidentais, a saber, a maneira pela qual fomos historicamente levados a levantar a questão e a resolvê-la. Adotou-se, primeiramente, por razões em parte contingentes, certo ponto de vista; adotou-se certo sistema de símbolos, e acabou-se, em seguida, por acreditar que esse ponto de vista era o único possível ou até mesmo que esse sistema de símbolos era o único possível, e então, pouco a pouco, nasceu, primeiramente, e depois progrediu e inchou, desmedidamente, a dificuldade que se deve, em suma, à maneira como o problema foi formulado, mais, repito, do que à natureza das coisas ou à natureza de nosso espírito.

Em caso semelhante, fazer o histórico de um problema, mostrar como se chegou a formulá-lo dessa forma, a qual torna sua solução mais difícil e, por assim dizer, impossível, fazer, digo, o histórico do problema é, em grande parte, resolvê-lo. Assim é no que diz respeito ao problema da liberdade.

A liberdade nos é dada pela consciência, pela observação interior como um fato, mas, para aquele que considera a duração como uma realidade e, consequentemente, não procura em outro lugar senão na consciência um testemunho do que ele é, para tal pessoa basta que a liberdade seja constatada, e constatada como um fato. Ao agir, tenho o sentimento de minha liberdade, isto é, dou-me conta de que o que faço acrescenta algo de real, de novo, se agi livremente, ao que já existia. É uma criação. Se a duração é algo real, acrescenta-se alguma coisa, e alguma coisa absolutamente nova ao que precedeu.

Se me fio à minha consciência, e aceito seu testemunho acerca deste ponto, não vou adiante, tenho apenas de fiar-me à minha consciência, assim como a todas as analogias, pois ao mesmo tempo que interrogo minha própria consciência, posso dar uma olhadela ao meu redor e ver o que se passa; vejo que essa consciência aparece no mundo das espécies organizadas. Em todo lugar há movimento no espaço, necessidade, utilidade, em suma, de agir e de escolher; vejo que, em mim, a consciência se intensifica quando tenho precisamente de agir, de deliberar, de escolher, e que, ao contrário, ela diminui e acaba desaparecendo aí onde há hábito automático. Portanto, minha consciência me revela a liberdade como um fato, a realidade do tempo como um fato e, sobretudo, ela me faz ver e me faz acreditar que há tanto mais liberdade quanto há mais consciência, mais intensidade de consciência e, de modo geral, mais realidade na duração.

É isso que eu me diria, caso me ativesse à experiência e aos fatos. De onde vem, portanto, a espinhosa dificuldade que esse problema suscitou e ainda suscita? Mais uma vez, decorre de desejarmos ir além dos fatos e procurarmos uma tradução para certos símbolos.

Em resumo, limito-me aqui a dizer que todas as dificuldades vêm, de modo geral, da aplicação da lei da causalidade sob uma forma absolutamente rígida. Todas as objeções que foram e serão levantadas contra a liberdade se reduzirão sempre a esta: se há, de modo geral, liberdade na criação, então o ato realizado não resulta necessariamente de seus antecedentes, ele não é, portanto, por eles determinado; a lei de causalidade não é, portanto, uma lei rigorosamente verdadeira. É a isso que se reduzem todas as objeções contra a liberdade.

Temos, porém, o direito de aplicar essa lei da causalidade com tal rigor? Quem nos garante, sob essa forma rigorosa – não quero dizer que o ato livre seja um ato sem causa, nem um ato inexplicável, é óbvio que o ato livre é um ato razoável, e para o qual se pode sempre fornecer a razão, o que significa que, uma vez realizado, pode-se sempre explicá-lo por seus antecedentes –, que, estabelecidos esses antecedentes, se poderia ter previsto o ato? Toda a questão está aí[220].

Uma vez realizado o ato, pode-se explicá-lo por seus antecedentes; o ato pelo qual nos decidimos após hesitação, após deliberação, podemos explicá-lo pelo que precedeu. Ter-nos-íamos decidido por outro ato se esse outro também tivesse sido igualmente explicável pelos mesmos antecedentes. *A posteriori*, pode-se explicar um ato por seus antecedentes, mas não se pode fazê-lo antes, o que significa dizer que os antecedentes fornecem uma [explicação][221] para o que veio depois, mas não bastam inteiramente para determinar o que veio depois. Dadas certas condições, várias coisas são aparentemente possíveis, e a prova disso é que deliberamos, hesitamos e existe tempo. Se o ato não fosse livre, se estivesse absolutamente determinado por seus antecedentes, não se compreenderia por que existe duração, por que existe tempo, uma sucessão, e por que tudo não se faria de uma vez só.

Aí está o princípio da dificuldade: perguntem-se por que se atribui a essa lei da causalidade tão grande valor ou, antes, por que se formula a lei da causalidade dessa maneira rigorosa; perguntem-se qual é o postulado implicado nessa afirmação da rigidez da lei da causalidade. Os senhores constatarão que esse postulado é o seguinte: estabelecidas as condições, estabelecidas as causas, também fica estabelecido o efeito. Estabelecidas as condições, o ato está pré-formado nas condições. Pode-se dizer que o ato não acrescenta nada às condições, ou, sob outra forma, o presente não acrescenta nada ao passado, ou sob outra forma, o presente está dado no passado, ou, sob outra forma ainda, o presente desenrola o passado, ou o presente e o passado desenrolam algo que não é nem presente nem passado, e que está fora do tempo. Do que resulta, afinal, que estabelecer a lei da causalidade sob essa forma rígida é simplesmente anunciar o postulado de toda a filosofia antiga, a saber, que o tempo é apenas o desenvolvimento, o desenrolar de algo que não é o tempo, que o tempo se limita a desenvolver a eternidade.

Portanto, toda a dificuldade que o problema da liberdade suscita resulta, em suma, de ainda hoje adotarmos, de bom ou mau grado, quando somos sistemáticos, quando construímos sistemas, esse postulado que é o da filosofia desde Platão até Plotino.

Sei bem que se levantarão outras objeções, que nos dirão que o problema da liberdade assumiu outra forma entre os modernos, entre nossos contemporâneos, e que, em vez da lei da causalidade, da qual acabamos de falar, existem leis mais precisas, como, por exemplo, a famosa lei da conservação de energia que se invoca contra a liberdade e, mais simplesmente, a regra de que existem leis na natureza, de que a natureza é regida por leis, e de que, se a liberdade existe, trata-se de uma torsão feita às leis da natureza e, mais particularmente, à lei da conservação da energia[222]. Criar a ação, ser livre, é criar movimento. Pois bem, ninguém imagina negar a lei de conservação da energia sob a forma que a ciência lhe confere. Essa lei é a generalização da experiência, ela é verdadeira nos limites em que a experiência foi realizada, verdadeira para os fatos físicos, químicos, para experiências de laboratório; sempre verdadeira, em suma, aí onde não há nenhum lugar para a liberdade, pois não admitimos a liberdade, ao que parece, aí onde não há consciência. A liberdade começa aí onde a consciência existe, com a consciência, com a vida. Se a lei da conservação da energia é uma lei científica, um dado da experiência, ela se aplica em todos os lugares em que foi verificada experimentalmente, mas apenas neles. Se pretendemos fazer dela um uso mais extenso e aplicá-la [em][223] todo seu rigor aos fenômenos mais elevados e mais complexos que encontramos entre os seres vivos, superamos então em muito o que a experiência ofereceu até aqui. Não estamos, portanto, mais na experiência; formulamos uma hipótese, e se buscamos o postulado dessa hipótese, se escavamos por baixo dessa hipótese, vemos que ela não tem outra razão de ser além da crença que se tornou natural ao nosso espírito, crença que remonta à mais alta Antiguidade, crença na lei da causalidade sob sua forma rígida, crença que não é outra coisa senão a ideia de que o tempo não é nada, de que ele não pode criar nada, de que o tempo não é nada de positivo, de que o porvir não acrescenta nada ao passado, de que o porvir, o presente e o passado, tudo isso é apenas o desenvolvimento linear de algo intemporal.

Esse é, em suma, o princípio que é claramente formulado por Plotino e por toda a filosofia grega. Portanto, senhores, eu dizia que não será inútil procurar no próprio Plotino a fórmula da teoria da liberdade. Neste ponto, ele seguiu o caminho que, depois dele, seguiram todos os filósofos puramente intelectualistas, empregando a palavra intelectualista no senso comum, entendendo por intelectualismo o intelectualismo do conceito, puramente lógico. Plotino seguiu um caminho que ainda foi seguido depois dele, o que significa que, partindo da consciência que, de modo geral, chama nossa atenção para a liberdade, ele procura, primeiramente – isto é instintivo –, estabelecer a liberdade tal qual a consciência [a dá]²²⁴ no tempo, diríamos a liberdade fenomenal, mas muito rapidamente ele percebe que isso não é compatível com sua hipótese, e procura então uma definição da liberdade que seja compatível com sua hipótese. E busca uma definição da liberdade que seja compatível com a ideia de desenrolar pelo tempo de alguma [coisa] [não]²²⁵ temporal, mas essa definição da liberdade já não é nada além de uma negação da liberdade, uma vez que a consciência a apresenta, de modo que tendo partido em busca de uma teoria da liberdade que, de modo geral, era sugerida pelas questões que a consciência levanta, chegamos, ao contrário, quando seguimos por essa via, a uma teoria que desmente e que contradiz absolutamente o testemunho da consciência.

Esse procedimento é visível em Plotino, assim como, desde então, naqueles que seguiram a mesma via.

Gostaria de apresentar-lhes, em termos tão abreviados quanto possível, o resumo dessa teoria da liberdade. É, primeiramente, muito curioso ver como Plotino enunciou com precisão o problema na *Enéada* III, primeiro livro, §§7 e 8.

Plotino examina a opinião dos estoicos que já haviam enfrentado muito seriamente o problema da liberdade, opinião segundo a qual se admitia um princípio único, um só princípio que uniria todas as coisas, como traduz Plotino, umas às outras e determinaria, particularmente, cada uma delas.

Parente próxima dessa doutrina é aquela que diz que toda atitude e todo movimento – trata-se de Heráclito – derivam da alma universal.

A alma universal, para Plotino, é a natureza, são as leis da natureza. Ele acrescenta:

> Se admitimos essa doutrina, nossas representações, nossas tendências são produzidas por efeito dessas causas necessárias, de modo que nossa liberdade já não é mais que uma palavra (ὄνομά τε μόνον τὸ ἐφ' ἡμῖν ἔσται [*onoma te monon to eph'èmin estai*]).²²⁶

Eu dizia que Plotino formula o problema da liberdade com a maior precisão. Eis como ele se expressa; os senhores verão que os modernos não falariam de outra maneira para formular o problema da liberdade:

> Trata-se de encontrar uma solução que, por um lado, salvaguarde o princípio da causalidade (ἀναίτιον οὐδὲν καταλείψει [*anaition ouden kataleipsei*]) e que salvaguardará o encadeamento e a ordem das coisas (ἀκολουθίαν τε τηρήσει καὶ τάξιν [*akolouthian te tèrèsei kai taksin*]) e que, no entanto, nos permitirá ser alguma coisa (ἡμᾶς τέ τι εἶναι συγχωρήσει [*èmas te ti einai sugchôrèsei*]).²²⁷

Os modernos não formulariam de outra maneira a questão.

Que solução será essa? Como eu dizia, Plotino vai, primeiramente, esboçar uma solução à qual logo será obrigado a renunciar, solução segundo a qual, no tempo, seríamos capazes de fazer ceder o mecanismo da natureza. Isso é o que diz a consciência. É sempre deste lado que o filósofo procura em primeiro lugar, não procura alhures, exceto quando se vê obrigado a abandonar essa via. Eis, portanto, a solução que oferece Plotino:

> A alma universal não é a única. Nosso corpo está certamente inserido na natureza, mas, ao lado da alma universal (η τοῦ παντὸς ψυχή [è tou pantos psychè]), existe a alma individual (ψυχή ἑκάστου [psychè ekastou]). Essa alma individual é a causa inicial (πρωτουργος αἰτία [prôtourgos aitia]). Essa alma individual fora do corpo é senhora de si mesma e livre, independente da causalidade da natureza (κοσμικῆς αἰτίας ἔξω [kosmikès aitias eksô]), ela está inserida no corpo, mas está livre na medida em que deseja ser ela mesma.

Em outra passagem da *Enéada* IV, livro 4, § 32, Plotino estabelece então a diferença entre os corpos que são completamente partes do universo, como ele diz, e aqueles que têm o privilégio de não serem inteiramente partes do universo; são aqueles que, ao mesmo tempo que pertencem à alma universal, participam ainda de outra alma. E então, com grandíssima sagacidade, Plotino nos mostra que as influências da natureza – e entre as influências da natureza, ele situa, no primeiro plano, a hereditariedade, a influência dos pais –, ele mostra-nos como tudo isso não atinge a alma, mas somente o corpo; é o corpo que é atingido por essas influências, o corpo considerado como uma das partes do universo[228].

Ele diz:

> A alma pode dominar essas influências sob a condição de retornar a si mesma por um apelo a sua vontade.[229]

Pareceria resultar disso tudo que Plotino atribui à alma individual, à alma de cada um de nós, certa energia interior à qual essa alma pode apelar para dominar o mecanismo, para fazer ceder o mecanismo das causas e dos efeitos, tal como é combinado pela alma universal ou, como di[r]íamos[230] hoje, unicamente pelas leis da natureza.

Plotino segue muito decididamente essa via. Dir-nos-á, por exemplo... não quero citar todos os textos: "Que a virtude tem um poder de romper o encanto da magia", isto é, que essa energia da alma que se chama virtude é capaz de triunfar até mesmo sobre as leis físicas.

Eis o que diz Plotino, em certas passagens do livro 4 da *Enéada* IV, que é importante desse ponto de vista, no §39. Sustenta, por exemplo, contra os estoicos, que não se deve apenas levar em conta o jogo das forças naturais, aquilo a que os estoicos haviam chamado σπερματικοί λόγοι [*spermatikoi lógoi*], tomando a palavra λόγοι [*lógoi*] em sentido bastante diferente daquele de Plotino, isto é, influências que emanam dos seres, que se tornam influências que emanam de cada um de nós, influências que os seres exercem uns sobre os outros (τῶν δρωμένων εἰς ἄλληλα παρὰ τῶν γενομένων [*tôn drômenôn eis allèla para tôn genomènôn*])[231].

Essa é a primeira solução de Plotino, mas a essa solução ele não se pode ater. Com efeito, o que é a alma universal? O que é a natureza? É um desenrolar. Retomo sempre essa expressão: é o desenrolar da unidade sob a forma de tempo. Tudo que está no inteligível sob a forma de Ideias se desenvolve necessariamente na natureza sob a forma de processo de geração; é o desenvolvimento necessário. A alma individual, que, em sua parte mais alta, integra o mundo inteligível, faz parte, no desenvolvimento no tempo, do desenvolvimento da inteligência em geral e, consequentemente, do desenvolvimento da alma universal.

Mas, como a teoria dessa alma individual poderia estar em contradição e ir contra o próprio princípio de seu sistema, para fletir o mecanismo da alma universal, Plotino se dirige então para outro lado. Há então uma segunda solução que é visível nas *Enéada*s, solução que é desenvolvida em numerosos textos e que é a seguinte: a alma individual não pode alterar em nada os fatos, não pode alterar o que faz a alma universal, isto é, por nossa força de vontade não alteramos em nada o que a natureza faria por si própria, mas colaboramos com a natureza em certo sentido; fazemos parte da natureza. O que a natureza faz, nós fazemos; fazemos parte dela. Nossa alma faz parte da alma universal, pois o inteligível a que nos vinculamos faz parte da inteligência. O que a natureza faz, nós, de algum modo, refazemos; ela desenha nossa ação, mas nós refazemos essa ação. Fazemos, em suma, o que a natureza prepara para nós, mas a natureza prepara para nós o que faríamos por nós mesmos.

Essa harmonia preestabelecida... Emprego essa expressão porque a encontramos em Plotino; encontramos nele toda a teoria da harmonia preestabelecida de Leibniz[232]; há até mesmo a palavra συμφωνία [*symphonia*], a harmonia das coisas entre si; há uma harmonia preestabelecida necessária entre a alma e o tempo, harmonia tal que a alma individual faz por si mesma algo que o tempo, por sua vez, também faria, ainda que a alma aí não estivesse.

É o que Plotino desenvolveu de maneira muito precisa, mostrando-nos o corpo humano desde o começo, desde seu nascimento, desde sua própria formação, e com mais forte razão ao longo de sua vida inteira, em todos seus movimentos, em todas suas atitudes; no espaço, o corpo é produzido, ao mesmo tempo, de dois lados: é produzido pela natureza e é produzido pela alma individual, pela alma que anima esse corpo e da qual esse corpo faz parte. Seria preciso citar aqui muitos textos, mas limito-me àqueles que são essenciais.

Plotino nos dirá, por exemplo, na *Enéada* IV, livro 3, §12:

> Ao descerem, as almas se vinculam à ordem sem dela dependerem. Há uma sinfonia das almas na ordem do universo

(συμφωνίας τῶν ψυχῶν πρὸς τὴν τοῦδε τοῦ παντὸς τάξιν [*symphonia tôn psychôn pros tèn toude tou pantos taksin*]).²³³

Trata-se de uma espécie de polêmica contra os estoicos, que insistiam na necessidade que une tudo e que diziam estarem as almas atadas ao corpo visível do qual elas dependem. Plotino nos diz que os estoicos viram apenas uma parte da verdade e que, ao lado da natureza, há o trabalho da alma universal.

> Mas nossa conduta, boa ou má, nosso destino, feliz ou infeliz, tudo isso tem por origem uma causa situada fora da série dos antecedentes e dos contingentes, uma causa, consequentemente, que vem nela inserir-se exatamente [...]

Há, aqui, um texto bastante curioso, que não posso deixar de indicar. Encontra-se na *Enéada* VI, livro 7, §7. É preciso que eu traduza textualmente, para fazer compreender bem aquela que é a ideia no fundo da cabeça de Plotino:

> O que impede que a alma universal produza um esboço preliminar (προϋπογραφὴν [*proupographen*]) do corpo, e qual é o λόγος [*lógos*] universal? Antes que sobrevenham as almas individuais, existe a alma informadora, repousando a alma individual em seus contornos (τοῖς ἴχνεσιν ἐπακολουθοῦσαν [*tois ichnesin epakolouthousan*]) e articulando parte por parte (κατὰ μέρη διαρθοῦσαν [*kata merè diarthousan*]), produzindo seu corpo (σχηματίσασαν ἑαυτήν [*schèmatisasan eautèn*]) e não sendo ela mesma aquilo a que é acrescentada, tendo-se inserido nessa figura, como em uma figura de dança e já se conformando àquela que lhe é dada.²³⁴

A ideia de Plotino é extremamente engenhosa. Para que compreendam bem, recorrerei a uma comparação. É preciso conceber, se me permitem, um tapete sarapintado de um amontado de desenhos geométricos, linhas que correm em todos os sentidos. Há desenhos na maior quantidade possível, tão grande quanto quisermos, e que são constituídos por essas linhas geométricas. Apareço, observo o tapete e, ao observá-lo, fixando minha atenção em um ponto ou outro, que representa uma figura ou outra, por exemplo, losangos, tendo visto isso, não consigo mais ver outra coisa; minha atenção recortou essa forma e, no tapete que desenhava um amontoado de coisas, das quais cada uma era de algum modo amorfa, carecendo de forma precisa, minha atenção confere a cada uma dessas partes uma vida que lhe é própria. Não alterei em nada os desenhos, pois o tapete permanece o que era, mas o animei, fiz dele algo que me pertence exclusivamente; em certo sentido, posso dizer que a figura que recortei nele é obra minha.

Pois bem, essa é a relação da alma individual com a alma universal na formação do corpo e na constituição de seus destinos.

A natureza produz um corpo, mas com os demais corpos, forma-se um tapete infinitamente sarapintado; a alma individual sobrevém e, para ela, adaptar um corpo é fixar sua atenção em uma parte e em outra, e recortá-las no todo, mas esse recorte constitui uma animação da matéria; a partir de então, o corpo lhe pertencerá. Tudo que ela vir, seja qual for o estado e a natureza da alma universal, será o estado da alma individual; poder-se-á dizer que a alma se assenta nos traços, nos contornos já desenhados pela natureza, e que ela articula as partes reunidas à sua maneira, quando entra em uma forma, quando entra em uma figura.

Portanto, essa é, senhores, a segunda forma do pensamento de Plotino. Sobre esse ponto, ele chega a uma tese que, por certos aspectos, relembra a tese de uma harmonia preestabelecida entre a alma e a natureza. A natureza entregue apenas a suas forças faz algo que a alma repete e repete livremente, pois ela mesma o faria, se a natureza não estivesse aí; ou melhor, a alma e a natureza estão ambas coordenadas, e, assim, sem romper em nada o mecanismo das leis da natureza, a alma depende apenas de si mesma; nesse sentido, a alma é livre.

Aí está, portanto, o segundo ponto de vista; existe, porém, um terceiro, e era preciso que Plotino chegasse a esse terceiro ponto de vista. É certo que, se parássemos por aqui, seria preciso dizer que a liberdade está, sobretudo, no trabalho pelo qual a alma age e se dá um corpo, isto é, no trabalho pelo qual ela desce, pois, como os senhores lembram, para Plotino, agir, dar-se um corpo e entrar no tempo é descer. A liberdade seria, portanto, uma inferioridade, um mal. Ora, Plotino não pode aceitar isso, e, no penúltimo livro da última *Enéada*[235], ele nos mostra, ao contrário, que a liberdade é o bem por excelência. Ele tinha de chegar a isso, tendo em vista o princípio de sua doutrina; tinha de chegar a dizer que a liberdade não está na descida.

Existem, de resto, outras razões que fazem com que Plotino tivesse de chegar até aí; se há uma harmonia preestabelecida – emprego intencionalmente essa expressão – na natureza, se o trabalho da alma individual se conforma exatamente ao trabalho da alma universal, essa harmonia preestabelecida não pode decorrer senão da unidade de todas as almas no inteligível; por conseguinte, quanto mais entrarmos no inteligível, mais subiremos rumo ao pensamento, mais essa harmonia será tomada em sua fonte, mais, consequentemente, estaremos na verdadeira liberdade, e essa é a conclusão a que Plotino, em resumo, chega, em seu oitavo livro da *Enéada* VI, do qual acabo de falar e que é admirável do início ao fim. Ficamos espantados com a semelhança da doutrina de Plotino com a de Espinosa e com os modernos; isso é extremamente marcante[236]. A filosofia de Plotino invadiu a filosofia moderna diversas vezes; ela foi a origem da filosofia moderna, como mostraremos, entre os neoplatônicos do Renascimento; ela retornou com Leibniz, que lera Plotino e o disse; e acrescentou haver muito a ser extraído de Plotino, e, aliás, ele lhe extraiu muito, pois os argumentos mais conhecidos da *Teodiceia* em favor do otimismo, sua teoria da harmonia preestabelecida, e até mesmo certas concepções das mônadas, tudo isso já se encontrava em Plotino, e não seria difícil demonstrá-lo.

Neste livro 8 da *Enéada* VI, Plotino se pergunta onde está a verdadeira liberdade (τὸ αὐτεξούσιον [*to auteksousion*]). Conclui que a verdadeira liberdade está na inteligência pura, e não na alma atuante (οὐκ ἐν πράξει τὸ ἐφ' ἡμῖν [*ouk en praksei to eph' èmin*])[237], pois, diz, a ação não depende de nós, a ação é o que ocorre no tempo, e isso não pode depender de nós; o tempo é o desenvolvimento necessário da unidade, e tudo que é ação, tudo que é tempo, tudo isso não depende de nós. A liberdade não pode consistir em agir, a liberdade não está na ação, mas no inteligível destacado da ação.

Um pouco mais longe, acrescenta que a liberdade não se refere à ação nem à atividade exterior, ela se refere à atividade interior, isto é, ao pensamento, à contemplação, e Plotino entende por isso algo muito preciso. O pensamento, a contemplação é esse estado em que nos abstraímos completamente do tempo para entrarmos no inteligível puro, para já não sermos mais do que a própria Ideia.

E, de fato, antes do último livro da última *Enéada*, Plotino chega a uma concepção de liberdade muito próxima da de Espinosa[238]. A liberdade é a própria alma. Para um ser intelectual, a liberdade consiste em ser ele mesmo fora de tudo. A liberdade é o estado do puro inteligível, do eterno, na medida em que ele depende apenas de si, do inteligível puro.

Senhores, aí estão, acredito, as três fases, ou etapas, pelas quais passa necessariamente a filosofia que não quer ser a filosofia da intuição nem considerar o tempo como uma realidade verdadeira, a realidade por excelência.

Partindo da consciência que formula o problema da liberdade, procuramos, primeiramente, de qualquer maneira, a liberdade no tempo; percebemos que podemos obter essa liberdade no tempo apenas sob a condição de atribuir a nossa alma o poder de romper o mecanismo das leis da natureza, mas percebemos que atribuir a nossa alma esse poder não é possível, e então vem a segunda etapa, a segunda fase, a que chamarei fase da harmonia preestabelecida, o que significa que aceitaremos o mecanismo da natureza como um fato, e, em seguida, diremos que a liberdade consiste, para a alma, em fazer por si mesma o que a natureza faria por sua parte. Existe harmonia entre ela e a natureza. Então, aprofundando essa ideia, chegamos necessariamente a concluir – isto é evidente, pois quem fala em harmonia preestabelecida, seja qual for sua forma, fala em necessidade –, pela própria lógica do princípio que agrava essa necessidade; chegamos, caso queiramos conservar a liberdade, a identificá-la com a própria necessidade, a fazer coincidir com a necessidade precisamente a existência dos inteligíveis.

É a isso que Plotino chega. É a isso que chegará toda filosofia que não se limita à intuição e que considera o conceito como uma realidade, pois aí está a essência das coisas: a filosofia antiga inteira se baseia no princípio de que se deve buscar a realidade no conceito, fora do tempo. Do que resulta que o tempo é apenas o desenvolvimento da eternidade, da imutabilidade do conceito.

Senhores, encerramos no que diz respeito à filosofia antiga. Na próxima lição, mostraremos como as ideias neoplatônicas combinadas com outras ideias, sobretudo com as ideias dos cientistas, prepararam o Renascimento e as concepções da filosofia moderna.

DÉCIMA QUINTA AULA
SESSÃO DE 27 DE MARÇO DE 1903

Senhores,
    Nesta e nas próximas lições, estudaremos muito rapidamente a transição entre o ponto de vista dos antigos e o dos modernos sobre o problema do tempo.
    Eu desejaria, primeiramente, relembrar, em poucas palavras pelo menos, a concepção de tempo à qual nos tínhamos encaminhado no curso do ano passado, concepção que absolutamente não apresentávamos como nova, mas, ao contrário, como resultando assaz naturalmente das especulações dos modernos, das especulações filosóficas e até mesmo, e sobretudo, científicas dos modernos[239].
    Havíamos apresentado essa concepção de tempo de vários pontos de vista diferentes, estudando primeiramente o tempo em nossa consciência e, em seguida, fora dela; no que concerne a nossa própria duração, dizíamos ser inútil procurar reconstituí-la com elementos: ou ela é simples, indivisa, a própria realidade, ou então é preciso renunciar a encaixá-la estreitamente em uma intuição. Procura-se reconstituí-la com estados? Primeiramente, é muito difícil, e até mesmo impossível, conceber como esses estados se conectarão uns aos outros, e por quem e por que serão conectados. Mas,

sobretudo, deixo de lado este problema: perguntamo-nos como, com estados justapostos, chegaremos um dia a fazer aderirem esses estados. Eles carecem de duração, são vazios de duração, cada um deles, fotografias instantâneas, unidades que não duram, de modo que, ao adicioná-las, os senhores nunca farão duração; pois, se elas já forem duração, será preciso – pois os senhores consideram a duração como uma síntese, ou como uma justaposição, como uma multiplicidade – considerar esses estados, por sua vez, como compostos, e assim por diante. Avançamos de decomposição em decomposição rumo a uma espécie de poeira psicológica; foi assim que os filósofos ingleses empregaram esta expressão ([*mind-dust*]), em que os [fatos mentais][240] recuam sempre à medida que desejamos captá-los; nunca serão pequenos o bastante, e no menor intervalo consciente, haverá um infinito realizado[241].

Mas a verdade é que essa duração não é, de modo algum, um composto nem uma síntese. Quando a recompomos com estados psicológicos, não a reconstituímos como se reconstituiria um todo, com suas partes; é uma imitação, uma tradução. Tomamos esses estados psicológicos separados, consequentemente, dissociados e, por conseguinte, já artificiais, muito diferentes dos estados psicológicos reais que, se me permitem, constituem, em sua multiplicidade, uma continuidade; tomamos os símbolos, os equivalentes intelectuais desses estados e os justapomos, e obtemos um equivalente, digamos, intelectual ou, se preferirem, o que será mais preciso, prático. Obtemos um equivalente prático dessa duração contínua; mas ele não é essa duração, e é algo que não poderia ser a ela assimilado pelo filósofo que especula, sem conduzi-lo a disparates de toda espécie, pois pode-se certamente considerar uma tradução em seu conjunto como praticamente equivalente ao todo que ela traduz, mas é impossível considerar os elementos dessa tradução como se correspondessem a partes desse conjunto.

Como frequentemente mostramos, todas as dificuldades, eu diria quase todos os disparates, vêm daí. É preciso, portanto, renunciar, dizíamos, a considerar esse tempo interior, essa duração como formada, constituída por uma multiplicidade de partes; trata-se de um todo indiviso, e as pretensas partes são como elementos, símbolos elementares que entram na tradução, ou então, como dizíamos na primeira lição do curso deste ano[242], vistas imóveis captadas, de quando em quando, nessa continuidade de escoamentos. Eis a conclusão a que tínhamos chegado quanto à duração interior.

Existe alguma outra? Com a duração interior, estamos em nós mesmos, e, em resumo, dir-se-á que nossa consciência nos deixa fechados em nós mesmos. Podemos sair de nós, e existem durações fora da nossa? É impossível, nessa teoria assim como em todas as outras, demonstrar absolutamente, matematicamente, a existência de algo fora de nós, de outra realidade além da nossa; eu dizia que isso é impossível – isso é um exagero: é muito difícil, mas isso é menos difícil em uma hipótese como essa do que em outra.

Com efeito, se, para examinar de perto aquilo a que acabo de chamar o escoamento da duração, sou obrigado a me fechar absolutamente em mim mesmo, a me encolher, tenho realmente consciência de que se trata aqui de um encolhimento. A verdade é que se me abandono a mim mesmo, àquilo que denominarei meu instinto intelectual[243], tal qual ele se exerce inicialmente, não estou mais em mim, estou em todo lugar, estou em tudo que percebo. A experiência psicológica, a história do desenvolvimento intelectual de cada um de nós, mostra bem que a percepção distinta da personalidade se opera por um encolhimento gradual, por uma concentração, pelo encolhimento de uma percepção, de um conhecimento que começa por exceder indefinidamente aquilo a que chamaremos, mais tarde, nossa personalidade consciente. Então, tendo em vista que essa personalidade é por nós recortada em algo muito mais vasto, não temos necessidade, para conseguirmos estabelecer uma realidade distinta de nossa pessoa, de uma espécie de *saltus**, pelo qual nos depositaríamos em nós mesmos. Temos apenas de nos reposicionar na corrente daquilo que designarei como o instinto intelectual; temos apenas de retornar a essa percepção mais vasta em que a percepção de nós mesmos é esculpida como uma espécie de circunscrição. Por fim, a existência de uma realidade distinta da nossa, em uma hipótese como essa, não é mais um simples postulado, e sequer tem necessidade de uma demonstração sistemática; ela é dada como uma intuição da mesma espécie que a intuição que nos é dada de nossa própria existência, constituindo esta última existência, ao lado da outra, duas partes diferentes recortadas pelo progresso da consciência e da reflexão em um único e mesmo todo.

Portanto, em uma doutrina dessa espécie, que pretende emancipar-se do conhecimento puramente conceitual e fiar-se à intuição, as dificuldades como as que pode encontrar um realismo mais racionalista se apagam ou, em todo caso, se atenuam consideravelmente.

Mas essa não é a questão que nos preocupa neste momento. A questão é, supondo que haja outra realidade além da de nossa própria duração, saber o que pode ser essa realidade e, primeiramente, se ela dura. Sobre esse ponto, e a partir do momento em que se admite a existência de algo diferente de nós, e de exterior a nós, não pode haver dúvida, pois essa realidade que percebo, percebo-a como contemporânea a minha própria existência. Algo se escoa fora de minha consciência, assim como se escoa minha consciência, a partir do momento em que penso, que suponho a existência de algo fora de minha consciência. O mero senso comum o diz.

---

* Palavra latina que significa salto, pulo, designando aqui metaforicamente um salto brusco para a frente. [N. T.]

Há um exemplo que eu citava no ano passado, como sendo um fato absolutamente notável e, em qualquer outra hipótese, absolutamente misterioso[244]. É este simples fato de que, se deixo cair um pedaço de açúcar em um copo d'água, para tomar a água açucarada, é preciso que eu espere algum tempo para que o açúcar se dissolva. Faça o que eu fizer, é preciso aguardar, isto é, é preciso que certo processo de maturação da realidade exterior e material se produza. Se não houvesse a duração nas coisas, duração interior às coisas, análoga à minha própria duração, como eu poderia compreender um fato dessa espécie? Se o tempo fosse apenas certo nome, as unidades seriam insignificantes, seriam indeterminadas; a duração que tem um fenômeno dessa espécie não seria determinada em razão do escoamento de minha própria duração. Esse escoamento é algo de concreto, que não posso encurtar nem alongar. A partir do momento em que é preciso que se esgote certo tempo interior, correspondente a esse fenômeno, esse fenômeno deve durar, e durar da mesma maneira, não simplesmente no sentido que os matemáticos conferem à palavra durar, mas no sentido de que se pode contabilizar certo número de simultaneidades – ou melhor, de que existe, entre essas simultaneidades, um intervalo rigorosamente determinado em qualidade, pois certo número desses intervalos constituirá essa duração coletiva, que é a minha. Portanto, as próprias coisas duram, e duram de maneira análoga à maneira como eu mesmo duro. Eis a conclusão a que havíamos chegado sobre esse ponto.

É verdade que nos perguntáramos se essa duração, análoga a nossa, não se distingue dela por certos traços essenciais, e, acerca deste ponto, tampouco poderia haver dúvida, pois, se a duração dessas coisas fosse idêntica a nossa, essas coisas e nossa personalidade seriam uma coisa só. Há, portanto, uma diferença de natureza, da qual resulta a distinção entre essas duas realidades, e não temos de buscar essa diferença muito longe.

Nossa duração, dizíamos, é nossa própria consciência, e nossa consciência é a própria heterogeneidade, é a criação contínua, a aparição contínua, constante, de algo que rompe com o que precedeu, e que, com os elementos dados anteriormente, não poderia ser reconstituído nem previsto.

Se considerarmos essa duração, que é a duração da matéria, devemos supor os traços que acabo de enunciar, infinitamente atenuados e como que diluídos. Eu dizia que a própria experiência o mostra, e nos ensina que, naquele que é o mais curto intervalo perceptível de nossa duração, na mais curta duração possível para nós, podem inserir-se fenômenos em número enorme, perfazendo-se nas coisas; em um intervalo muito pequeno, o menor possível de nossa própria existência, milhões de milhões de fenômenos exteriores se produzem[245]. Seja qual for a natureza desses fenômenos – os físicos podem variar de opinião sobre a natureza desses fenômenos –, podemos chamá-los como quisermos, mas seu número é algo determinado, e é isso que importa.

Portanto, nossa própria duração pode ser considerada, em relação a essa, como uma contração, como algo infinitamente mais rico, infinitamente mais heterogêneo, algo que carrega em si um enorme poder de resumo, portanto um enorme poder de agir, sendo a ação, por um aspecto, apenas outro lado dessa contração, quanto mais forças o ser possuir para passar através das malhas dessa necessidade que é característica da matéria – necessidade talvez não seja o termo adequado, mas é praticamente a necessidade, se considerarmos partes da matéria, é praticamente a necessidade, no sentido de que lidamos apenas com partes restritas do mundo material e círculos de algum modo fechados de fenômenos; mas quanto mais ampliamos o círculo, mais avançamos rumo à totalidade do universo, mais lidamos com uma existência integral que poderíamos comparar à existência de nossa consciência; mas será preciso supor uma existência extremamente inferior.

Digo que chegamos a essa conclusão porque, quanto mais avançamos rumo ao todo, mais lidamos com um sistema a respeito do qual seria absurdo supor que ele possa retroceder, dar meia-volta; mais lidamos com um sistema cuja duração pode ser considerada uma marcha para a frente, sempre para a frente, e uma marcha tal que cada momento do todo é provavelmente uma criação em relação ao que precedeu, criação que não é tal, entretanto, que não se possa prever-lhe a maior parte, calcular-lhe a maior parte; é provável que restasse sempre uma margem entre a realidade e o que resultasse do cálculo, supondo que o cálculo não pudesse nunca abranger um conjunto tão vasto. Mas, enfim, quanto mais avançamos rumo ao todo, mais lidamos com uma existência que poderia, guardadas todas as proporções, comparar-se a uma existência consciente, sob a condição de supor a indeterminação infinitamente mais fraca que a indeterminação que caracteriza os progressos de nossa duração, e sob a condição de supor também que a consciência, se é que há consciência, é algo de tal forma diluído, recolhido em tempos tão curtos em relação ao tempo mais curto de nossa consciência que essa consciência equivale praticamente à inconsciência, pois a *mens instantanea*[246] é inconsciência, e a *mens quasi instantanea* é quase inconsciência. Ora, o elemento de duração de coisas não é instantâneo, pois é duração, mas é quase instantâneo, e, por conseguinte, a indeterminação, se é que há indeterminação, é muito fraca; a consciência, se é que há consciência, é algo praticamente nulo, mas não é verdade que seja nulo, e poderíamos dizer que se trata metafisicamente de algo calculável, em função de nossa própria duração, de nossa duração interior.

Mas não insisto nesse ponto e limito-me a tirar a conclusão daquilo que precede. Se considerarmos a realidade como sendo constituída assim por durações... acabo de falar de duas durações, a minha e a da matéria, mas entre a matéria e eu, posso, e devo, supor muitas existências intermediárias, e não tenho nenhuma razão para supor... – ainda não falei desta questão, não tenho de falar dela – tenho até mesmo fortes razões para supor que não haja, acima de mim, duração mais estendida[247] e, acrescento, tenho fortes razões para postular a existência dessas durações de ordem superior, e para admitir uma continuidade ainda perfeita de durações, de um relaxamento, não digo indefinido, mas muito grande, até uma concentração completa... todas essas durações são em número infinito, indefinidas, que se tocam e que denominamos o tempo único, que é um número; devo concebê-lo como uma simples numeração de certas simultaneidades. Se me permitem, suponhamos cortes paralelos, seções que faríamos em todas essas durações, sendo essas durações representadas por verticais, um número indefinido de verticais, ou de cortes horizontais todos paralelos, consequentemente, uns aos outros. Suponhamo-los equidistantes uns dos outros; a equidistância será arbitrária, pois não há meio de defini-la, mas, enfim, por uma convenção, ficará acordado que todas essas seções são paralelas, equidistantes umas às outras. Pois bem, é o número dessas seções que constitui o tempo homogêneo; esse tempo é apenas uma representação simbólica; é um número que permite calcular em que pé estará tal desenvolvimento, tal evolução concreta, quando outra evolução, quando outro desenvolvimento tiver atingido certo ponto. Trata-se, portanto, de um procedimento de medida, um elemento de cálculo, e não outra coisa.

Essa é, portanto, a concepção de tempo à qual havíamos chegado, e observo imediatamente que a filosofia de conjunto a que chegamos com essa hipótese, supondo que seja uma hipótese, e não um fato de experiência interior, é uma conclusão inversa àquela a que nos conduz toda a filosofia antiga.

Qual era a concepção da filosofia antiga? É aquela segundo a qual a ordem dos termos é a seguinte. Primeiramente, as Ideias, as essências intemporais, sejam elas modelos, arquétipos ou leis – pouco importa a maneira de concebê-las; mas, primeiramente, o sistema das Ideias que não duram, e abaixo do sistema das Ideias, aquilo a que chamarei de tempo homogêneo, pois os senhores se lembram de que aquilo que Platão fazia seu demiurgo criar em primeiro, depois das Ideias, era o tempo, devendo a alma do mundo servir de veículo para o tempo, imagem móvel da eternidade, e depois da alma do mundo e do tempo, os processos individuais de devir, aquilo a que chamamos de durações concretas, e, assim, à medida que nos distanciamos da Ideia, para passar da Ideia à alma universal e ao tempo, e, depois, do tempo em geral às existências que duram de maneira concreta, descíamos, distanciávamo-nos da realidade para chegar a algo menos real, algo que é apenas uma diluição, um desenvolvimento, um enfraquecimento da verdadeira realidade.

A tese a que chegávamos era exatamente o inverso dessa. O que é real, o que é a realidade inabalável, eu diria até mesmo sólida, pois não há nada de sólido além dessa duração, que é a própria consciência, a realidade são essas existências individuais que se escoam, e o tempo homogêneo, o tempo com todas suas realidades desejadas já é algo simbólico, é uma medida comum a todas essas durações, é apenas uma medida, apenas um símbolo. E então a ideia, se a considerarmos como uma coisa absolutamente destacada do tempo e da realidade que dura, já não tem mais que o valor de um símbolo. Eu não desejaria que esse pensamento fosse interpretado em sentido anti-intelectualista; podemos conceber, como dissemos muitas vezes, ideias que não possuem essa rigidez da Ideia platônica; mas é então que fazemos descer a ideia, que a fazemos participar da vida e da duração. Pois, se considerarmos a Ideia rígida no sentido platônico da palavra, ela já não será nada além de um símbolo, algo que participa da vida da palavra, sendo a palavra algo bastante convencional e artificial. Portanto, a filosofia a que se chega partindo dessas diversas considerações é uma inversão da filosofia antiga[248].

Seria essa inversão a filosofia moderna? Seria bastante exagerado dizê-lo. A filosofia moderna – teremos de apresentar algumas concepções muito gerais a seu respeito – compreende duas partes muito distintas: a parte sistemática, na qual não me posso impedir de ver um prolongamento da filosofia antiga, e, tal qual, um platonismo mais ou menos modificado; esse é o quadro que uma espécie de tradição impôs à filosofia; e, então, há outra coisa, há intuições que se procurou encaixar, de qualquer maneira, nesse quadro, e que, aliás, sempre ultrapassam o quadro, e que acabarão, pode-se prevê-lo, por fazê-lo estourar, supondo que isso já não tenha ocorrido. Mas essas são duas partes distintas, e, se quisermos avaliar a parte intuição, não nos devemos ater à filosofia pura, é preciso considerar a ciência que sempre se misturou intimamente à filosofia, que dela não se separou senão de há um número muito pequeno de anos.

Se considerarmos a ciência e a filosofia juntas, não nos poderemos impedir de encontrar intuições que excedem o quadro do pensamento sistemático; e não digo que essas intuições nos conduzam necessariamente à concepção de duração que expusemos aqui, mas acredito que essa concepção pode conectar-se a elas e que, em todo caso, a filosofia moderna está bastante próxima dessa concepção, ou melhor, essa concepção se encontra muito mais próxima da filosofia moderna do que da filosofia antiga.

Mas essa não é a questão neste momento; eu gostaria de procurar, nesta e na próxima lição, e este é, de resto, um ponto que foi suficientemente esclarecido por muitos trabalhos de história da filosofia, onde exatamente está a transição entre o ponto de vista dos antigos e o ponto de vista dos modernos. No passado, foi dito, e frequentemente repetido, que era em Bacon que era preciso procurar a ideia, o quadro dessa transição, que Bacon reagira contra a filosofia escolástica, prolongamento da filosofia antiga, contra a lógica do puro conceito, e que ele lançara o espírito humano no caminho da experimentação.

Já faz algum tempo que essa concepção foi abandonada pelos historiadores da filosofia. Concorda-se hoje em dizer que Bacon não exerceu, em nenhum grau, a influência que lhe atribuíam[249]. Espírito certamente muito penetrante, mas simples amador em matéria de filosofia e de ciência, pouco versado nas coisas matemáticas, ignorante demais em matemática pura – emprego a palavra ignorante em sentido muito atenuado, pois ele devia conhecer a matemática, mas não a aprofundara – para compreender, para dar-se conta do desenvolvimento científico de seu tempo, pois enquanto ele escrevia a Renovação, a reforma científica, se é que havia reforma, já estava feita. Bacon, portanto, não tendo compreendido totalmente o que acontecia a sua volta, teve, no entanto, um sentimento vago, até mesmo um pressentimento daquilo que se faria muito tempo depois, muito mais que o sentimento daquilo que se fazia em seu tempo.

Digo que ele teve o pressentimento do que iria ser feito muito tempo depois, e por razões independentes do *Novum Organum*. Com efeito, o método experimental se desenvolveu apenas no século XIX; a ciência, tal qual existiu até as vésperas do século XIX, era uma ciência físico-matemática, dominada pelas preocupações matemáticas. Recorria-se à experiência, sem nenhuma dúvida, mas o que se lhe pedia era, em resumo, que fornecesse uma relação, em geral bastante simples, entre grandezas físicas, certas grandezas físicas variáveis; e quando se obtinha essa relação, trabalhava-se então com ela, se a desenvolvia matematicamente, e continuava-se assim até o dia em que esse desenvolvimento matemático conduzia o espírito a levantar algumas novas questões, que não podiam ser resolvidas senão por um recurso à experiência.

A experimentação era, portanto, algo intermitente; a ciência era uma conclusão intermitente da experiência, com vistas a certa utilização da experiência pela matemática. Assim foi, em suma, a ciência experimental até o fim do século XVIII, subordinada a preocupações.

A ciência experimental matemática, *scientia ancilla mathematis*, dá continuidade, quanto à experimentação, a um conjunto de procedimentos destinados a seguir o movimento da realidade: seguir sem interrupção um método que consiste em objetivar a si mesmo por uma espécie de simpatia intelectual com a realidade, um método que consiste não em tomar pontos aqui ou ali, e a reuni-los, em seguida, por um traço contínuo, embora, de modo geral, artificial, mas em traçar a curva de um movimento contínuo. Pode-se desenhar uma curva com pontos, pode-se desenhá-la com um movimento contínuo; o método experimental, entendido como uma consulta intermitente da experiência, é o traçado com pontos, enquanto a experimentação pura e simples é o traçado contínuo – praticamo-la apenas de há um século, quando muito, e são os problemas biológicos que levaram os cientistas a praticar a experimentação assim compreendida. Bacon talvez tenha tido o pressentimento dessa experimentação contínua; em todo caso, o método que ele descreve no *Novum Organum* se aproximaria mais desta que do método que foi aplicado pelos cientistas contemporâneos de Bacon, e pelos cientistas que lhe sucederam, até o fim do século XVIII; do que se pode concluir, na medida em que o *Novum Organum* não teve seguramente nenhuma influência no século XIX, que a influência científica de Bacon foi praticamente nula. Inteiramente diferentes são as origens de nossa filosofia e de nossa ciência. Essas origens são múltiplas. Uma grande parte disso é acidental, assim como em todos os acontecimentos históricos. É certo que a revolução, ou melhor, a evolução que se produziu não se poderia ter produzido se a matemática não pudesse ter continuado a ser cultivada; desde a Antiguidade, nunca se deixou de cultivá-la, e esse é um instrumento que pouco a pouco se aperfeiçoou, que pouco a pouco adquiriu flexibilidade suficiente para que, em dado momento, uma transformação se tornasse possível; havia, primeiramente, essa razão acidental, a cultura contínua, nunca interrompida, da matemática. É incontestável que o cristianismo exerceu uma influência muito profunda, primeiramente pela importância que atribuiu à vida interior, assim como por ter ensinado a não se contentar com o puro conceito, pois a filosofia da Idade Média não cabe inteira na lógica, eu diria puramente racionalista, de Aristóteles; há também toda uma corrente que leva o pensamento a transcender o puro conceito. Houve, portanto, essa influência, e encontraríamos outras também. Mas, se o que se busca é a influência capital, decisiva, não se deve buscá-la muito longe; basta procurá-la na própria filosofia antiga. Pois o espírito humano não renuncia facilmente ao que possui. A filosofia antiga era algo existente, algo adquirido; não se joga fora o resultado de um trabalho tão considerável. Quando desejamos, sobretudo, mudar, quando desejamos introduzir uma mudança profunda, começamos por investigar se, com os elementos que possuímos, mas dispondo-os em outra ordem, conferindo maior importância ao que era menos importante, não poderíamos obter outros resultados. E, por fim, quanto à questão particular que nos ocupa, no que diz respeito à transição entre o ponto de vista antigo e o ponto de vista moderno sobre o devir, sobre a duração, sobre as coisas em geral, parece-me que tudo se explica por uma inversão, que foi, de resto, gradual, do ponto de vista antigo, mas que fora indicada pelos últimos filósofos gregos eles mesmos, por Plotino, de quem tratamos especialmente.

A inovação, a reforma que se produziu na filosofia, e até mesmo, por mais paradoxal que isto possa parecer, na ciência, consistiu, sobretudo, em fazer passar para o primeiro plano, em situar na primeira fileira, aquela das três hipóstases que era, para os antigos, a última, a alma do mundo, a alma universal.

Isso não é uma hipótese; basta acompanhar a transformação da filosofia no momento do Renascimento para convencer-se disso. Os filósofos do Renascimento são, em grande parte, e poderíamos até mesmo dizer todos, mais ou menos, em graus diferentes, neoplatônicos, neoaristotélicos, mas, sobretudo, neoplatônicos. Considera-se que um filósofo, um teólogo marcou a transição entre o Renascimento e a Idade Média: trata-se de Nicolau de Cusa[250]. Se tivéssemos tempo, leríamos certo número de textos extraídos de seu livro, aquele que se tem o hábito de imprimir no início de suas obras: *De docta ignorantia*, o tratado *Da douta ignorância*. É um tratado muito curioso, na medida em que já nos aponta a direção que a filosofia e até mesmo a ciência vão tomar. Trata-se de um esforço para mostrar como é necessário, ao mesmo tempo, que o universo seja de natureza psíquica, alguma coisa como o que Platão denominava a alma do mundo, a necessidade de que [isso][251] seja algo psicológico, e, ao mesmo tempo, a necessidade de que isso seja algo, como direi, numérico, calculável, sendo essa alma do mundo como que o veículo de certas ideias, mas de ideias que são muito mais flexíveis que as Ideias platônicas, que são números.

Não tenho tempo de citar, por isso indico toda a primeira parte de *De docta ignorantia*, e, na segunda parte, o §10, no qual ele mostra que a natureza é o emaranhado de tudo que se produz pelo movimento. Como se contrai esse movimento do universal ao particular? É isso, diz, que se pode compreender pela seguinte comparação. Quando digo "Deus é", essas palavras saem de certo movimento, em uma ordem determinada, de tal maneira que pronuncio primeiramente as letras, depois as sílabas, em seguida as palavras, e, por fim, a frase toda. É assim que o movimento desce do universal ao particular (*ab universale contrahutur in particulare*), e adquire no tempo uma forma concreta. Ora, assim como, naquele que fala, existe um espírito que, no ato de falar, se exterioriza, assume uma forma concreta, como acabo de explicar, desse espírito saem todos os movimentos. Há, portanto, um espírito que anima todas as coisas e do qual tudo sai, e do qual os fenômenos saem assim como as palavras saem do pensamento. Comparação absolutamente marcante. Há uma ideia simples, e, no entanto, essa ideia simples se exterioriza como letras que formam sílabas e palavras, e se analisarmos as palavras, encontraremos sílabas e, em seguida, letras; não encontraremos o espírito, e, no entanto, o espírito é o todo[252].

O mesmo vale para o espírito universal e para os movimentos particulares, para os fenômenos; e então, na primeira parte, Nicolau mostra como toda a filosofia antiga se concilia, e aqui ele exagera as coisas, pois atribui a Aristóteles ideias que não são suas, e se permite dizer que o número desce nas coisas e que é o número que explica as coisas.

Assim, desde antes do Renascimento propriamente dito, identificamos um esforço para reter da filosofia antiga a última hipóstase, isto é, essa alma do mundo, sobre a qual, de resto, eu não diria que Plotino a fez passar para o primeiro plano, pois se tratava da última hipóstase, mas que ele insistira nela muito mais do que nas outras, pois encontramos, em sua obra, pela primeira vez, uma teoria completa da consciência e do tempo, do tempo em geral, e até mesmo da liberdade, isto é, da relação entre o tempo e o exterior.

É isso que encontramos nesses filósofos; e, em seguida, nos filósofos do Renascimento propriamente dito, em Giordano Bruno, encontramos uma ideia análoga, mas, aqui também, muito mais precisa. Limito-me a referir um tratado, o tratado *A causa, o princípio e o uno*[253]. É um tratado que se compõe de cinco diálogos; o mais interessante de todos é o último. Nesse tratado, Bruno mostra que existe uma alma universal, uma alma que penetra o todo. Porém, quanto às Ideias, as Ideias platônicas, é preciso reter de Platão essa alma do mundo; das Ideias platônicas propriamente ditas, não há nenhuma. As ideias de Bruno são, antes, ideias – não posso citar os termos exatos – conceituais, ideias de relação; há uma συμπάθεια [*sympatheia*] universal, e as ideias expressam as ligações mais do que as próprias coisas. Ideia muito importante; o que se retém do platonismo é a última hipóstase. Notemos, e isto é muito significativo, que Bruno cita, frequente e continuamente, Plotino, a quem chama o príncipe dos platônicos, *princeps platonicorum*.

Mas seria interessante estudar os livros de Kepler; muito curiosa é a diferença entre a primeira e a segunda edição do *Prodromus seu mysterium cosmographicum* de Kepler[254]. Na primeira edição, capítulo XX, Kepler expõe a teoria platônica da alma universal, arranjada, é verdade, a sua maneira, pois ele não parece tê-la conhecido diretamente, e eis como ele se expressa:

> Se desejarmos chegar a uma verdade precisa e alcançar uma igualdade de nossas relações, isto é, chegar a uma lei, será preciso estabelecer uma destas duas coisas: ou que as almas motrizes [trata-se das almas motrizes dos planetas]

> são tanto mais fracas quanto mais distantes se encontram do sol (*quo sunt a sole remotiores eo sunt imbecilhores*) ou que existe uma alma motriz única, a qual, quando um corpo se encontra mais próximo do sol, tanto mais forte o impele (*eo vehementus incitet*) e que, nos corpos mais distantes, por esgotamento de sua virtude, definha de alguma maneira (*quodammodo languescat*). Portanto, assim como a fonte de luz está no sol, a vida, o movimento e a alma do mundo (*vita, motus et anima mundi*) [essa é a palavra pronunciada] tornam a cair no sol [...]

Assim, é dessa concepção da alma do mundo que Kepler parte, como se fosse algo certo. Há uma alma, podemos situá-la no sol, e acreditar em uma alma única, ou então, como fizeram certos filósofos antigos, situar, além disso, almas nos planetas, e então o movimento dos planetas se explicará por almas cuja virtude é tanto mais fraca quanto mais distantes se encontram do sol, ou melhor, por um enfraquecimento da alma propriamente dita, à medida que nos distanciamos do sol que irradia, por assim dizer, essa alma através do espaço.

É isso o que ele diz na primeira edição, e, na segunda, acrescenta a seguinte nota:

> Se substituirdes a palavra alma pela palavra força (*se pro voce anima vim substitues*), tereis o próprio princípio (*principium ipsissumnus*) do qual extraí minha física celeste, pois eu acreditava, antigamente, que a causa motriz dos planetas era uma alma, e acreditava nisso por estar imbuído dos dogmas de Scaliger [...]

Scaliger[255], como filósofo, se vincula precisamente aos neoplatônicos, a Pomponácio e à escola de Pádua.

> [...] Mas, refletindo sobre o fato de que essa causa motriz se enfraquece com a distância, e sobre o fato de que a luz do

sol também se atenua com sua distância ao sol, cheguei à conclusão de que essa força é algo corpóreo, senão propriamente corpóreo, pelo menos equivocadamente (*se non proprie saltem equivoce*), isto é, por extensão da palavra, assim como quando dizemos que a luz é algo corpóreo, isto é, um aspecto destacado do corpo, mas desmaterializado, uma matéria imaterializada (*immateriata*).

É assim que ele define a força. Acredito que os físicos modernos ficariam bastante embaraçados em defini-la de outra maneira; é a matéria, mas desmaterializada, é uma espécie de fio estendido entre as coisas, mas que livramos um pouco de sua materialidade; é algo psicológico e, no entanto, é algo material e matemático. Vemos, por esse simples esboço, como chegamos progressivamente a essa ideia de força; é a alma universal, matemática por um lado, pois ela é o veículo das Ideias platônicas e dos números, pitagórica, matemática por um lado, e, no entanto, psíquica, como o nome indica, análoga à consciência. É a alma universal que sugeriu progressivamente essa ideia de buscar na matéria algo que seja como uma matéria imaterializada, algo que seja uma mistura, uma síntese, uma compenetração do psíquico e do matemático.

Procuraremos, na próxima lição, perscrutar um pouco mais de perto essa passagem, examinando mais particularmente as consequências matemáticas dessa ideia.

DÉCIMA SEXTA AULA
SESSÃO DE 3 DE ABRIL DE 1903

Senhores,
Resulta dessas últimas lições que um sistema filosófico, mesmo muito complexo, e até mesmo uma série de sistemas filosóficos, pode sair, e ordinariamente sai, de uma única visão extremamente simples[256]; no que diz respeito à filosofia antiga, não parece duvidoso que ela tenha saído, pelo que ela tem de essencial em seu desenvolvimento metafísico, de certa visão do movimento no espaço, considerando-se o movimento como tendo nascido no espaço, reduzindo-se ao que se percebe no espaço; o movimento não possui interior, está inteiramente no que se vê, no que se percebe.

Esse é o postulado dos argumentos de Zenão contra o movimento. Se o movimento é isso, pois bem, então a cada momento de seu deslocamento, o móvel coincide com o ponto em que se encontra, e como esse ponto é imóvel, pois se trata de um ponto no espaço, o móvel está imóvel. Todos os argumentos de Zenão se reduzem, em suma, a esse. A argumentação não é claramente percebida senão no sofisma da flecha, mas ela é a mesma nos demais argumentos[257]: estando o movimento inteiramente no que se vê e sendo o que se vê um ponto no espaço, o movimento coincide, a cada momento de seu deslocamento, com a trajetória, do que resulta que o movimento é feito de imobilidade, o que é absurdo. Pode-se dizer o mesmo de toda mudança; a mudança qualitativa, se estiver inteiramente no que se percebe claramente, pois bem, então, a todo momento, ela coincide com a qualidade que o espírito isola, que é algo imóvel, imutável. A mudança é, portanto, feita de imobilidade, o que é absurdo.

É esse disparate que muito rapidamente chamou a atenção dos filósofos, e como, afinal, tudo que se percebe no mundo sensível é mudança, é movimento, se o movimento e a mudança são um disparate, é, portanto, porque o disparate está no âmago do mundo sensível, e então o partido que eles tomam é o de abandonar este mundo percebido por nossos sentidos ao disparate ao qual ele está condenado, e reconstruir, ao lado dele, ou até mesmo nele, um mundo que será, então, um mundo lógico, o mundo como deveria ser, e não como é, o mundo da razão, e os conceitos a que se chega e a relação entre os conceitos, a hierarquia dos conceitos que se propõem, tudo isso vai constituir uma natureza lógica, um mundo inteligível para o qual a filosofia se transportará.

É assim que passamos dessa visão simples do movimento a uma teoria como a teoria platônica das Ideias. É verdade que, uma vez que se chegou lá, uma vez que se subiu a essas alturas, é preciso descer, é preciso reencontrar o mundo sensível. O movimento, nesta hipótese, pode apenas ser uma consequência do inteligível. O que percebemos, o movimento, a mudança, tudo isso será, se me permitem ainda, essa lógica que se aplicou no mundo dos conceitos, no mundo das Ideias, mas será uma lógica enfraquecida, uma lógica que carece de tonicidade. A mudança, o tempo, o que percebemos será novamente o deslocamento daquilo que não muda, o que expressaremos dizendo que a duração é apenas o desenrolar da eternidade. É a concepção antiga que representa comumente a alma em sentido mediad[or][258] entre o inteligível e o sensível, a concepção de uma alma universal, de uma alma do mundo, um não sei quê que participa da Ideia por cima e da materialidade por baixo, o veículo do tempo, dizíamos, algo que está encarregado de desenrolar, sob a forma de tempo, a imutabilidade, a eternidade enrolada em si mesma. Essa concepção, que foi, inicialmente, mítica, um não sei quê, eu dizia, tornou-se algo cada vez mais claro, ou, pelo menos, algo que, com Plotino, satisfaz cada vez mais o espírito. Essa alma do mundo, essa alma universal se tornou uma ciência realmente inteligível. Diga o que disser o próprio Plotino, a alma do mundo é, de modo geral, uma ciência psicológica; embora não tenha consciência, ela pode adquirir uma no detalhe da alma individual; ela não possui consciência, mas é algo psicológico e é algo razoável, na medida em que as Ideias encontram um meio de descer nessa alma do mundo.

Seja como for, Plotino a estudou tão bem que, embora faça dela a última hipóstase, é esta que desperta o espírito e que chama a atenção quando lemos as *Enéadas*, e não é surpreendente que os platônicos do Renascimento, que declaravam ser discípulos de Platão, quando, de modo geral, eram muito mais neoplatônicos que platônicos e se vinculavam muito mais a Plotino que a Platão, tenham, no fim, deixado de lado as duas outras hipóstases, não as tenham considerado, pelo menos, como a essência da filosofia, e tenham conservado apenas a última, a alma universal.

Vimos, na aula passada, que o teólogo-filósofo que prepara esse movimento, Nicolau de Cusa, e, depois dele, Cardano[259] se contentam, no fim, com a alma universal, e encaram as coisas da seguinte maneira: tudo é psicológico e no entanto, tudo é mais ou menos matemático; é preciso que as duas coisas se conciliem, e, assim, eles chegam progressivamente a uma concepção psicológica do mundo que não exclui a matemática – e este é o ponto que nos vai ocupar hoje – e a uma concepção da matemática que não exclui a psicologia. Talvez isso seja o que há de mais notável neste curso, isto é, que à concepção muito simples do movimento da qual partimos, que se acabou desenvolvendo em uma concepção da alma universal abrangendo todas as coisas, voltaremos, contraindo, por assim dizer, essa alma. Mostramos como, partindo dessa concepção do movimento, se chega a certo sistema de filosofia. Vamos agora considerar o sistema de filosofia; embora, utilizando a última hipóstase, situamos no primeiro plano a alma do mundo que devém a substância universal, vamos agora, contraindo essa concepção filosófica, chegar a uma nova concepção do movimento no espaço, do que sairá então uma nova concepção da ciência da filosofia.

Encontramos a primeira aparição dessa nova concepção do movimento em um matemático de Veneza da segunda parte do século XVI; pelo menos, seus escritos surgiram naquela época; é Benedetti, que escreveu um livro intitulado *Sobre certas opiniões de Aristóteles*[260]. Podemos discernir, nesse autor, [a] passagem [da] concepção aristotélica do movimento [à] concepção moderna[261]. Tivemos a ocasião de citar essa opinião de Aristóteles quando abordamos o movimento circulando, propagando-se de esfera em esfera. Os senhores se lembram de que, para Aristóteles, o movimento em uma linha reta finita se prolonga seguindo uma linha A......B. O móvel N que se desloca sobre essa linha, se essa linha estiver terminada, se ela for finita, não pode deslocar-se senão indo de A a B, e de B a A. Segundo Aristóteles, é preciso que, em A e em B, haja repouso.

Se tomarmos um exemplo mais simples, o do pêndulo que oscila de B a A, e de A a B, fica claro que, decrescendo a velocidade do pêndulo a partir do meio da trajetória até a extremidade, a cada mudança de sentido quando o pêndulo se retrai sobre si mesmo, pode-se dizer que, nas duas extremidades, há uma parada, e que a velocidade é nula.

Em seu tratado, Benedetti explica a opinião de Aristóteles sobre esse ponto, e, por uma consideração absolutamente engenhosa, demonstra que essa opinião é falsa.

Eis, em poucas palavras, sua demonstração: consideremos uma circunferência e, fora dessa circunferência, uma linha reta; fora dessa linha, um ponto situado do outro lado da reta em relação à circunferência. Suponhamos um móvel que se desloca com um movimento uniforme sobre a circunferência, que gira sobre o círculo na direção das agulhas de um relógio. Façamos partir esse ponto N'... Suponhamos, pois isto é necessário para compreender o raciocínio de Benedetti, que esse ponto N' esteja, a cada instante de seu movimento, unido ao ponto S. Consideremos a reta S N'; ela é móvel como o ponto N'. Denominemos N o ponto em que essa reta móvel S N' corta a linha X Y. Temos o móvel N' que se move sobre a circunferência, a reta S N', cujo ponto S é fixo, e a extremidade N', móvel; então o ponto de intersecção N dessa reta móvel com a reta X Y naturalmente também será móvel. Façamos partir nosso ponto N' do ponto em que a reta S A N' se encontraria caso ela fosse tangente à circunferência... Enquanto N' continuar a descer de B', o ponto N voltará e avançará de B a A, e assim por diante; por conseguinte, enquanto N' descreve um movimento contínuo, uniforme sobre a circunferência, N descreve um movimento angular oscilatório de A a B, e de B a A sobre a reta X Y. Em nenhum momento, a linha S N' está imóvel, nem mesmo em A' e em B'; ela tem apenas um ponto em comum com a circunferência, pois é tangente a ela; consequentemente, A' e B' são, desse ponto de vista, como os demais pontos. Se essa reta está sempre móvel, o ponto N que faz parte dessa reta também está sempre móvel, e, por conseguinte, não há, nem em A nem em B, parada.

Eis o raciocínio de Benedetti. Ele é extremamente importante, pois esse raciocínio consiste, em suma, em dizer que o movimento não é inteiramente [espacial]²⁶². Se nos situarmos no ponto de vista do espaço, como fazia Aristóteles, fica claro que, em A e em B, há imobilidade, isso não é duvidoso; mas quando Benedetti nos diz que, em A e em B, ainda há movimento, é que ele não considera unicamente as coisas do ponto de vista do espaço; nos pontos A e B, considera não o que se passa, mas o que se vai passar. Julga que não temos o direito de isolar um ponto matemático do movimento que dura; julga que há, em cada ponto matemático do espaço, não apenas o que se passa nesse ponto, mas também uma antecipação do que virá a seguir; em outros termos, considera o movimento como não sendo puramente extensível, mas sendo, por um lado, intensivo, dotado de um interior.

É o que mostra sua discussão sobre outra opinião de Aristóteles, opinião de que também já falamos.

Os senhores se lembram de que, para Aristóteles, um corpo que recebeu uma impulsão não poderia, em virtude dessa única impulsão, continuar seu trajeto, e, no quarto livro da *Física*, assim como no tratado *Sobre o céu*, Aristóteles imagina um mecanismo para explicar por que o corpo lançado continua seu trajeto. Supõe que o ar se reconstitui atrás do corpo e que o corpo comprimido recebe, assim, em cada momento de sua trajetória, um pequeno solavanco, uma pequena impulsão; cada uma das fatias de ar ou das duplas fatias de ar que se fecham desempenha o papel do pequeno arqueiro que age sobre a flecha que é lançada, isto é, um arqueiro substituindo aquele que lançou a flecha, recomeçando a dar-lhe a impulsão primitiva²⁶³.

Isso, notem-no, inscreve-se absolutamente na lógica da hipótese antiga, pois, se o movimento está inteiramente no que se vê no espaço, a cada momento de seu trajeto, o móvel coincide com o lugar que ocupa. Ele deveria estar parado, e, se ele se move, é, portanto, porque há impulsão, uma impulsão nova que se produz. Trata-se, portanto, realmente da consequência imediata da hipótese da concepção antiga do movimento.

Benedetti sustenta que Aristóteles está enganado sobre esse ponto, e que, dada uma impulsão imprimida a um móvel, o móvel deve continuar sua trajetória em virtude dessa impulsão, e não indefinidamente, e, nesse ponto, Benedetti não viu com clareza, ou, pelo menos, não compreendeu a mecânica como se a compreenderia depois dele. No seu entender, a força imprimida ao corpo vai diminuindo, e, no entanto, ela se conserva.

Aí está, portanto, algo novo. Entre outros matemáticos contemporâneos ou anteriores a ele, já encontramos essa ideia; em Nicolau de Cusa, particularmente, e em Cardano, encontramos a ideia de que a renovação da impulsão não é necessária para que o móvel continue sua rota. Tudo isso nos prova que realmente havia no ar, como uma consequência dessa nova visão geral da natureza, uma tendência a conceber no movimento não somente seu lado [espacial][264] e exterior, mas aquilo a que se poderia chamar seu interior, sua intensidade, aquilo a que se poderia chamar sua vida, sua vida interna. Isso estava no ar, estava mais ou menos vago em diferentes pensadores, e está muito claro neste matemático de quem acabamos de falar, Benedetti.

Senhores, se o movimento possui, assim, um interior, cabe perguntar que interior é esse, e como se pode defini-lo. A questão não se levantava entre os antigos, mas, se existe certa interioridade no movimento, e se pudéssemos exprimir, pelo conceito matemático, de maneira matemática, o que é esse interior do movimento em dado momento, a coisa seria da mais alta importância do ponto de vista científico.

O que é a interioridade do movimento? Dizemos que é algo como uma intenção; é, por assim dizer, o instante matemático – isto é, em um ponto do espaço, pois o tempo propriamente dito não tem intensidade –, a intuição sobre o instante seguinte, matematicamente seguinte; em outros termos, é duração, duração real. A duração real não possui dimensão propriamente dita; tampouco pode haver, na duração real, ponto matemático. Pego este pedaço de giz e o apoio sobre a mesa. Produzo, assim, sobre a mesa um ponto que tem dimensão. Trata-se de um ponto concreto. Pois bem, a duração é sempre isso, pois se trata de psicologia; trata-se necessariamente de algo que implica um antes e um depois, tendo em vista que se não houvesse um antes e um depois, não haveria memória, nem consciência. Portanto, a duração concreta é sempre algo que tem uma dimensão, mas este ponto concreto que acabo de fazer pressionando o giz, posso conceber suas extremidades; estarei então no espaço, terei um ponto matemático. Se eu considerar que este grande ponto que acabo de fazer une o primeiro ponto matemático ao segundo ponto matemático, terei uma ponte lançada entre um antecedente e outro antecedente, algo que, no momento atual, preforma o porvir; terei, afinal, uma intenção.

Se conseguíssemos, por um procedimento matemático, assinalar essa intenção do movimento, teríamos introduzido na matemática um meio de lhe dar, sobre a própria realidade, uma influência que ela não possuía anteriormente.

É nisso que consiste a inovação de Galileu[265], é nisso que consiste, de modo mais geral, o ponto de vista moderno sobre o movimento.

Observemos que os antigos nunca definiram a velocidade nem, com mais forte razão, a aceleração do movimento. Reconheço que tenham definido a velocidade no caso de um movimento uniforme, mas, primeiramente, essa definição do movimento uniforme era algo infecundo, sem aplicação prática, e, além disso, mesmo a definição do movimento uniforme, do ponto de vista dos antigos, era defeituosa, como observou com grandíssima profundidade Galileu, pois dizer que se trata de um movimento no qual espaços iguais são percorridos em tempos iguais não é suficiente; se considerarmos espaços finitos e tempos finitos, poderemos sempre nos perguntar se, a cada momento, a cada parte do tempo, o movimento é uniforme, e se, sendo finitos os tempos e os espaços considerados, a igualdade dos espaços percorridos nos tempos iguais não resulta de se terem as desigualdades compensado umas às outras. De tal modo que os dois, espaço e tempo, são iguais. Na realidade, para que a uniformidade fosse completa, seria preciso que houvesse, de algum modo, tempos infinitamente pequenos; seria preciso, portanto, introduzir a ideia de infinitamente pequeno. Isso é, em todo caso, indispensável para definir a velocidade do movimento variado; pois o que é a velocidade do movimento variado? Não é algo atual, é algo que, do ponto de vista [espacial][266], é virtual; é o que faria o móvel se ele fizesse, de algum modo, o que deseja fazer; é uma intenção; a notação de uma intenção.

Pois bem, devemos essa notação de uma intenção justamente a Galileu, que mostrou que, no movimento, dada a relação que liga os espaços entre si, para passar de uma relação a outra relação, o que dá a velocidade, isto é, uma causa determinada de adquirir outro crescimento infinitamente pequeno de espaço e um crescimento infinitamente pequeno correspondente de tempo, a notação da velocidade e da aceleração não é outra coisa senão a notação de uma intenção, e ela somente é possível em uma matemática que capta no movimento uma vista, de algum [modo], psicológica e que considera o tempo como dotado de um interior. Isso equivale a dizer que a ideia mestra da matemática moderna, a ideia diretora dessa matemática se encontra, de modo geral, em Galileu; isso não é duvidoso, é daí que ela saiu, embora Galileu não tenha dado um símbolo preciso, uma notação especial ao infinitamente pequeno assim entendido; ele tampouco deu uma regra especial, uma regra geral para aplicar essa notação, mas essa noção, tal qual a reencontraremos daqui a pouco, veio da consideração do movimento e dos trabalhos de Galileu.

Senhores, não me posso lançar aqui em um estudo que não é da alçada deste curso, e que, sobretudo, não é da competência daquele que o ministra; aliás, sobre este ponto, a conclusão a que tal estudo me conduziria, partindo das premissas que estabelecemos, seria bastante diferente das conclusões a que os matemáticos, os homens competentes, chegam. Isso é compreensível; eles adotam o ponto de vista da matemática, o ponto de vista da exposição mais precisa, mais rigorosa possível da matemática. Desse ponto de vista, pode-se dizer que, nos últimos anos, progressos muito grandes foram realizados, e pôde-se dar a essas noções fundamentais da análise matemática uma precisão, um rigor que elas não tinham tido até então; mas uma coisa é o rigor, a lógica perfeita nessas matérias, outra coisa é o ponto de vista da origem real, o ponto de vista histórico, o ponto de vista da intuição primitiva, da intuição de que o resto saiu. Essa intuição, sendo um fato histórico, situa-se, portanto, no campo da história, e particularmente da história da filosofia, e para identificar-lhe as origens, basta, em resumo, consultar os textos e estudar os próprios autores.

Pois bem, se adotarmos esse ponto de vista, eu dizia, chegaremos à seguinte conclusão: há, em suma, duas maneiras de compreender o infinitamente pequeno. A primeira é extremamente antiga. Desde que existe a matemática, ou quase, fala-se dos infinitamente pequenos e trabalha-se com eles. Arquimedes utilizou-se desse método. Em uma de suas obras, nomeia seus predecessores[267]. Ele mesmo fez de tal método numerosas e fecundas aplicações. Desde a mais alta Antiguidade, os infinitamente pequenos foram estudados e empregados na matemática, mas é bastante curioso observar que, entre os modernos, por volta do fim do século XVI e do início do XVII, os matemáticos nunca se utilizaram do infinitamente pequeno senão como um artifício de cálculo, ao qual somente se deve recorrer em último caso, quando muito; um procedimento que está no mesmo plano que os outros, mas que é inferior aos outros, e, em suma, ao qual não se deve recorrer senão em último recurso e quando não se pode agir de outra maneira. Parecem sempre se desculpar por empregar esse método, na medida em que não pronunciam o nome infinitamente pequeno, muito embora façam uso dele e se limitem, de modo geral, a um raciocínio que é sempre, na forma, uma redução ao absurdo. O infinitamente pequeno é, portanto, considerado como um simples artifício de cálculo, e, sobretudo, o que é muito mais importante, ele é algo estéril, infecundo. Não entendo com isso que não se possam extrair dele numerosas e importantes consequências; entendo com isso que as consequências que se extraem dele se devem sempre ao gênio próprio do matemático, a sua engenhosidade; é o espírito do matemático que é fecundo, não o método em si mesmo.

A partir de certo momento, essa noção, que desempenhara inicialmente apenas um papel acessório na matemática, não somente se torna uma noção importante, mas parece tomar todo o lugar; ela está, em todo caso, na primeira fileira, e, sobretudo, parece ser dotada de uma vitalidade própria; parece ser, por si mesma, fecunda e acarretar importantes consequências.

Se compararmos as duas noções de infinitamente pequeno assim obtidas, aquela a que chamarei, exagerando as coisas, estéril, e, em seguida, aquela a que chamarei fecunda, eis o que encontraremos: no primeiro caso, o infinitamente pequeno é tratado como um simples artifício de cálculo, como eu dizia há pouco; no segundo, ele é tratado como uma realidade. Mais simplesmente, no primeiro caso, trata-se de uma noção negativa; o infinitamente pequeno se define por uma negação; é uma quantidade tal que, por menor que a concebamos, será sempre inferior; será sempre preciso ir mais longe; é uma quantidade que é menor que toda quantidade dada, é algo negativo. Na outra concepção, o infinitamente pequeno se torna algo positivo, e talvez o que há de mais positivo; é o que gera a grandeza, é o que gera a quantidade[268].

Para falar mais claramente, para adotarmos o ponto de vista especial deste curso, eis o que direi: no primeiro caso, o infinitamente pequeno é tratado como sendo o espaço; é por isso que o consideramos como puramente negativo, pois, no espaço, não pode haver infinitamente pequeno. Considerem uma grandeza, por menor que seja; os senhores poderão dividi-la pela metade, tomar a metade da metade, e assim por diante, mas estarão sempre igualmente longe do infinitamente pequeno; por mais longe que os senhores forem, haverá sempre uma distância infinita entre o ponto em que estiverem e aquele que desejarem alcançar. Do ponto de vista do espaço, não pode haver infinitamente pequeno, mas o segundo ponto de vista é o do tempo, o ponto de vista da duração interior. Ah! Na duração, existem infinitamente pequenos e é até mesmo tudo que existe, não infinitamente pequenos como grandeza, como quantidade, mas infinitamente pequenos como intenção, como intensidade, pois a duração é isto, é a intenção móvel, e a intenção é a intuição, é algo que sempre implica, do ponto de vista da análise, uma dualidade, dois pontos matemáticos, embora ela seja, em si, sempre uma unidade. Em outros termos ainda, o infinitamente pequeno é uma noção negativa, na medida em que pretendemos alcançá-lo pela divisão, pela decomposição do que é, mas isso se torna uma noção positiva e uma realidade quando, em vez de tendermos a ele, dele partimos. Nunca chegaremos ao infinitamente pequeno pela divisão, mas podemos partir dele, e, se partirmos dele, situar-nos-emos na duração propriamente dita, chegaremos a uma realidade, a algo positivo.

É fácil ver em que momento, e sob que influência, se produziu essa revolução na maneira de conceber o infinitamente pequeno. Eu lhes dizia que os antigos matemáticos gregos utilizaram o método dos infinitamente pequenos. Ele consiste em demonstrar que certa grandeza que se deseja medir pode ser medida por outra determinada grandeza, e mostra-se que essa outra grandeza é igual à primeira, demonstrando que a diferença entre as duas pode tornar-se menor do que qualquer quantidade dada. Ora, esse método prossegue até o século XVI ou XVII. Há um matemático cujo trabalho marca, pode-se dizê-lo, o limite, a transição do primeiro ponto de vista ao segundo: é Cavalieri[269]. Esse matemático imaginou o método dos indivisíveis, no qual não devo insistir, método segundo o qual, para empregar suas próprias expressões, a superfície é composta de linhas; por exemplo, o triângulo é composto de paralelas a sua base, a pirâmide é composta de todas as seções paralelas a sua base; por conseguinte, o volume seria composto de superfícies, e a superfície, de linhas.

Cavalieri atribui ao infinitamente pequeno um papel positivo, faz dele algo real. Por aí, pode-se dizer que ele se encontra na via da nova matemática, mas permanece no espaço, e há então, em seu método, uma espécie de disparate, que é preciso imediatamente assinalar. Declara-se absurda a pretensão de gerar, de fazer um volume com superfícies por via de compensação. Então, Cavalieri, desejando agir de acordo com a lógica, foi reconduzido – e ele tinha necessariamente de sê-lo – ao ponto de vista antigo, foi obrigado a mostrar que, de modo geral, seu método não era outro senão o de Arquimedes, sendo o infinitamente pequeno apenas um artifício de cálculo; mas identificamos aqui a tendência a tratar o infinitamente pequeno como uma coisa positiva, ao mesmo tempo que a impossibilidade de fazê-lo, se permanecemos no espaço. Ao contrário da perspectiva em que nos colocamos no tempo, esse método se desenvolve por si mesmo e de tal maneira que não se pode dizer quem é seu inventor; pode-se verdadeiramente dizer que se produz por si mesmo. Falamos de Galileu, mas era para passar para a análise infinitesimal do infinitamente pequeno em duração na concepção de Galileu, algo que fosse aplicável não somente ao que se move, mas também ao que não se move.

Explico-me. Trata-se de examinar as coisas que são, de modo geral, tais como as percebemos imóveis, por meio de um método que se vai situar no movimento, na mobilidade. *A priori*, pode-se dizer que isso é possível, pois aquilo a que chamamos a imobilidade nunca é outra coisa senão uma visão estável do movimento. Sejam quais forem as realidades imóveis que considerávamos no espaço, trata-se, em suma, de um movimento, como direi, solidificado, concretado, movimento considerado de certo ponto de vista... Aqui está uma folha de papel na qual escrevi algumas linhas. O que são estas linhas? São, de alguma forma, parado e imobilizado, o movimento da mão que traçou essas linhas. É o movimento que é a verdadeira realidade. O que é a folha de papel? É solidificado, concretado, imobilizado, o trabalho do operário que converteu as toras, os pedaços de madeira em papel. O que são essas toras, esses pedaços de madeira? É o trabalho do sol, isto é, um movimento vibratório executado durante muitos anos pelo sol, que fez crescer a árvore, o algodoeiro; e assim por diante, quanto mais avanço, ou melhor, quanto mais recuo nesta análise, mais me aproximo do movimento; em resumo, o que há de real é o movimento. O que denomino a extensão é um espaço qualquer que é apenas uma visão; se quisermos concebê-lo por uma figura, trata-se de um registro em que estão inseridos, de algum modo, os anais da duração[270]; o que há de real é essa duração, é como que um catálogo em que se inscreve a extensão; não é outra coisa. Quando se concebem assim as coisas, chega-se a uma concepção de ciência que é o inverso da concepção antiga. A ciência é essencialmente dinâmica, e não estática. Evidentemente, essa ciência não pôde constituir-se de uma vez só; ela começou pela duração; é algo estável, fixo, imóvel, e assinalei que a notação consiste em considerar não a figura, mas o movimento sobre o qual a figura é traçada. Não falo do movimento exterior no espaço, pois poderíamos dizer que a geometria de Descartes já é isso.

Considerem um ponto, um móvel descrevendo uma curva. Considerar-se-á que o móvel se desloca ao longo da abscissa...

Não tenho, porém, de entrar nessa demonstração matemática. Se considerarmos o movimento exterior, poderemos dizer que ele já está em Descartes, mas trata-se apenas de um ponto de vista absolutamente artificial; Descartes nunca introduziu isso de modo geométrico em seu método.

A concepção matemática de que falamos se situa verdadeiramente na duração real. Como assim? Senhores, darei a explicação, que posso oferecer-lhes apenas de maneira muito resumida, sob uma forma que, do ponto de vista lógico, talvez seja absurda, mas que, do ponto de vista metafísico, parece-me ser a explicação real. É preciso considerar, desse ponto de vista, a linha reta como sendo intenções. Não vejo outro meio de definir a linha reta; são intenções. Será preciso uma direção. Concordo, se tomarmos então a palavra direção do ponto de vista geométrico; mas se tratará então de outro método, pois a direção não se pode definir senão por uma linha reta. Diremos que uma reta é uma direção. Por outro lado, se tomarmos um ponto, um móvel, por exemplo, em determinado momento, e se considerarmos a reta no espaço, ficará claro que o móvel pode ter somente uma direção; ele está necessariamente sobre uma reta ou sobre outra reta, mas, se nos situarmos na duração, se considerarmos o interior do móvel, ele poderá ter duas ou mesmo várias direções diferentes, duas intenções diferentes. A vida psicológica é feita disso: uma intenção simples que são, ao mesmo tempo, várias intenções; não posso tomar uma decisão sem, nessa decisão, ter infinitos motivos; em outros termos, uma intenção simples é, ao mesmo tempo, múltipla na duração; isso nada tem de contraditório.

Posicionemo-nos nesse ponto de vista, consideremos a intenção de um ponto. Escolhi uma curva; consideremos a curva descrita pelo movimento de um ponto, digamos, por exemplo – retomo um dos exemplos do primeiro matemático a aplicar esse método –, uma elipse com seus dois focos, s... s'. Considero que a elipse é descrita pelo movimento de um ponto M. Se desejo perguntar-me qual é a intenção do ponto M, se adoto o ponto de vista da psicologia metafísica, e não da matemática, o que é uma elipse? É uma curva gerada pelo movimento de um ponto submetido à condição de que a soma de sua distância aos dois pontos s...s' permaneça constante. Assim, a soma M...... + s. s' é constante. Suponhamos que o móvel se desloque da esquerda para a direita. Qual é a intenção do móvel? É preciso que ele se desloque de maneira que a soma de sua distância aos dois pontos s s' permaneça constante; consequentemente, é preciso que ele se distancie; sua intenção é distanciar-se de s exatamente na mesma quantidade da qual vai aproximar-se de s'. Por conseguinte, sua intenção pode ser representada por duas linhas – prolonguemos M s com um comprimento M s'' igual a M s' –, sua intenção pode ser representada por duas linhas, M s' e M s'', iguais entre si.

Ou, se me permitem, a força, a intensidade com que ele se distancia de s será exatamente a mesma que a intensidade com que se aproxima de s'. São, portanto, as duas linhas M s' e M s'' que manifestarão, se as supusermos iguais entre si, essa dupla intenção.

Não é possível que, no espaço, o ponto M ocupe, ao mesmo tempo, duas linhas e se mova, ao mesmo tempo, em duas direções diferentes, mas, no tempo, compreende-se que duas intenções sejam apenas uma só; é preciso que sejam uma só, na medida em que um ponto pode fazer apenas uma coisa ao mesmo tempo; se são uma coisa só, geometricamente essa intenção será manifestada pela bissetriz do ângulo s′ M s′, pois não há nenhuma razão para que o ponto que manifesta essa intenção esteja mais próximo de uma linha do que da outra, pois são iguais. Diremos que a intenção do ponto M é manifestada pelo que concordaremos em denominar a tangente à elipse nesse ponto. De modo que, se considerarmos a interioridade do movimento pelo qual a curva é descrita, poderemos dizer que o ponto nunca está realmente na curva, mas sempre na tangente da curva. Na duração, isso é a própria realidade, pois, na duração, apenas a tangente é real. O que há de real na curva é sua tangente. O que denominamos curva é, de algum modo, apenas a visão exterior, o registro exterior do que, na realidade, ocorre na duração. Acabo de expor em termos metafísicos essa intenção. A verdade é que tudo isso se encontra, a partir de Galileu, nos matemáticos; há uma corrente que parte de Galileu, que se prolonga com Roberval e que chega em Barrow[271], o matemático inglês que foi professor de Newton. A ideia essencial da análise infinitesimal dos modernos se encontra praticamente em Barrow; resta a Newton e Leibniz apenas encontrar a notação, o que, aliás, é muito, e não diminui sua glória; isso não diminui, sobretudo, a glória de Newton, que fez cálculos, e desses cálculos aplicações maravilhosas. A verdade é que de Galileu a Roberval e com o mestre de Newton, esse cálculo evolui e se encontra, de modo geral, constituído no momento em que Newton lhe dá sua notação. Que evolução é essa? É uma evolução que consiste em tratar esse cálculo cada vez mais geometricamente. O tratado de Roberval se fundava na ideia de que uma curva plana, por exemplo, deve ser considerada como tendo sido gerada pela composição de dois movimentos; essa é, em suma, a ideia que acabamos de exprimir. Então, quando Newton oferece regras para esse cálculo, ele vai mais longe que seus predecessores; é um verdadeiro inventor, por que mostra o partido a ser tirado da invenção[272].

Pode-se dizer que Newton vai também mais longe do que eles no sentido metafísico, visto que nos mostra melhor que seus predecessores aquilo a que se poderia chamar o ponto de vista metafísico do cálculo.

Aqui estão textos que mostram que Newton pressentiu a metafísica desse cálculo. Eis uma passagem, por exemplo, do primeiro volume dos *Opuscula*:

> Não considero aqui as quantidades matemáticas como estando constituídas das menores partes possíveis, mas como sendo geradas por um movimento contínuo. As linhas são descritas e são geradas em sua descrição, não pela adjunção de partes, mas pelo movimento contínuo dos pontos; as superfícies pelo movimento das linhas, os sólidos pelo movimento das superfícies, os ângulos pela rotação dos lados, os tempos por um fluxo contínuo (*tempora per fluxum continuum*), e assim quanto ao resto.[273]

Os tempos matemáticos são eles mesmos gerados pelo fluxo; há, portanto, algo que é mais profundo que o tempo matemático: é o fluxo, aquilo a que chamávamos a duração. Ele acrescenta, e isto é muito importante:

> Essas gerações realmente se produziram na natureza [e se veem todos os dias no movimento dos corpos] (*Hæ geneses in rerum natura locum habent [& in motum corporum quotidie peraguntur & coram oculis exhibentur]*).[274]

Trata-se, assim, de gerações reais. A sequência dessa passagem não seria menos instrutiva. Ele nos diz ainda:

> [Considerando, portanto, que quantidades que crescem em tempos iguais e se engendram por esse crescimento acabam sendo maiores ou menores conforme a velocidade maior ou menor de seu crescimento e de sua geração,] eu procurava um método de determinação das quantidades a partir da velocidade dos movimentos ou crescimentos que os engendra; e chamando fluxões a essas velocidades de movimento ou de crescimento e fluentes às quantidades engendradas, cheguei, pouco a pouco, durante os anos 1665 [e 1666], ao método das fluxões de que fiz uso aqui para a quadratura das curvas.[275]

Poderíamos relacionar a essa passagem a ideia de Newton falando de certas visões, aquilo a que chamamos hoje a derivada, falando também da visão primitiva. Ele chama à "visão primitiva" das coisas engendradas "*genita*". Isso é muito notável, pois, se ele tivesse tido de escolher, se tivesse estado na presença de nossa terminologia, "visão derivada e visão primitiva", aquilo a que chamaria derivada seria o que chamamos primitiva, e aquilo a que ele chamaria primitiva seria a derivada, sendo a visão derivada, na realidade, aquela que engendra a outra. O que equivale a dizer que nós, se adotamos hoje o ponto de vista metafísico puro, adotamos um ponto de vista que é o inverso da invenção do cálculo; esse ponto [de vista] da invenção naturalmente é muito menos rigoroso, mas é o ponto de vista da duração que se deve conceber.

Entramos hoje em considerações bastante especiais, semimatemáticas e semimetafísicas. Nas três ou quatro lições que nos restam para terminar este curso, voltaremos à filosofia propriamente dita; mostraremos, na próxima lição, a influência dessa transformação das ideias do ponto de vista filosófico, examinando o sistema de Descartes, do qual falaremos na próxima vez, isto é, em 24 de abril.

DÉCIMA SÉTIMA AULA
SESSÃO DE 24 DE ABRIL DE 1903

Senhores,

Em nossa última lição, procuramos mostrar como as considerações de ordem psicológica relativas ao que denominamos a pura duração penetram a existência e até mesmo a matemática, sobretudo como na matemática elas vêm transformar essa ciência. Poderíamos mostrar – mas falta-nos tempo para isto, pois nos restam apenas três lições – como essa matemática assim transformada constituiu, por sua vez, sistemas e como procurou absorver toda espécie de conhecimentos. Em outros termos, a ciência, em vez de continuar sempre na mesma via, em vez de cada vez mais procurar, no campo cada vez mais elevado, essa intuição da duração, nem sempre procedeu assim; mais precisamente, ela procurou – o que era natural e legítimo – aproveitar-se das transformações, dos aperfeiçoamentos que a matemática recebera dessa mesma intuição para alcançar uma maior e mais extensa aplicação da matemática.

Mas não é nesse ponto que insistiremos nas duas ou três lições que nos restam. Gostaríamos de investigar a influência que essa mesma intuição exerceu, não sobre a matemática, mas sobre a metafísica, sobre a filosofia em geral, e é de Descartes que falaremos hoje.

A filosofia de Descartes expressa um conflito, uma luta ou, em todo caso, uma oposição contínua entre o que denominamos a intuição, pode-se até mesmo dizer a intuição da duração, e, por outro lado, o que se deve denominar o espírito de sistema, entendido no sentido que os antigos teriam atribuído a essa expressão, isto é, a necessidade de sintetizar, de ver o todo sob uma forma simples. Há duas tendências em Descartes. Sobre todos os pontos essenciais, sobre a questão de saber o que é o eu, o que é a pessoa, sobre a questão de saber o que é a matéria, o mundo físico, o mundo exterior em geral, e sobre a questão de saber como se dá a união da consciência e da natureza, quais são as relações entre elas, sua influência recíproca, a ação, por exemplo, do moral sobre o físico, e, em uma palavra, a liberdade, sobre esses três pontos há, por um lado, intuição, e intuição na duração, e, por outro, um esforço – é o que não posso deixar de considerar como um antagonismo – de retirar da duração o que nela se encontrou, para elevá-la à eternidade, para fazer dela um puro conceito capaz de abranger, não direi todas as coisas, mas um número indefinido de coisas.

Daí, na filosofia de Descartes, certo número de impasses que foram assinalados pelos historiadores da filosofia, particularmente por Kuno Fischer[276], certo número de dificuldades sem saída, e é essa oscilação entre duas extremidades, intuição e espírito de sistema, que pode, com efeito, ser considerada um elemento de fraqueza do sistema, mas, por outro lado, é o que faz sua força, pois esses elementos individuais de intuição que entram na doutrina de Descartes poderão sobreviver e sobreviverão certamente ao próprio sistema e, provavelmente, ter-se-á assim extraído desses elementos do cartesianismo tudo que ele contém e tudo que se lhe poderia extrair.

Qual é, senhores, a primeira atitude de Descartes? É a dúvida metódica. Como medida provisória, Descartes rejeitará todas as opiniões que recebeu em sua crença. Por que as rejeita? Qual é o significado dessa dúvida? Seria, como por vezes se disse[227], uma maneira de rejeitar toda espécie de crenças extrarracionais, a fé? Não, não, pois, ao contrário, Descartes resguarda as verdades da fé e não temos nenhuma razão para pôr em dúvida sua sinceridade a esse respeito. Não se trata, portanto, disso.

Seria a rejeição da autoridade dos antigos em geral, e de Aristóteles em particular, como também se disse[278]? Ao que parece, tampouco. Na dúvida metódica de Descartes, nas regras que ele estabelece para chegar à certeza, há certamente a rejeição da autoridade, mas não havia qualquer necessidade de Descartes para mostrar a necessidade de fazer apelo à razão; isso já havia sido dito, e dito há muito tempo, e a autoridade de Aristóteles, ainda muito considerável em certos meios, certamente já estava, de modo geral, muito comprometida. Não, esse não é o objeto da dúvida metódica, conforme, evidentemente, ela incide nas opiniões filosóficas.

O que Descartes condena, em suma, na filosofia que lhe foi ensinada e, por conseguinte, nas opiniões que recebeu em sua crença com base na palavra dos filósofos?

A filosofia, afirma na primeira parte de [seu *Discurso*], é o meio de falar verossimilmente de todas as coisas e de se fazer admirar pelos menos sábios. Um pouco mais longe, declara que chegara a considerar como falso tudo que era apenas verossímil[279].

Aí está algo que diz muito claramente o que é a dúvida cartesiana e quais são suas origens, incidindo essa dúvida em opiniões filosóficas. Tais opiniões são simplesmente verossímeis; a filosofia pode dizer somente o verossímil.

Por que isso? Senhores, quando lemos os trabalhos dos filósofos antigos sobre pontos especiais, questões científicas, como os problemas de Aristóteles, ficamos muito impressionados precisamente com o fato de que a verossimilhança lhes basta; basta-lhes chegar, nesses assuntos, a uma opinião verossímil. Qual é a causa deste ou daquele fato? Essa causa poderia ser esta ou aquela... poder-se-ia encaixar tal objeto nesta ou naquela categoria[280].

E por que se contentam os antigos com o verossímil? Isso se deve a seu método. O método que procede por aplicação dos conceitos, o método puramente conceitual, consiste em procurar e em encontrar em qual conceito já conhecido, já constituído, entra um objeto ou outro. Na maioria das vezes, pode-se escolher entre muitos conceitos diferentes. Os conceitos são quadros e, em quadros diferentes, pode-se encaixar o mesmo objeto, pois o quadro é geralmente algo muito mais amplo que o objeto. Se não procurarmos um quadro que siga exatamente os contornos do objeto, e apenas do objeto, bastando que o objeto caiba em seu interior, encontraremos não um, mas vários e, frequentemente, uma infinidade deles; poderemos escolher e, assim, o juízo pelo qual demonstraremos que o objeto cabe em um conceito será verossímil, no sentido de que outro juízo seria igualmente possível[281].

Um método que consiste em proceder, para descobrir a verdade, pela busca dos conceitos inteiramente prontos, nos quais ele encaixará os objetos que se apresentarem, é um método que pode apenas contentar-se com a verossimilhança. Isso vale para toda espécie de método que consiste em atribuir, acima de tudo, importância à linguagem, à palavra; um método pedagógico exclusivamente literário chega a um resultado dessa espécie; ele nos acostuma a poder falar de tudo. Nada mais fácil do que encontrar conceitos nos quais se encaixará uma ideia particular ou outra, chegando-se, assim, a desenvolvimentos plausíveis; pode-se aprender, assim, a falar e a escrever sobre todas as coisas, mas não a agir, pois quando vem o momento da ação, quando se trata de julgar o conceito no contato com a prática, vê-se que o quadro era demasiado amplo, e que, em si mesmo, ele não nos informa sobre o que se deve fazer, sobre o que se deve extrair das coisas e, consequentemente, sobre o que as coisas verdadeiramente são.

Pois bem, senhores, na dúvida provisória, conforme ela incide em opiniões filosóficas, e na rejeição das opiniões recebidas, sendo tais opiniões meramente verossímeis, vejo, acima de tudo, a crítica não do método de autoridade, como se disse, mas do método que consiste em proceder por aplicação de ideias inteiramente prontas; trata-se de rejeitar a ideia inteiramente pronta. A antiga filosofia acreditava que a verdade existe inteiramente pronta e, de algum modo, depositada na linguagem[282]. Desde Sócrates, desde Platão, através da filosofia de Aristóteles até os neoplatônicos, a filosofia antiga avançara, de algum modo, com base na ideia de que a linguagem é depositária da verdade, de que há um sistema de conceitos prontos, no qual basta colher este ou aquele conceito para aplicá-lo a esta ou àquela realidade.

Sem dúvida, é preciso corrigir a linguagem, endireitá-la, aperfeiçoá-la; ela representa a corrupção de alguma coisa que, em si, seria absolutamente perfeita, a saber, a hierarquia das ideias concebidas em si mesmas. A despeito disso, essa ideia está expressa ou latente na filosofia antiga, e são as ideias prontas nesse sentido, na filosofia antiga em seu conjunto, que Descartes começa por afastar.

Eis, portanto, a ideia pronta afastada. Pelo que Descartes irá substituí-la? Descartes a substituirá pelo "fazendo-se", substitui-la-á, como sendo o próprio fundo da verdade, por uma ação, um ato: "Penso, logo existo". Aí está a verdade fundamental; aí está o ponto de partida de toda sua filosofia. Penso, isto é, tenho consciência de pensar, e não de maneira transcendente, no eterno, pois isso não seria mais consciência; não, no tempo; a consciência é algo [temporal][283]; é no tempo, é na duração que tomo consciência, ao mesmo tempo, de meu pensamento e de minha existência conforme ela coincide com meu pensamento. Eis o ponto de partida.

Eu disse, senhores, que isso é algo muito novo, e, de resto, todo o mundo o disse, mas os antigos não teriam aceitado essa proposição, ou, pelo menos, não a teriam compreendido, tendo em vista seu ponto de partida.

Interroguem um Platão, um Aristóteles, ou até mesmo um Plotino sobre este ponto: o que sou eu e como estou certo de minha própria existência? A resposta será esta: existe a Ideia em si, e participo da Ideia. Sou um ser pensante na medida em que participo da Ideia, do pensamento. Existo, portanto, na medida em que participo desse mesmo pensamento. Em outros termos, o ponto de partida não sou eu nem meu pensamento no tempo, mas a Ideia pura, a Ideia intemporal, o pensamento intemporal também, e o pensamento no tempo tem existência apenas na medida em que pode ser vinculado ao intemporal ou, mais precisamente, na medida em que pode definir-se como uma diminuição, um enfraquecimento do pensamento fora do tempo.

Digo que é assim que os antigos responderiam; na verdade, temos sua resposta sobre esse ponto. Plotino que, por tantos outros aspectos, preparou a filosofia moderna, como nos esforçamos por mostrar, levanta, em um livro muito importante, o livro 3 da *Enéada* v, sobre as hipóstases que permitem o conhecimento e sobre o transcendente (περὶ τῶν γνωριστικων υποστάσεῶν, καὶ τοῦ επέκεινα [*peri tôn gnoristikôn upostaseôn kai tou epekeina*]), a questão de saber, primeiramente, quais são os seres que podem conhecer a si próprios, pensar a si próprios e, em seguida, a de saber se a alma humana pode conhecer-se. Acerca deste último ponto, ele mostra como toda consciência – acredito que já fizemos alusão a este ponto – já é uma cisão de consciência no tempo, representa uma dualidade, é algo que se cortou em dois, algo que se observa, que se percebe em um espelho e, consequentemente, que não percebe a si mesmo, que se exterioriza em relação a si. A partir do momento em que há consciência no sentido temporal da palavra, não há mais conhecimento do ser por si mesmo; o que ele conhece é algo diferente dele, pois há, de um lado, o que olha, e, de outro, o que é olhado; há o conhecendo e o conhecido, isto é, dois termos diferentes, consequentemente, não há mais conhecimento de si. Se o conhecimento de si é possível, ele é possível apenas no inteligível, no puro inteligível fora do tempo[284].

Um ser que é pensamento puro e que, por conseguinte, não pensa no tempo, um pensamento intemporal pensa a si mesmo no sentido de que, aqui, o sujeito e o objeto formam uma única coisa, o inteligível e a consciência coincidem; mas ainda há consciência? É duvidoso e, aqui, Plotino não emprega mais a palavra ἀντίληψις [antilepsis], e ainda menos o termo παρακολούθησις [parakolouthesis].

Melhor ainda, é muito mais claro: ele se pergunta o que é conhecer, o que é pensar, o que é conhecer ou pensar a si mesmo. Pode-se conhecer, diz, apenas uma coisa que é τὸ ὄν [to on]. Mas o que é que existe? É o que não está no tempo, pois estar no tempo não é ser, é devir. De fato, a expressão τὸ ὄν [to on] é, segundo Plotino, sinônima de τὰ νοητά [ta noetá], o puro inteligível, a pura Ideia intemporal. Portanto, não se pode conhecer senão no ser e, consequentemente, na imutabilidade.

Posto isso, perguntemo-nos se a alma (ψυχή [psyché]) pode conhecer a si própria. Sabemos o que é a ψυχή [psyché] segundo Plotino, segundo os antigos em geral. É algo que se desenrola no tempo; a existência temporal é a própria existência da alma, a alma que é um desenrolar no tempo. Por conseguinte, se a alma se conhecesse, a alma enquanto alma, enquanto coisa temporal, isso não seria um conhecimento, o conhecimento alcançado do ser. Do que Plotino conclui –

este é o *leitmotiv* de todo seu livro – que conhecer a si mesmo consiste, para a alma, em sair da alma, em alçar-se ao inteligível. Pelo que ela tem de mais elevado, a alma está no mundo das Ideias, assim, ela é superior ao tempo, e conforme ela sai de si mesma, aquilo que é propriamente a alma pode entrar no inteligível, na pura Ideia, na pura inteligência em que poderíamos dizer que ela ainda permaneceu por sua cabeça. Dessa forma, ela pode conhecer a si mesma, mas o que ela conhece então não é mais a alma, e aquilo pelo qual ela se conhece não pode mais ser consciência.

Aí está, senhores, a opinião dos antigos sobre o pensamento e o ser e as relações entre eles. Os antigos não teriam, portanto, dito: "Penso, logo existo". Teriam dito: "Existe o ser, e o ser é do pensamento. Na medida em que sou do pensamento, participo do ser", mas a ideia de tomar o ponto de partida da filosofia, de procurar a raiz do ser em um ato e, em outro sentido, na duração é essencialmente cartesiana, e ela rompe com tudo que a filosofia antiga dissera sobre o pensamento.

Eis, portanto, o ponto de partida de Descartes, mas, senhores, como eu anunciava no início desta lição, é um espetáculo muito instrutivo e até mesmo, poderíamos dizer, dramático o conflito que se produziu no pensamento dos filósofos modernos em geral entre a intuição e o espírito de sistema.

Estando posta a verdade "Penso, logo existo" e tendo sido procurado no tempo, na pura duração, o ponto de partida da busca pela verdade filosófica, o que acontecerá, qual será o próximo passo da filosofia cartesiana? Dissemos por muitas vezes, senhores, que a opinião que um filósofo professa sobre o tempo em geral, projeta uma grandíssima luz sobre sua filosofia. Essa opinião pode ser explícita, pode ser implícita, mas, quando a descobrimos, quando sabemos o que um filósofo pensou sobre a duração, não dizemos que conhecemos sua doutrina em geral, mas podemos, a partir disso, inferir os principais pontos de sua doutrina.

Sobre a questão do tempo, constata-se que Descartes não nos disse nada de preciso nem, em suma, de interessante quando tratou dessa questão pela questão em si mesma. Primeiramente, nunca se preocupou seriamente em saber o que era o tempo; nunca falou do tempo senão a propósito de outra coisa.

Na primeira parte dos *Princípios*, o tempo é associado ao número e até mesmo à extensão. É dito, a respeito do tempo, que se trata de um modo, de uma maneira de considerar as coisas conforme elas continuam a existir[285].

Aliás, em carta à princesa Isabel, Descartes classifica o tempo entre as ideias inatas. Há o tempo, o número e outras ideias ainda que sejam ideias inatas[286].

Em outra carta, também a Isabel, dirá que o tempo é uma sucessão de pensamentos, a sucessão, diríamos hoje, de nossas representações[287]. Aliás, não se vê muito bem como se conciliam essas opiniões. A verdade é que Descartes permaneceu vago sobre esse ponto, e que, quando falou do tempo pelo tempo em si mesmo, não aprofundou a natureza da coisa.

É o que acontece quando trata da questão *ex professo*, como analisador profissional de ideias, poderíamos dizer, mas uma coisa é a análise de uma ideia que fazemos de passagem e porque fomos chamados a fazê-la por outras análises, outra coisa é o uso que fazemos dessa ideia.

Ah! Quando um filósofo faz de certa ideia uma aplicação essencial, tal aplicação nos informa sobre a natureza que ele atribui a essa ideia. Perguntemo-nos, portanto, qual é a aplicação, o uso que Descartes fez dessa ideia do tempo.

Sobre esse ponto, podemos considerar o que denominamos a duração exterior e a duração interna. Encontraremos a mesma resposta. Consideremos a duração exterior, o que se poderia denominar o tempo físico, a duração das coisas.

Qual é a opinião de Descartes sobre a duração do mundo e o que é duração para as coisas? Na quinta parte do *Discurso do método*, ele nos diz que, no que se refere ao mundo material, ao universo, o ato pelo qual Deus o [concebe][288] é o mesmo ato pelo qual Deus o cria. Essa é a famosa teoria de Descartes. Deus recomeça a todo momento; a cada instante do tempo, Deus recomeça a criação. É preciso que as coisas sejam constantemente recriadas por Deus.

Na resposta à quinta objeção, entre as Objeções de Gassendi, Descartes renova essa teoria e, aqui, ele nos dá a razão para isso: isso se deve, diz, à independência das partes do tempo. Eis a razão: é porque as partes do tempo são independentes que é preciso que Deus recomece, a todo momento, o ato criador. Acrescenta, dirigindo-se a Gassendi: o senhor não pode negar que os momentos da duração estejam separados uns dos outros e que as coisas possam deixar de existir, que elas possam deixar de existir a qualquer momento... Não me lembro exatamente do final da frase, mas o início é realmente esse[289].

Esta é, portanto, a razão: os momentos do tempo são independentes uns dos outros, estão separados uns dos outros e é por isso que é preciso que Deus recomece a todo instante o ato criador.

É o que eu tinha a dizer sobre a duração exterior. Se considerarmos agora a duração interna, chegaremos à mesma coisa. Recordemos – este é um ponto para o qual já chamei por diversas vezes a atenção dos senhores – a teoria cartesiana da memória, ou, antes, do valor da memória na medida em que ela conserva a verdade demonstrada. Esse é um ponto que Descartes retomou com muita frequência, primeiramente, no *Discurso do método*; em seguida, na primeira parte dos *Princípios*, e nas respostas às segunda[s] e quarta[s] objeções de [Clerselier e Arnauld][290]. Em todos esses textos, Descartes diz a mesma coisa: quando chegamos a uma

DÉCIMA SÉTIMA AULA 315

conclusão que concebe, ao mesmo tempo, as premissas das quais tal conclusão é extraída, podemos estar certos de sua veracidade, mas, se chegamos à conclusão pela memória e sem perceber, ao mesmo tempo e na mesma intuição, as premissas dessa conclusão, ah!, então podemos enganar-nos; com efeito, nada indica que as coisas tenham permanecido inalteradas, e a verdade pode, de algum modo, ter-se desfeito enquanto avançávamos. Quando não encontramos a razão ao mesmo tempo que a conclusão, não estamos mais certos da conclusão; em outros termos, há, aqui também, descontinuidade, e o mal conhecido pode enganar-nos. Tanto estamos certos da veracidade da conclusão quando nela percebemos as premissas, quanto estamos incertos dela quando já não vemos nada além da conclusão e por conta apenas da memória.

Portanto, quer consideremos a duração exterior ou a duração interna, Descartes trata o tempo nas coisas como descontínuo. A ideia de descontinuidade da duração está, portanto, em Descartes; e por que isso? Não vejo razão para isso, senão no fato de que os antigos assim consideraram o tempo e de que, por mais que rejeitemos todas as opiniões recebidas em nossa crença, existem algumas que deixamos de analisar até o fim e das quais aceitamos, assim, a análise inteiramente pronta. Já encontráramos essa ideia da descontinuidade dos momentos do tempo entre os filósofos antigos, e parece realmente que Descartes a aceita tal qual.

Ah! Mas resulta disso uma consequência importante. Voltamos então aqui ao que dizíamos no início: tendo partido da intuição do eu do pensamento no tempo, constata-se que essa intuição não basta e não pode bastar a Descartes. Ah! Se a duração fosse algo sólido, se houvesse continuidade na duração, se a duração fosse uma realidade que bastasse a si mesma, o "Penso, logo existo" se bastaria, mas Descartes, que sentiu a necessidade de tomar essa intuição e, em suma, de procurar a raiz da verdade e da certeza no tempo, mal a tomou, se vê como que assustado diante dessa descontinuidade do tempo. Parece-lhe que o "Penso, logo existo" tomado no tempo é tomado no instante e que se vai manter suspenso no ar, que é preciso algo mais sólido para garantir-lhe a permanência. Como, então, procederá? Tudo seria perfeito se, no instante em que ele percebe que pensa e, consequentemente, que existe, ele não percebesse, ao mesmo tempo, a ideia do ser perfeito, a ideia do eterno que é dada no "Penso", como solidária do ato pelo qual ele pensa a si mesmo, e o que essa ideia do ser perfeito tem de notável é que ela implica a existência intemporal, eterna; é a existência de um ser que não pode querer não ser. Aí está, portanto, a existência de Deus estabelecida, demonstrada e demonstrada no instantâneo, mas isso basta: tenho, neste instante, algo de eterno, e vou então vincular a essa eternidade os momentos sucessivos e descontínuos de minha própria existência. Assim, encontra-se aí o que se denominou o círculo cartesiano. Sustentarei, permanecendo ao mesmo tempo na duração, essa duração na eternidade. Eis a parte sistemática do pensamento de Descartes.

Senhores, não nego, de modo algum, o grande valor dessa mesma demonstração da existência de Deus – talvez não se tenham tirado ainda todas as consequências que ela comporta – nem mesmo o grande valor dessa concepção de Deus considerado, de modo geral, por ser o fundo das coisas, como um ato mais do que, no fim, como um ser; um ato intemporal e eterno ao qual se enunciará o ato do pensamento finito, que é o pensamento no tempo. Tudo isso tem um grandíssimo valor. Não obstante, Descartes abandona aqui o ponto de vista da pura duração; procura considerar a consciência bastando a si mesma, a intuição consciente, a intuição no tempo bastando a si mesma; por conseguinte, acerca desse ponto, ao menos neste sentido, ele não é, ao que parece, absolutamente fiel ao método que começara a aplicar.

Seja como for, não se pode criticar o sistema para dizer que Descartes agiu mal ao proceder assim. Se considerarmos o desenvolvimento posterior de sua filosofia, constataremos que essa relação do "Penso" com a existência de Deus foi retomada e desenvolvida pela filosofia pós-cartesiana, pois a filosofia de Leibniz me parece sustentar-se, em grande parte, nisso; é uma espécie de ponte lançada entre o "Penso", de um lado, e a existência de Deus, de outro; parece realmente que essa filosofia tenha chegado a um impasse, e que não tenha tido a potência para desenvolver-se integralmente.

Poderíamos mostrar que o aspecto puramente intuitivo da filosofia de Descartes, o ato pelo qual ele se situa na duração, é algo que comportou e ainda comporta consequências e aplicações em número indefinido. Se, portanto, julgamos o valor de uma doutrina pelo que ela contém em si, pela fecundidade de suas aplicações, parece realmente ter prevalecido aqui o aspecto intuição mais do que o aspecto sistema.

Chego, porém, à segunda questão. Haveria, acerca desse ponto, um interessante estudo a fazer. Os senhores sabem que a física de Descartes, a teoria da matéria, foi criticada. Foi dito que Descartes – esta é uma opinião emitida, sobretudo, na Alemanha, mas que historiadores ingleses como Whewell, por exemplo, adotam[291] – havia sido, sobre esse ponto, absolutamente inferior a si mesmo, que estava atrasado em relação a Galileu, que ele não compreendera o alcance físico e mecânico da filosofia de Galileu. Nesta última crítica, talvez haja uma parte de verdade. Todavia, a física de Descartes, por suas ideias essenciais, pelas intuições que ela contém, é certamente uma física de altíssimo valor, e pode-se dizer que as ideias mestras em que ela se inspira são ideias cuja fecundidade e cujo alcance apenas hoje começamos a entrever.

Que ideias são essas? Essas ideias que me parecem dominar toda essa física, ainda que Descartes não as tenha esclarecido, e mesmo que ele se tenha exprimido de maneira a nos induzir em erro sobre este ponto, enfim, a ideia mestra é a de que o que é constitutivo da matéria é o movimento. A matéria não é outra coisa: é um movimento, não é algo inteiramente pronto, é algo "fazendo-se". E o que pode induzir em erro sobre este ponto é que Descartes não constituiu explicitamente a matéria com o movimento; ele a constituiu com extensão em movimento.

Os senhores lembram que ele considera a matéria como sendo essencialmente extensão. É assim que se expressa, e então os fenômenos físicos são aqueles que fazem parte dos chamados movimentos na extensão. Será preciso recortar, nessa extensão dos movimentos, partículas maiores ou menores em movimento e, pelo movimento dessas partículas, dessas parcelas, explicar-se-ão os fenômenos do universo em geral.

Qual pode ser a verdadeira realidade dessas parcelas de extensão? Uma coisa existe, é verossímil apenas por suas determinações, por suas qualidades. Ora, que qualidade pode uma dessas parcelas de extensão ter? Descartes nos dirá, se o interrogarmos sobre esse ponto, que ela não tem nenhuma, que não pode ter nenhuma. Cor? Isso não é possível, pois sabemos que a cor, que é uma modalidade da luz, é produzida, assim como a própria luz, pelo simples movimento das partículas dos primeiros elementos da matéria mais sutil.

O calor? Tampouco, pois são essas mesmas partículas de matéria sutil que, colidindo umas com as outras, põem em movimento a matéria menos sutil; daí o calor.

Espessura? Tampouco, pois é pelo movimento centrífugo dos turbilhões que Descartes explica a profundidade; ela se reduz a um movimento, não é uma qualidade. Pois bem, aí está, portanto, uma partícula de extensão que não tem nenhuma espécie de determinação. Os senhores dirão que ela tem por determinação a forma. Descartes recorta partículas maiores ou menores, possuindo todas elas formas diferentes. São essas formas, essas figuras que definirão uma parcela de extensão. Sim, mas não há vazio; consequentemente, essas figuras recortadas não são realmente recortadas, pois considerem essa extensão preenchendo o espaço e coincidindo, de modo geral, com ele, essa extensão na qual se recortam figuras, podemos recortá-las apenas idealmente, pois elas não diferirão em nada do que as cerca.

Considerem um estado do universo cujas partículas estão dispostas de certa maneira e, em seguida, outro estado do universo, e essas mesmas partículas dispostas de outra maneira, pois não há vazio entre as partículas, pois elas não diferem qualitativamente umas das outras; tanto em um caso como no outro, tanto no primeiro estado como no segundo, tudo é matéria, não há diferença, nada aconteceu. A verdade é que o que há de real que diferencia um estado de outro estado, ou, antes, um período de outro período, é o movimento. Ah! Um movimento é uma realidade, e Descartes sempre falou dele como sendo uma realidade e o tratou como uma realidade, e preocupou-se muito mais com ele, em suas explicações, do que com a matéria.

Contudo, se encararmos assim as coisas e fizermos do movimento o substrato da matéria, se reduzirmos a matéria à mobilidade e levarmos até o fim essa ideia, ou melhor, se permanecermos aqui no movimento, na mobilidade, no que denominamos a duração, então o movimento será necessariamente algo psicológico; o movimento possui um interior, pois, sem isso, ele não é absolutamente nada.

Suponham um movimento puramente espacial, partículas extensas como as que acabamos de definir, pois um estado do mundo não difere em nada de outro estado do mundo; o movimento pelo qual se passará de um estado a outro será como se ele não existisse. Se ele realmente existe, é porque tem uma qualidade, uma qualidade interior, é porque é algo psicológico. Contudo, para chegar a esse ponto, seria primeiramente preciso, como eu dizia, atribuir ao movimento um interior; seria preciso considerar os movimentos como absolutos e, sobretudo, não poderíamos *a priori* afirmar que todos os movimentos constituem um único e mesmo sistema do mundo, que existe uma matemática universal, que existe um cálculo possível dos fenômenos a qualquer momento. Nada nos diz que os movimentos em questão formem um sistema único; eles podem formar muitos; não pode existir uma matemática universal, não sendo o movimento uma coisa puramente matemática.

É a isso que Descartes não podia chegar, pois dizíamos haver constantemente nele uma tendência a retornar ao espírito de sistema; ele não se podia desprender da ideia de uma matemática universal; precisava de um sistema único do mundo.

Não posso deixar de ver, aqui também, uma reminiscência da filosofia antiga, pois a ideia antiga da filosofia é um sistema único das coisas perfeitamente ligadas umas às outras. Para os antigos, eram as ideias que formavam esse sistema único. Para a ciência moderna, para Descartes, são as relações matemáticas inerentes ao mundo que formarão esse sistema, mas é preciso que esse sistema exista, e então Descartes, para chegar a esse sistema único do mundo por essa via, tratará o movimento primeiramente como algo puramente matemático.

É muito curioso ver Descartes, nos *Princípios*, em suas "Cartas a Henry More", considerar o movimento como algo puramente relativo, um simples deslocamento do espaço. Se A vai até B, ou se B vai até A, diz, é a mesma coisa, não há meio de distinguir esse movimento; na realidade, todo movimento é recíproco, todo movimento é relativo[292].

De resto, desde o século XVII, percebera-se a contradição entre essa concepção do movimento como puramente relativo e o conjunto da física de Descartes. Leibniz assinalou essa mesma contradição do ponto de vista da física pura[293]. É muito difícil compreender o princípio da filosofia cartesiana, se o movimento é algo puramente relativo, mas acrescentarei que, do ponto de vista metafísico, isso é ainda mais difícil, pois se o movimento é puramente relativo, ele é apenas um acidente do espaço. Como as partículas que têm esse movimento tampouco podem ter realidade própria, não resta mais nada, mas Descartes, até mesmo em virtude dessa tendência a constituir um sistema, declarará que o movimento é relativo, sustentará esse movimento em partículas como se ele não pudesse bastar a si mesmo, e chegará à concepção, nas questões matemáticas, de um sistema único das coisas e dos fenômenos físicos. Portanto, aqui também, temos, na verdade, uma intuição no tempo e como que uma tendência a reduzir as coisas a sua realidade psicológica. Acredito realmente que é isso que sobreviveu e que sobreviverá cada vez mais. A tendência atual é eliminar a matéria para não reter mais do que energias, deslocamentos de forças, enfim, algo que é mais ou menos de natureza psicológica [quanto a][294] suas origens, quanto à origem da ideia.

É o que eu tinha a dizer sobre a matéria e sobre o espírito, mas o quão mais instrutivo seria ainda o estudo das relações entre esses dois termos em Descartes, se ele se tivesse atido ao sistema que concebeu, quer seguindo sua teoria do pensamento, quer seguindo sua teoria dos fenômenos; teria chegado, é evidente, à negação de toda espécie de livre-arbítrio, pois se Deus recomeça, a todo instante, o artifício da criação, decorre disso que é ele quem age por mim, embora ele não seja eu, assim como, de outro ponto de vista, se existe um sistema único dos movimentos do mundo, uma matemática universal, não há lugar para uma criação de movimentos, nem mesmo de direção; todo movimento realizado no espaço deve ser um movimento que resulta necessariamente do movimento precedente e não de um decreto de minha liberdade.

Por conseguinte, quer consideremos a descontinuidade do tempo interior e a necessidade de sustentar esse tempo na eternidade, quer consideremos a descontinuidade do tempo nas coisas, do tempo exterior e essa espécie de matemática universal que dela resulta, trata-se, tanto em um caso como no outro, da negação do livre-arbítrio; é a isso que chegamos. Mas, tratando-se da intuição, da intuição da liberdade, Descartes declara, em carta à princesa Isabel, estas são suas próprias expressões: "Vivenciamos, sentimos e exprimimos que somos livres. É um fato de experiência"[295]. Por conseguinte, é preciso admitir o livre-arbítrio.

Mas como esse livre-arbítrio encontrará um meio de arranjar-se com a onipotência divina e com o organismo da natureza? Sobre esse arranjo, Descartes limitou-se a dizer que era uma coisa muito difícil de conceber: "Deus prevê e quer nossas ações, mas as quer livres, como efeito do livre-arbítrio. É muito difícil de conceber, no entanto, deve-se aceitá-lo"[296].

No que se refere ao obstáculo que tinha de vir do mecanismo da natureza, os senhores se lembram de que Descartes o suprime, supondo que temos uma direção apenas em razão da sucessão dos movimentos, mas essa sucessão se deve à liberdade, à própria união da alma e do corpo, a qual não seria possível se nos ativéssemos, de algum modo, ao que há de sistemático no sistema; mas essa união existe, é um fato, diz Descartes, é um fato de experiência.

DÉCIMA SÉTIMA AULA

Em conversa com Burman, que foi redescoberta há alguns anos, quando se preparava uma edição das obras de Descartes, este afirma que lhe dizia ser muito difícil, no sistema cartesiano, conceber a união da alma e do corpo: "É muito difícil de explicar, mas aqui a experiência basta"[297], experiência que é tão clara que não pode ser negada!

Alhures, em famosa carta a Isabel, ele dirá: "No que concerne à união da alma e do corpo, não se deve meditar a respeito. As pessoas que meditarem a esse respeito não compreenderão nada. As pessoas que vivem, que consultam simplesmente os sentidos, apenas estas saberão o que é a união da alma e do corpo e a aceitarão"[298].

DÉCIMA OITAVA AULA
SESSÃO DE 1º DE MAIO DE 1903

Senhores,
 Em nossa última lição, estudamos a intuição que entra na filosofia de Descartes; insistimos na oposição que, por vezes, existe nela entre, de um lado, a intuição, e, de outro, aquilo a que se pode chamar o espírito de sistema: a intuição que se situa na duração, o espírito de sistema a que ele se submete e que se reduz a uma unidade simples, a uma unificação do tempo. O espírito de sistema tal qual o compreendemos e definimos é algo essencialmente grego e que vem diretamente da filosofia antiga.

O que eu gostaria de mostrar-lhes hoje, ainda que muito brevemente, é que os sucessores de Descartes insistiram muito mais do que ele mesmo nesse segundo ponto, neste segundo aspecto, e que o esforço de um Espinosa, de um Leibniz foi, em grande parte, um esforço para reconduzir o cartesianismo à forma, à estrutura de uma filosofia tal qual a filosofia antiga[299].

Ao expor uma tese dessa espécie, não digo nada de muito novo. Essa via começa, pelo menos, a ser seguida. Artigos foram recentemente publicados – indicarei um artigo muito interessante do Sr. Brochard[300] – nos quais se mostraram pela primeira vez as relações entre a filosofia de Espinosa e a de Aristóteles. Essa aproximação nada tem de artificial, e a distância entre esses dois filósofos é, em muitos pontos, muito menor do que a suporíamos.

Em outro artigo recentemente publicado, mostrou-se a analogia, eu diria quase a identidade, em alguns pontos, entre a filosofia de Plotino e a de Leibniz[301]. No que diz respeito a este último ponto, relembrarei que, aqui mesmo, em um curso que foi dado há já cinco anos, mostrou-se que a tese principal da filosofia leibniziana, e eu acrescentaria até mesmo as expressões que Leibniz emprega correntemente, se encontram em Plotino, e foram, sem dúvida alguma, extraídas por Leibniz de Plotino, pois, como ele mesmo diz, ele conheceu Plotino; ele o leu quando provavelmente ainda era jovem, mas sua doutrina deixara nele uma impressão profunda, e consciente ou inconscientemente, ele reproduziu seus principais pontos.

Não podemos, senhores, estudar a filosofia de Espinosa, deixá-la-emos de lado. Não podemos sequer pensar em aprofundar a de Leibniz; eu gostaria apenas, na lição de hoje, de indicar, entre as teses de Leibniz, aquela que considero como a principal, como essencial, aquela precisamente que se refere ao tempo em suas relações com o que não dura. É óbvio que poderei indicar apenas muito brevemente a opinião de Leibniz sobre esse ponto. Ainda assim, para compreendê-lo, será preciso dar-se conta do que ele entende por uma mônada, e apresentar certa ideia da estrutura geral de seu sistema.

Leibniz, assim como Espinosa, aliás – eu o dizia há pouco, no início desta lição –, deslocou o centro e o eixo da filosofia cartesiana. Descartes partiu de uma intuição e, consequentemente, da duração: *cogito ergo sum*; considera a si mesmo em primeiro e no tempo. É verdade que, muito rapidamente, ele abandona essa posição, como vimos, para procurar em uma pura Ideia, isto é, na eternidade, algo mais estável, mais sólido, para sustentar seu eu que corre no tempo. Não obstante, ele partiu dessa intuição, e a ela retorna em todos os momentos importantes e, poderíamos dizer, em todas as viradas decisivas de seu sistema.

Ao contrário, o que caracteriza a filosofia de Espinosa e a de Leibniz é que, imediatamente e desde o início, eles se instalam naquilo a que poderíamos chamar a eternidade, instalam-se em Deus. Esse é o ponto de partida de Espinosa, esse é o ponto de partida de Leibniz; por isso, sem se demorar em uma intuição que, para esses filósofos, produziria algo demasiado frágil, é preciso imediatamente transportar-se para um centro que seja o centro do ser e que se torne, para o filósofo, o centro do pensamento. Que Leibniz realmente pensava assim é o que percebeu imediatamente, logo que tomou conhecimento da doutrina, e provavelmente apenas de uma parte dela, um verdadeiro cartesiano, pois, em uma primeira carta que Arnauld escreveu a Leibniz e que encontramos na edição [Grotefend][302], na página 21, Arnauld se expressa assim:

> Tenho dificuldade em acreditar que filosofar seja realmente procurar, na maneira como Deus conhece as coisas, o que devemos pensar quer de suas noções específicas, quer de suas noções individuais. O entendimento divino é a regra da veracidade das coisas *quoad se*; mas não me parece que, enquanto estivermos nesta vida, essa possa ser a regra *quoad nos*. Pois o que sabemos atualmente sobre a ciência de Deus? Sabemos que ele conhece todas as coisas, e que as conhece todas por um ato único e muito simples, que é sua essência. Quando digo que o sabemos, entendo por isso que estamos certos de que isso deve ser assim. Mas o compreendemos? E não devemos reconhecer que, por mais certos que estejamos de que isso seja assim, nos é impossível conceber como isso pode ser?[303]

Em outros termos, os senhores podem dizer que Deus é o centro do ser, mas não têm o direito de considerá-lo como o centro do conhecimento.

Eis o pensamento dominante de Leibniz. Trata-se, em suma, de um retorno ao ponto de vista antigo e de uma tentativa de se situar imediatamente no próprio centro da verdade, no próprio centro do ser que se torna, por esse mesmo fato, o centro da verdade.

Situado nesse ponto, o que Leibniz percebe? O que percebe são as mônadas. Examino imediatamente sua doutrina em sua forma definitiva, à qual Leibniz se encaminhou progressivamente, sem abalos. Pode-se dizer que a doutrina das mônadas se encontra por toda a filosofia de Leibniz, muito antes que a palavra seja pronunciada.

Portanto, o que ele percebe são as mônadas; e o que se deve entender por isso? Dizer que o universo em sua totalidade é composto de mônadas é dizer algo que necessita ser explicado, pois a palavra "composição" tem aqui um sentido inteiramente diferente do que ela possui na língua vulgar.

Consideremos o conjunto dos objetos, ou, se me permitem, a totalidade dos objetos do espaço e que constituem o universo material. Há duas maneiras de conceber uma composição dessa natureza. Pode-se, primeiramente, supor partículas materiais, extensas, exteriores umas às outras, independentes umas das outras na medida em que estão separadas, exercendo, no entanto, ações recíprocas umas sobre as outras.

Essa é, do ponto de vista particular do atomismo, a filosofia dos átomos e toda filosofia que a ela se assemelha. Sem sequer chegar ao ponto de supor átomos, pode-se simplesmente dizer que o universo material é composto de corpos, enfim, de objetos tais quais a ciência os apresenta: a mesa, a sala que contém esta mesa... enfim, uma série de coisas que se contêm umas às outras e se mantêm indefinidamente. Esse é o ponto de vista do senso comum, que é muito próximo, como os senhores veem, do ponto de vista atomístico; o ponto de vista atômico é o mesmo que o do senso comum; o atomismo apenas vai mais longe na via que é aberta pelo senso comum.

Essa é a primeira maneira de conceber a composição do universo. Há uma segunda: trata-se precisamente da de Leibniz; ela é muito mais difícil de conceber, é muito mais difícil de chegar a essa maneira de conceber as coisas, mas, uma vez alcançada, essa maneira parece tão natural quanto a outra; vejamos em que ela consiste. Suponhamos que, de um ponto qualquer do universo, captemos uma vista do conjunto, digo uma vista fotográfica, uma vista comparável à que captaria um aparelho fotográfico. É preciso supor, é verdade, que essa vista seja de tamanho natural; será preciso supô-la colorida também, pois falamos do próprio universo; os senhores poderão até mesmo supô-la estereoscópica, isto é, vista por meio de um estereoscópio, conferindo relevo às coisas.

De que forma essa vista fotográfica se diferenciaria do universo visual tal qual ele é na realidade? Ah! Haveria uma diferença capital e seria, aliás, a única: é que essa fotografia de tamanho natural, colorida e estereoscópica realmente me apresenta os objetos tal como aparecem de um ponto de vista, mas apenas de um ponto de vista. Os objetos estão aí na fotografia, mas minha vista não poderia girar a seu redor; há objetos que estão mais ou menos dissimulados pelos outros; em resumo, é um ponto de vista, é somente uma vista. Suponhamos, porém, que, de todos os pontos do espaço, a mesma operação seja repetida, e tenham sido captadas vistas da mesma espécie, e consideremos a totalidade dessas vistas do todo; teríamos todos os objetos com seu tamanho, seu relevo, sua cor, uma vista de todos os pontos de vista possíveis. Pergunto de que forma uma representação dessa espécie se diferenciaria da representação visual do universo tal qual ele é; não haveria nenhum meio de fazer uma distinção. Podemos, portanto, dizer que o universo em si mesmo é a totalidade das vistas possíveis do universo, imagens captadas de todos os pontos de vista possíveis.

Seria essa a concepção de Leibniz? Na realidade, Leibniz define a mônada como uma vista ou um ponto de vista do conjunto, um espelho do universo; uma perspectiva, diz, é uma vista perspectiva das coisas.

Aí está, portanto, uma segunda maneira de conceber as realidades e os senhores veem que ela é profundamente diferente da outra; de tão diferente, chega a ser seu oposto; pois qual é o sentido da palavra "composição" no primeiro caso? No primeiro caso, são as partes que compõem o todo. Se eu quiser conceber o conjunto do universo, considerarei um objeto e depois outro objeto que lhe seja contíguo, e assim por diante. É, portanto, compondo partes com partes que poderei ter a representação do todo, ao passo que, nesta segunda concepção, e esta é sua própria essência, há apenas o todo; não há mesa... se considero um objeto como uma mesa, esse objeto, enquanto objeto independente, não tem nenhuma realidade. Como se constitui tal objeto? É preciso que eu considere todas as representações possíveis do universo nas quais entra esse objeto, sendo cada uma dessas representações um todo absolutamente indivisível, de tal maneira que tudo que não é essa mesa de algum modo se apague, e que haja interferência entre todas as frações da imagem que não diz respeito somente à mesa; a mesa, enquanto objeto, será o resíduo, o que resulta do apagamento recíproco, umas pelas outras, de todas as imagens que não são essa mesa.

De modo que, nessa segunda concepção do universo, repito, não há partes, há apenas todos, enquanto na primeira, o todo se obtém pela composição das partes, poderíamos quase dizer que, aqui, as partes se obtêm apenas pela composição dos todos. Trata-se, portanto, da hipótese inversa à precedente. Assim é a mônada de Leibniz.

Indico-lhes essa diferença fundamental entre o monadismo e o atomismo, mas poderíamos indicar muitas outras, particularmente a que nos importa conhecer para o que será dito daqui a pouco.

No atomismo, há necessariamente ação recíproca das partes do universo umas sobre as outras; um corpo é exterior a outro corpo. Por conseguinte, é preciso supor que, entre um corpo e outro, exista algo que reúne esses dois corpos juntos e que atenua, de algum modo, a independência que o espaço estabelece entre eles.

Ao contrário, em uma concepção como a de Leibniz, está claro que não pode haver nenhuma influência recíproca das substâncias e, como ele diz, das mônadas umas sobre as outras, pela razão muito simples de que cada mônada é um todo; não há, portanto, fora dela nada sobre o qual ela possa agir, e do qual ela possa receber uma impressão.

Leibniz nos diz, é uma frase frequentemente citada: "A mônada não possui janela para o exterior"[304]. Acredito realmente que não há exterior para ela; como poderia haver janelas? Cada mônada é o todo, cada mônada é tudo. Consequentemente, o que pode haver entre as mônadas é algo que faz que outras mônadas expressem o mesmo todo de outro ponto de vista; poderá haver uma multiplicidade de mônadas no sentido de que haverá multiplicidade de pontos de vista, mas sendo esses apenas pontos de vista e sendo essas vistas apenas vistas e sendo cada uma delas uma vista do todo, não pode haver ação recíproca, pode apenas haver acordo na operação pela qual uma completa a outra. É isso que Leibniz entende por harmonia preestabelecida; na realidade, ela não é preestabelecida, é estabelecida, existe pura e simplesmente. A partir do momento em que há pluralidade de mônadas, em que há pluralidade de pontos de vista ou pluralidade de vistas, é preciso que sejam concordantes entre si, tratando--se de vistas do mesmo todo ideal; consequentemente, há entre elas harmonia, mas não ação recíproca.

Esse é o ponto de vista da monadologia. Esse é o ponto de vista de Leibniz. A ideia é profunda, e se opõe radicalmente à concepção atomística. Seria ela absolutamente nova? De maneira alguma, e até mesmo as expressões por meio das quais Leibniz a apresenta, tudo isso já se encontra em Plotino, que, sobre esse ponto, se limitou a resumir a sabedoria antiga.

Recordemos o ponto de partida da filosofia de Plotino. Ele também se situa inicialmente naquilo que ele denomina o uno, tal qual ele o concebe. Há o Uno, a unidade pura sobre a qual, aliás, nada podemos dizer, e então há todos os pontos de vista possíveis sobre essa unidade; há o que Plotino denomina os νοητά [*noeta*], os inteligíveis, aquilo a que Platão chamara as Ideias, as puras Ideias.

Plotino definiu a gênese das Ideias desta maneira. Uma vez que se estabeleceu o Uno, é preciso conceber visões do Uno, todas as visões possíveis do Uno, todos os pontos de vista possíveis sobre o Uno; teremos Ideias, inteligíveis, tantos νοητά [*noeta*]. Cada um desses νοητά [*noeta*], diz, é uma visão, e cada qual é um todo.

Encontramos, no passado, muitas relações possíveis entre Plotino e Leibniz. Limitar-me-ei a indicar um ou dois textos absolutamente importantes, por exemplo, na *Enéada* v, o livro 8, §4. Traduzo:

> No mundo inteligível, todos os seres são transparentes (διαφανῆ πάντα [*diaphanè panta*]). Tudo é visível em tudo até em seu interior (πᾶς παντὶ φανερὸς εἰς τὸ εἴσω [*pas panti phaneros eis to eisô*]). Há, portanto, transparência universal e tudo se encontra em tudo.

E Plotino acrescenta:

> É que cada ser contém todos os outros dentro de si mesmo (ἔχει πᾶς πάντα ἐν αὐτῷ [*echei pas panta en autô*]), de modo que tudo está em todo lugar (πανταχοῦ πάντα [*pantachou panta*]) e que cada um dos seres é o todo (ἕκαστον πᾶν [*ekaston pan*]).[305]

É a própria tese da Monadologia, pois a mônada é um espelho, dirá Leibniz, representativo do universo em seu ponto de vista.

Poderíamos multiplicar os textos; aqui está outro cuja tradução encontraríamos em muitas passagens de Leibniz:

> O mundo inteligível é o mundo visível e primeiro. Nele, a parte reproduz o todo (τὸ μέρος παρέχεται ὅλον [*to meros parechetai olon*], e ele está inteiramente em harmonia consigo mesmo (πᾶν αὐτῷ φίλον [*pan autô philon*], não estando nenhuma parte separada das outras.[306]

Alhures, Plotino nos dirá, e esta é a consequência da tese que acabamos de expor, que cada um dos inteligíveis está absolutamente fechado em si mesmo, no entanto, tudo ocorre como se ele se comunicasse com todos os outros, pois é representativo deles. Encontramos, aliás, em Plotino, a harmonia preestabelecida ou, mais precisamente, pois essa expressão não está presente em sua obra, "a conspiração universal".

Não se deve acreditar, senhores, em uma simples coincidência aqui entre Plotino e Leibniz. Sabemos, pois eu lhes dizia há pouco, que, quando jovem, Leibniz lera Plotino. Aliás, em carta a [Hanschius], publicada na edição Erdmann, na página 445, encontramos uma alusão significativa:

> Toda alma, como observa muito bem Plotino, contém em si todo o mundo inteligível.[307]

É verdade que, nesse texto, Leibniz fala da alma, e não do inteligível, mas é preciso lembrar que, para Plotino, a alma, na medida em que se conhece, faz parte do inteligível; não é a ψυχή [*psyché*], mas o νοητόν [*noetón*], cuja alma é a ψυχή [*psyché*], que é verdadeiramente capaz de se conhecer. Tudo isso confirma que Leibniz tirou de Plotino o melhor de sua doutrina. A semelhança é, portanto, visível.

Há, entretanto, apressemo-nos em dizê-lo, uma diferença fundamental. Primeiramente, ainda que se considere o ponto de partida de Leibniz, que se considere o centro do sistema e, em suma, que se considere a intuição em que Leibniz se instala, assim como nela se instalara Plotino, é preciso realmente dizer que não se trata exatamente da mesma inspiração, e que não se trata, nos dois casos, exatamente da mesma coisa. O Deus de Plotino é um Deus que verdadeiramente gera as coisas. Encontramos todas as expressões de que Plotino se utiliza para caracterizar essa operação; existe uma à qual ele frequentemente retorna: é a comparação com um foco de luz. Deus é o foco, e todo o resto são raios. É, portanto, um brilho, uma irradiação que explica a operação divina e, consequentemente, é preciso estabelecer o foco primeiramente como uma realidade e até mesmo, diz Plotino, como uma mais que realidade; isso é mais que real, mais que ser; em todo caso, suprimindo o foco, não resta mais nada.

O mesmo ocorre com Leibniz? Talvez na aparência. Leibniz nos fala da fulguração pela qual Deus produz as mônadas, mas em lugar algum se explicou acerca da natureza dessa fulguração, e ela não desempenha um grande papel em seu sistema; poderíamos até mesmo dizer que não desempenha nenhum. A verdade, como já observamos[308], é que a ideia de Deus não é tão importante, tão essencial na doutrina de Leibniz como se poderia inicialmente acreditar; é essencial apenas quando existem muitas mônadas. Se houvesse apenas uma – afinal, isso seria possível –, Deus não seria necessário. Eis a teologia de Leibniz: nela, a ideia de Deus não seria necessária.

Poderia haver apenas uma mônada, e, de fato, Leibniz não diz em lugar algum que pode haver mais de uma. Se houver mais de uma, haverá uma infinidade delas. A partir do momento em que há mais de uma, em que há uma infinidade delas, em que há, em suma, todas as vistas possíveis e que essas vistas se correspondem, ah!, é realmente preciso um todo da realidade em relação ao qual essas mônadas constituam vistas, e é muito certo que esse todo da realidade seja Deus tal qual Leibniz o representa.

Mas, como disse com muita profundidade Secrétan em sua *Filosofia [da liberdade]* – ele vai, aliás, longe demais, e isto é um exagero –: "O Deus de Leibniz é apenas um ideal; não é real, é o todo do ideal do qual as mônadas constituem tantas vistas realmente captadas"[309].

Digo tratar-se aí de um exagero, pois o todo é ele mesmo uma realidade para Leibniz, a partir do momento em que há acordo, harmonia preestabelecida entre as mônadas. Contudo, Leibniz nos revela o fundo de seu pensamento nesta frase frequentemente citada: "Deus é a harmonia preestabelecida"[310]. Em outros termos, a evocação da divindade em Leibniz é, sobretudo, o que explica a correspondência entre as mônadas, ou antes o que explica – o que dá no mesmo – que exista uma pluralidade de mônadas completando-se umas às outras. Em resumo, não se pode dizer que Deus seja essencialmente produtor e gerador do ser nesse sistema.

Aí está uma primeira diferença. Existe uma segunda, digamos, consecutiva, e é esta que mais nos importa do ponto de vista do estudo do tempo a que chegaremos. Essa diferença é a seguinte: quando os filósofos antigos constituem seu mundo inteligível, seu mundo das Ideias, seu mundo dos νοητὰ [*noeta*], como se quiser chamá-lo, resta-lhes, para passar ao mundo real, sensível, do espaço, algo a fazer. Vimos que, para eles, esse mundo sensível é como que uma diminuição e um enfraquecimento do mundo inteligível. Isso é certo em Platão, pois, abaixo do mundo das Ideias, existe, para ele, o mundo das coisas que a alma universal penetra. Isso também é certo para Aristóteles, pois, por mais que se diga que, em Aristóteles, a Ideia ou a Forma é imanente à coisa, não é menos verdade que o que corresponde ao mundo platônico é Deus, o Pensamento do Pensamento, a totalidade das Ideias, dos inteligíveis contraídos em um inteligível único. Pois bem, uma vez estabelecido Deus, é preciso ainda, para que o mundo exista, que haja como que uma diminuição, uma distensão da potência divina. Essa diminuição é o mundo estendido no espaço.

É o que procuramos mostrar. Isso está muito claro, isso está explícito em Plotino, pois, quando Plotino constitui sua primeira e sua segunda hipóstase, Deus e o inteligível, resta-lhe ainda supor uma terceira hipóstase, a alma universal com o mundo que está nela contido, para obter o universo sensível do espaço.

É assim em Leibniz? Ah, não! E aí está a influência do cartesianismo. Em Leibniz – abordamos aqui a teoria do tempo, pois chegamos à do espaço, e essas duas teorias se interpenetram –, para passar da mônada, isto é, do inteligível ao espaço e ao mundo sensível, não há nada de novo a criar, não há nada de novo a fazer. Leibniz nos dirá – esta é uma expressão que foi frequentemente citada – que o espaço é apenas uma ordem de coexistência. O que ele entende por isso? Essa é uma expressão frequentemente citada, mas menos frequentemente explicada e interpretada. O que ele entende por ordem de coexistência? É certo que, se houvesse apenas uma mônada, não haveria espaço. A mônada é algo inextenso. Uma mônada é uma visão do todo, uma visão absolutamente simples e indivisa. É uma visão, mas há uma infinidade de mônadas, há uma infinidade de vistas do todo. Como podemos, nós, homens, inteligências finitas, conceber essa diversidade de vistas? É concebendo a diversidade dos pontos de vista sobre uma única e mesma coisa. A prova disso é que, quando, agora há pouco, eu quis expor-lhes o que era a filosofia de Leibniz, tive de proceder assim: supor um espaço e pontos de onde se captam vistas. Por conseguinte, estamos na presença das mônadas; há apenas mônadas; estamos diante das vistas indivisas do todo, das vistas inextensas, e há apenas essas vistas inextensas.

Mas, se quisermos conceber a pluralidade e o acordo delas, concebemos uma espécie de meio homogêneo e, nesse meio, tantos pontos de vista quanto quisermos, de cada um desses pontos de vista, a possibilidade de captar uma vista, e, na medida em que a realidade é a tonalidade das mônadas, poderemos dizer que a realidade é um conjunto de vistas do todo captadas de todos os pontos de vista.

Para ter pontos de vista, será preciso que suponhamos pontos; a partir do momento em que temos pontos, temos uma ordem de posições; temos posições. A partir do momento em que temos posições, temos um espaço e, por conseguinte, aí está o espaço.

Na realidade, há apenas vistas, mas não podemos conceber a diversidade dessas vistas senão pela diversidade dos pontos de vista. Repito-o: se existem pontos, se existem posições, é porque existe um espaço, mas esse espaço será um puro símbolo, será algo humano, puramente humano. Quanto a nós, inteligências imperfeitas, criaremos posições de espaço, as quais serão apenas suposições para realizar a relação que existe entre todas as mônadas e para aproximá-las umas das outras, considerando-as como tantos pontos de vista[311].

É isso que Leibniz quer dizer quando diz: o espaço é apenas uma ordem de coexistência. Haveria uma verdadeira tautologia, uma petição de princípios em entender as coisas de outra maneira. Acrescenta, ou, pelo menos, subentende em diversas passagens, que o espaço é apenas uma percepção confusa, isto é, humana[312]. Para um ser que visse as coisas tais quais realmente são, não haveria mais espaço, o espaço desapareceria. O espaço é uma representação simbólica pela qual somos obrigados a passar, provisoriamente, quando queremos conceber a coexistência, o acordo das mônadas. É por isso que Leibniz fala em uma ordem de coexistência. Não se trata apenas de uma coexistência, trata-se de uma ordem, isto é, de certo acordo entre as mônadas. É isso o espaço na filosofia de Leibniz.

Os senhores veem então a consequência importante que resulta disso: não há qualquer necessidade de distinguir o mundo real, o mundo da experiência, do mundo inteligível, pois se trata da mesma coisa. O mundo real, sensível, sobre o qual agem os sentidos, é o mundo inteligível percebido confusamente através de uma nuvem, a nuvem do espaço. Se estamos fora da nuvem, percebemo-lo com certa cor; percebemos uma massa colorida. Quando subimos ao cume da montanha e nos encontramos na própria nuvem, não vemos mais nada, apenas gotinhas. Esse é o pensamento de Leibniz. O espaço é essa nuvem. Quando estamos na realidade, e nos situamos na própria substância, já não há nada além de realidades inextensas, nada além de mônadas, mas o espaço é apenas uma ordem de coexistência, e Leibniz acrescenta: possível. Se não me engano, ele diz, em algum lugar, tratar-se aí de um conjunto de possibilidades; tudo isso explica realmente o seu pensamento. Há uma diferença capital entre Leibniz e os antigos, mas essa diferença se explica muito naturalmente pela influência do cartesianismo ou, de modo mais geral, da ciência tal qual existia desde Galileu, pois a ciência dos modernos, a ciência tal como era entendida por Descartes, difere justamente da ciência dos antigos na medida em que não se baseia em gêneros, em

Ideias gerais suprassensíveis, mas em realidades. A ciência distingue o que é o dado da própria experiência, mas Leibniz volta aos antigos; volta à filosofia de Platão e de Aristóteles, mas de modo que essa filosofia seja compatível com a ciência tal qual Descartes a entendia, e essa imanência do sensível ao inteligível é precisamente o que lhe permite fazer a aproximação.

Em outros termos, e para resumir tudo, nessa filosofia, a dualidade entre o real sensível e o inteligível não é a dualidade que existe ou que se produz no ser; a dualidade existe apenas do ponto de vista do conhecimento. Essa é a grande inovação e a ideia da qual Clarke[313] tirará todas as consequências.

Senhores, era necessário insistir assim na teoria do espaço, assim como na do tempo, que Leibniz nos apresenta como uma teoria do mesmo gênero e que é correlativa daquela. Se nos ativéssemos às próprias expressões de Leibniz e aos textos em que tratou explicitamente do tempo, faríamos do tempo uma ideia bastante insuficiente, bastante incompleta e até mesmo bastante inexata, como também aconteceria, aliás, se nos ativéssemos aos textos em que falou do espaço. É, sobretudo, em sua correspondência com Clarke, como os senhores sabem, que ele abordou expressamente esta questão: o que é o tempo? Define o tempo como uma ordem de sucessões, assim como ele define o espaço como uma ordem de coexistência.

Eis a definição que encontramos na correspondência com Clarke e na réplica às objeções de [Bayle][314], na página 189:

> A extensão é a ordem das coexistências possíveis, assim como o tempo é a ordem das possibilidades inconstantes.[315]

Assim, o tempo é uma ordem. Ele acrescentará: uma ordem de sucessões. À primeira vista, uma definição desse gênero poderia parecer um pouco pueril, pois a sucessão supõe o tempo, assim como a coexistência supõe o espaço. Se Leibniz se ativesse a isso, ele definiria, em suma, o tempo pelo próprio tempo. Sim, mas é preciso observar o seguinte: Leibniz dá essa definição, e a dá com frequência, geralmente sob a seguinte forma... leio, por exemplo, o texto do terceiro escrito de Leibniz em resposta a Clarke, §4:

> Quanto a mim, assinalei por mais de uma vez que considerava o espaço como algo puramente relativo, assim como o tempo; e como uma ordem das coexistências, assim como o tempo é uma ordem das sucessões.[316]

Notemos que a palavra "apenas" é empregada em todos os textos em que intervém essa definição: o espaço é apenas a ordem de coexistência... o tempo é apenas a ordem das sucessões... o que equivale a dizer que essa definição é puramente polêmica. Leibniz se dirige àqueles que desejariam ver no tempo algo além de uma ordem de sucessões e no espaço algo além de uma ordem de coexistências, isto é, para falar nossa língua, dirige-se àqueles que falam do tempo homogêneo como se fosse uma realidade, e é desse tempo homogêneo que Leibniz começa por negar, que ele fala em geral quando fala do tempo. Se considerarmos esse tempo homogêneo, ele não é nada fora daquilo que o cerca, como diz com muita profundidade; é contra aqueles que fariam do tempo alguma coisa, um absoluto, que é dirigida essa argumentação, como os senhores acabam de ver.

Em toda essa correspondência com Clarke, Leibniz se exprime da mesma maneira. O texto mais importante se encontraria talvez no quinto escrito de Leibniz em resposta a Clarke:

> Objeta-se aqui que o tempo não poderia ser uma ordem das coisas sucessivas, pois a quantidade de tempo pode tor-

nar-se maior ou menor, permanecendo a ordem das sucessões inalterada. Respondo que isso não é verdade. Pois se o tempo for maior, haverá mais estados sucessivos semelhantes interpostos, e se ele for menor, haverá menos; pois não há vazio nem condensação ou penetração, por assim dizer, nos tempos, assim como nos lugares.[317]

Portanto, para dizer a verdade, a correspondência com Clarke, ainda que seja a parte da obra de Leibniz geralmente citada quando se trata da teoria do tempo e do espaço, não nos informa verdadeiramente sobre o pensamento de Leibniz em relação ao tempo, e nem mesmo ao espaço. A exposição de Leibniz nessa correspondência é puramente polêmica. Ele se situa no ponto de vista de seus adversários, no ponto de vista do senso comum, considera o tempo que seus adversários consideram e demonstra que o tempo é algo puramente relativo e é apenas uma ordem ou, como ele diz, uma ordem de sucessões.

Se desejarmos conhecer o pensamento de Leibniz sobre a duração, sobre a sucessão, será preciso examinar outras partes de sua obra e, particularmente, seu *Discurso de metafísica*, assim como a Correspondência com Arnauld e com o landgrave [Ernest] de Hesse-[Rheinfels], que foi publicada com o *Discurso de metafísica* por [Grotefend][318]...

Nesse discurso de metafísica, há uma passagem importante e em torno da qual parece ter gravitado toda a filosofia de Leibniz; é a passagem na qual é dito, no §13:

> A noção de uma substância individual contém, de uma vez por todas [esta é também a ideia dominante de sua correspondência com Arnauld] tudo que lhe pode um dia acontecer, e considerando-se essa noção, pode-se ver nela tudo que se poderá verdadeiramente enunciar a seu respeito, assim como podemos ver na natureza do círculo todas as propriedades que se podem deduzir dele.[319]

Mais adiante:

> Se algum homem fosse capaz de completar toda a demonstração em virtude da qual poderia provar essa conexão entre o sujeito que é César e o predicado que é sua feliz empresa, ele mostraria, com efeito, que a ditadura futura de César encontra seu fundamento em sua noção ou natureza; faria com que se visse uma razão pela qual ele preferiu passar o Rubicão a deter-se nele, e por que venceu e não perdeu a batalha de Farsália.[320]

O que significam esses textos e outros do mesmo gênero, pois poderíamos multiplicar as citações? Seria preciso, primeiramente, considerar essas citações na correspondência com Arnauld e, em seguida, em um opúsculo publicado há já muito tempo por Foucher de Careil nos *Novos opúsculos* de Leibniz e, em seguida, nos *Opúsculos* recentemente editados por Couturat e que haviam permanecido inéditos[321]. Veríamos nelas sempre a ideia de que, a partir do momento em que se enuncia uma proposição e essa proposição é verdadeira, o atributo da proposição deveria estar compreendido no sujeito. Isso é certo quando se trata de uma proposição matemática, como aquela, tão conhecida, das propriedades do círculo. O predicado que indica as propriedades estava incluso na ideia do círculo, na definição do círculo. Segundo Leibniz, isso é verdadeiro para qualquer proposição. Isso é verdadeiro não somente para uma proposição necessária como a relativa ao círculo, mas também para uma proposição contingente ou uma proposição como "César passa o Rubicão", pois, se pudéssemos ver a ideia de César em sua integralidade, se pudéssemos apreender completamente o sujeito César, perceberíamos nele todos os atributos de César, e particularmente a passagem do Rubicão. Em outros termos, o sujeito lógico, o sujeito de uma proposição contém seu predicado. Há, segundo Leibniz, entre uma proposição geométrica e necessária e uma proposição de fato como "César passou o Rubicão" esta única diferença segundo a qual, no primeiro caso, pode-se, por uma análise geométrica, mostrar que o predicado é inerente ao sujeito, ao passo que, no outro caso, há uma análise que se prolongaria ao infinito, e que aquele que procurasse intermediários entre a passagem do Rubicão e a ideia de César iria ao infinito na série dos intermediários, sem nunca os esgotar, mas uma inteligência infinita perceberia tão claramente, tão distintamente, na ideia de César, a passagem do Rubicão quanto percebemos, por nossa vez, na ideia do círculo, qualquer propriedade da circunferência.

Essa é a ideia enunciada por Leibniz nos *Opúsculos* que acabamos de citar. O que significa essa tese? Significa que o tempo, que a duração não é uma realidade, que a duração não é mais uma realidade do que a extensão.

Se considero a proposição relativa à circunferência e procuro os intermediários entre o sujeito, isto é, a ideia do círculo, e o atributo, isto é, aquilo que afirmei, encontro um número determinado de intermediários, ou, em outros termos, haverá sempre um número determinado de proposições que me permitem compreender por que a proposição em questão se vincula à definição e, por pouco que eu esteja treinado, percebo, de repente, no instantâneo, a consequência que está como que implicada na definição. Um geômetra um pouco treinado percebe na definição da circunferência tudo que dela sobressai, sem que tenha necessidade de tempo; tudo isso existe, para ele, no instantâneo e, segundo Leibniz e Espinosa, no eterno.

Se considerarmos uma noção qualquer, não a noção do círculo, mas a noção de um verdadeiro ser que nos parece ser verdadeiro no tempo, isso também será verdade, com a diferença de que o tempo existirá para um ser imperfeito que é obrigado a tentar esgotar o inesgotável, na medida em que é obrigado a sempre intercalar intermediários sem nunca chegar a ter uma visão instantânea e, de algum modo, eterna do tempo. Mas, para Deus, para uma inteligência infinita, não é assim.

A diferença é a mesma – esta é uma comparação empregada por Leibniz em todos os textos em que aborda essa questão – que existe entre as quantidades comensuráveis entre si e as quantidades incomensuráveis, como, por exemplo, o número 1,414213 etc.; aí está uma quantidade incomensurável; se continuássemos indefinidamente, encontraríamos sempre casas decimais. O que é esse número? É a raiz de 2. Pois bem, a percepção humana é a percepção que é obrigada a seguir a enumeração das casas decimais do incomensurável, ao passo que, para Deus, apenas uma coisa é visível: é a raiz de dois.

Essa comparação se encontra em todos os textos em que Leibniz estabelece essa distinção. É evidentemente essa comparação que lhe inspirou sua teoria da ideia. Aí está a diferença entre o que dura e o que não dura, o que equivale a dizer que a duração, que a extensão é uma percepção confusa, é algo humano; trata-se, nos diz Leibniz, de uma ordem de sucessões. O que isso significa? Após ter concebido todas as mônadas como tantas vistas do todo, é preciso considerar, por exemplo, uma mônada que pensa, assim como o homem, e supor então nessa mônada todas as vistas possíveis que ela pode ter de si mesma, pois o predicado que está encerrado no sujeito é certa vista do sujeito, a qual se torna, de algum modo, atributo da mônada. A duração, para Leibniz, é, de algum modo, extensão no segundo grau. Considerem todas as vistas possíveis do todo e terão a mônada. Considerem todas as vistas possíveis da mônada e terão todas suas percepções, terão a ordem de suas percepções, terão o todo; tanto em um caso como no outro, quer se trate da extensão ou do tempo, tem-se sempre uma percepção confusa, que se dissipa com um conhecimento absolutamente completo e distinto.

Os senhores veem que, em Leibniz, o tempo é algo puramente relativo em si mesmo, como percepção. Os senhores veem também que, nesse ponto, ele se aproxima dos antigos, retorna aos antigos no sentido de que a duração não é, para ele, algo absoluto, no entanto, ele se distingue deles. Seguindo essa direção do cartesianismo, chegaríamos, como dizíamos outro dia, a fazer da duração um absoluto. Para Leibniz, não se trata, em certo sentido, de um absoluto. Diz, por consequência, a respeito da duração, o que diziam os antigos, no entanto, quando os antigos estabeleceram os inteligíveis na eternidade, a duração não se encontrou com isso estabelecida; é preciso supor a diminuição dessa eternidade para ter o fluxo no tempo. Ao contrário, para Leibniz, as coisas, as que duram, não existem fora das mônadas e dos inteligíveis. Basta estabelecer as mônadas no eterno e supor uma percepção confusa na ordem de percepções da mônada pela própria mônada; basta estabelecer essa confusão para encontrar o tempo. Por conseguinte, Leibniz remonta aqui também ao dualismo substancial dos antigos. O dualismo existe não do ponto de vista do ser, mas do ponto de vista do conhecimento. Se supusermos um conhecimento claro e distinto, o tempo desaparecerá. Aí está a diferença essencial.

Resta-nos, na próxima lição, que será a última deste curso, mostrar que Kant partiu dessa concepção leibniziana do tempo e também da concepção leibniziana da ciência, como se essa concepção fosse a única possível, como se não houvesse outras maneiras possíveis de conceber a ciência, a duração e a existência, e que a *Crítica da razão pura* concerne, acima de tudo, não à razão em geral, mas à razão dotada desse emprego e utilizada para a concepção da ciência cartesiana no conjunto das coisas.

DÉCIMA NONA AULA
SESSÃO DE 8 DE MAIO DE 1903

Senhores,

Vimos, na primeira parte deste curso, que ocupou todo um semestre, senão mais, que a filosofia antiga era inteiramente dominada pela oposição entre, de um lado, o mundo das Ideias, conceitos perfeitamente sistematizados e hierarquizados, e de outro, o mundo sensível.

De um lado, o sistema das Ideias e, consequentemente, o intemporal. De outro, o tempo com tudo o que ele contém, o tempo que se desenrola sob a forma imperfeita da realidade enrolada nas Ideias, o tempo que, à medida que se carrega de matéria, se torna algo mais refratário à Ideia e, em suma, algo progressivamente incoerente.

Assim, a oposição do mundo sensível ao mundo inteligível, da duração à eternidade da qual ela seria apenas uma cópia imperfeita e incoerente, é isso que domina a filosofia antiga.

Dissemos quais eram as origens dessa filosofia, que essas origens eram, de modo geral, platônicas; pode-se recuar ainda mais, mas é, no fim, em Platão que se desenha, sobretudo, essa filosofia; Aristóteles a aperfeiçoou, Plotino lhe deu sua forma mais completa, a mais sincrética, ao mesmo tempo que preparou uma [virada]³²² da filosofia, pois embora tenha apresentado, sob sua forma mais rigorosa, a teoria das hipóstases e continuado a colocar a alma, isto é, o tempo, a duração, em último lugar, se a alma do mundo universal está em último lugar, Plotino, que é um espírito muito apegado ao que denominávamos a vida interior, ele que foi o primeiro a ter aprofundado a consciência, a tê-la analisado, a ter fixado sua atenção nela, preparou, pelo próprio lugar que reservou à teoria da alma e à análise da consciência em seus escritos, a filosofia que deveria atribuir à consciência um papel muito mais considerável e situar, em suma, a alma em primeiro lugar³²³.

É o que começou a ser feito na época do Renascimento. Procuramos demonstrar que toda a filosofia do Renascimento implica o pensamento platônico sob a forma que Plotino lhe dera, porém a filosofia do Renascimento se distingue justamente da filosofia antiga pelo lugar que atribui à alma. Certamente, trata-se ainda de uma teoria das Ideias; certamente, ainda se fala de Ideias e, ao que parece, no sentido platônico da palavra, mas, primeiramente, as ideias desceram nas coisas e, em seguida, estão vivas, alteram-se e, no fim, elas são menos coisas do que relações, liames entre os fatos.

A filosofia está orientada para uma concepção das coisas que faz passar para o primeiro plano a alma universal, a vitalidade e, com a vitalidade, a duração. Vimos que, dessa nova orientação do pensamento, nascera uma nova concepção da ciência e, sobretudo, da única ciência que era então, de modo geral, organizada: a ciência matemática. Se as ideias que constituem o objeto da ciência são coisas que se alteram, se as reposicionamos na duração, então o objeto da ciência não consiste mais em transcender a duração e em ser situado no eterno, como haviam pretendido os antigos; o objeto da ciência consiste em examinar o mais minuciosamente possível a realidade; o objeto da ciência se tornará o movente.

E, primeiramente, a Matemática, em vez de ser uma ciência puramente estática, que estuda figuras e fatos, vai obrigar-se a acompanhar o processo de formação dessas figuras, a acompanhar o movimento e a reprodução da ideia, do movimento em matemática. Daí a nova matemática, a matemática da mobilidade, matemática na origem da qual procuramos demonstrar que existe, por mais paradoxal que a coisa possa inicialmente parecer, uma ideia de ordem psicológica[324]. Trata-se, em resumo, daquilo a que chamamos, neste curso, de sentimento da duração, o qual determinou, como mostra a História, como procuramos mostrar a partir dos próprios textos, a transformação da matemática e, por intermédio da matemática, a renovação de toda nossa ciência, pois é a transformação da matemática, muito mais do que um recurso a novos procedimentos de experimentação, que está na origem da ciência moderna, ou melhor, é essa transformação da matemática que determinou a mudança dos métodos de experimentação, convergindo a experimentação inteiramente para a medida, para o tratamento e a variação quantitativa dos fenômenos ligados uns aos outros.

Essa é a demonstração que fizemos, senhores, na primeira parte deste curso. Na distância em que nos encontramos hoje dessa ciência dos séculos XVI e até mesmo XVII, à luz também do movimento filosófico que veio depois, vemos muito bem que o pensamento humano teve então a escolha entre duas direções, duas vias que, *a priori*, se não levarmos em conta as contingências históricas, ele poderia, ao que parece, ter igualmente seguido.

A primeira era aquela que se seguia continuando, prolongando o movimento iniciado e que acabamos de descrever, insistindo cada vez mais no sentido da intuição e do aprofundamento da duração pura. Ter-se-ia encontrado então alguma coisa, como o que denominamos aqui camadas de duração cada vez mais profundas, uma intuição cada vez mais profunda, a mobilidade sob suas diferentes formas; ter-se-ia constituído, abaixo ou acima, se me permitem, uma matemática, uma ciência puramente matemática, uma ciência igualmente intuitiva na origem dos fatos biológicos, por exemplo, e talvez até mesmo dos fenômenos sociais; em outros termos, teríamos considerado nas mudanças da duração uma série de intuições cada vez mais profundas, e se teriam assim constituído ciências provavelmente diferentes, talvez irredutíveis, mas, em todo caso, muito diferentes umas das outras e que se teriam desenvolvido simultaneamente, paralelamente umas às outras. É verdade que nos teríamos distanciado cada vez mais da concepção antiga de uma ciência una, perfeitamente sintetizada e sistematizada, de um sistema único de conceitos capaz, em sua simplicidade lógica, de abranger a totalidade das coisas.

Eis a primeira via que se poderia ter seguido. Mas havia outra, e foi essa que se seguiu. Entrando nesta outra via, podia-se proceder de maneira inteiramente diferente. Pegava-se a matemática nova, a matemática tal qual acabava de ser constituída, renovada pela introdução de certas intuições muito profundas, e, com essa matemática nova, procurava-se retomar ou recomeçar o trabalho do pensamento antigo, constituir mais uma vez uma ciência universal, uma ciência única, integral, ciência, aliás, muito superior à dos antigos, tão superior à dos antigos quanto nossa matemática era superior à antiga geometria; esta, reduzida ao estudo da estática, ao estudo das figuras, era incapaz de se ajustar à mobilidade dos fenômenos, ao passo que a nova matemática era capaz, em certa medida e até certo grau, de acompanhar tal mobilidade.

Podia-se, portanto, iniciar esse trabalho, e se o iniciava com a esperança de chegar a uma grande matemática, a um sistema de signos que seria, ao mesmo tempo, um sistema das realidades; chegar-se-ia, assim, a um [platonismo][325] transfigurado, muito mais próximo da realidade móvel, mas ainda assim um [platonismo], isto é, um sistema uno e simples, perfeitamente determinado de conceitos, de Ideias, de representações.

É verdade que aumentava então necessariamente e cada vez mais a distância em relação a essa intuição que estava na própria origem da ciência matemática da qual ela procederia, e cada vez mais se perdia de vista o que denominamos aqui a pura duração.

Eis a segunda via. É esta via que foi seguida, como dissemos, por muitas razões, das quais a principal era que não renunciamos facilmente a um resultado consolidado, certo, em favor de uma empresa aleatória e que exige um esforço muito penoso. Não há nada mais penoso do que o que denominamos a intuição dos móveis, a intuição dos conceitos em todos os momentos; isso é contranatural, isso supõe uma inversão do trabalho natural do pensamento. Não há nada mais penoso e também nada mais aleatório, pois essa intuição é uma coisa cuja validade somente pode ser medida a partir dos resultados adquiridos, dos resultados obtidos. O que distingue aqui a intuição verdadeira da intuição ilusória é o resultado a que se chega, é a prática. Isso era a aplicação de um método incerto. O esforço exigido era considerável, e é natural não se envolver em tamanha empresa e não se entregar a tamanho esforço antes de ter examinado se, com o esforço já efetuado e com os resultados já obtidos, não se poderia, por uma generalidade suficiente, chegar ao resultado almejado. Era natural, e quase necessário, que se procurasse primeiramente, com a matemática assim transfigurada, recomeçar a obra que o pensamento antigo realizara, em suma, a partir de sua própria matemática, pois o [platonismo], como dissemos, é uma imitação, uma extensão da geometria.

Senhores, foi essa a via seguida, mas não sem muitas oscilações e digressões, e muitas excursões na outra via, na outra estrada que se abria ao espírito, e, para falar apenas dos filósofos propriamente ditos, mostramos que a filosofia de Descartes, por exemplo e acima de tudo, é uma filosofia em grande parte intuitiva, uma filosofia que, em todos os momentos decisivos, restabelece contato com o que denominamos a duração pura, não somente quando se trata de definir a natureza do pensamento, mas também no que diz respeito à liberdade, à união da alma e do corpo, enfim, a todas as questões importantes da filosofia. Foi Descartes quem lançou os fundamentos[326].

Por certo, foi Descartes quem lançou os fundamentos de uma matemática universal, mas sua filosofia é muito mais vasta, ultrapassa, transborda infinitamente essa matemática universal, transborda-a por todas as intuições que ela carrega em si, que a preenchem e cujo conteúdo estamos longe, dizíamos, de ter esgotado inteiramente. Procurou-se, portanto, por mais de uma vez, e Descartes é um grande exemplo disso, retornar à intuição, para retomar o contato com o instável, com a atividade.

Não é nessa direção que se deu o desenvolvimento do pensamento, da filosofia moderna; e, na última ocasião, o que procuramos mostrar rapidamente, e certamente de maneira bastante insuficiente, mas, enfim, a partir de um exemplo preciso, a partir da filosofia de Leibniz, foi o esforço dos sucessores de Descartes de reconduzir o pensamento cartesiano à forma e de inseri-lo, se possível, no molde do pensamento antigo.

Retomando ideias já expostas aqui há muito tempo em um curso sobre a filosofia e encontrando-nos, aliás, com o autor de um artigo recentemente publicado na *Revue de métaphysique* [*et de morale*][327], mostramos que a filosofia de Leibniz é, em sua maior parte e no que ela tem de essencial, um retorno à filosofia de Plotino; que o método leibniziano é o inteligível, é o νοητόν [*noetón*], pois, antes de Leibniz, Plotino nos mostrou inteligíveis que são o todo da realidade, que são o próprio ser, pois τὰ ὄητα [*ta nôeta*], em sua língua, significa τὰ νοητά [*ta nôeta*]; é a mesma coisa. Para Plotino, todos esses inteligíveis, que são o todo da realidade, são visões, são vistas, visões do todo. O que compõe o todo são visões do todo e todas essas visões que constituem tantas repetições do todo, cada uma delas captada de certo ponto de vista, são incapazes de comunicar-se entre si; sendo cada uma o todo, não há comunicação nem ação recíproca, mas complementaridade. É algo que faz que todos os inteligíveis estejam combinados uns em relação aos outros; trata-se daquilo a que Plotino chama de conspiração universal, daquilo a que Leibniz chama de harmonia preestabelecida[328].

É essa doutrina que Leibniz retoma; por um desvio, retorna à filosofia platônica, sob a forma que Plotino lhe conferiu; constitui o mundo com inteligíveis dos quais cada um é o todo considerado de certo ponto de vista; chega, assim, a essa filosofia sobre a qual se pode dizer que tem por objetivo não mais, como era o caso da filosofia mecânica, a filosofia do senso comum, constituir o todo com partes, mas algo muito notável: constituir cada parte com todos que interferem uns com os outros.

Aí está, dissemos, a ideia essencial da concepção de Leibniz. Acrescentamos, entretanto, e esse é então o efeito da influência cartesiana, que há entre essa filosofia de Leibniz e a de Plotino uma diferença muito notável: em Plotino, uma vez constituídos os inteligíveis, é preciso associar-lhes outra coisa: é preciso associar-lhes essa diminuição, essa extensão, essa difusão dos inteligíveis no espaço e no tempo, a qual será a alma do mundo e o próprio mundo inferior à alma. Ao passo que, em Leibniz, uma vez estabelecidas as mônadas, não há nada a acrescentar. O espaço e o tempo são percepções confusas. Aquilo a que chamamos de espaço é uma ordem de coexistência. Aquilo a que chamamos de tempo é uma ordem de sucessão. O que Leibniz entende por isso é simplesmente que, para um espírito imperfeito como o nosso, a pluralidade das mônadas assume necessariamente a forma de uma série de pontos de vista. Se quisermos nós mesmos conceber e expor a outros a concepção das mônadas, não podemos fazer nada além do que fizemos na última vez: falar de pontos de vista, falar de pontos e, consequentemente, justapor pontos uns aos outros, constituir um espaço que se torna uma ordem de coexistência e que é apenas simbólico da pluralidade das mônadas. Da mesma forma, se tomarmos uma das mônadas considerada como um todo, essa mônada, sendo imperfeita, não pode aparecer para si mesma senão pela constituição de uma série de estados, ou melhor, pela enunciação de uma série de juízos que implica uma série de predicados a um mesmo sujeito. Esses constituem tantos pontos de vista sobre esse sujeito e, na medida em que esse sujeito aparecia para si mesmo somente graças à justaposição, esse sujeito está no tempo. O tempo e o espaço desapareceriam necessariamente para um ser que percebesse distintamente todas as coisas, isto é, que não visse mais nada além das mônadas enquanto mônadas.

Essa é a concepção leibniziana do tempo e do espaço, a concepção da realidade. Pois bem, e este é ponto para o qual nos encaminhamos, se nos perguntarmos por que Leibniz voltou assim à filosofia de Plotino e também por que ele a modificou dessa maneira e estabeleceu essa relação especial entre a substância, de um lado, e o tempo, do outro, eis simplesmente o que constataremos: é que Leibniz quis fundamentar, de maneira ainda mais sólida do que fizera Descartes, a matemática universal, e demonstrar, mais solidamente do que fizera Descartes, a possibilidade e até mesmo a necessidade de uma ciência que abrangesse todas as coisas. Foi-nos mostrado recentemente, com muita força – faço alusão ao livro tão interessante do sr. Couturat –, que esse projeto de característica universal penetra o pensamento de Leibniz desde a origem, e que esse é o objetivo de todos seus esforços, uma característica universal, isto é, uma matemática mais extensível, mais compreensível, uma ciência una, simples, integral, da realidade; é essa ideia que penetra toda a filosofia leibniziana[329].

Trata-se, portanto, para Leibniz, de demonstrar que essa característica única, que essa matemática generalizada é possível, que ela é necessária e, para isso, ele não acreditou poder fazer algo melhor do que retomar a ideia antiga de que o próprio fundo do ser é o inteligível. É a inteligibilidade que é o princípio da filosofia de Leibniz; é a harmonia preestabelecida. No centro de todas as coisas, existe Deus, isto é, como diz Leibniz em termos próprios, a harmonia; Deus é a harmonia preestabelecida, é a inteligibilidade universal, é a totalidade da inteligibilidade, e haverá então todos os pontos de vista possíveis sobre essa inteligibilidade, todos os conceitos, todas as mônadas, os conceitos vivos, enfim, as mônadas; há esse acordo necessário – Leibniz diz preestabelecido, mas quer dizer necessário, estabelecido – entre todas as mônadas que são apenas expressões da perfeita e universal inteligibilidade.

Descartes falara de uma imensa matemática que abrange todas as coisas. Como fundamentara essa matemática? Como fundamentara esse mecanismo? Como demonstrara que é preciso que todas as coisas na natureza sejam reguladas por essa matemática e submetidas a esse mecanismo? Demonstrara-o, em suma, a partir do livre-arbítrio, a partir da boa vontade de Deus.

Os senhores lembram que, segundo Descartes, é porque Deus quer, é por um efeito da graça divina, por um efeito da benevolência divina que o mundo é o que é, organizado de maneira a submeter-se perfeitamente à nossa matemática[330]. Pois bem, Leibniz pensa que Descartes não fundamentou essa matemática universal de maneira suficientemente sólida. Com efeito, ela não é necessária, diga o que disser Descartes em sua doutrina; ela não é necessária, pois depende do livre decreto de Deus. Entre a natureza de Deus e o ato pelo qual Deus faz o mundo tal qual ele é, existe um abismo, um infinito. Deus não é obrigado, pela própria necessidade de sua natureza, a fazer o mundo tal qual ele é; em outros termos, a garantia que encontramos em nossa certeza, em nossa matemática, no cartesianismo, é uma garantia insuficiente. O que Leibniz fez foi suprimir a distância, suprimir o intervalo entre o mundo supostamente submetido à matemática e Deus criador e organizador do mundo. Bastava, no pensamento de Leibniz, fazer, conceber Deus de maneira a não lhe atribuir mais do que o suficiente para garantir, para restabelecer a solidez, a necessidade da matemática universal, e é por isso que o Deus de Leibniz acaba, no fim, sendo a própria inteligibilidade e a própria harmonia das mônadas; enfim, como dizíamos na última aula, o Deus de Leibniz é, como preferirmos, harmonia ou até mesmo simples ideal, como disse Secrétan em sua *Filosofia da liberdade*[331]. O Deus de Leibniz é a inteligibilidade universal com, ao seu redor, todos os pontos de vista possíveis sobre ele, todas as repetições possíveis dessa inteligibilidade; em outros termos, para resumir tudo que precedeu, Leibniz retornou à concepção antiga dos inteligíveis, de um sistema de inteligíveis perfeitamente ordenado e que constitui o todo da realidade, e ele considerou o espaço e o tempo como visões confusas desses inteligíveis. O mecanismo cartesiano é, de algum modo, uma crosta que se deve perfurar, uma nuvem que se deve perfurar para encontrar, por trás, a inteligibilidade universal e todos os inteligíveis, Deus e todas as mônadas. A característica universal, a matemática universal não é contingente, é necessária.

Assim é, ao que parece, a obra de Leibniz: é uma tentativa, um esforço para fundamentar mais solidamente a matemática de Descartes; é, por esse mesmo caminho, um retorno ao pensamento antigo e, mais particularmente, à filosofia platônica sob a forma especial que Plotino lhe dera.

Senhores, não me posso impedir de ver na filosofia kantiana[332], pelo menos enquanto crítica da razão pura, um esforço análogo, um esforço da mesma natureza; o objetivo parece realmente ser o mesmo; o que há de diferente é, sobretudo, a escolha dos meios. Que Kant tenha acreditado, ele também, ser possível uma ciência una, simples e integral do tempo, é uma ideia que não se encontra expressa em nenhum lugar específico na *Crítica da razão pura*, mas está em todo lugar: há uma ciência integral das coisas. Há o conhecimento uno, perfeitamente sistematizado e lógico da totalidade, daquilo que nos é apresentado em nossa percepção. Essa ideia, repito, está em todo lugar, ainda que não formulada, na *Crítica da razão pura*, assim como não é duvidoso que Kant tenha pensado em uma solução análoga à que Leibniz nos deixou, pois, desde a *Dissertação de 1770* sobre *os princípios do mundo sensível e do mundo inteligível*, que se concorda em considerar como uma obra de transição entre o Kant leibniziano e o Kant autor da filosofia crítica, a conclusão é uma conclusão leibniziana: é a ideia de que, para passar da aparência à realidade, é preciso elevar-se, fora do tempo e do espaço, a puras ideias, a puros inteligíveis[333]. Portanto, Kant, assim como Leibniz, acredita em uma ciência, não direi na possibilidade de uma característica universal, mas, mais precisamente, na possibilidade de uma matemática universal, de uma ciência una e integral do tempo; assim como Leibniz, ele pensou em fundamentar essa ciência pelo retorno à filosofia platônica das puras Ideias, mas em sua filosofia crítica, no livro de Kant que constitui propriamente a obra kantiana, embora a intenção ainda seja a de fundar uma ciência una e integral da natureza, os meios se tornaram inteiramente diferentes, e o objetivo de Kant foi o de recomeçar a obra de Leibniz, mas praticando a maior economia possível de postulados.

Esta, senhores, é uma obra absolutamente filosófica: obter o mais possível com o menor número possível de postulados, de concepções pedidas ao espírito; explicar mais facilmente e mais completamente as coisas é algo muito filosófico[334]. Essa é a empresa de Kant.

Trata-se, portanto, de demonstrar, com o menor número possível de postulados, a necessidade de uma ciência simples e integral, e perfeitamente coerente e lógica do todo. Eis o objetivo. Descartes perseguiu tal objetivo, Leibniz também, assim, assistimos a um progresso na ciência, a uma economia de postulados, mas esse progresso, segundo Kant, ainda não é suficiente.

Qual é a solução de Descartes? Temos Deus, que é livre com uma liberdade infinita, que pode tudo o que quer, e que, particularmente, quis o mecanismo universal. Aqui, a causa ultrapassa infinitamente seu efeito; a distância entre Deus criador do mecanismo e esse mesmo mecanismo é demasiada. A distância é consideravelmente reduzida em Leibniz. Deus não é mais o ser livre com uma liberdade ilimitada e, em suma, cartesiana, uma liberdade de indiferença; não, Deus é apenas a própria inteligibilidade das coisas, é a máquina central, diz Leibniz, é o todo da inteligibilidade; por conseguinte, temos a harmonia das coisas, temos a inteligibilidade universal, temos os sistemas dos inteligíveis. É isso que nos garante o mecanismo, pois o mecanismo é apenas essa inteligibilidade velada; estamos certos de ter uma ciência perfeitamente coerente, pois a inteligibilidade é o próprio fundo do ser, a inteligibilidade simples, a inteligibilidade conceitual.

Pois bem, isso ainda é muito para Kant, é muito e demasiado. Ele considera que, para fundamentar essa ciência, basta postular a própria necessidade dessa ciência, basta estabelecer a existência do conhecimento integral, a existência de um conhecimento uno e sistemático do todo da realidade. Não há qualquer necessidade de um Deus fiador da ciência integral e do mecanismo universal. Não há qualquer necessidade de uma harmonia preestabelecida entre inteligíveis; basta uma exigência de harmonia, uma necessidade de harmonia; basta aquilo a que Kant chamou de unidade sintética primitiva da apercepção[335], aquilo a que ele chamou ainda de unidade objetiva da consciência.

Pode-se seguir o encolhimento gradual da concepção de Deus de Descartes a Leibniz e de Leibniz a Kant, sob a condição de fazer o que Kant não fez: dar o nome de Deus a essa unidade primitiva da apercepção. O Deus de Descartes se torna, em Leibniz, a harmonia preestabelecida do todo e, em Kant, a unidade sintética primitiva da apercepção. Aí está todo o necessário para garantir a matemática universal, e a prova de que essa filiação é real é que, se seguimos o progresso do pensamento de Kant depois dele, vemos essa unidade sintética primitiva da apercepção retomar o nome de Deus, tornar a ser Deus; assistimos a seu progresso; vemos muito bem que essa unidade sintética primitiva da apercepção tende, à medida que nos livramos de tudo que deve sair dela, a tornar a ser Deus[336].

Aí está, portanto, o ponto de partida do kantismo. Para fundamentar o mecanismo universal, a matemática universal, basta estabelecer, na origem, uma exigência de unidade, uma exigência de ciência integral e simples, uma exigência de coerência lógica do todo.

Agora, tal exigência, onde a situaremos? Situá-la-emos nas coisas? Isso seria contrário à lei e ao princípio de economia que estabelecemos para nós. Se a situássemos nas coisas, seria preciso que a repetíssemos no espírito, ao passo que, se a situássemos no espírito, não teríamos a necessidade de repeti-la nas coisas, pois as coisas não poderão ser conhecidas senão sob a condição de atravessar o espírito, e, na medida em que o espírito é essencialmente constituído por essa exigência, será realmente preciso que as coisas apresentem essa coerência perfeitamente lógica. Dizemos, portanto, que essa unidade primitiva, essa unidade da apercepção é a própria forma do entendimento em geral. Eis o ponto de partida.

Por outro lado, eu dizia que Kant, ao mesmo tempo que procurou fundamentar a ciência integral do todo, como fizera Leibniz, mas com um mínimo de postulados, tinha insistido, ainda mais do que fizera Leibniz, no sentido de uma concepção matemática do todo. Leibniz nos fala de uma característica universal, mais do que de uma matemática universal. A característica universal é o mundo reduzido a um sistema de conceitos perfeitamente lógicos, mas uma matemática universal é algo mais especial. Não se trata apenas de conceitos lógicos, são conceitos matemáticos. Pois bem, a ideia de Kant é a de que Leibniz fundamentou insuficientemente esse mecanismo. É o que afirma Kant ao dizer que "o espaço e o tempo são mais do que acreditou Leibniz"[337]. O espaço e o tempo não são somente negações; não se trata apenas de confusão. O espaço e o tempo, para Leibniz, são uma lógica confusa. Considerem um sistema do mundo que seja um sistema lógico. A confusão dessa lógica é aquilo a que Leibniz chamará de espaço e tempo; é a percepção confusa da lógica que dá a aparência do tempo e do espaço; consequentemente, o tempo e o espaço são coisas puramente negativas.

Para Kant, é muito mais do que isso. O espaço e o tempo têm uma positividade. Por quê? Porque a matemática é mais do que ser lógico. A matemática é perfeitamente lógica. A lógica se aplica à matemática, mas a recíproca não é verdadeira; com a lógica pura, não se fará a matemática, pois, na matemática, há, além disso, o espaço e o tempo especializados. A matemática é a projeção da lógica no plano do espaço e do tempo. Com a lógica pura, não se fará a matemática. É isso que significa esta proposição à qual Kant parece atribuir tão grande importância: a de que as proposições matemáticas são proposições sintéticas *a priori*. Isso significa que a lógica, apenas, não basta para constituir a matemática, e que é preciso, além disso, estabelecer o espaço e o tempo, mas o tempo, para Kant, é algo espacial, algo que é muito próximo do espaço. É preciso estabelecer o tempo e o espaço. Consequentemente, se, por um lado, Leibniz se dedicou em demasia ao método da harmonia preestabelecida, por outro, ele não se dedicou suficientemente quando fez do espaço e do tempo simples confusões da percepção; é preciso restituir ao espaço e ao tempo certa realidade, a fim de explicar a distância que existe entre a matemática e a lógica pura, e assim, por dois lados ao mesmo tempo, teremos consolidado o mecanismo universal; por um lado, com o mínimo de postulados e, consequentemente, com a maior solidez, teremos mostrado a necessidade de uma ciência una e integral das coisas, por outro, restituindo certa positividade ao espaço e ao tempo, teremos mostrado como e por que é preciso que essa ciência una e integral das coisas assuma a forma matemática.

Essa é a razão pela qual Kant, ao mesmo tempo que estabelece a unidade sintética da apercepção que é constitutiva do entendimento, estabelece o espaço e o tempo.

Como ele a estabelece e onde a estabelece? Nas coisas, isso é inútil, e não deve ocorrer, em virtude do princípio da economia, que já enunciamos. Se a situássemos nas coisas, seria preciso repeti-la no espírito, pois nosso espírito é feito de tal modo que não percebe as coisas senão no espaço e no tempo. Ao passo que, se a situarmos no espírito, não precisaremos repeti-la nas coisas. Portanto, espaço e tempo reais enquanto formas puras de nossa percepção, mas sendo apenas formas puras de nossa percepção; por outro lado, a unidade sintética primitiva de nossa apercepção: é com isso que iremos reconstituir todo o conhecimento, e o conhecimento tornará a situar-se inteiramente nessa base e a necessidade de uma ciência integral e [coerente][338] das coisas estará justificada, na medida em que ela se tornará o próprio fundo da realidade tal qual ela se apresenta a nós. Quando se fala no entendimento das leis da natureza, é a mesma coisa. A filosofia kantiana nos diz que o encontramos na crítica da razão pura. É a demonstração da necessidade de uma ciência integral da natureza, que, por um lado, é perfeitamente lógica, pois tudo é constituído primeiramente pela unidade sintética de nossa consciência, e por outro lado, tenderá sempre a assumir a forma matemática, pois existe uma forma de espaço e de tempo através de cuja diversidade sensível essa unidade sintética da consciência deve passar para ser unificada.

Essa é a conclusão a que nos encaminhamos nos dois cursos precedentes e até mesmo neste, pois os cursos que foram ministrados nestes três últimos anos gravitaram inteiramente em torno da ideia, que lhes servirá de conclusão, de que a filosofia kantiana é, acima de tudo, o código da teoria de uma ciência una, perfeitamente coerente, inteiramente conceitual e sistemática da natureza. A filosofia dessa ciência vale o que vale essa ciência; é durável e definitiva na medida em que seria durável e definitiva a concepção de ciência.

A questão que emerge consiste em saber se, depois de Kant, a ciência prosseguiu na via que seguira desde as descobertas do Renascimento, e se, de um século para cá, os cientistas acreditam, enquanto cientistas, na possibilidade dessa ciência una e simples, sistemática do todo. Isso é extremamente duvidoso[339]. Se não é assim, o papel da filosofia no futuro parece ser, sobretudo, o de constituir uma teoria não mais da unidade sistemática do todo, mas da continuidade das intuições pelas quais se poderiam estabelecer ciências diferentes, cada uma existindo para si mesma, cada uma abrangendo somente uma parte da realidade, ciências diferentes do todo.

Se fosse assim, haveria um esforço bastante diferente e bastante novo a tentar, esforço no qual não seríamos apoiados pela tradição filosófica, pela filosofia tradicional, e no qual infelizmente talvez não fôssemos apoiados pelos próprios cientistas, pois esses devem ser e são perfeitamente competentes em sua ciência, e, embora tenham o direito e o dever de filosofar sobre sua ciência, muito frequentemente e até mesmo na maioria das vezes, quando filosofam sobre sua ciência, retornam inconscientemente à concepção da matemática universal, de uma ciência una do todo, concepção que eles são os primeiros a contradizer na prática, na medida em que praticam sua própria ciência, mas à qual retornam naturalmente, ao que parece, sem sempre se dar conta disso; quando fazem a filosofia dessa ciência, tendem a considerá-la sempre como parte da matemática universal.

O objeto dos três primeiros anos deste curso era, como lhes anunciei no início, investigar as transformações que a filosofia antiga sofreu nos tempos modernos, transformações que não foram radicais, mas foram sempre dominadas pela mesma concepção geral de filosofia; era investigar o que eu inicialmente denominava, há três anos, a direção da curva que a filosofia deve seguir.

Vamos, senhores, nos próximos anos, deixar de lado essas generalidades, essas abstrações e passar a aplicações, ao estudo de problemas mais especiais. Proponho-me, no ano que vem, a abordar as questões especiais de psicologia.

Será, aliás, apenas uma preparação para o estudo das questões relativas à filosofia da biologia, pela qual nos encaminharemos, se possível, às questões muito mais difíceis ainda que se relacionam com a filosofia da matéria. Não se trata aqui de ideias novas. Os materiais antigos ou contemporâneos nos servirão; teremos apenas de procurar organizar esses materiais, livrando-nos de toda espécie de ideia preconcebida, de todas as concepções *a priori* do que deve ser a ciência em geral, a filosofia em geral.

Resta-me, senhores, agradecer-lhes pela atenção benevolente que prestaram a este curso e agradecer-lhes também pelas observações e objeções que me enviaram, as quais tendem cada vez mais a estabelecer, entre o professor e seus ouvintes, relações de incessante colaboração.

ANEXOS

CURSO DO COLLÈGE DE FRANCE
(*Revue de philosophie*, II, 6, outubro de 1902, p. 828-832)
Collège de France – Curso do sr. Bergson

A ideia de tempo

O sr. Bergson mostrou alhures que é da confusão do tempo e do espaço que nascem o problema da liberdade e os argumentos de Zenão de Eleia contra o movimento; assinala, neste curso, novas dificuldades que têm sua fonte nessa mesma confusão, e se dissipam, elas também, se distinguimos cuidadosamente o tempo e o espaço.

Com efeito, o dado tem por características essenciais a continuidade e a mobilidade; trata-se, por assim dizer, de uma continuidade móvel, isto é, da duração. Ora, como procede o espírito humano em seu esforço para apreender essa realidade? Uma sensação de luz, por exemplo, resume e fixa em um instante um número enorme de vibrações; ela é, portanto, a parada, a solidificação de algo que, em si mesmo, é infinitamente movente. O pensamento conceitual, por sua vez, procede de maneira análoga; no dado contínuo e móvel que lhe é oferecido, recorta objetos e os imobiliza; isso significa que ele transforma a mobilidade em imobilidade, e o tempo em espaço; de modo que, em resumo, o trabalho pelo qual o pensamento elabora seus conceitos e aquele pelo qual substitui o tempo pelo espaço coincidem.

Essa confusão do tempo e do espaço conduz a insuperáveis dificuldades; o sr. Bergson o mostra no que diz respeito ao eu, ao movimento e às antinomias kantianas.

O eu é um perpétuo escoamento, um progresso; ele está na pura duração; ora, quando desejamos apreendê-lo pelo pensamento, imobilizamo-lo; ele é uma continuidade cujos momentos sucessivos se interpenetram; ora, nessa continuidade, o pensamento recorta estados nitidamente definidos. Daí resulta a concepção associacionista da vida psicológica, concepção que se caracteriza pelo fato de considerar os estados de consciência como coisas inteiramente prontas, exteriores umas às outras e justapostas à maneira de átomos materiais. A psicologia contemporânea abandona cada vez mais essa concepção, cuja falsidade aparece quando se trata não somente dos estados profundos, mas também dos estados superficiais, e que, além disso, tem por consequência fragmentar a vida psicológica em séries de pedaços que, em seguida, não se pode mais juntar; ela é impotente em conceber a unidade do eu de outra maneira do que como uma unidade inteiramente abstrata e factícia, a unidade de uma forma imposta de fora, análoga à que a ciência impõe aos fenômenos quando os associa por uma lei. Resulta disso que o conhecimento que temos da palavra vai, assim como o conhecimento científico, das partes ao todo, e que permanecemos exteriores a nós mesmos, assim como aos objetos exteriores e pelos mesmos motivos.

É também o pensamento conceitual que é responsável pela confusão entre o movimento, símbolo da duração, e o espaço percorrido; e basta, para refutar os argumentos de Zenão de Eleia, dissipar essa confusão, distinguindo o movimento indivisível, ou divisível somente em uma série de atos eles mesmos indivisíveis, e o espaço homogêneo e amorfo, isto é, indefinidamente divisível.

Por fim, as antinomias kantianas implicam, elas também, a confusão entre o tempo e o espaço. Ele examina, a esse respeito, a primeira e a terceira antinomia. Mostra que, na primeira antinomia, Kant considera sucessivamente o tempo como espacial (e, consequentemente, como infinito) e em estado puro (e, consequentemente, como finito[1]); reciprocamente, quando concebe o espaço em estado puro, considera-o como infinito e, quando mescla a ele elementos tomados do tempo, considera-o como finito. Não sendo o tempo e o espaço concebidos da mesma maneira na tese e na antítese, não há, portanto, antinomia. No que concerne ao tempo, Kant tem razão na tese e se engana na antítese; no que concerne ao espaço, engana-se na tese e tem razão na antítese.

É em uma confusão análoga que a terceira antinomia encontra sua origem[2].

É, portanto, de capital importância para a filosofia distinguir nitidamente a ideia do tempo e a ideia do espaço e

---

1. Veremos que, segundo o sr. Bergson, o tempo é concebido como finito e o espaço como infinito.

2. O sr. Bergson observa também, a respeito dessa antinomia, que a concepção kantiana da causalidade se vincula à sua concepção do tempo considerado como um meio homogêneo no qual se desenvolvem fenômenos exteriores uns aos outros; o laço causal é, desde então, concebido como imposto de fora, rígido, o mesmo para todos os fenômenos que ele une, e indiferente à sua natureza; a causalidade, assim como, de resto, a liberdade, não comporta nuances, graus; é preciso admitir elos absolutos, ou hiatos absolutos. Se, ao contrário, se admite que o tempo é uma qualidade dos fenômenos, e que há, na natureza, séries de fenômenos não exteriores uns aos outros, o elo que concebemos entre eles pode variar com a natureza desses fenômenos.

assinalar as principais oposições entre elas. Primeiro, o espaço é concebido como infinito porque é concebido como um todo dado e, por outro lado, porque é, por definição, o "continente universal"; ao contrário, podemos conceber o tempo apenas como finito, por não ser ele algo que se conceba como inteiramente pronto, mas, ao contrário, como uma operação incessantemente em vias de execução. Segundo, o tempo é o heterogêneo puro; o espaço é o homogêneo puro. Terceiro, a duração implica sempre a consciência, definindo-se esta como a conservação do passado no presente (pois aí onde não há essa conservação, não há duração propriamente dita, mas uma série de presentes); o espaço, ao contrário, define-se como o que é exterior à consciência, o que é concebido como algo que ainda subsiste quando se suprime a consciência. Quarto, o tempo não é, como o espaço, uma espécie de meio indiferente à natureza dos fenômenos que nele se desenrolam. Essa característica é essencial e merece ser examinada: a natureza dos objetos não depende da dimensão de espaço que ocupam; é por isso que a geometria pode conceber a qualidade das figuras, suas propriedades, sem levar em conta sua dimensão. Essa propriedade é característica de nosso espaço, e é ela que, formulada pelos geômetras e os metafísicos de diversas formas, serve de base para a geometria euclidiana. Ao contrário, não se pode conceber que a duração seja prolongada ou abreviada, sem que se altere a natureza, a qualidade dos fenômenos. Isso é evidente para os fenômenos psicológicos; e seremos levados a admiti-lo também para os fenômenos exteriores à consciência, pela mera constatação de que, para produzir-se, eles exigem um tempo determinado; desenrolam-se "de acordo com certo ritmo de duração", o qual depende de sua própria natureza e faz parte da noção que temos dela. Assim, não há distinção possível entre a duração dos fenômenos e sua natureza; a primeira faz parte da segunda; ela é uma qualidade das coisas. Resulta daí esta importante consequência de que não há somente uma forma da duração, como há apenas uma forma do espaço, mas tantas espécies de durações quanto há espécies de seres que duram. Conhecer essas durações seria apreendê-las do interior; apreendemos a nossa, e não poderíamos apreender as outras senão por um esforço de simpatia com os seres que as duram.

Assim sendo, é preciso explicar como passamos das diferentes espécies de duração ao tempo homogêneo que o senso comum concebe e que, de modo geral, é apenas espaço. A razão para essa transformação está no fato de que, ao mesmo tempo que somos consciências, somos organismos que se movem no espaço, cuja imagem nos acompanha em todo lugar. Sendo esses dois processos, movimento no espaço e duração, paralelos e contemporâneos, substituímos o segundo pelo primeiro, primeiramente porque o pensamento conceitual, não podendo conceber a duração, é obrigado a traduzi-la em termos que a suprimem e, em seguida, porque é somente graças a essa substituição que cada indivíduo pode obter uma medida comum à sua duração e à dos outros seres.

A substituição do tempo pelo espaço tem sua causa, como dissemos, na própria natureza do pensamento conceitual. Como, portanto, se formam os conceitos? Segundo o sr. Bergson, o espírito humano não forma os conceitos abstraindo e comparando as características comuns dos objetos individuais. Pois, diz, se não tivéssemos de antemão a representação, ao menos confusa, do gênero que queremos construir, como conseguiríamos escolher, entre os diferentes indivíduos, aqueles que compararemos uns aos outros? Se, por exemplo, ainda não tenho a ideia do gênero homem, por que eu compararia Pedro a Paulo, e não a uma mesa? É preciso que tenhamos, desde o início e servindo de base para o trabalho de generalização, a percepção da *semelhança em geral*, que é, para dizer a verdade, algo difícil de explicar e de exprimir.

A linguagem, por sua vez, é composta de dois elementos essenciais: primeiro, o substantivo ou sujeito que exprime, por um lado, o concreto e o individual e, por outro, o imóvel, o estável; segundo, o adjetivo ou atributo que, ao contrário, exprime, por um lado, o geral, e, por outro, o variável. Assim, após ter rompido, pelo substantivo, a continuidade do real, o pensamento se esforça por restabelecê-la graças ao adjetivo. Além disso, o sr. Bergson liga esses dois elementos da linguagem aos dois instintos fundamentais do homem enquanto ser social: o substantivo, que é o estável, exprime a tendência do indivíduo a se submeter à disciplina social; o adjetivo, que é o móvel, exprime a tendência do indivíduo a inovar.

Que conclusões advêm desse estudo? O problema que levantaram, de modo geral, todos os filósofos, consistiu em explicar o devir, isto é, a duração; e a solução sempre consistiu em substituí-la pelo conceito. Ora, a história nos mostra o fracasso completo desse modo de explicação; nenhum sistema pôde encontrar um meio de passar do mundo inteligível ao mundo sensível, e podemos agora perceber por que é assim. Supor que se possa tirar do mundo dos conceitos o mundo sensível é supor haver menos no que muda do que naquilo que é imutável; ora, sabemos que, ao contrário, o conceito negligencia uma massa de elementos do real, especialmente a continuidade e a mobilidade. Resulta disso que o pensamento conceitual não tem tanto valor quanto supuseram, entre os filósofos, aqueles que acreditaram na possibilidade da metafísica, e que, se admitimos, como admitiu Kant, que o espírito humano não dispõe de nenhum outro instrumento para conhecer a realidade, devemos concluir, com o mesmo filósofo, que a metafísica é impossível. Vimos, porém, que outra via se apresenta diante dele. Em vez de partir dos conceitos distintos, de contornos definidos, e procurar reconstituir com eles a mobilidade e a duração, é preciso emancipar-se dos conceitos, "afastar as categorias", ao menos provisoriamente, para conseguir situar-se na pura duração e, a partir daí, descer até os conceitos; o esforço que se deve fazer é um esforço não de construção, mas de intuição[3]. Entretanto, a fim de não cair no arbitrário, não se deve perder todo ponto de contato com o pensamento conceitual; e os resultados a que se chegará deverão sempre, na medida do possível, ser traduzíveis em conceitos.

CURSO DO COLLÈGE DE FRANCE
(*Revue de philosophie*, janeiro de 1904, IV, 1, p. 105-111)
CURSO DO SR. BERGSON
1902-1903

O curso do sr. Bergson sobre a História da ideia de tempo iniciou-se com uma comparação entre o método de intuição e o método de análise – entre o conhecimento absoluto e o conhecimento relativo, por meio de signos e conceitos. A sequência do curso mostrou que essa questão de método estava estreitamente relacionada a uma questão de fundo. Pois a orientação primitiva da filosofia grega no sentido de uma representação simbólica da duração gerou, até Plotino e mesmo por toda a filosofia moderna até Kant, uma concepção do real e da ciência condenada a dificuldades insolúveis.

Duas maneiras – e apenas duas – podem ser adotadas para conhecer uma coisa: primeira, conhecê-la absolutamente, e para isso é preciso transportar-se para ela, dar-se a intuição simples e imediata dela; segunda, conhecê-la rela-

---

3. Esse método, segundo Bergson, é, de modo geral, aquele que seguem os inventores, mesmo nas ciências; todos têm em comum o fato de que, distinguindo-se em grandíssima medida do pensamento conceitual e fazendo um esforço de intuição, "eles investigaram mais profundamente a mobilidade e a duração".

tivamente, de fora, pela recomposição dos pontos de vista que se podem adotar sobre ela ou dos signos, símbolos que podem traduzi-la em uma língua já conhecida. É fácil ver que as características do signo que permite conhecer o fato de fora são inversas às características do fato significado, conhecido de dentro. O signo é *geral*, orientado para a *prática*, dotado de poder de *fixação*. Consideremos um dos quatro exemplos engenhosamente escolhidos pelo sr. Bergson para esclarecer seu pensamento. O movimento, visto de fora, é um deslocamento, uma trajetória; visto de dentro, é algo simples, análogo a um estado de alma, pois diferentes movimentos, vistos do interior do móvel, dariam uma impressão indivisível e original. Ora, o sistema de signos pelo qual exprimimos um movimento é realmente *geral*; pois ele permite decompô-lo em uma infinidade de elementos dotados de velocidade infinitesimal, em pontos, elementos retilíneos, números igualmente utilizáveis em outros casos. Ele está *orientado para a ação*: o conhecimento intuitivo do movimento como fato indivisível não é útil para a vida; o que nos interessa é saber *onde* está o móvel, pois apenas esse conhecimento nos dá poder sobre ele. Mas o meio de ter poder sobre o movimento consiste em fazer dele uma série de repousos, em considerar cada um dos pontos da trajetória como tantas situações virtuais, cuja distância poderemos medir em pontos fixos, escolhidos como referências. Uma relação de várias simultaneidades, apenas isso no movimento é mensurável e objeto de conhecimento prático. Mas não fica com isso evidente que o signo possui um poder de *fixação*? Imobiliza o que é móvel, mas a imobilidade está apenas nas imagens sucessivas que projetamos na trajetória.

O signo por excelência, aquele que reúne, no ponto mais alto, todas essas características, é o conceito, a ideia quando inteiramente preparada para a manipulação intelectual[4]. Ora, se há algo que seja refratário a toda representação conceitual é o tempo, o devir real das coisas. O tempo, para o senso comum, é o movimento uniforme de um móvel sobre uma linha indefinida: assim exteriorizado, ele é, como acabamos de ver, inatingível, em sua natureza íntima, para o conceito. Se nos contentarmos em nos sentir viver, teremos da duração concreta um conhecimento simples, porém inefável. Se quisermos conceber esse movimento, a duração abstrata, de fora, ser-nos-á impossível sair do imóvel, do presente, a menos que atribuamos a cada ponto, a cada instante, a qualidade de ser uma passagem, o que significa reintegrar a representação interior da duração real.

Pode-se, assim, passar do tempo intuitivamente percebido aos conceitos, e não dos conceitos ao tempo. Uma filosofia que parte unicamente da linguagem não pode, portanto, deixar de ignorar o tempo. É o que aconteceu com a filosofia grega.

O traço característico do pensamento grego é a *precisão*. Essa qualidade produziu, na literatura, o gênero clássico: adequação absoluta entre a ideia e a palavra que a exprime; na ciência, o método demonstrativo. Na filosofia, ela levou a admitir que tudo que não está submetido ao λόγος, ao discurso, à exprimibilidade, não conta para o pensamento e não é real.

A Escola de Eleia aceita integralmente esse postulado: donde uma negação radical do devir. Os argumentos de Zenão mostram, com uma força que não foi superada, que, se quisermos conformar a realidade à lógica, é preciso considerar a multiplicidade e a mudança como acidentais ou ilusórias.

Podem-se distinguir dois pontos de vista na filosofia de Platão. Em sua primeira filosofia, ele se mantém muito pró-

---

[4]. Sobre as origens puramente utilitárias do conceito, ver: Bergson, *Matière et mémoire*, p. 173 e ss.

ximo aos eleatas e acredita que a realidade se sustenta em elementos imutáveis. Seu ponto de partida não é o devir real, mas o devir já pensado pelo espírito: como é possível o julgamento, isto é, a participação ou a mistura das duas ideias? Sua solução consiste em encarar a mudança como a degradação do eterno. Na imensidão do vazio, concebamos a projeção de feixes luminosos diversamente coloridos. Sua mistura, que se faz na própria escuridão como uma tela, é o mundo sensível. Os feixes luminosos aos quais deve remontar o dialético para conhecer-lhes as relações e a hierarquia são as Ideias, que extraem da Ideia do Bem sua própria luz e sua realidade. É essa a primeira filosofia de Platão: um poderoso esforço, como dirão os neoplatônicos, de *conversão*.

A filosofia posterior corresponde a um esforço simétrico de *processão*. A grande dificuldade consiste em descer das Ideias eternas às coisas que passam, em resolver não mais o problema lógico do juízo, mas o problema do devir real. O sr. Bergson, aceitando a cronologia dos diálogos determinada pelo método estilométrico do sr. Lutoslawsky, mas rejeitando a interpretação conceitualista dos últimos diálogos, destaca o papel que desempenham, na derradeira filosofia de Platão, as exposições míticas. É preciso ver nos mitos sérios e graves, como o do *Timeu*, um esforço de suprir a dialética. A dialética não pode explicar as origens, a criação: o mito faz intervir causas reais de devir, a alma, a alma do mundo, os deuses. O tempo é um produto do demiurgo que, para compor "uma imagem movente da eternidade imóvel" (*Timeu*, 37-38), regula a rotação de acordo com o número da esfera que envolve a alma do mundo.

Aristóteles suprime a concepção mítica do devir conservando as ideias – mas ideias sempre incompletamente expressas. O que as impede de estarem plenamente em ato é uma quantidade negativa que lhes é acrescentada: λη. A εδος, forma ou ideia encarnada em um indivíduo, busca a si mesma, segue um progresso: ele morre sem que ela esteja completamente realizada. Outro ser o substitui, tão impotente quanto ele em atingir o objetivo, e a perpetuidade desse devir é uma imagem da eternidade. Deus, a forma inteiramente realizada, existe necessariamente. Com efeito, se a incompletude da ideia é materialidade, se o que existe de maneira imperfeita é apenas o resultado de uma subtração, é preciso haver uma quantidade real da qual se possa subtrair, e é o tipo perfeito que resume e concentra em si o que é apenas parcialmente realizado no mundo.

A relação desse Deus com o mundo é a mesma que a da eternidade com o tempo. O tempo é apenas uma modalidade do movimento, e é a perpetuidade do movimento que faz a do tempo. Mas como podemos falar em perpetuidade do movimento? Vemos, neste mundo, apenas movimentos parciais e descontínuos. Essa continuidade pode pertencer somente a um movimento circular, o da primeira esfera do mundo, girando indefinida e uniformemente sobre si mesma. Transmitido gradualmente às esferas concêntricas e, depois, ao mundo sublunar, o movimento perfeito degenera. Na terra, ele já não é mais do que movimento oscilatório, passagem dos contrários aos contrários, alternância de crescimento e de morte, reprodução degradada da circularidade. O movimento circular perfeito é a mais adequada imitação possível de Deus, νοήσις νοήσεως, pensamento que retorna a si mesmo enquanto vai a seu objeto. Para aceitar essa concepção das relações entre Deus e o mundo e da eternidade com o tempo, é preciso aceitar este postulado: *a necessidade para o inferior de existir desde que existe o superior.* É preciso, ao estabelecer a peça de ouro, estabelecer a moeda. Do ponto de vista da causa, essa necessidade será *eficiência*; do ponto de vista do efeito, *finalidade*; e essas duas relações são apenas dois pontos de vista sobre o mesmo fato: o *contato* eterno que une Deus ao mundo.

Não basta, entretanto, dizer que o tempo é o movimento perfeito do primeiro céu. É preciso que esse movimento seja numerado, e apenas a alma é capaz de numerar. Por diversas vezes, Aristóteles assinalou fortemente que não podia haver tempo sem que houvesse alma. Não se deve, a partir disso, concluir que o tempo, relativo à alma, seja contingente, pois a alma existe necessariamente. Da mesma forma, segundo o postulado fundamental enunciado acima, estabelecendo-se Deus, primeiro motor imóvel, estabelece-se o movimento circular que é sua imagem diminuída, assim como, estabelecendo-se a inteligência ativa, eterna, estabelece-se a inteligência discursiva da alma que conta e cria o tempo. Ao que parece, uma necessidade de simetria deveria ter levado Aristóteles a afirmar a existência de uma alma do mundo ao mesmo tempo que a da esfera perfeita. Plotino preencherá essa lacuna.

Plotino aceita de seus mestres Platão e Aristóteles, os quais ele tinha por ambição conciliar, a ideia de que se deve extrair o devir de uma concentração de conceitos. A base profunda da harmonia de seu sistema é a ideia de λόγος, a razão geradora. O λόγος é um papel, é o que, escrito independentemente do tempo, se desenrola no tempo pelas palavras e pelos gestos do ator. É um λόγος que faz que o Uno se irradie como Inteligível, é um λόγος que faz o inteligível se desenvolver como alma, e que a própria alma, imóvel por um lado, se desenrole no tempo por sua base. Por sua ontologia, Plotino se encontra, portanto, muito perto de seus mestres. Eleva-se até mesmo mais alto que Aristóteles para encontrar a fonte da necessidade do desenrolar, pois os inteligíveis, as formas, constituem tantas vistas captadas da Unidade pura superior à inteligência e até mesmo à existência. Na inteligência, já há, portanto, desenvolvimento, e Plotino, remontando a um princípio único para fazer partir dele o impulso do tempo, exacerba, de modo geral, a teoria de Platão e de Aristóteles.

Embora seja inteiramente grego por sua metafísica, Plotino já é inteiramente moderno pelo lugar que atribui à alma, por sua teoria da consciência, pela maneira como formula o problema da liberdade. A despeito de seu apego ao pensamento pagão e de sua resistência às ideias bárbaras, o fôlego judaico-cristão passou por ele. É por meio de sua psicologia, cuja intensa complexidade o sr. Bergson nos mostrou, que ele prepara uma nova solução para o problema do tempo. Se o presente está integralmente dado no passado, se a alma do mundo (o tempo concebido como uma ordem necessária de desenrolar) permite explicar todos nossos movimentos, de que forma nossas ações seriam nossas e qual seria o papel da alma? Das três soluções que ofereceu para o problema da liberdade, a última, é verdade, concilia-se com os princípios de sua ontologia: é a ideia, inteiramente grega, de que a liberdade não está na ação, mas na inteligência pura. É preciso coincidir com sua ideia, a ação é apenas uma contemplação diminuída. Mas o mero fato de ter formulado o problema em termos psicológicos, em termos de alma, prepara uma filosofia nova. Embora esteja longe de nós por conta de certas conclusões, Plotino está muito próximo de nós pelo método.

Os neoplatônicos do Renascimento abandonam progressivamente a ideia de que o tempo é apenas a queda do inteligível condenado a se dispersar na matéria. Ainda mais instigados por Plotino do que por Platão, eles ainda falam de ideias, mas de ideias vivas, inseparáveis do real e em transformação. Associa-se a ideia de duração à de vitalidade (Giordano Bruno). Sobretudo, uma concepção inteiramente nova da ciência matemática se prepara. O objeto da ciência se torna o que se altera, o movente, e não o eterno. A matemática se sujeita a seguir a gênese das figuras. O sr. Bergson estuda de muito perto o progresso dessas ideias novas: o mundo é, ao mesmo tempo, algo de psicológico e de mensurável (Nicolau de Cusa); a ideia da força em Kepler se aprofunda entre a primeira e a segunda edição de seu *Mysterium cosmographicum*; Benedetti demonstra a falsidade das opiniões de Aristóteles sobre a impossibilidade de um movimento contínuo sobre uma linha finita; a ideia desse movimento não é mais absurda se restituirmos ao móvel uma intenção, um interior; o mesmo método psicológico parece inspirar as descobertas de Galileu, e é ele também que, por meio de Cavalieri, Roberval e Barrow, o mestre de Newton, fará que se realize a ideia do cálculo infinitesimal.

No final do século XVI, duas orientações eram possíveis para o método científico. A primeira consistia em aprofundar a ideia de duração e em constituir, acima ou abaixo da matemática, planos de duração diferentes, planos sobre os quais ciências diferentes se teriam desenvolvido paralelamente; ter-nos-íamos afastado cada vez mais da ciência antiga, una, lógica.

A outra via é a que foi seguida: constituir uma ciência universal e integral, tão sistemática quanto a ciência antiga e mais flexível do que ela, um platonismo muito mais próximo do real e que permite reconstruí-lo; afastamo-nos cada vez mais da intuição.

Entre essas duas tendências, intuição e sistema, Descartes edificou sua filosofia. Por isso as oposições entre sua teoria da consciência, o *ato* perpétuo do *cogito*, e sua teoria da matéria submetida a um mecanicismo geométrico puro. Todos os sucessores de Descartes procuram inserir o pensamento cartesiano em um molde antigo. As mônadas de Leibniz são as νοητ de Plotino, visões do todo que conspiram em razão de uma συμπνοια μία, a harmonia preestabelecida. A teoria da substância individual, já definida no *Discurso de metafísica*, fundamenta sua eternidade: *prædicatum inest subjecto*, isso significa que a duração não é uma realidade. Ela é a percepção confusa de uma inteligência que não pode perceber de imediato a consequência no princípio, o predicado no sujeito. Suponhamos, porém, que uma mônada capte uma infinidade de vistas de si mesma; ela teria todos seus predicados ao mesmo tempo, todas suas percepções. O tempo para ela seria esta realidade imóvel: da extensão à segunda potência.

Descartes limitava seu intelectualismo pela ideia que tinha da liberdade divina. É porque Deus assim deseja que o mundo esteja organizado de tal modo que a matemática teria poder sobre ele. Leibniz vai ainda mais longe ao procurar o fundamento da certeza: a *característica universal* não é arbitrária, mas necessária. Deus já não é mais do que a inteligibilidade universal – e o mundo, o conjunto das vistas possíveis dessa inteligibilidade. Kant fez um esforço análogo para fundamentar ele também a teoria de uma ciência una, total, sistemática. Mas a economia de postulados, sensível de Descartes a Leibniz, ainda é maior de Leibniz a Kant. Para fundamentar essa ciência, basta enunciar a exigência de um conhecimento uno e sistemático – *a unidade sintética primitiva da apercepção*. É esse o verdadeiro Deus de Kant (consequência visível, sobretudo, em Fichte). Onde situar essa unidade? Nas coisas? Isso seria contrário ao princípio da economia, pois seria preciso repeti-la no espírito. Vamos situá-la no espírito, pois as coisas devem atravessar o espírito para serem conhecidas. O espaço e o tempo, por outro lado, são mais do que o lógico confuso (as proposições matemáticas são sintéticas *a priori*). Estabeleçamos essas formas e a unidade sintética *a priori* da apercepção: temos tudo que nos permite fundamentar o conjunto de nossos conhecimentos.

Essa é a teoria kantiana, resultado necessário de uma concepção da ciência una e sistemática, herdada da antiguidade, e de uma concepção do tempo que é solidária àquela e que deve apenas a sua antiguidade o fato de não parecer paradoxal: um tempo que não dura.

Não estamos, porém, condenados ao impasse que é a filosofia kantiana: ela vale o que valem essa teoria da ciência e essa teoria do tempo. O papel da filosofia nova será o de reencontrar a continuidade das intuições pelas quais se poderiam constituir diversas ciências, em planos diferentes de duração.

LÉONARD CONSTANT

NOTAS

Abreviações utilizadas para as obras de Bergson

- *DI*: *Essai sur les données immédiates de la conscience*, 1889, ed. Arnaud Bouaniche, Paris, PUF, "Quadrige", 2013.
- *DS*: *Durée et simultanéité*, 1922, ed. Élie During, Paris, PUF, "Quadrige", 2009.
- *EC*: *L'évolution créatrice*, 1907, ed. Arnaud François, Paris, PUF, "Quadrige", 2009.
- *ES*: *L'énergie spirituelle*, 1919; ed. Frédéric Worms, Paris, PUF, "Quadrige", 2009.
- "*IM*": "Introduction à la métaphysique", in *La pensée et le mouvant*, 1934, ver abaixo.
- *MM*: *Matière et mémoire*, 1896, ed. Camille Riquier, Paris, PUF, "Quadrige", 2012.
- *PM*: *La pensée et le mouvant*, 1934, ed. Frédéric Worms, Paris, PUF, "Quadrige", 2013.

(1) Trata-se do curso de 1901-1902 sobre "A Ideia de tempo", cujas últimas sessões, apenas, estão registradas de acordo com o mesmo procedimento estenográfico que o presente curso, o qual se beneficia, por sua vez, de uma conservação integral. Anotações feitas por Ernest Psichari e descobertas por Gabriel Meyers-Bisch nos cadernos

que estavam depositados no Fonds Maritain permitiram conservar um vestígio não negligenciável das sessões faltantes. Um volume posterior permitirá publicar o conjunto. Para uma visão de conjunto imediata, podemos também remeter ao resumo que havia sido feito do curso na *Revue de philosophie* (II, 6, outubro de 1902), também reproduzido em *Mélanges* (ed. A. Robinet, Paris, PUF, 1975, p. 513-517), cf. *infra*, p. 365-371, ("Anexos").

(2) Cf. "Introduction à la métaphysique", em *La pensée et le mouvant*, Paris, PUF, "Quadrige", 2009, p. 177-182; ver também a apresentação por F. Fruteau de Laclos na edição separada (Paris, PUF, "Quadrige", 2013). Quando inicia este curso, Bergson está prestes a completar a redação da "Introdução à metafísica", da qual "boa parte" já estava redigida em 3 de setembro de 1902, como assinala Xavier Léon, a quem pede que "reserve umas trinta páginas" no próximo número da *Revue de Métaphysique et de Morale*. Com efeito, o artigo será nele publicado, em janeiro de 1903. Bergson propunha-o como um "ensaio que poderá servir de introdução aos trabalhos que estou preparando" (*Lettre à X. Léon*, 3 de setembro de 1902, *Correspondances*, ed. A. Robinet, com a colaboração de N. Bruyère, B. Sitbon-Peillon e S. Stern-Gillet, Paris, PUF, 2002, p. 76). Encontramos, nestas primeiras sessões do curso, análises próximas do artigo, por vezes mais desenvolvidas, e nas quais o trabalho que ele prepara em torno da questão da vida e da evolução é ainda mais manifesto. Ver F. Worms. *Bergson, ou les deux sens de la vie*, Paris, PUF, "Quadrige", 2004, p. 154 e ss.

(3) Bergson pensa na "coisa em si" dos kantianos e no interdito kantiano de conhecê-la, diante da ausência de uma "intuição intelectual", que é a única que teria permitido alcançá-la. Cf. também "IM", *PM*, p. 177, nota 1.

(4) Esta é a definição que Bergson dava também para a intuição na versão original de "IM", publicado em 1903: "Chama-se intuição a essa espécie de *simpatia intelectual* pela qual nos transportamos para o interior de um objeto para coincidir com o que ele tem de único e, consequentemente, de inexprimível" (*PM*, p. 181 e variante). Nessa mesma versão, Bergson falava ainda em "intuição intelectual", em referência explícita à sua designação kantiana. Cf. X. Tilliette, *Recherche sur l'intuition intellectuelle de Kant à Hegel*, Paris, Vrin, 1995, reedição 2002.

(5) Cf. René Descartes. *Principia philosophiæ* (1644), livro II, art. 28-29, AT VIII; Henry More (Morus), filósofo inglês nascido em 1614 e morto em 1687, iniciara uma correspondência com Descartes, interrompida pela morte deste (*Correspondance avec Arnaud et Morus*, ed. G. Lewis, Paris, Vrin, 1953; ver H. More. *Scripta philosophica*, 1679, t. II, p. 248; ver R. Descartes. *Correspondance*, ed. J.-R. Armogathe, Paris, Gallimard, 2013, v. 2, p. 638-663); cf. Bergson, *MM*, cap. IV, p. 215-220; "IM", *PM*, p. 178.

(6) Sem repeti-las, Bergson se apoia, para este exemplo, nas análises que dedicou à arte em *O riso*, cap. III.

(7) "infinito", no datilograma.

(8) "oferecem", no datilograma.

(9) Cf. "IM", *PM*, p. 190 e ss.

(10) É realmente nesse centro não aparente que Bergson se vai instalar decididamente neste curso, a fim de desenvolver suas concepções sobre a história dos sistemas, cujo "resumo sucinto" encontraremos no capítulo IV de *A evolução criadora*. Cf. *EC*, p.272 e ss.

(11) Cf. "IM", *PM*, p. 226: "Pois não se obtém da realidade uma intuição, isto é, uma simpatia espiritual com o que ela tem de mais interior, sem antes conquistar sua confiança por uma longa camaradagem com suas manifestações superficiais".

(12) "imperfeito", no datilograma.

(13) O doente é afetado por uma afasia sensorial (uma "surdez verbal" em sua forma) tal como foi descoberta em 1874 por C. Wernicke e especificada por A. Kussmaul. Cf. *MM*, cap. II, p. 120 e ss.

(14) Ver *infra*, p. 369-371 ("Anexos").

(15) Cf. "Le rêve", em *ES*, p. 85 e ss.; ver B. Sitbon (dir.), *Bergson e Freud*, Paris, PUF, 2013. Ver também a apresentação por G. Sibertin--Blanc na edição separada (Paris, PUF, "Quadrige", 2013).

(16) "*A metafísica é, portanto, a ciência que pretende dispensar os símbolos*" ("IM", *PM*, p. 182).

(17) Ver *infra*, p. 365 e ss. ("Anexos").

(18) Cf. *DI*, cap. I, p. 10-14, cap. III, p. 123-124.

(19) Bergson retomará, no ensaio introdutório a *O Pensamento e o Movente*, o exemplo do prazer, p. 52-53.

(20) "A ideia de causa" (1900-1901) é o título do primeiro curso de filosofia geral que Bergson escolheu fazer após sua eleição, no

Collège de France, para a cátedra de filosofia grega e latina. O curso ocasionou vinte sessões (em 7, 14 e 21 de dezembro; 11, 18 e 25 de janeiro; 1º, 8, 15 e 22 de fevereiro; 1º, 8, 15 e 22 de março; 19 e 26 de abril; 3, 10, 17 e 24 de maio). Embora o curso ainda não estivesse encerrado, um curtíssimo resumo foi proposto na *Revue de Philosophie* (I, 3, abril de 1901, p. 385-388), e reproduzido em *Mélanges* (p. 439-441). Durante o verão que precedeu o curso, em 4 de agosto de 1900, por ocasião de uma sessão presidida pelo Sr. Gourd, a leitura de uma *Nota sobre as origens psicológicas de nossa crença na lei de causalidade* havia sido feita por Bergson no Congresso Internacional de Filosofia. O texto, inicialmente publicado na *Bibliothèque du Congrès international de philosophi*e (Paris: Colin, 1900, p. 1-15), foi reproduzido em *Mélanges* (p. 419-428), assim como, de forma indireta, a discussão que seguira sua leitura no Congresso (p. 428-435); o conjunto é retomado em *Écrits philosophiques*, ed. F. Worms, Paris, PUF, "Quadrige", 2011, p. 213-231.

(21) Charles Darwin (1809-1882), famoso naturalista inglês que revolucionou a biologia por meio de seus trabalhos sobre a evolução das espécies, com sua obra *A origem das espécies*, publicada em 1859. Bergson retomará essa crítica da teoria darwiniana das variações insensíveis em *A evolução criadora* (cap. I, p. 63-66). Ver Arnaud François, "L'évolution de la vie: mécanisme et finalité", em *L'évolution créatrice* (A. François [ed.], Paris, PUF, 2007, p. 17-110).

(22) Bergson pensa aqui em Edward Cope (1840-1897), naturalista americano e adepto do neolamarckismo, e cujos trabalhos ele reexaminará em *A evolução criadora* (cap. I, p. 35, 77-78). Ver Osamu Kanamori. "'L'évolution créatrice' et le néo-lamarckisme", em *L'évolution créatrice* (A. François [ed.], p. 111-123).

(23) Ver *supra*, p. 2 e ss., p. 22 e ss.

(24) Bergson faz alusão à teoria do esquema motor que ele desenvolveu em *Matière et mémoire* (MM, cap. II, p. 106-107, 121-123, 126-129).

(25) Ver *supra*, p. 9 e ss.

(26) Cf. curso de Bergson, "Leibniz: 'De originatione radicali rerum'" (1898), ed. M. Vollet com a colaboração de A. François, em *Annales bergsoniennes*, Paris, PUF, "Épiméthée", v. 3, p. 25-52.

(27) Ver "A ideia de tempo", infra, p. 365 e ss.

(28) Rudolf Hermann Lotze (1817-1881), lógico, psicólogo e metafísico alemão, já citado no *Ensaio sobre os dados imediatos da consciência* (*DI*, cap. I, p. 69) e em *Matière et mémoire* (*MM*, cap. I, p. 51); Christoph von Sigwart (1830-1904), filósofo e lógico alemão, autor particularmente de uma imponente *Logik* em dois volumes (1873-1878) na qual Bergson se apoiará ainda em *A evolução criadora* para sua teoria do juízo (cap. IV, p. 287, nota 1); Wilhelm Maximilian Wundt (1832-1920), lógico, psicólogo e metafísico alemão, a quem devemos uma *Logik* em três volumes (1880-1883); já citado em *Matière et mémoire* (*MM*, p. 97, 109-110, 133-143), ele é também um autor muito lido por Bergson por sua *Psicologia fisiológica* em dois volumes (1874) (*Psychologie physiologique*, trad. E. Rouvier, Paris, Alcan, 1886). Esses lógicos alemães retomam a teoria plotiniana das ideias individuais que Bergson já evocou no ano anterior e evocará novamente aqui (*infra*, p. 204-205).

(29) Cf. *Matière et mémoire*, cap. I, p. 24, em que, com a destinação prática que ele dá à percepção, aparece claramente o "pragmatismo" de Bergson, logo aplicado às demais faculdades do espírito: "*Primum vivere*. Memória, imaginação, concepção e percepção e, por fim, generalização não existem 'por nada, pelo prazer'" (*PM*, p. 54).

(30) Reencontramos a imagem da criança em penitência em *La pensée et le mouvant*, p. 69, 137.

(31) Cf. "IM", *PM*, p. 212, 223.

(32) Assim como na "Introdução à metafísica", Bergson não alcançou o ponto de vista definitivo que adotará sobre a inteligência, a qual ele ainda acredita ser capaz de duas direções contrárias e de contrariar, assim, a tendência que a desvia para a ação. Nesse aspecto, a "Introdução à metafísica" não opõe a intuição à inteligência, como será o caso em *A evolução criadora*. Ver L. Husson. *L'intellectualisme de Bergson: genèse et développement de la notion d'intuition*, Paris, Alcan, 1947, assim como a edição crítica de F. Fruteau de Laclos (2011).

(33) Ver *infra*, p. 369 e ss. ("Anexos").

(34) Cf. *MM*, cap. III, p. 173-181.

(35) Trata-se, pelo estudo que propõe Théodule Ribot (1839-1916), da noção de "imagem genérica" tal qual a encontramos pela

primeira vez em Francis Galton (1822-1911) e Thomas Henry Huxley (1825-1895). Galton é, com efeito, conhecido por seu método de fotografia compósita, que consistia em fundir, em uma só imagem (dita genérica), uma multiplicidade de negativos individuais, no intuito de isolar uma fisionomia típica – por exemplo, o retrato-tipo dos diferentes membros de uma mesma família etc. Huxley foi o primeiro a ter transportado o termo para o campo da psicologia, considerando que a imagem genérica era a verdadeira matéria das ideias gerais, o que contesta Théodule Ribot, que não pode ver nelas nada além de sua forma mais rudimentar. Em *L'évolution des idées générales* (Paris, Alcan, 1897, reedição L'Harmattan, 2007, com uma introdução de S. Nicolas), resumo de um curso de psicologia por ele ministrado no Collège de France em 1895. Ribot situa, com efeito, "a imagem genérica" "[...] a meio caminho entre a representação individual e a abstração propriamente dita": é "uma fusão espontânea de imagens, produzida pela repetição de acontecimentos semelhantes ou muito análogos. Ela consiste em um procedimento de assimilação passivo; não é intencional e tem por matéria apenas as semelhanças grosseiras; elas predominam pela força do número, porque são maioria: forma-se, assim, um núcleo sólido que predomina na consciência, uma essência que convém a todos os objetos similares; as diferenças caem no esquecimento" (p. 27-28).

(36) Cf. *MM*, cap. III, p. 173-181; *PM*, p. 53-54. Ver C. Canguilhem, "Le concept et la vie", em *Études d'histoire et de philosophie des sciences*, 1968, Paris: Vrin, p. 335 e ss.

(37) A página 8 do datilograma está cuidadosamente cortada à meia-altura, levando-nos a acreditar que não falta nenhuma parte do curso.

(38) Sobre a acusação de anti-intelectualismo que lhe será feita e da qual ele já se defende: "A intuição se comunicará, aliás, somente pela inteligência. Ela é mais do que ideia: deverá, entretanto, para transmitir-se, cavalgar algumas ideias" (*PM*, p. 42).

(39) Ver a primeira lição, *supra*, p. 5-6.

(40) Cf. o segundo ensaio introdutório, *PM*, p. 27-29; "IM", *PM*, p. 210; sobre o destino da palavra "dilatação", ver J.-L. Chrétien, *La joie spacieuse: essai sur la dilatation*, Paris, Minuit, 2007, p. 7-31.

(41) Cf. *MM*, cap. IV; "IM", *PM*, p. 211-219.

(42) Bergson responde a objeções que ouvintes lhe haviam dirigido na sequência da lição precedente e às quais ele responde com tanto mais gosto quanto elas vão no sentido das perguntas que faz a si mesmo, como ressaltará novamente nas últimas palavras de sua última aula (ver *supra*, p. 362 e ss.). Parece, assim, possuir uma visão de conjunto das diferentes aulas que desejava ministrar visando à preparação do livro vindouro, *A evolução criadora*. Bergson dedicará, com efeito, suas lições de sexta-feira do ano 1903-1904 a estudar "A evolução das teorias da memória" e as do ano 1904-1905 à "Evolução do problema da liberdade", em que as teorias da vida serão muito frequentemente convocadas e discutidas.

(43) Hermann von Helmholtz (1821-1894), fisiologista e físico alemão, é o autor de uma *Óptica fisiológica* (*Optique psysiologique*, trad. de E. Javal e N.-Th. Klein, Paris, V. Masson, 1867, 2 volumes), que Bergson já discutia no *Ensaio sobre os dados imediatos da consciência* (*DI*, p. 17 e 38). Influenciado pela teoria das energias nervosas específicas de J. Müller, ele defende uma teoria semiótica da percepção segundo a qual nossas sensações são sinais dos objetos exteriores que as causam, e não formadas à sua semelhança. Cf. *MM*, cap. I, p. 50 e ss. (e notas da edição crítica).

(44) Cf. a discussão entre Bergson e Couturat que concluiu a sessão de 2 de maio de 1901 sobre "o paralelismo psicofísico e a metafísica positiva" (*M*, p. 499-502, retomado em *Écrits philosophiques*, p. 268-272).

(45) Ver *supra*, p. 38 e ss. e a nota 21.

(46) Charles Darwin, *L'origine des espèces*, texto integral da primeira edição de 1859, trad. T. Hoquet, Paris, Seuil, 2013.

(47) "Esforço vital", expressão que ainda busca uma definição, a meio caminho entre "o esforço intelectual" (artigo de 1902, republicado em *A energia espiritual*) e "o impulso vital", ao qual *A evolução criadora* chegará.

(48) Cf. "IM", *PM*, p. 202: "Nunca o repetiríamos o bastante: da intuição, pode-se passar à análise, mas não da análise à intuição".

(49) Bergson faz aqui alusão à recentemente apresentada reforma de 1902, cujo objetivo é unificar o ensino secundário e colocar em pé de igualdade os estudos clássicos e os estudos modernos. Louis Liard, então vice-reitor da Academia de Paris, foi seu principal mes-

tre de obras. Alguns verão nisso o fim da supremacia da cultura antiga e, a partir de 1909, a causa responsável do que se denominou a "crise do francês". Bergson não fará nenhuma intervenção pública para manifestar sua hostilidade a tal reforma, e insiste aqui na importância da cultura greco-latina apenas de um ponto de vista estritamente filosófico. Todavia, o contexto político no qual Bergson se autoriza esse parêntese faz este soar como uma tomada de posição contra a reforma em curso. Em contrapartida, a "crise do francês" que virá em seguida conduzirá Bergson, enquanto membro do Conselho Superior da Instrução Pública, a influir, desta vez publicamente, na reforma de 1923, aproveitando a discussão previamente aberta pelo ministro Bérard. Pronunciará, assim, em 4 de novembro de 1922, perante a Academia das Ciências Morais e Políticas, uma conferência, que ele publicará na *Revue de Paris* em maio de 1923, sobre "Os estudos greco-latinos, e a reforma do ensino secundário" ("Les études gréco-latines, et la reforme de l'enseignement secondaire", *Mélanges*, p. 1366-1379), no espírito desta quinta lição do curso de 1902-1903 sobre "a invenção da precisão pelos gregos".

(50) Lição capital, que versa sobre "a invenção da precisão pelos gregos", à qual Bergson se refere explicitamente quando, em "Fantasmas de vivos", remete "às diversas lições ministradas no Collège de France, particularmente em nossos cursos de 1902 e 1903" (*ES*, p. 83, nota 1). Ver C. Riquier, *Archéologie de Bergson*, §14, sobre "A invenção da precisão e de seu uso em filosofia".

(51) Cf. *EC*, cap. IV, p. 333.

(52) "ano", no datilograma.

(53) A Escola de Eleia, fundada por Xenófanes de Cólofon, situada na Jônia, no sul da Itália atual. Seus principais representantes são Parmênides e Zenão, a quem Bergson faz remontar o nascimento da metafísica. Cf. *EC*, cap. IV, p. 308-313.

(54) Bergson remete ao fragmento VI do *Poema* de Parmênides:

Χρὴ τὸ λέγειν τε νοεῖν τ᾽ ἐὸν ἔμμεναι·
ἔστι γὰρ εἶναι, μηδὲν δ᾽ οὐκ ἔστιν· τά σ᾽ ἐγὼ φράζεσθαι.

O que pode ser dito e pensado deve ser:
Pois o ser de fato é, mas o vazio não é.

Ou ainda ao fragmento II:

ἡ δ' ὡς οὐκ ἔστιν τε καὶ ὡς
χρεών ἐστι μὴ εἶναι,
τὴν δή τοι φράζω παναπευθέα ἔμμεν ἀταρπόν·
οὔτε γὰρ ἂν γνοίης τό γε μὴ ἐὸν
– οὐ γὰρ ἀνυστόν – οὔτε φράσαις:

A segunda [via], a saber, que ele não é, e que é
Necessário quanto ao mais que exista o não ser,
É essa, asseguro-te, uma vereda incerta
E até mesmo inexplorável: com efeito, o não ser
[Ele que não leva a nada] permanece desconhecível e continua inexprimível.
(Trad. J.-P. Dumont, "Fragments restitués", *Parménide*, em *Les présocratiques*, ed. J.-P. Dumont, Paris, Gallimard, "Bibliothèque de la Pléiade", 1988, respectivamente, p. 260 e 258.)

A edição Pléiade traduz os textos reunidos nos três volumes editados por H. Diels e W. Kranz, *Die Fragmente des Vorsokratiker*. Berlin: 1903, 3 volumes.

(55) "Mesmo", no datilograma.

(56) Ver curso no Collège de France sobre "A ideia de tempo" (1901-1902), e seu resumo em *Mélanges*, p. 513-517. São quatro os paradoxos ou argumentos de Zenão, e na seguinte ordem: 1) a Dicotomia, 2) Aquiles e a tartaruga, 3) a Flecha, 4) o Estádio. Retornam de maneira recorrente na obra de Bergson (*DI*, cap. II, p. 84-85; *MM*, cap. IV, p. 213-215; *EC*, cap. IV, p. 308-315; *DS*, cap. I, p. 32, 51, 72, 207-208; *PM*, p. 8, 156, 160-161). As aporias de Zenão foram relocadas no centro dos debates filosóficos por Renouvier e seu livro de 1854 (*Essai de critique générale*, 1º ensaio, 1854, Paris, Armand Colin, 1912, p. 42-49). Discutidas novamente por Charles Dunan, Évellin e Paul Tannery, elas resolviam a divisão entre os dois campos do formalismo e do intuicionismo. Para a reconstituição do problema e do contexto, ver J. Millet, *Bergson et le calcul infinitésimal*, Paris, PUF, 1974, cap. II, "Le problème du continu", p. 37-59. Cf. H. Bergson, "À propos de l'évolution de l'intelligence géométrique, réponse à un article de É. Borel", *Revue de métaphysique et de morale*, XVI, 1908; *Mélanges*,

p. 758; retomado em *Écrits philosophiques*, p. 354-359; *EC*, 2007 (A. François [ed.], p. 616).

(57) O argumento da Flecha, menos conhecido que o argumento de Aquiles e a tartaruga, é mais instrutivo na medida em que "o mesmo sofisma aparece mais claramente". Porém, como ele escreve em 1896 e repetirá um pouco mais adiante no curso, o quarto argumento (o Estádio), "muito injustamente desdenhado", "talvez" seja "o mais instrutivo dos argumentos de Zenão", visto que seu "disparate é mais manifesto apenas porque se vê nele exposto, em toda sua franqueza, o postulado dissimulado nos três outros" (*MM*, cap. IV, p. 214-215).

(58) Ver a primeira lição, *supra*, p. 3-6.

(59) Bergson se apega muito a esse argumento, que uma longa nota de *Matière et mémoire* já relembrava e reformulava, segundo todas as aparências, a fim de torná-lo mais claro (cf. *MM*, cap. IV, p. 215, nota 1).

(60) Bergson remete à paginação do texto grego do *Timeu*, que vai de 37*c* a 38*c*, em que aparece a famosa definição do tempo como "imagem móvel da eternidade" (*Timeu*, 37*d*), que ele citará novamente em *A evolução criadora*, cap. IV (*EC*, p. 317).

(61) Platão, *Timeu*, 37*c*-37*e*. A tradução proposta, assim como as seguintes, é de Bergson, que, de resto, adquirira o hábito, sempre que sentisse a necessidade, de indicar sua própria tradução a lápis entre as linhas do texto original em grego de seu exemplar de Platão, de Aristóteles ou de Plotino. No datilograma, as citações estão escritas em transliteração francesa, que reproduzimos aqui precedida do grego, o qual era anotado à mão em uma folha avulsa inserida no final da lição.

(62) Ibid., 38*a*.

(63) Ibid., 38b-c.

(64) Trata-se, é claro, das sessões precedentes (ver. *supra*, p. 88 e ss.), mas também do curso do ano anterior sobre "A ideia de tempo", que examina demoradamente a Escola de Eleia (ver *infra*, p. 365). Essa passagem se encontra, de maneira condensada, em *EC*, cap. IV (p. 311-312), quando Bergson se propõe a estender a argumentação de Zenão ao devir qualitativo e ao devir evolutivo.

(65) Antes de escrever sobre o "mecanismo cinematográfico do pensamento" e de comparar, assim, a inteligência ao cinematógrafo inventado pelos irmãos Lumière em 1895 (cf. *EC,* cap. IV, p. 304-306, p. 312-313), Bergson falava da "lanterna mágica", ancestral dos aparelhos de projeção cujo inventor ignoramos quem foi. Funcionando como uma câmara escura, ela era composta de uma placa de vidro pintada e de uma lente que servia de objetivo, através das quais uma luz devia passar para projetar a imagem pintada invertida sobre a placa.

(**66**) Aristóteles, *Métaphysique*, livro Λ, cap. 10, 1075 *a* 25-30. Tradução de Bergson. Na tradução de J. Tricot: "Assim, todos os filósofos engendram todas as coisas a partir dos contrários. Mas erram ao dizer *todas as coisas*, assim como ao falar de geração *a partir de contrários*; e até mesmo no que diz respeito às coisas que admitem os contrários, como proviriam elas dos contrários? É o que eles não explicam: pois os contrários não têm ação uns sobre os outros. Mas, para nós, a dificuldade é resolvida muito simplesmente pela existência de um terceiro termo" (Paris, Vrin, 1991, tomo 2, p. 708).

(**67**) Aristóteles, *Métaphysique*, livro Λ, cap. 1, 1069*b*, p. 644: "A substância sensível está sujeita à mudança. Ora, se a mudança ocorre a partir dos opostos ou dos intermediários, não, por certo, de todos os opostos (pois o som é não branco), mas somente a partir do contrário, há necessariamente um substrato que muda do contrário ao contrário, pois não são os contrários que se transformam um no outro"; cap. 2, 1069*b*, p. 644: "Ademais, há algo de permanente, e o contrário não é permanente. Existe, portanto, um terceiro termo além dos contrários, e é a matéria".

(**68**) Essa é a exposição que Aristóteles faz de "A teoria platônica das Ideias", frequentemente de acordo, aos seus olhos, com a dos pitagóricos: "Ele [Platão] utilizou apenas duas espécies de causas: a causa formal e a causa material (com efeito, as Ideias são causas da essência para todas as outras coisas, e o Uno, por sua vez, é causa para as Ideias); e essa matéria, que é substrato (e da qual se dizem as Ideias, para as coisas sensíveis, e o Uno, para as coisas), é a Díade, é o Grande e o Pequeno" (Aristóteles, *Métaphysique*, Λ, cap. 6, 988*a* 8-13, p. 65-66).

(**69**) Platão, *Timeu*, 50*c*: "τῶν ὄντων ἀεὶ μιμήματα" no texto original. Aristóteles é, aliás, o primeiro a interpretar o receptáculo (χώρα) de Platão como matéria (ὕλη) no livro IV de sua *Física*: "Quando se suprimem o limite e as propriedades de uma esfera, resta apenas a matéria. É por isso também que Platão diz, no *Timeu*, que a matéria e o espaço são a mesma coisa, pois o espaço e o receptáculo são uma única e mesma coisa. E, embora fale aqui do receptáculo de outra maneira do que denominamos as doutrinas não escritas, ele não deixou de apresentar o local e o espaço como a mesma coisa" (cap. II, 209 b 11-16, trad. A Stevens, Paris, Vrin, 2002).

(70) Ver Platão, *A República*, livro VII, 532*a*-*b*: "Desde então, Glauco, continuei, não é esta a ária que a dialética executa? Embora seja puramente inteligível, a faculdade de ver não deixa de imitá-lo, quando, como mostramos, ela procura primeiro olhar os seres vivos, depois os astros e, finalmente, o próprio Sol. Da mesma forma, quando um homem tenta, pela dialética e sem recorrer a nenhum dos sentidos, mas utilizando a razão, alcançar a essência de cada coisa e não se detém antes de ter apreendido, apenas pela inteligência, a essência do bem, ele chega ao limite do inteligível, assim como o outro ainda há pouco chegava ao limite do visível. – Isso é muito correto, disse. Pois bem, não é isso que denominas o seguimento dialético?" (trad. E. Chambry. Paris: Les Belles Lettres, 1989). Essa passagem vem na sequência da alegoria da caverna, que será abordada um pouco mais adiante no curso de Bergson.

(71) Ver Bergson, curso no Collège de France 1900-1901 sobre "A ideia de causa" (*M*, p. 439-441).

(72) Platão, *Fedro*, 258*e*-259*d*. Em um curso sobre Plotino, dado provavelmente em 1898-1899 (*Cours*; ed. H. Hude. Paris: PUF, "Épiméthée", 1998, v. 4, p. 36-39), Bergson já distinguira estes dois aspectos – dialético e mítico – que constituem dois pontos de vista adotados sobre a filosofia de Platão, mais ainda do que duas metades.

(73) Ver respectivamente *O banquete*, 201*d*-212*b*; *A República*, livro X, 614*b*-621*d*; *Timeu*, 27*c*-92*c*.

(74) Wincenty Lutoslawksi (1863-1954), professor de lógica, filósofo e helenista. Aluno de Teichmüller, devemos-lhe uma das mais importantes contribuições ao estabelecimento cronológico das obras de Platão, ainda que as primeiras pesquisas remontem a Tennemann. Desejando explicar a origem e o desenvolvimento da *lógica* de Platão, Lutoslawski acaba, com efeito, mergulhando "no caos dos escritos sobre a cronologia das obras de Platão", o que o levou a romper com "a autoridade reinante de eruditos como Schleiermacher, Hermann e Zeller" (*Sur une nouvelle méthode pour déterminer la chronologie* *des dialogues de Platon*, dissertação lida em 16 de maio de 1896, no Instituto de França perante a Academia das Ciências Morais e Políticas, Paris, H. Welter, 1896). Imbuído inicialmente da ideia de que "os progressos lógicos e metodológicos, uma vez obtidos, são inabaláveis, e constituem um traço muito mais evidente do desenvolvimento intelectual do filósofo do que suas convicções metafísicas" (p. 7), ele realizou o estudo detalhado de cada diálogo de Platão e de seu conjunto, e concluiu que as pesquisas sobre o *estilo* de Platão, inauguradas por Campbell em 1867 e continuadas na Alemanha, a partir de 1878, por Blass, Roeper, Dittenberger, Jecht, Frederking, Hoefer, Shanz, Kugler, Gomperz, Walbe, Siebeck, Ritter, Tiemann e Van Cleef, "constituem um dos meios mais eficazes para a solução definitiva do problema da cronologia das obras de Platão". Comparações lógicas e comparações estilísticas e lexicológicas iriam, assim, conjugar-se para conduzir "a um grau de certeza objetiva" que o autor considerava "desconhecido até aqui na história das pesquisas relativas à cronologia das obras de Platão" (p. 11). Suas conclusões fixam, assim, cronologicamente as últimas obras de Platão, que, segundo ele, teria escrito após os sessenta anos: *Parmênides, Sofista, Política, Filebo, Timeu, Crítias, As Leis*. Ademais, o *Teeteto* e o *Fedro*, posteriores ao *Fédon*, precedem o *Parmênides*, "do qual estão separados por um longo intervalo de inatividade literária de Platão" (p. 10). No datilograma, cada vez que ele é mencionado, está escrito "Sr. Lout...".

(75) Em 1897, perante a Academia, Lutoslawski expõe a lei estilométrica por ele descoberta da seguinte forma: "Duas amostras de igual dimensão de texto de um mesmo autor tanto mais se aproximam no tempo quanto apresentam um número maior de características de estilo em comum, se um número suficiente de características de estilo foi estudado" (*Comptes rendus des séances de l'Académie des Inscriptions et Belles-Lettres*, v. 41, n. 3, 1897, p. 311).

(76) No datilograma, está escrito "Fe", seguido, a lápis, de "don", escrito pelo revisor – provavelmente Péguy – e simples conjectura que se deve corrigir. Trata-se, segundo todas as aparências, do *Fedro* e não do *Fédon*. [N. T.: Na medida em que tanto o *Fédon* quanto o *Fedro* já haviam sido citados anteriormente no texto, é possível tratar-se, no caso, do *Filebo*, o que, de um ponto de vista da cronologia dos diálogos platônicos faria mais sentido.]

(77) W. Lutoslawski sustentava também a tese segundo a qual, nas últimas obras, Platão abandonou sua teoria das Ideias, tal como a expusera em seus diálogos da idade madura, *O banquete*, o *Fédon* e *A República*: a partir do *Sofista*, as Ideias de Platão "não existem mais fora de uma alma que as conceba, e chegamos, por um procedimento que se assemelha à crítica da razão pura de Kant, a um sistema de ideias que não possuem existência objetiva, mas são criadas pelo sujeito que as concebe. Esse sujeito, idealizado no *Teeteto* com uma arte incomparável, não tem qualquer necessidade de Deus para criar a ciência. Ele se utiliza de sua própria razão para aumentar o tesouro do saber humano (*Política*), e emprega sua vida dignamente para classificar, dividir e definir os conceitos que criou. Essa doutrina eminentemente lógica sucedeu à doutrina metafísica das Ideias, e podemos facilmente encontrar seus vestígios nas *Leis*" (*Sur une nouvelle méthode...*, p. 31). Essa é a tese filosófica que Lutoslawski acredita poder extrair de suas conclusões que incidem sobre a nova cronologia das obras, e que Bergson, por sua vez, recusa.

(78) Cf. *EC*, cap. IV, p. 314. Essa vontade de aproximar Platão e Aristóteles, como participantes de uma mesma filosofia das Ideias (ou Formas), explica a escolha que Bergson faz do termo εἶδος, em detrimento de ἰδέα. É aquele que se aplica tanto a Platão e Plotino quanto a Aristóteles. Se ἰδέα mantém, com efeito, a separação com o sensível, εἶδος é também, e primeiramente, a Forma (μορφή) imanente à matéria.

(79) "especial", no datilograma.

(80) "especiais", no datilograma.

(81) Ver "sessão de 16 de janeiro de 1903", *supra*, p. 101 e ss.

(82) Aristóteles, *Métaphysique*, livro Λ, cap. 10, 1075a, ver nota 66.

(83) Ver Aristóteles, *Physique*, livro I, cap. V, 188 *a* 26-30. Na tradução de H. Carteron: "Os princípios não devem ser formados nem uns pelos outros, nem por outras coisas; e é pelos princípios que tudo deve ser formado; ora, assim é o grupo dos contrários primeiros; por serem primeiros, não são formados por nenhuma outra coisa; por serem contrários, não são formados uns pelos outros (τὸ ἐναντία μὴ ἐξ ἀλλήλων)" (Paris: Belles Lettres, 1996, p. 39).

(84) Ver Aristóteles, *Métaphysique*, livro Λ, cap. 5, 1075*a* 25-30, v. 2, p. 708. Ver nota 66. "λυεται ημιν το τριτον ειναι", no datilograma.

(85) Provavelmente, ele já recorreu a semelhante comparação no curso do ano anterior. Encontramo-la também em "IM", *PM*, p. 223.

(86) Aristóteles, *De l'âme*, livro III, cap. 8, 431*b* 20: "a alma é potencialmente todas as coisas" (ἡ ψυχὴ τὰ ὄντα πώς ἐστι πάντα).

(87) Ibid., livro III, cap. 4, 429*a* 27-28, trad. J. Tricot, Paris, Vrin, 1977, p. 175: "Por isso, deve-se aprovar aqueles que sustentaram que a alma é o lugar das ideias, feita a reserva, entretanto, de que não se trata da alma inteira, mas da alma intelectual, nem das Ideias em enteléquia, mas das Ideias em potência".

(88) Cf. *EC*, cap. IV, p. 314-315.

(89) Ver "sessão de 16 de janeiro", *supra*, p. 107 e ss.

(90) Trata-se, no *Timeu*, do Demiurgo, o Deus artesão que molda o mundo sensível a partir do modelo das Ideias.

(91) Em *A evolução criadora*, Bergson emprega, diversas vezes, o termo imitação quando expõe a doutrina de Aristóteles: a esfera do céu, girando sobre si mesma, representa a "primeira degradação do princípio divino [...] imitando, pela perpetuidade de seu movimento circular, a eternidade do *circulus* do pensamento divino" (cap. IV, p. 324). Sustenta sua explicação, desta vez, em referências precisas que, no entanto, não comportam o termo imitação (*De caelo*, II, 287*a* 12; I, 279*a* 12; *Physique*, IV, 212*a* 34). Mas, lembrando novamente que, em Aristóteles, "o primeiro céu com seu movimento circular é uma imitação de Deus" (cap. IV, p. 234), Bergson pensa manifestamente na *Metafísica*, livro Λ, cap. 7, que será objeto da décima lição (ver *infra*, p. 182 e ss.).

(92) "o outro", no datilograma.

(93) Ver Aristóteles, *Métaphysique*, livro Λ, cap. 2, 1013*a* 25-35, p. 248.

(94) "Ora", rasurado no datilograma.

(95) Cf. *EC*, cap. IV, p. 322-323.

(96) "αρωτη", no datilograma.

(97) Ver Plotino, *Ennéade* IV, 3, cap. 30. Cf. Cours sur Plotin, *Cours*, vol. IV, H. Hude ed. Paris, PUF, 2000, p. 72.

(98) Cf. *EC*, cap. IV, p. 321-322.

(99) Cf. *EC*, cap. IV, p. 323-324.

(100) Aristóteles, *Métaphysique*, livro Λ, cap. 6, 1071 *b* 7-8: "[...] é impossível que o movimento tenha começado ou que se termine, pois é eterno. O mesmo ocorre com o tempo [oudè chronon], pois não poderia haver anterior ou posterior se o tempo não existisse".

(101) Aristóteles, *Physique*, livro VIII, cap. 1, 251*b* 10-27, trad. H. Carteron, Paris, Les Belles Lettres, p. 103-104: "Como poderiam existir o anterior e o posterior se não houvesse tempo? E o tempo, se não houvesse movimento? Se é verdade que o tempo é realmente o número do movimento, ou certo movimento, então, a partir do momento em que o tempo existe sempre, necessariamente o movimento também deve ser eterno. [...] Por outro lado, se assim é quanto ao tempo, o mesmo ocorre, necessariamente, com o movimento, pois o tempo é uma afeição do movimento". Bergson traduz *páthos* por "modalidade".

(102) Ver Aristóteles, *Physique*, livro III, cap. 1, 200*b* 28-201*a* 8.

(103) Ver Aristóteles, *Physique*, livro III, cap. 5, 204*a* 28-206*a* 8; *Métaphysique*, livro K, cap. 10, 1065*a* 35-1066*b* 22.

(104) Ver *infra*, p. 267 e ss.

(105) Acima da palavra "interiores", a lápis, escrito certamente por Péguy, um ponto de interrogação.

(106) "*Do homem*", no datilograma.

(107) Aristóteles, *De la génération des animaux*, livro II, cap. 1, 731*b* 25-32, trad. P. Louis, Paris, Les Belles Lettres, 1961: "Por ser a natureza desse gênero de seres [contingentes] eterna, é somente na medida em que ele pode, que o que nasce é eterno [καθ' ὃν ἐνδέχεται τρόπον, κατὰ τοῦτόν ἐστιν ἀΐδιον τὸ γιγνόμενον]. Numericamente, ele não pode, pois a realidade dos seres reside no particular; e se ele assim fosse, seria eterno. Mas ele pode sê-lo especificamente. É por isso que existe sempre um gênero dos homens, dos animais, dos vegetais". *De l'âme*, livro II, cap. 4, 415 *a* 25-30: "A mais natural das funções para todo ser vivo [...] consiste em criar outro ser semelhante a ele, o animal, um animal, e a planta, uma planta, de modo a participar do eterno e do divino, na medida do possível".

(108) Aristóteles, *Physique*, livro IV, cap. 14, 223*b* 23: "Daí, a ideia corrente de que os assuntos humanos são um círculo se aplica também às outras coisas que têm o movimento natural, a geração e a destruição. E isso porque todas essas coisas têm o tempo como regra e têm fim e começo como se elas se desenrolassem de acordo com certo período".

(109) Trata-se do segundo princípio da termodinâmica tal qual foi formulado por Sadi Carnot (1796-1832), físico e engenheiro francês. A lei de Carnot estabelece a irreversibilidade dos fenômenos físicos. Em *A evolução criadora*, Bergson identificará nela "a mais metafísica das leis da física, na medida em que nos aponta, sem símbolos interpostos, sem artifícios de medida, a direção em que caminha o mundo" (p. 244, ver também as notas de A. François na edição crítica, p. 488-490).

(110) "destruição", no datilograma.

(111) Ver Aristóteles, *Physique*, livro VIII, cap. 5, 256a 4-256b 23.

(112) Trata-se, em primeiro lugar, da primeira via de são Tomás de Aquino entre as *quinquæ viæ*, que permitem o acesso à existência de Deus pela razão, *Suma teológica*, I, qu. 2, art. 3. Ela "procede do movimento": como uma coisa movida pode apenas ser movida por outra que a move, e esta por outra ainda, e como não é possível continuar assim ao infinito, "é, portanto, necessário chegar a um motor primeiro que não seja ele mesmo movido por nenhum outro, e todo o mundo compreende que tal ser é Deus" (trad. A.-M. Roguet, Paris, Le Cerf, 1984, p. 172).

(113) Cf. *EC*, cap. IV, p. 324-325.

(114) Bergson utiliza um vocabulário cartesiano (ver "Cours sur la philosophie grecque", *Cours*, t. IV, p. 140).

(115) "fases", no datilograma.

(116) "da lenda", no datilograma.

(117) "primo-motor", no datilograma.

(118) Cf. *EC*, cap. IV, p. 326-328.

(119) O estudo do lugar abrange os capítulos 1 a 9 do livro IV da *Física* (208a 25-217b 27); o estudo do tempo abrange os capítulos seguintes, 10 a 14, e encerra o livro IV (271b 29-224a 17). É, nesse tocante, tentador fazer um paralelo com as duas teses de Bergson, pois a tese latina é dedicada à "Ideia de lugar em Aristóteles" (*Quid Aristoteles de loco senserit*, 1889, reproduzido em *Écrits philosophiques*, anotação A. François, p. 67-123), e a tese principal se baseia, em seu capítulo central, na ideia de duração (*Ensaio sobre os dados ime-*

diatos da consciência, 1889). Heidegger quis identificar uma conexão essencial entre as duas teses a fim de continuar a fazer da experiência bergsoniana da duração a herdeira direta da concepção aristotélica do tempo (Heidegger, *Sein und Zeit*, 1927, Max Niemeyer, 2006, §82, p. 432, nota). Ver C. Riquier, "Heidegger lecteur de Bergson", em Servane Jollivet e Claude Romano (dir.), *Heidegger en dialogue (1912-1930)*, Paris, Vrin, 2009, p. 33-67.

(120) Cf. *PM*, introdução II, p. 73.

(121) Aristóteles, *Physique*, livro IV, cap. 6, 213*a* 19 e ss., e, sobretudo, cap. 9, 216*b* 22 e ss. Cf. Bergson, "L'idée de lieu chez Aristote", V, *Écrits philosophiques*, p. 80 e ss.

(122) Na margem do datilograma, um ponto de interrogação, provavelmente de autoria de Péguy. A construção da frase é, com efeito, torta.

(123) Bergson segue Aristóteles (*Physique*, livro IV, cap. 11, 218*b* 21 e ss.), e o traduz à medida que avança e "praticamente textualmente", como afirma um pouco mais longe.

(124) Aristóteles, *Physique*, livro IV, cap. 11, 219*b* 1.

(125) Ver Aristóteles, *Physique*, livro IV, cap. 14, 223*a* 16 e ss.

(126) "...", no datilograma, e um ponto de interrogação na margem, provavelmente de Péguy. Falta uma palavra.

(127) Aristóteles, *Physique*, livro IV, cap. 14, 223*b* 21 e ss.

(128) Aristóteles, *De la génération des animaux*, II, 3, 736*b* 21-29: "Na realidade, não é possível que todas as faculdades da alma existam de antemão, e aqui está a prova: quanto a todos os princípios cuja ação é corporal, está claro que não poderiam existir sem um corpo; não há marcha, por exemplo, sem pés. Por conseguinte, é igualmente impossível que as faculdades sejam introduzidas de fora [*thurathen eisienai*]. Pois elas não podem nem se introduzir por si mesmas, pois são inseparáveis do corpo, nem penetrar por intermédio de um corpo: com efeito, o esperma é um resíduo do alimento em vias de elaboração. Resta, portanto, que apenas o intelecto vem de fora [*thurathen epeisienai*] e que apenas ele é divino: pois uma atividade corporal nada tem em comum com a atividade dele".

(129) Aristóteles, *De anima*, III, cap. 4 (sobre o intelecto paciente) e cap. 5 (sobre o intelecto agente). Cf. *EC*, cap. IV, p. 321-322, em que Bergson cita o *De anima*, 430*a* 14, após ter dado a entender a importância que essa teoria dos dois intelectos vai adquirir depois de Aristóteles, de Teofrasto (371-288), primeiro escolarca do Liceu, até os alexandrinos, passando por Alexandre de Afrodísias (150-215).

(130) Bergson pensa muito provavelmente na interpretação de Alexandre de Afrodísias, que identifica o "intelecto" que vem de fora com o intelecto agente, considerado ele mesmo como causa primeira (Alexandre de Afrodísias, *De l'âme*, 89, 17, trad. M Bergeron e R. Dufour, Paris, Vrin, 2008). Ver. D. Papadis, "'L'intellect agent' selon Alexandre d'Aphrodise", *Revue de philosophie ancienne*, 9 (2), 1991; e M. Rashed (dir.), "Alexandre d'Aphrodise commentateur d'Aristote et philosophe", *Les études philosophiques*, 2008, n. 86.

(131) "*noiesis*", no datilograma.

(132) Ver a sétima sessão, *supra*, p. 117 e ss.

(133) Eduard Zeller (1814-1908), historiador alemão da filosofia. Inscrevendo-se na herança hegeliana, é famoso, acima de tudo, por seus trabalhos sobre a filosofia grega, que aliavam erudição filológica e sistematização conceitual: *Die Philosophie der Griechen in ihrer geschichtlichen Entwicklung*, 6 vol., Leipzig, O. R. Reisland, 1869-1881, trad. (parcial) E. Boutroux, *La philosophie des Grecs considérée dans son développement historique*, Paris, Hachette, vol. 1, 1877, vol. 2, 1884.

(134) Ver Aristóteles, *Traité du ciel* (*De cælo*), livro I, cap. 9, 279a 30-279b 38; *Éthique à Nicomaque*, livro X, cap. 8, 1178b 18-23: após ter passado em revista diferentes espécies de ações (ações justas, corajosas, liberais, temperadas), Aristóteles considera, em cada caso, as circunstâncias que as cercam como "mesquinhas e indignas dos deuses. E, no entanto, concebemos sempre os deuses possuindo a vida e, consequentemente, a atividade, pois não podemos supor que durmam como Endimião. Ora, para o ser vivente, uma vez que se vê privado da ação e, com mais forte razão, da produção, o que lhe resta além da contemplação? Por conseguinte, a atividade de Deus, que em bem-aventurança ultrapassa todas as demais, poderia ser apenas teórica".

(135) "parágrafo", no datilograma.

(136) Ver *Métaphysique*, livro Λ, cap. 7, 1072a 18-1073a 13. Bergson tomara o cuidado de traduzir esse capítulo integralmente, entre as linhas de seu exemplar grego (*Aristotelis metaphysica*, rec.

W. Christ. Leipzig: Teubner, 1895). M. Narcy e Ph. Soulez estabeleceram o texto dessa tradução (revista *Philosophie*, Paris, Minuit, n. 54, 1º de junho de 1997, "Henri Bergson", p. 9-13).

(137) Teofrasto, *Métaphysique*, ed. e trad. A. Laks e G. W. Most, Paris, Les Belles Lettres, 1993, I, 7-8, 5a 14-5b 7.

(138) E. Zeller, *Die Philosophie der Griechen in ihrer geschichtlichen Entwicklung*, v. 2, *Aristoteles und die alten Peripatetiker*, 1984, p. 821 e ss.

(139) Aristóteles, *Physique*, livro III, cap. 2, 202a 7.

(140) Ibid., livro VII, cap. 1, 242b 59-64.

(141) Ibid., cap. 2, 243a 32-35.

(142) Ibid., livro VI, cap. 1, 231a 21-23.

(143) Ibid., livro VIII, cap. 5, 256a 4 e ss. Por ex., 256b: "existem necessariamente três coisas: o movido, o motor e aquilo por meio do qual ele move".

(144) Ibid., livro VIII, cap. 10, 267b 6-9.

(145) Aristóteles, *De l'âme*, livro II, cap. 5, 416b 33 e ss.

(146) Aristóteles, *De la génération et de la corruption*, livro I, cap. 6, 323a 25-35, trad. J. Tricot, Paris, Vrin, 1989, p. 61: "Na maior parte do tempo, certamente, o que é tocado toca o que o toca. E, com efeito, todos os motores, ou quase, de nosso mundo sublunar, movem ao mesmo tempo que são movidos e, nesses casos, é necessário, aliás, nós o observamos que o que é tocado toca o que o toca. Todavia, há casos em que dizemos que o motor toca simplesmente o móvel sem que o que é tocado toque o que o toca. Mas é porque os motores do mesmo gênero que os móveis movem enquanto são movidos, que julgamos necessário supor o contato como recíproco. Resulta disso que se uma coisa move enquanto não é movida, ela pode tocar o móvel mesmo não sendo ela mesma tocada por nada".

(147) Frequentemente empregada em seus cursos, a imagem da peça de ouro também retorna por duas vezes em sua obra: "IM", *PM*, p. 180; *EC*, cap. IV, p. 234.

(148) "na", no datilograma.

(149) Cf. *EC*, cap. IV, p. 322-323.

(150) "anteriormente", no datilograma.

(151) Ver sexta lição, *supra*, p. 99.

(**152**) Bergson dedicará à filosofia de Plotino esta sessão e as três seguintes. Crítico à tradução (parcial) de M.-N. Bouillet (3 vol., Paris, Hachette, 1857-1861), Bergson se apoia na edição Kirchof de 1855 (Teubner) e traduz ele mesmo os textos que cita. A importância maior que ele atribui a Plotino, que é objeto de estudo da tese de Rose-Marie Mossé-Bastide (*Bergson et Plotin*, Paris, PUF, 1959), remonta, pelo menos, ao ano 1897-1898. Na época, Bergson substituía por um semestre Charles Lévêque no Collège de France e ministrava dois cursos, um às terças-feiras, às 14 horas, sobre "A psicologia de Plotino", outro às sextas-feiras, às 15 horas, sobre a explicação do livro IV das *Enéadas*. No ano seguinte, eleito novamente mestre de conferências na Escola Normal Superior, ele dava outro curso sobre Plotino, sendo que um caderno de aluno, conservado na biblioteca Victor-Cousin da Sorbonne, serviu ao estabelecimento do texto publicado (*Cours*, v. IV, p. 17-78) – a menos que se trate, por falta de indicações expressas, de um dos dois cursos do Collège de France do ano anterior, o das terças-feiras. De qualquer forma, encontramos nesse curso uma apresentação geral de Plotino, assim como uma bibliografia muito instrutiva à qual é útil reportar-se (p. 17-28). Por fim, durante o ano 1901-1902, isto é, um ano antes do curso publicado no presente volume, Begson dedicara o curso de sábado à explicação e ao comentário ao nono livro da *Enéada* VI. Refere-se a ele um pouco mais adiante na sessão de hoje.

(**153**) Porfírio (234-305), filósofo neoplatônico e discípulo de Plotino. Devemos-lhe, sobretudo, a edição dos escritos de seu mestre, assim como uma *Vida de Plotino* (por volta de 301), que abre o primeiro volume das *Enéadas* (*Ennéades*, trad. É Bréhier. Paris, Les Belles Lettres, p. 1-31).

(**154**) No ano anterior (1901-1902), as aulas de sábado, às 15h15, haviam sido dedicadas à explicação do nono livro da *Enéada* VI, intitulado "Do bem ou do Uno", tido como central para a doutrina do primeiro princípio. Eis a descrição que foi feita delas nos *Archives du Collège de France*: "O curso do sábado foi dedicado à explicação e ao comentário do nono livro da sexta *Enéada* de Plotino. O professor se esforçou, sobretudo, em delimitar, nesse livro, o que pertence particularmente a Plotino e o que Plotino toma de Platão e de Aristóteles" (II, 1902, p. 49; retomado em *Mélanges*, p. 512).

(155) Cf. "L'intuition philosophique" (1911), *PM*, p. 117-119: "Há uma observação que puderam fazer todos aqueles entre nós que lecionam história da filosofia, todos aqueles que tiveram a ocasião de retornar com frequência ao estudo das mesmas doutrinas e de levar, assim, cada vez mais longe seu aprofundamento. [...] À medida que procuramos nos instalar no pensamento do filósofo em vez de percorrê-lo, vemos sua doutrina se transfigurar. Primeiramente, a complicação diminui. Em seguida, as partes entram umas nas outras. Por fim, tudo se reúne em um ponto único, do qual sentimos que nos poderíamos aproximar cada vez mais, ainda que estejamos quase a perder a esperança de alcançá-lo. Nesse ponto, está algo simples, infinitamente simples, tão extraordinariamente simples que o filósofo nunca conseguiu dizê-lo". Sem que tal intuição filosófica se sobreponha perfeitamente a "esse algo muito simples que fornece a chave para todo o resto" e que ainda procura o próprio nome, ela convida a ressaltar a importância central que ele atribui, em Plotino, à "ideia geral" de razão geradora.

(156) Ver *supra*, p. 153 e ss.

(157) Bergson podia receber, entre cada sessão, perguntas ou até mesmo propostas sob a forma de comunicação escrita. Adivinhamos, por trás desta, tratar-se de encontrar precursores à teoria bergsoniana da duração. Bergson, polido, parece reservado e, se pensarmos em Heráclito, sabemos também que ele se defendia no mesmo momento em que se pudesse confundir a doutrina deste com a sua. João Estobeu, cuja vida concordamos em situar em meados do século v d.C., é o autor grego de uma *Antologia* que compila trechos de suas leituras, graças à qual certo número de fragmentos da Antiguidade grega puderam chegar até nós. O fragmento 33 enumera diferentes concepções sobre o tempo.

(158) Bergson faz referência ao falso Orígenes, ou Orígenes, o Pagão, condiscípulo de Plotino, autor de *Macitis philosophorum*, e não ao verdadeiro Orígenes, que foi um dos Pais da Igreja. Não obstante, os dois Orígenes teriam seguido as lições de Amônio Sacas, mestre de Plotino (morte por volta de 244 d.C.).

(159) Esse é, por exemplo, o caso de L.-J. Dehaut, autor de um *Essai historique sur la vie et la doctrine d'Ammonius-Saccas*, que conclui: "Porfírio, que foi discípulo e amigo íntimo de Plotino, tornou-se admirador apaixonado e biógrafo de seu mestre. Todos seus escritos, assim como os de Plotino, ligam-se estreitamente ao sistema de Amônio" (Bruxelas, Hayez, 1836, p. 195). Ver também É. Vacherot, *Histoire critique de l'École d'Alexandrie*. Paris: Ladrange, 1846, I, p. 341-342: "Amônio Sacas é o verdadeiro fundador do neoplatonismo: todos os testemunhos dos historiadores dessa época concordam em reconhecê-lo" (p. 341-342); "Amônio Sacas funda uma tradição que Plotino e Porfírio convertem em doutrina escrita" (p. 5).

(160) Nemésio, neoplatônico e bispo de Emésa (hoje Homs, na Síria) no final do século IV, autor de um tratado *Da natureza do homem* (*De la nature de l'homme*, trad. J.-B. Thibault, Paris, Hachette, 1844), no qual se encontram dois fragmentos bastante extensos (o segundo, particularmente) da doutrina de Amônio Sacas: o primeiro demonstra a imaterialidade da alma (cap. II, "Da alma", p. 29), o segundo explica as relações entre a alma e o corpo (cap. III, "Da união da alma e do corpo, p. 67-71). Todavia, Nemésio não pretende, ao que parece, restituir citações exatas, mas reproduzir coisas ditas. Parece haver consenso de que Amônio Sacas nunca deixou obra escrita.

(161) Fócio, *Biblioteca*, III, códice 214: "[Hiérocles] acrescenta que os autores anteriores formaram um coro imponente até o momento em que brilhou a sabedoria de Amônio, sobre o qual proclama que foi apelidado 'o aluno de Deus'. É ele, diz, que reconduziu as doutrinas dos antigos filósofos a sua pureza, podou os rebentos supérfluos que cresciam em cada um deles, e mostrou o acordo entre o pensamento de Platão e o de Aristóteles sobre as questões de doutrina importantes e mais necessárias" (*Fragments et témoignages sur le Traité de la providence*, 172a 1-8, trad. R. Henry, Paris, Les Belles Lettres, p. 126). Cf. *Cours*, V, op. cit., p. 19-20.

(162) Porfírio, *Vida de Plotino*, 3: Um amigo "conduziu [Plotino] à casa de Amônio, que ele ainda não conhecia. Logo que entrou e o escutou, disse a seu amigo: 'Aí está o homem que eu procurava'. Desde aquele dia, frequentou assiduamente Amônio" (*in* Plotino, *Ennéades*, I, trad. É. Bréhier, Paris, Les Belles Lettres, 1924, 1989, p. 3).

(163) Carl Hermann Kirchner, *Die Philosophie des Plotin*, Halle, H. W. Schmidt, 1954, p. 7: "De há muito foi observado que se podia chamar ao platonismo, com igual direito, um neoaristotelismo". Embora considere que ele exagera quando diz que "Plotino é um neoaristotélico, e não um neoplatônico" (*Cours*, v. 4, p. 21), Bergson subscreve a sua observação assim apresentada, como mostrará ainda uma passagem de *Deux sources de la morale et de la religion*, cap. III: "a filosofia de Plotino [...] deve tanto a Aristóteles quanto a Platão" (p. 232).

(164) Ver Plotino, *Ennéade* III, cap. 8, "De la nature, de la contemplation et de l'Un", §3-4, trad. E. Bréhier, Paris: Les Belles Lettres, 1989, p. 156. Cf. "La perception du changement", *PM*, p. 153; *DS*, cap. III, p. 234.

(165) Porfírio, *Vida de Plotino*, 23: "O oráculo acrescenta que os deuses frequentemente recolocaram Plotino na via reta quando ele dela se desviava, 'esclarecendo seus olhos por meio de raios brilhantes'; por isso, pôde-se dizer, corretamente, que foi contemplando os deuses e gozando da imagem destes que Plotino compôs suas obras" (*in* Plotino, *Ennéade* I, trad. M.-N. Bouillet, Paris, Hachette, 1887, p. 27).

(166) Sobre a influência das doutrinas orientais em Plotino, ver o trabalho clássico de Émile Bréhier, *La philosophie de Plotin*, 1928 (Paris, Vrin, 2000), que se inscreve, quanto a esse ponto, no rastro dos trabalhos de Brucker, de Tenneman e de Lassen, contra os de Richter ou de H. K. Muller, que querem, assim como Bergson, identificar nele um defensor do racionalismo helênico. Cf. J. Chevalier, *Histoire de la pensée*, II: "D'Aristote à Plotin". Paris: Flammarion, 1856, reedição PUF, 1992, p. 311 e ss. O próprio Bergson mudou de opinião sobre essa questão, ensinando ainda em suas aulas de *khâgne* no liceu Henri-IV, em 1894-1895, que a filosofia alexandrina, "síntese de todas as filosofias da Grécia", se fizera "à luz de ideias tomadas do Oriente", inspirando-se "visivelmente nas teologias judaica e cristã" (*Cours*, IV, p. 146; cf. também aulas de 1884-1885 no liceu Blaise-Pascal, p. 147, ou na Universidade de Clermont-Ferrand, p. 158). Em *As duas fontes da moral e da religião* (1932), Bergson parece retornar a uma posição mediana, mais próxima, todavia, da exposta neste curso: se a filosofia de Plotino "sofreu a ação do pensamento oriental, muito expressiva no mundo alexandrino, isso se deu contra a vontade de Plotino, que acreditou não fazer outra coisa senão condensar toda a filosofia grega, para opô-la precisamente às doutrinas estrangeiras" (p. 232).

(167) Fílon de Alexandria (-20 a.C. – c. 45 d.C.) é um filósofo judeu cuja obra procura mostrar o acordo entre a fé judaica e a filosofia grega; Numênio, nascido em Apameia (atual Síria), filósofo médio platônico, viveu no século II; cf. Eric Dodds, *Numenius and Ammonius*, in *Les sources de Plotin*, Genebra, Fondation Hardt, 1960.

(168) Bergson evoca dois dos pais da Igreja provenientes de Alexandria, Clemente de Alexandria (150-220) e Orígenes (185-253), que não se deve confundir com o falso Orígenes, condiscípulo de Plotino que Bergson citava anteriormente.

(169) Ainda que a crítica que Plotino faz aos gnósticos se dirija a eles *ad hominem* apenas no tratado II, 9, este encerra, entretanto, um grande tratado inaugurado pelo tratado III, 8, sobre a contemplação. O grande tratado contra os gnósticos compreenderia, assim, quatro tratados que se seguem cronologicamente: 1) tratado 30: *Enéada* III, 8: "Da contemplação"; 2) tratado 31: *Enéada*, V, 8: "Da beleza inteligível"; 3) tratado 32: *Enéada*, V, 5: "Os inteligíveis estão na inteligência"; 4) tratado 33: *Enéada* II, 9: "Contra os gnósticos".

(170) Pode tratar-se de François Picavet (1851-1921), que acabava de publicar "Plotin et les Mystères d'Éleusis", *Revue de l'histoire des religions*, Paris, E. Leroux, 1903. Assinalando a importância que Plotino atribui aos Mistérios de Elêusis, o autor se dedica a mostrar que o estudo da obra de Plotino revela preocupações, ao mesmo tempo, de poeta, de filósofo e de hierofante, e "nos explica como, tomando por ponto de partida as cerimônias, as práticas e as fórmulas dos Mistérios, ele introduziu neles sua filosofia inteira. Mas, para que isso apareça nitidamente, é preciso percorrê-la seguindo a ordem cronológica da composição, e não a ordem arbitrária que lhe impôs Porfírio" (p. 5). A filosofia neoplatônica se apresentaria primeiramente "como uma iniciação reservada àqueles que foram julgados dignos dela" (p. 4), conciliando de maneira mais estreita do que nunca religião e filosofia. Cf. J. Laurent, "La prière selon Plotin", *Kairos*, 2000, p. 99 e ss.

(171) W. James (1842-1910), filósofo e psicólogo americano pertencente à corrente pragmatista. Tornar-se-á amigo de Bergson após a publicação de *A evolução criadora*. Em 1902, ele acabava de publicar *The Varieties of Religious Experience*, que Frank Abauzit traduzirá em 1905, sob o título *Les formes multiples de l'expérience religieuse: essai de psychologie descriptive* (Paris, Exergue, 2001): "se desejamos aprender sua essência [a da religião], é preciso considerar os sentimentos e a ação, que são seus elementos mais permanentes"; o sentimento "é incontestavelmente uma excitação jovial, uma expansão 'dinamogênica' que tonifica e reanima a potência vital" (p. 459); as teologias "afirmam, todas elas, a existência do MAIOR; mas, para umas, trata-se de um Deus pessoal, enquanto outras o concebem simplesmente como uma espécie de corrente que circula eternamente no universo" (p. 463). Cf. S. Madelrieux, *William James, l'attitude empiriste*, Paris, PUF, 2008, cap. IX, p. 415-452.

(172) Cf. Curso sobre Plotino, *Cours*, IV, p.72.

(173) Esse é o objeto do curso que ele dedica a Plotino em 1898-1899, centrado na "teoria da alma" e que se encerra por uma "teoria da consciência" (*Cours*, IV, p. 71 e ss.).

(174) Cf. Plotino, *Enéadas* V, 7, "Sobre se há ideias de seres particulares".

(175) Cf. Cours sur Plotin, *Cours*, IV, cap. IX, p. 71 e ss.; cf. R.-M. Mossé-Bastide. *Bergson et Plotin*, cap. II, "La conscience", p. 39 e ss.

(176) Embora a forma científica de que se reveste o epifenomenismo seja recente, Bergson já afirmava, em um curso precedente ("Cours de psychologie", 1893-1894, 9ª lição, *Cours*, II, p. 245), uma continuidade doutrinal no seio do materialismo, que ele faz remontar à Antiguidade e, particularmente, a Demócrito. Nesse aspecto, ele segue a lição de Friedrich Albert Lange (*Histoire du matérialisme et critique de son importance à notre époque*, trad. B. Pommerol, Paris, Reinwald et Cie, 1877, reedição Coda, 2004, part. I, cap. I, "Période de l'ancienne atomistique, particulièrement Démocrite", p. 8).

(177) "ουδε παρακολουθει εαυτο", no datilograma. Ver *Ennéade* V, 1, "Des hypostases qui connaissent", §13, trad. É. Bréhier: "se não possui nem o sentimento nem a consciência de si mesmo, então ele não se conhece!" (ἀναίσθητον οὖν ἑαυτοῦ καὶ οὐδὲ παρακολουθοῦν ἑαυτῷ οὐδὲ οἶδεν αὐτό).

(178) Ver Cours sur Plotin, *Cours*, IV, p. 71 e ss.; cf. R.-M. Mossé-Bastide. *Bergson et Plotin*, cap. II, "La conscience", p. 39 e ss.

(179) Plotino, *Ennéade* I, 1, "Qu'est-ce que l'animal", §9. É. Bréhier traduzirá mais tarde: "[...] e os contempla sentindo-os de algum modo (συναίσθησις)": "ela é frequentemente a assimilação e o elo das coisas exteriores com nossas ideias internas".

(180) Plotino, *Ennéade* V, 1, "Sur les trois hypostases", §12, trad. É. Bréhier: "não sentimos tudo que está na alma; apenas o que pene-

tra até a sensibilidade chega a nós; enquanto uma atividade não se transmitir à sensibilidade, sua ação ainda não atravessará a alma inteira". E algumas linhas mais baixo: "Ademais, cada parte da alma vive e age sempre de acordo com sua própria função; mas não temos conhecimento disso senão quando isso é comunicado e percebido".

(181) Plotino, *Ennéade* v, 3, "Deux hypostases qui connaissent", §13, trad. É. Bréhier: "O pensamento ocorre quando uma multiplicidade de elementos se une e quando há um sentimento comum de seu conjunto" (Ἐπεὶ καὶ ἡ συναίσθησις πολλοῦ τινος αἴσθησίς ἐστι).

(182) No datilograma, está escrito a lápis, acima de "moral": "cerebral".

(183) Cf. *infra*, p. 204 e ss.

(184) Plotino, *Ennéade* IV, 3, "Difficultés relatives à l'âme I", §30. Cf. J. Trouillard, *La purification plotinienne*, 1955, Paris, Hermann, 2011.

(185) Plotino, *Ennéade*, I, 4, "Du bonheur", §10, trad. É. Bréhier: "Pode-se encontrar, até mesmo na vigília, atividades, meditações e ações muito belas que a consciência não acompanha no mesmo momento em que meditamos ou agimos: assim, aquele que lê não tem necessariamente consciência de que lê, sobretudo se lê com atenção; aquele que age com coragem não tem consciência de que age corajosamente enquanto executa seu ato; e há mil outros fatos do mesmo gênero. E isso a tal ponto que a consciência parece enfraquecer os atos que acompanha; sozinhos, esses atos possuem mais pureza, força e vida; sim, no estado de inconsciência, os seres que alcançaram a sabedoria têm uma vida mais intensa; essa vida não se dispersa nas sensações e se concentra em si mesma e no mesmo ponto".

(186) Ibid.: a consciência (ἀντίληψις, que É. Bréhier traduz, por sua vez, por "impressão") "ocorre, ao que parece, quando o pensamento se retrai em si mesmo e quando o ser em ação na vida da alma é, de algum modo, repelido em sentido inverso; tal como a imagem em um espelho, quando sua superfície polida e brilhante está imóvel; o espelho está aí, uma imagem se produz; ainda que não haja espelho ou que este não esteja imóvel, o objeto que poderia refletir-se nele não deixa de ser atual".

(187) "*anais teton*", no datilograma. Ver Plotino, *Ennéade* v, 8, "De la beauté intelligible", §11, trad. É. Bréhier: "É preciso pensar que, entre os doentes, as sensações produzem choques muito mais fortes, ao ponto de diminuir o conhecimento intelectual, colidindo-se com ele; a doença nos atinge e nos abate; a saúde, mantendo-nos na tranquilidade, permite muito mais o conhecimento de seu próprio estado; é que ela preside nossa vida como um estado natural e se une a nós; mas a doença é, para nós, uma coisa estranha, não natural, e ela se faz conhecer pelo mesmo fato de que se mostra muito diferente de nós. Ora, do que nos pertence, nós mesmos não temos sensação" (ἀναίσθητοι).

(188) Plotino, *Ennéade* IV, 4, "Difficultés relatives à l'âme II", §4, trad. É. Bréhier: "Pode suceder que a alma possua tais disposições sem ter consciência disso, e elas têm com isso muito mais força do que se ela as conhecesse; quando ela sabe que tem uma disposição, ela mesma é certamente diferente dessa disposição; mas se ignora que a possui, corre o risco de ser ela mesma o que possui".

(189) Uma das raras passagens em que Plotino escreve na primeira pessoa, *Ennéade* IV, 8, "De la descente de l'âme dans le corps", §1; trad. É. Bréhier: "Frequentemente, desperto a mim mesmo fugindo de meu corpo; estranho a qualquer outra coisa, na intimidade de mim mesmo, contemplo a mais maravilhosa beleza possível. Estou convencido, sobretudo nesse caso, de que tenho um destino superior; minha atividade é o mais alto grau da vida; estou unido ao ser divino e, tendo chegado a essa atividade, coloco-me, nele, acima dos outros seres inteligíveis. Mas, após esse repouso no ser divino, tendo descido da inteligência ao pensamento refletido, pergunto-me como opero atualmente essa descida, e como a alma pôde um dia chegar aos corpos, estando em si mesma, tal qual se apresentou a mim, embora se encontre em um corpo".

(190) Plotino, *Ennéade* III, 2, "De la providence", §16, trad. É. Bréhier: "[A razão] é um conjunto uno, sem ser uma unidade indivisível; ela está em guerra consigo mesma em suas partes; ela tem, no entanto, a mesma unidade e a mesma união que o assunto de um drama, que é uno, a despeito dos numerosos conflitos que contém". Encontra-se no datilograma: "*ôsper o dramatos logos en auton echôn pollas machas*".

(191) Plotino, *Ennéade* III, 2, "De la providence", §17, trad. É. Bréhier: "O mundo sensível tem menos unidade que sua razão; ele é, portanto, mais múltiplo; nele, a contrariedade está mais presente: cada indivíduo tem um maior desejo de viver e uma mais forte tendência a conservar sua própria unidade".

(192) Plotino, *Ennéade* v, 1, "Sur les trois hypostases qui sont principes", §1.

(193) Plotino, *Ennéade* IV, 3, "Difficultés relatives à l'âme I", §12, trad. É. Bréhier: "E as almas humanas? Elas veem suas imagens como no espelho de Dionísio e, de cima, projetam-se na direção delas".

(194) Plotino, *Ennéade* IV, 8, "De la descente de l'âme dans le corps", §1. Na última frase citada, o francês e o grego estão invertidos no datilograma.

(195) Aqui, assim como no curso do Collège de France de 1904-1905 que ele dedicará à "Evolução do problema da liberdade", Bergson faz remontar a filosofia de Schopenhauer a uma tendência que encontra seu impulso em Duns Scot, e talvez sua verdadeira fonte na filosofia de Platão e de Plotino, ainda que apenas em razão da maneira como formularam os problemas para a filosofia posterior (cf. Curso do Collège de France de 1906-1907, "Théories de la volonté", *Mélanges*, p. 716-719). Ver A. François, *Bergson, Schopenhauer, Nietzsche*, Paris, PUF, 2009.

(196) "mística", no datilograma.

(197) Plotino, *Ennéade* IV, 3, "Difficultés relatives à l'âme I", §6: "Talvez seja o elemento múltiplo [πολὺ αὐτῶν] das almas que, puxado para baixo, arrastou consigo as próprias almas, elas e suas representações" (citado em Bergson, Cours sur Plotin, *Cours*, IV, cap. VIII, p. 65). Bergson propõe aqui duas traduções possíveis da mesma frase, que teve seu final amputado. Em seguida, o datilograma apresenta, entre parênteses, uma sequência textual em grego que, no entanto, permanece estranha à frase traduzida: "(μεριστην ενεργειαν εν μεριστη φυσει)".

(198) Plotino, *Ennéade* IV, 3, §9, trad. É. Bréhier: a alma "é como que uma luz imensa, cujo brilho, chegando aos últimos confins, transformou-se em escuridão; vendo essa escuridão, após tê-la feito nascer, a alma lhe deu uma forma; pois não convinha que aquilo que se aproxima da alma não tivesse qualquer participação na razão; essa parte era tão grande quanto a escuridão podia recebê-la; sombra indistinta na sombra proveniente da alma".

(199) Por exemplo, Plotino, *Enéada* v, 5, §9.

(200) "herói", no datilograma. [N. T.: as palavras *héraut*, isto é, arauto, e *héros*, isto é, herói, são, em francês, homófonas.]

(201) Plotino, *Ennéade* IV, 3, §13, trad. É. Bréhier: "A inevitável necessidade e a justiça consistem, assim, em uma natureza que ordena a cada alma que se dirija, de acordo com sua posição, à imagem gerada, moldada a partir de sua própria vontade e suas disposições íntimas; todas as almas dessa espécie estão à proximidade do objeto para o qual são levadas por suas disposições íntimas; no momento certo, não há necessidade de um ser que as envie e que as conduza, de modo que entrem, em determinado momento, em determinado corpo; chegado o momento, elas descem nele espontaneamente [οἷον αὐτομάτως] e entram onde devem. Esse momento é diferente para cada uma delas; mas quando chega, ela desce, como que ao chamado de um arauto [οἷον κήρυκος καλοῦντος], no corpo que lhe é conforme [πρόσφορον σῶμα]; isso leva a crer que ela é então movida e arrastada por uma potência mágica de atração irresistível".

(202) Cf. *supra*, p. 187 e nota 147.

(203) "livre", no datilograma.

(204) Proclo, nascido em Bizâncio em 412, falecido em Atenas em 485, é um filósofo neoplatônico da Escola de Atenas. Cf. *Commentaire sur le Timée*, trad. A.-J. Festugière, 1966-1969, Paris, Vrin, 5 v., 1996-2000.

(205) Simplício é um filósofo neoplatônico grego do século VI e comentador de Aristóteles na Escola de Atenas. Cf. *In Aristotelis Physica commentaria* (ed. Hermann Diels), col. "Commentaria in Aristotelem Graeca" (CAG), vol. IX-X, Berlin, 1882-1895; trad. D. Lefebvre, "Simplicius, Commentaire du chapitre IX du 'Traité du temps' d'Aristote", in *Philosophie*, XXVI (1990), p. 7-18.

(206) Cf. Bergson, "La perception du changement" (1911), em *La pensée et le mouvant* (1934), Paris, PUF, "Quadrige", 2011, p. 153. Nesse texto, Bergson cita Plotino, *Ennéade* III, 8, "De la nature, de la contemplation et de l'Un", §4: "Toda ação, dizia (e acrescentava até mesmo 'toda fabricação'), é um enfraquecimento da contemplação". Mesma citação em *Les deux sources de la morale et de la religion*, cap. III, p. 234.

(207) Plotino, *Ennéade* III, 7, "De l'éternité et du temps", §11. Plotino expõe, nesse texto, sua concepção sob a forma de uma prosopopeia do tempo.

(208) Cf. Bergson, *L'évolution créatrice*, cap. IV, p. 317. Embora continue a atribuir a palavra e a definição a Platão, que ele cita no *Timeu* (37*d*), Bergson já discerne muitas diferenças entre Platão e Plotino e suas concepções respectivas do tempo. Acerca desse ponto, ver o estudo definitivo de R. Brague, "Pour en finir avec 'Le temps, image mobile de l'éternité'", *Du temps chez Platon et Aristote: quatre études*, Paris, PUF, "Quadrige", 1995, p. 11-71.

(209) "Platão", no datilograma.

(210) Plotino, *Ennéade* III, 7, §11, trad. É. Bréhier: a alma "age como a razão espermática que sai de uma semente imóvel, desenvolve-se evoluindo pouco a pouco, ao que parece, rumo à pluralidade e manifesta sua pluralidade dividindo-se; em vez manter sua unidade interna, ela a prodigaliza no exterior e perde sua força nesse mesmo progresso. Da mesma forma, a alma fez o mundo sensível à imagem do mundo inteligível; e ela o fez móvel, dotando-o não do movimento inteligível, mas de um movimento semelhante a este e que aspira a ser sua imagem".

(211) Ibid., trad. É. Bréhier: "Primeiramente, ela tornou a si mesma temporal produzindo o tempo no lugar da eternidade; então, submeteu ao tempo o mundo por ela gerado, e o pôs inteiramente no tempo, em que ela envolveu todo seu desenvolvimento".

(212) Ibid., trad. É. Bréhier: "Não vamos, porém, tomar o tempo fora da alma, nem a eternidade fora do ser".

(213) É apoiando-se no esquema plotiniano que Bergson procurará mais tarde explicar a filosofia de Espinosa, antes de remontar, a respeito desta, a sua intuição central, como se proporá a fazer nos cursos dedicados ao *Tratado da reforma do entendimento* (1911) e à *Ética* (1912). Essa já é a maneira pela qual Bergson vai proceder, nas sessões seguintes, para explicar a filosofia de Leibniz. Ver. C. Riquier, *Archéologie de Bergson*, §13, p. 210-233.

(214) Cf. Curso no Collège de France sobre "L'idée de temps" (1901-1902), *Mélanges*, p. 513-517; ver *infra*, p. 365-371.

(215) Se está perfeitamente consciente de que o Uno é um princípio transcendente e "mais que uma ideia" (*Cours*, IV, p. 138), Bergson

tende, entretanto, a atenuar a diferença que o separa da inteligência. A razão para isso consiste claramente em poder inscrever melhor Plotino na continuidade de seus predecessores, Platão e Aristóteles. "O cartesiano diria que o Uno continha as coisas inferiores eminentemente, e não formalmente; que o Perfeito contém o imperfeito, visto ser este menos que o Perfeito, mas essa implicação do imperfeito no Perfeito não supõe, de modo algum, uma divisão do Perfeito" (*Cours*, IV, p. 140).

(216) Ver Porfírio, *Vie de Plotin*, 23, trad. É. Bréhier: "Enquanto estive com ele, atingiu quatro vezes essa meta, graças a um ato inefável, e não em potência". Pelo que sabemos, a comparação entre duas espécies de êxtase, cristã e plotiniana, conduzindo a distinguir duas místicas, é feita aqui por Bergson pela primeira vez. Ela será amplamente desenvolvida em *Les deux sources de la morale et de la religion*, cap. III, p. 233 e ss.

(217) Cf. Bergson, "A evolução do problema da liberdade", curso inédito no Collège de France de 1904-1905, publicado pela PUF, em 2017 (ed. A. François).

(218) Cf. *supra*, p. 187, 234.

(219) Embora não disponhamos da transcrição do curso, trata-se muito provavelmente de uma das teses que Bergson deve ter defendido nas sessões do Collège de France que dedicou à explicação do tratado de Alexandre de Afrodísias *Sobre o destino*, em 1900-1901. Alexandre de Afrodísias herda certa concepção estoica do destino, que ele assimila de maneira menos equívoca ainda à necessidade da natureza e à concatenação de suas causas, e que antecipa, de algum modo, a concepção mecanicista da ciência moderna. Segundo Bergson, caberá a Plotino fixar definitivamente o problema da liberdade humana e da causalidade natural nos termos que serão também os da filosofia moderna. É essa gênese do problema que Bergson ressaltará nesta sessão e revisitará mais amplamente em 1905 (cf. Bergson, "L'évolution du problème de la liberté", curso do Collége de France, Paris, PUF, publicado em 2017).

(220) Assim como no capítulo IV de *Matière et mémoire* (MM, p. 207), Bergson responde indiretamente às objeções que sua tese suscitara desde a publicação do *Ensaio sobre os dados imediatos da consciência*. Abordando o problema da liberdade em seu capítulo III,

foi censurado pelo caráter irracional da liberdade que ele sustentava, reduzido a um sentimento. Cf. L. Lévy-Bruhl, "Recension de l'Essai sur les données immédiats de la conscience de Bergson", *Revue philosophique de la France et de l'étranger*, Paris, Alcan, maio de 1890, XXIX, p. 536-537; G. Belot, "Une théorie nouvelle de la liberté", idem, outubro de 1890, XXX, p. 361-392. Passagens significativas do texto estão inseridas no dossiê crítico da edição de A. Bouaniche (*DI*, p. 286-288). Ver F. Worms, *Introduction à* Matière et mémoire *de Bergson*, Paris, PUF, 1997.

(**221**) "excitação", no datilograma.

(**222**) Cf. *L'évolution créatrice*, cap. III, p. 242 e ss.

(**223**) "sem", no datilograma.

(**224**) "l'a donne" [N. T.: construção equivocada que associa o verbo auxiliar *avoir*, com objeto direto anteposto, ao presente do indicativo do verbo *donner*], no datilograma, que pode também ser corrigido por "l'a donné" [a deu].

(**225**) "coisa" e "não" estão ausentes no datilograma.

(**226**) Plotino, *Enéadas* III, 1, "Sobre o destino", §7. "τὸ ἐφ' ἡμῖν ὄνομα μόνον", no datilograma.

(**227**) Plotino, *Enéadas* III, 1, §8. Bergson propõe, para a mesma passagem, uma tradução equivalente em seu curso sobre "A evolução do problema da liberdade" (11ª sessão): "Basta encontrar uma solução que, por um lado, salvaguarde o princípio da causalidade (ou, literalmente, que não deixe nada sem causa, que salvaguarde a sequência e a ordem das coisas) e que, por outro lado, nos permita ser alguma coisa".

(**228**) Plotino, *Ennéade* IV, 4, "Difficultés relatives à l'âme II", §32, trad. É. Bréhier: "todo ser em toda a região do sensível é parte do universo; e é parte dele apenas na medida em que possui um corpo; e, por possuir uma alma, é parte dele pela razão de que participa da alma do universo; os seres que participam apenas desta alma são somente partes do universo; mas os seres que participam de outra alma têm, por esse mesmo motivo, o privilégio de não serem exclusivamente partes do universo".

(**229**) Plotino, *Enéadas* III, 1, "Sobre o destino", § 8.

(**230**) "dizíamos", no datilograma.

(**231**) Plotino, *Ennéade* IV, 4, "Difficultés relatives à l'âme II", §39, trad. É. Bréhier: "Portanto, os acontecimentos do universo não dependem de razões seminais, mas de razões mais compreensivas pertencentes a seres anteriores às razões seminais. Pois não se encontra nas razões seminais a causa dos acontecimentos que são contrários a essas mesmas razões, nem a dos fatos que provêm da matéria e que colaboram no universo, nem, por fim, a das ações que os seres engendrados realizam um sobre o outro".

(232) Ver *infra*, p. 333 e ss. "Leibnitz", no datilograma e da mesma forma para cada uma de suas ocorrências.

(233) Plotino, *Ennéade* IV, 3, "Difficultés relatives à l'âme I", §12.

(234) Plotino, *Enéadas* VI, 7, "Como a multiplicidade de formas surgiu: e sobre o Bem", § 7.

(235) Plotino, *Enéadas* VI, 8, "Sobre o livre-arbítrio e a vontade do Uno".

(236) Sobre uma aproximação entre Plotino e Espinosa, ver notas 213 e 300.

(237) Plotino, *Enéadas* VI, 8, §2: "E se é realmente isso que depende de nós, o que depende de nós não está na ação, mas reside em nossa inteligência" (καὶ ἐνταῦθα τὸ ἐφ' ἡμῖν, οὐκ ἐν πράξει τοῦτο ἔσται, ἀλλ' ἐν νῷ στήσεται τοῦτο).

(238) Cf. Bergson, "L'intuition philosophique", *La pensée et le mouvant*, p. 123-124.

(239) Cf. Bergson, *L'évolution créatrice*, cap. IV, p. 335-344.

(240) "Midust" e "freios", no datilograma.

(241) Trata-se de autores como Herbert Spencer (1820-1903), John Fiske (1842-1901), Alfred Barrat (1844-1881) ou William Clifford (1845-1879). É a este que devemos a expressão *Mind-Stuff* ("On the Nature of Things-in-Themselves", 1978, *Mind*, vol. 3, nº 9, p. 57-67). William James discute precisamente essa teoria em seus *Principles of Psychology*, 2 v., Nova York, 1890, Cambridge, Massachussetts e Londres, Harvard University Press, 1975-1988, vol. 8, t. I (1981), cap. VI "The Mind-Stuff Theory", p. 145-182. Ver também o resumo que foi feito dela em sua quinta lição de *Pluralistic Universe* (1909); *Philosophie de l'expérience*, Paris, Les Empêcheurs de pensser en rond, trad. St. Galletic, prefácio D. Lapoujade, 2007, p. 128: "na ausência de almas, de mim ou de outros princípios de unidade, unidades primordiais de material mental ou de poeira mental eram concebidas adicionando-se juntas em etapas sucessivas de combinação e de recombinação, e gerando assim nossos estados de consciência mais elevados e mais complexos. Suponhamos, por exemplo, a sensação elementar de A e a sensação elementar de B: sobrevindo em certas condições, elas se combinam, segundo essa doutrina, em uma sensação de A-mais--B, combinando-se esta, por sua vez, com uma sensação, gerada da mesma maneira, de C-mais-D, até que, ao final, o alfabeto inteiro possa aparecer em um único campo de consciência, sem que se tenha de supor a existência, para além das sensações das diferentes letras, de um ou vários princípios que as apreendessem".

(242) Ver *supra*, p. 3 e ss., p. 16 e ss.

(243) A expressão pode surpreender. É preciso lembrar, entretanto, que, ao mesmo tempo, Bergson ainda procurava uma formulação apropriada a esse conhecimento do absoluto ao qual ele suspende a realidade da metafísica. Na versão da "Introdução à metafísica" (1903) que ele acaba de publicar, Bergson emprega a expressão kantiana "intuição intelectual", que ele corrigirá na versão de 1934.

(244) Curso do Collège de France sobre a "Ideia de tempo" (1901-1902). O exemplo do copo d'água açucarado se tornou famoso e foi retomado em *A evolução criadora*, cap. I, p. 9-10.

(245) No datilograma, o primeiro "milhões" encontra-se parcialmente rasurado. Convém conservá-lo, pois o exemplo se encontra no cap. IV de *Matière et mémoire* a respeito da luz vermelha: "No espaço de um segundo, a luz vermelha – a que tem o maior comprimento de onda e cujas vibrações são, consequentemente, as menos frequentes – completa 400 trilhões de vibrações sucessivas".

(246) A expressão vem de Leibniz, para quem o corpo é *mens momentanea* (Carta a Arnauld, de novembro de 1671. In: *Œuvres*; ed. Prenant, p. 108: "*omne corpus est mens momentanea, seu carens recordinatione*").

(247) Deixamos o texto intacto, mas a sequência imediata e a própria obra de Bergson deve-nos conduzir a corrigir sem demora: desde 1903, existem, ao contrário, fortes razões para supor durações mais extensas que a nossa (cf. Introduction à la métaphysique, 1903. In: *La pensée et le mouvant*, p. 210-211).

(248) Cf. Bergson, "Introduction à la métaphysique", *La pensée et le mouvant*, p. 219: "Para tomar mais uma vez dos platônicos sua linguagem, diremos, despojando as palavras de seu sentido psicológico, chamando Ideia a certa *garantia de fácil inteligibilidade* e Alma a certa *inquietude de vida*, que uma invisível corrente leva a filosofia moderna a elevar a Alma acima da Ideia. Ela tende dessa forma, assim como a ciência moderna e até mesmo muito mais do que ela, a caminhar em sentido inverso ao do pensamento antigo".

(249) Francis Bacon (1561-1626) é um filósofo inglês cuja obra principal é o *Novum Organum* (1620), tida por alguns como anunciadora da ciência moderna e na qual ele enuncia as regras do método experimental. Aos olhos de Bergson, não é, contudo, na experimentação que residiria a diferença essencial entre a ciência antiga e a ciência moderna (*L'évolution créatrice*, cap. IV, p. 332-333).

(250) Nicolau de Cusa (1401-1464) é um filósofo alemão, cardeal e vigário temporal do Papa Pio II.

(251) "Platão", no datilograma.

(252) Nicolau de Cusa, *Da douta ignorância* (1440). Suas três partes são dedicadas respectivamente a Deus (livro I), ao universo (livro II) e a Jesus Cristo (livro III). A passagem a que se refere mais particularmente Bergson se encontra no livro II, cap. 10: "Consideremos, porém, pelo seguinte exemplo, como esse movimento se contrai do universal ao particular, conservando sua ordem através de seus diferentes graus. Com efeito, no momento em que digo 'Deus é', essa proposição progride com certo movimento, mas segundo uma ordem tal que pronuncio primeiramente as letras, depois as sílabas, em seguida as palavras e, por fim, a proposição, embora a audição não distinga essa ordem gradual. É, na verdade, da mesma maneira que o movimento desce gradualmente do universal ao particular e se encontra nele contraído segundo a ordem de sucessão do tempo ou da natureza. Ora, esse movimento ou sopro desce do sopro divino, que move todas as coisas por meio desse mesmo movimento. Por conseguinte, assim como há naquele que fala algum sopro que procede daquele que fala e que se contrai no discurso, como acaba de ser dito, de Deus, que é o Sopro, desce todo movimento" (*De la docte ignorance*, trad. P. Caye, D. Larre, P. Magnard, F. Vengeon, Paris, GF, 2013, p. 145-146).

(253) Giordano Bruno (1548-1600), filósofo italiano condenado à fogueira por heresia pelo tribunal da Inquisição. Aderindo à cosmologia de Copérnico, sua obra, considerável, exerceu grande influên-

cia, variando seu sentido de acordo com as épocas. Leibniz se inspirou em suas ideias de mônada e de infinito. *A causa, o princípio e uno* (1584) é, segundo o próprio autor, a obra central de sua filosofia (*Œuvres complètes*, Paris, Les Belles Lettres, 1996, vol. III, trad. L. Hersant.). No quinto diálogo, Bruno conclui o "fundamento do edifício de todo o conhecimento natural e divino" (p. 24).

(254) Johannes Kepler (1571-1630), matemático e astrônomo alemão que inaugurou a astronomia moderna. O *Prodromus dissertationum cosmographicarum seu mysterium cosmographicum* é sua primeira obra. Interessa-se pela estrutura do Universo e permite confirmar o heliocentrismo sustentado por Copérnico (*Astronomi opera omnia*, vol. I, Frankfurt, Heyder & Zimmer, 1858, cap. XX, p. 173 e ss.; *Prodrome aux dissertations cosmographiques contenant le secret du monde*, Paris, Gallimard, 1984, trad. A. Segonds, p. 166 e ss.). A primeira edição, que Bergson cita primeiro, é de 1596; a segunda, que ele cita em seguida, de 1621.

(255) Trata-se de Julius Caesar Scaliger (ou Júlio César Scaligero) (1484-1558), filósofo, erudito de origem italiana e pai de Joseph Justus Scaliger (1540-1609). Teve por mestre Pietro Pomponazzi, ou Pomponácio (1462-1525), o qual lecionará na Universidade de Pádova, de 1488 a 1509. O livro de Scaliger a que Kepler se refere é *Exotericarum exercitationum liber XV* (Paris, 1557, cap. 359, §8).

(256) Cf. Bergson, "L'intuition philosophique", *La pensée et le mouvant*, p. 119-120.

(257) Cf. *supra*, notas 56 e 57.

(258) "mediadora", no datilograma. Poderíamos também entender: "[em] certo sentido, mediadora".

(259) Girolamo Cardano (1501-1576), matemático, astrólogo, médico e filósofo italiano. Uma de suas obras mestras, muito criticada por J. C. Scaliger, é *De subtilitate* (1550) (*De la subtilité et subtiles inventions, ensemble les causes occultes, et raison d'icelles*, trad. R. Le Blanc, Paris, Charles Langelier, 1556). "Cardon", no datilograma.

(260) Giovanni Battista Benedetti (1530-1590), matemático e físico italiano. Embora permaneçam impregnadas de aristotelismo, suas *Disputationes de quisbudam placitis Aristotelis* formulam uma crítica à filosofia natural do estagirita e a sua concepção de um mundo fechado (in *Diversarum speculationum mathematicarum et physicarum liber*, Turim, 1585, reimpressão EOD Network, 2014).

(261) "podemos identificar de passagem a concepção aristotélica do movimento, a concepção moderna", no datilograma.

(262) "facial", no datilograma.

(263) Por exemplo, Aristóteles, *Physique* IV, cap. 8, 215*a* 14: "Ademais, os projéteis se movem, na verdade, fora da mão daquele que os impeliu, quer por antiperístase, segundo certas teorias, quer pela impulsão do ar impelido que imprime ao projétil um movimento mais rápido que sua translação até o lugar natural. Mas, no vazio, nada disso pode ocorrer, e uma translação não é possível senão por meio de um veículo".

(264) "facial", no datilograma.

(265) Galileu Galilei (1554-1642), matemático, astrônomo e físico italiano, fundador da ciência moderna: "a ciência moderna é filha da astronomia; ela desceu do céu sobre a terra ao longo do plano inclinado de Galileu, pois é por meio de Galileu que Newton e seus sucessores se ligam a Kepler" (Bergson, *L'évolution créatrice*, cap. IV, p. 334).

(266) "facial", no datilograma.

(267) Arquimedes (287-212 a.C.), nascido em Siracusa, é um dos principais matemáticos e físicos da Antiguidade clássica. Bergson se refere a seu *Tratado sobre o método* e, para o cálculo da quadratura da espiral, a seu método infinitesimal de demonstração, que evoca o cálculo infinitesimal dos modernos. Apoiando-se nos primeiros ensaios de Antifonte e de Eudoxo, Arquimedes precisava, assim, um método que, no século XVII, Grégoire de Saint-Vincent batizará retrospectivamente de "método de exaustão".

(268) Cf. Bergson, "Introduction à la métaphysique", *La pensée et le mouvant*, p. 214-215; e também D. Lapoujade, *Puissances du temps*, Paris, Minuit, 2010, cap. I, p. 27 e ss.

(269) Boaventura Cavalieri (1598-1647), matemático e astrônomo italiano cujo método dos indivisíveis (ou princípio de Cavalieri), mais eficaz que o método de exaustão de Arquimedes no cálculo das áreas e dos volumes, anuncia, sob muitos aspectos, o cálculo integral descoberto, um pouco mais tarde, por Newton e Leibniz. Influenciado por Kepler, seu principal tratado foi sua *Nova geometria dos indi-*

visíveis contínuos (*Geometria indivisibilis continuorum nuova*, 1635). Evangelista Torricelli (1608-1647) foi seu aluno e amigo, e estendeu o método aos processos politrópicos. Deu um passo a mais que seu mestre, conferindo espessura aos indivisíveis. A linha continua com Roberval e Barrow até chegar em Newton, linha que Bergson retoma um pouco mais adiante, no final da sessão.

(**270**) Expressão singular que evoca a de *A evolução criadora*: "Em todo lugar em que vive alguma coisa, há, aberto em algum lugar, um registro no qual se inscreve o tempo" (cap. I, p. 16).

(**271**) Gilles Personne de Roberval (1602-1675), matemático e físico francês. Reconhece-se sua paternidade sobre o método dos indivisíveis, preparado em segredo e zelosamente guardado, mas descoberto paralelamente por Cavalieri. É, pelo menos, isso que ele mesmo afirma em carta a Torricelli, em junho de 1647. Vários textos situados entre 1630 e 1640 atestam o uso que ele então faz dele. Seu *Tratado sobre os indivisíveis*, concluído por volta de 1660, é publicado postumamente em 1693, e Roberval emancipa-se mais do que Cavalieri do fundo metafísico aristotélico. Influenciado por Roberval, Isaac Barrow (1630-1677), matemático e teólogo inglês, se inscreve, por sua vez, nessa longa pré-história do cálculo infinitesimal do qual, como mestre de Newton, ele é um dos precursores decisivos. Cf. A. Koyré, *Études d'histoire de la pensée scientifique*, Paris, Gallimard, 1973; E. Barbin, *La révolution mathématique au XVIIe siècle*, Paris, Ellipses, 2006.

(**272**) O método das fluxões de Isaac Newton (1643-1727) e o cálculo diferencial de Gottfried Wilhelm Leibniz (1646-1716) vêm concluir essa história da qual Bergson conserva, em sua "Introdução à metafísica", apenas o final, quando celebra com a análise infinitesimal "o mais poderoso dos métodos de investigação de que dispõe o espírito humano" (p. 214). Bergson explicava, em artigo de 1903, que uma "história aprofundada do pensamento humano mostraria que devemos [à intuição] o que se fez de mais importante nas ciências, assim como o que há de mais viável em metafísica". Foi a essa história que, paralelamente, esta sessão contribuiu de modo manifesto, a fim de assistir à emergência de uma ciência nova a partir de uma "visão simples", e remontar à intuição de que tal descoberta científica poderia ter saído – tal qual ela se manifesta claramente em Newton, mais ainda do que em Leibniz. Cf. J. Milet. *Bergson et le calcul infinitesimal*. Paris: PUF, 1974.

(273) I. Newton. *Opuscula mathematica, philosophica et philologica*, Lausanne e Genebra, 1744, I, "Tractatus de quadratura curvarum" (1704), p. 203. A frase transcrita no datilograma: "Considero uma quantidade matemática como sendo descrita por um movimento contínuo, uma linha pelo movimento de pontos, o tempo pelo fluxo contínuo". *"tempora per fluxum continuum"*, rasurado no datilograma, mas reproduzido em folha avulsa.

(274) Ibid. "Essas gerações realmente se produzem na natureza", no datilograma. A frase latina consta em folha separada.

(275) Ibid., p. 203-204. "Eu procurava um método de determinação das quantidades...", no datilograma, com um espaço na sequência que convidava a completar a citação. Cf. também Newton. *Méthode des fluxions et des suítes infinies*, póstumo, de 1736; trad. M. de Buffon. Paris: Debure, 1740.

(276) Ernst Kuno Berthold Fischer (1824-1907), filósofo alemão e historiador da filosofia. Devemos-lhe a oposição entre o empirismo e o racionalismo, cujo emprego se tornou clássico (e corrente sob a pena de Bergson). Sua obra mestra é uma *História da filosofia moderna* em seis volumes, publicada entre 1854 e 1877 (*Geschichte der neueren Philosophie*, Stuttgart-Mannheim-Heildelberg, 1854-1877; Heidelberg, 1897-1901). "Descartes e sua escola" é uma de suas partes, que foi publicada separadamente (*Descartes und seine Schule*, 1865, Ulan Press, 2012).

(277) Desde o século XVII, alguns haviam começado a duvidar da sinceridade da fé de Descartes, a começar por Leibniz. Mas Bergson faz aqui provavelmente alusão ao padre Lucien Laberthonnière (1860-1932), ainda que seus primeiros escritos sobre Descartes fossem também os mais favoráveis ao filósofo ("L'esprit cartésien et l'esprit scolastique", 1884). De acordo com este último, na medida em que ela requer a independência da razão, a liberdade de pensamento, permitindo a cada homem buscar e conhecer a verdade, opõe-se tanto ao princípio de autoridade dos antigos quanto às verdades da fé às quais a razão não pode ter acesso por si mesma e com as quais ela deve somente consentir (ver *Études de philosophie cartésienne et premiers écrits philosophiques*, L. Canet [ed.], Paris, Vrin, 1937, p. 313-345).

Mais tarde, e de maneira mais geral, Laberthonnière censurará Descartes por ter situado Deus no fundamento de sua física apenas para, em seguida, melhor dispensá-lo, atribuindo ao homem uma existência, ao mesmo tempo, em si e para si. Dedicando-se então apenas à filosofia, Descartes não aceitaria as verdades da fé senão por tradição e simples crença (*Études sur Descartes*, 2 v., Paris, Vrin, 1935).

(278) Muitos ainda são aqueles que compreenderam assim a dúvida metódica, caso, novamente, do padre Laberthonnière. Ver a nota precedente. Cf. Bergson, *Cours de morale, de métaphysique et d'histoire de la philosophie moderne de 1892-1893 au lycée Henri-IV* (editado por S. Matton, apresentado por A. Panero), Paris-Milão, Arché, 2010, "Descartes", p. 329 e ss.

(279) "seus *Princípio*s", no datilograma. Bergson se refere aqui, é claro, ao primeiro *Discurso do método*: "A filosofia [que se leciona nas escolas] oferece um meio de falar aparentemente de todas as coisas e de se fazer admirar pelos menos sábios" (Paris, Vrin, AT VI, p. 6). Essa citação de Descartes é ecoada pela definição que Bergson dará mais tarde, na introdução a *La pensée et le mouvant* (Paris, PUF, "Quadrige", 2010, p. 92), para o *homo loquax*, ou "o 'homem inteligente', capaz de falar aparentemente de todas as coisas" (p. 90).

(280) É também o que Descartes escrevia, desta vez efetivamente, em sua *Carta-prefácio* aos *Principia philosophæ* (Paris, Vrin, AT IX, edição Adam-Tannery, p. 5-6), na qual considerava que a diferença que havia entre Platão e Aristóteles consistia em que o primeiro "se contentou em escrever as coisas que lhe pareceram ser verossímeis, imaginando, para esse efeito, alguns princípios pelos quais procurava explicar as outras coisas: ao passo que Aristóteles teve menos franqueza".

(281) Cf. Bergson, "Introduction" à *La pensée et le mouvant*, p. 84 e ss.

(282) Cf. Bergson, *L'évolution créatrice*, cap. IV, p. 325-326.

(283) "temporário", no datilograma.

(284) Plotino, *Ennéade* V, 3, "Des hypostases qui connaissent et du principe qui est au-delà de l'Un", §6; trad. É. Bréhier: "A inteligência se pensa porque é inteligência; ela se pensa tal como ela é; pensa o que ela é, por sua própria natureza e voltando-se para si mesma. Ao ver os seres, é a si mesma que ela vê; e aquilo que vê em ato é seu ato, isto é, ela mesma. A inteligência e o ato de inteligência são uma mesma coisa. Ela se vê inteiramente e por si mesma inteiramente; não vê uma parte de si mesma por meio de outra parte".

(285) Descartes. *Principia philosophiæ*, livro I: "a duração de cada coisa é um modo ou uma maneira pela qual consideramos essa coisa enquanto ela é" (§ 55, AT VI, p. 49); "o tempo, que distinguimos da duração em geral, e que dizemos ser o número do movimento, não é nada além de uma maneira pela qual pensamos essa duração, pois não concebemos que a duração das coisas que são movidas seja outra senão a das coisas que não o são" (§ 57, AT VI, p. 49-50).

(286) Descartes, carta à princesa Isabel de 21 de maio de 1643: "Considero que existem em nós certas noções primitivas, que são como que originais, em cujo molde formamos todos os nossos outros conhecimentos. E há apenas pouquíssimas dessas noções; pois, após as mais gerais, do ser, do número, da duração etc., que convêm a tudo que podemos conceber, temos, para o corpo em movimento, apenas a noção de extensão, da qual decorrem as da figura e do movimento; e, para a alma sozinha, temos somente a do pensamento, na qual estão compreendidas as percepções do entendimento e as inclinações da vontade; por fim, para a alma e o corpo juntos, temos apenas a de sua união" (AT III, p. 663, *Correspondance*, 2, J.-R. Armogathe [ed.], Paris, Gallimard, "Tel", 2013, p. 176).

(287) Ao que parece, trata-se, mais precisamente, da carta de Descartes a Antoine Arnauld de 29 de julho de 1648: "Não concebo a duração sucessiva das coisas que são movidas, ou mesmo a de seu movimento, senão como concebo a duração das coisas não movidas; pois o antes e o depois de todas as durações, sejam elas quais forem, apresentam-se a mim pelo antes e pelo depois da duração sucessiva que descubro em meu pensamento, com o qual as outras coisas são coexistentes" (AT V, p. 223, *Correspondance*, 2, p. 816).

(288) "concepte", no datilograma. [N.T.: palavra inexistente no vocabulário francês]

(289) Descartes, *Réponses aux cinquièmes objections par le père Gassendi*: "O sol é a causa da luz que procede dele, e Deus é a causa de todas as coisas criadas, não somente no que depende da produção destas, mas até mesmo no que concerne à sua conservação ou à sua duração no ser. É por isso que ele deve sempre agir sobre seu efeito da mesma maneira, para conservá-lo no primeiro ser que ele lhe deu. E isso se demonstra muito claramente pelo que expliquei sobre a independência das partes do tempo, o que procurais em vão eludir propondo a necessidade da sequência que existe entre as partes do tempo considerado em abstrato, da qual não se trata aqui, mas somente do tempo ou da duração da própria coisa, sobre a qual não podeis negar que todos seus momentos possam ser separados daqueles que os seguem imediatamente, isto é, que ela possa deixar de existir em cada momento de sua duração" (AT IX, trad. C. Clerselier, p. 369-370).

(290) "[Gassendi]", no datilograma. Descartes, *Principia philosophæ*, I, art. 30, AT IX, p. 38; *Réponses aux secondes objections par le père Mersenne*, AT IX, p. 110-111; *Réponse aux quatrièmes objections par Antoine Arnauld*, AT IX, p. 189-190. Nas duas últimas referências, Bergson evoca a resposta que Descartes dá à objeção do "círculo", segundo a expressão de Arnauld (AT IX, p.166). Se Bergson pôde citar Gassendi, é porque este, com efeito, retoma a expressão *"circulus"* de Arnauld assim como aponta pela terceira vez o vício que se pode ver na demonstração da existência de Deus (*Disquisitio metaphysica*, in *Meditationem IV, dubitatio IV, Instantia 2*, AT VII, p. 405) e na resposta de Descartes em sua carta a Clerselier de 12 de janeiro de 1646 (AT IX, p. 211).

(291) William Whewell (1794-1866), filósofo e historiador das ciências inglês. Lecionou mineralogia e filosofia na Universidade de Cambridge (Trinity College). "Wewel", no datilograma. Exceção feita ao livro II de sua *Philosophy of the Inductive Sciences* (*Novatum organum renovatum*, 1858, *De la construction en science*, trad. e apresentado por R. Blanché, Paris, Vrin, 1938), seus livros não foram traduzidos para o francês, a despeito de sua importância, particularmente sobre a questão da indução, em relação à qual eles puderam parecer, para alguns, mais inovadores e mais bem informados que os de J. Stuart Mill. Cf. R. Blanché, *Le rationalisme de Whewell* (Paris, Alcan, 1935). A história das ciências que ele escreveu constitui provavelmente uma das fontes de Bergson em matéria de física moderna, quando compõe o quarto capítulo de *Matière et mémoire*. Nesta circunstância, a passagem a que Bergson faz alusão neste curso se encontra no vol. II de *A History of the Inductive Sciences*, Londres: J. W. Parker, 1847, VI, "History of Mechanics", p. 24 e ss.

(292) Descartes. *Principia philosophæ* (1644), livro II, "Des principes des choses matérielles", AT VIII: não somente o movimento é relativo aos corpos que lhe são contíguos (art. 28), mas, na medida em que estes são considerados em repouso, a relação entre eles é recíproca. A translação "é recíproca; e não podemos conceber que o corpo AB seja transladado da proximidade do corpo CD sem que saibamos também que o corpo CD é transladado da proximidade do corpo AB, e que é preciso a mesma ação para ambos" (art. 29, AT VIII, p. 56). Mas, em outro sentido, os artigos 36, 37 e 38 enunciam a primeira lei da natureza (princípio da inércia) e se voltam contra o falso preconceito segundo o qual um movimento pode parar a si mesmo, "pois o repouso é contrário ao movimento, e nada se leva pelo instinto de sua natureza a seu contrário, ou à destruição de si mesmo" (art. 37, AT VIII, p. 63). Ver também as cartas de Descartes a Henry More (ou Morus), a de 15 de abril de 1649 (AT V, p. 340-348) e a de agosto de 1649 (AT V, p. 402-405). Ver *L'évolution créatrice*, cap. IV, p. 345, em que Bergson cita os *Principes...*, II, § 29 e 36 e ss; ver também *Matière et mémoire*, cap. IV, p. 215 e ss., em que Bergson já assinalava a contrariedade entre a concepção cartesiana do movimento e o conjunto de sua física, pois não pode haver distinção absoluta entre o repouso e o movimento sem que se suponha, ao mesmo tempo, um movimento absoluto. Cf. V. Carraud e F. de Buzon, *Descartes et les Principia II: corps et mouvement*, Paris, PUF, 1994.

(293) Leibniz fizera, já em 1675, observações sobre os *Principia* de Descartes, *Animadversiones in partem generalem Principiorum Cartesianorum* (trad. Schrecker in *Opuscules philosophiques choisis*, Vrin, 2002, p. 20-21). Ver, sobretudo, Leibniz, *Specimen dynamicum* (1995), *Mathem. Schriften*, GM VI, p. 246. Cf. Bergson, *Matière et mémoire*, cap. IV, p. 216, nota 3, em que o livro de Leibniz é citado.

(294) "do que a", no datilograma.

(295) Descartes, carta à princesa Isabel de 3 de novembro de 1645: "Assim como o conhecimento da existência de Deus não nos deve impedir de estarmos certos de nosso livre-arbítrio, pois o vivenciamos e o sentimos em nós mesmos, o de nosso livre-arbítrio não nos deve fazer duvidar da existência de Deus. Pois a independência que vivenciamos e sentimos em nós, e que basta para tornar nossas ações louváveis ou condenáveis, não é incompatível com uma dependência que é de outra natureza, segundo a qual todas as coisas estão sujeitas a Deus" (AT IV, p. 332-333, *Correspondance*, 2, p. 243).

(296) Por exemplo, Descartes, *Principia philosophæ* (1644), art. 41; também a carta a Isabel de 3 de novembro de 1645 e, sobretudo, a carta a Isabel de janeiro de 1646: "Passo para a dificuldade que Vossa Alteza propõe a respeito do livre-arbítrio, cujas dependência e liberdade procurarei explicar por meio de uma comparação. Se um rei que proibiu os duelos, e que sabe muito seguramente que dois fidalgos de seu reino, residindo em diferentes cidades, estão em querela, e a tal ponto agitados um contra o outro que nada poderia impedi-los de lutar caso se encontrassem; se, digo, esse rei dá a um deles alguma incumbência para ir, em determinado dia, até a cidade onde se encontra o outro, e dá também uma incumbência a este outro para ir, no mesmo dia, até o local em que se encontra o primeiro, ele sabe seguramente que não deixarão de se encontrar e de lutar, e de infringir, assim, sua proibição, mas nem por isso ele os obriga a fazê-lo; e seu conhecimento, e até mesmo a vontade que ele teve de levá-los a isso dessa maneira, não impede que seja de maneira igualmente voluntária e livre que lutam, quando vêm a se encontrar, como teriam feito caso não tivessem sabido de nada, e caso se tivessem encontrado por alguma outra ocasião, e eles podem também ser justamente punidos, pois infringiram sua proibição. Ora, o que um rei pode fazer dessa forma, no tocante a algumas ações livres de seus súditos, Deus, que possui uma presciência e um poder infinito[s], o faz infalivelmente no tocante a todas as dos homens. E antes de nos enviar a este mundo, soube exatamente quais seriam todas as inclinações de nossa vontade; é Ele mesmo que as introduziu em nós, é Ele também que dispôs todas as demais coisas que estão fora de nós, para fazer que estes e aqueles objetos se apresentassem a nossos sentidos neste e naquele momento, por ocasião dos quais soube que nosso livre-arbítrio nos levaria a uma coisa e outra; e assim Deus quis, mas nem por isso quis constrangê-lo a isso. E assim como se podem distinguir, nesse rei, diferentes graus de vontade, um pelo qual desejou que esses fidalgos lutassem, pois fez que se encontrassem, e outro pelo qual não o desejou, pois proibiu os duelos, os teólogos distinguem, em Deus, uma vontade absoluta e independente, pela qual deseja que todas as coisas se façam assim como se fazem, e outra que é relativa, e que se refere ao mérito ou demérito dos homens, e pela qual deseja que se obedeça a suas leis" (AT IV, p. 353-354, *Correspondance*, 2, p. 249).

(297) Descartes. *Entretien avec Burman*, manuscrito de Göttingen, texto apresentado traduzido e anotado por Ch. Adam, Paris, Boivin et Cie, p. 71: "[O]. Como pode isso ocorrer? Como pode ser a alma afetada pelo corpo e isso reciprocamente, visto serem naturezas absolutamente diferentes? [R] Isso é muito difícil de explicar; mas a experiência basta: ela é tão clara aqui que não se poderia, de maneira alguma, negá-la; vemo-lo bem nas paixões etc.".

(298) Descartes, carta à princesa Isabel de 28 de junho de 1643: "Do que resulta que aqueles que nunca filosofam, e que se utilizam apenas de seus sentidos, não têm qualquer dúvida de que a alma move o corpo, e de que o corpo age sobre a alma; mas consideram ambos como uma só coisa, isto é, concebem sua união; pois conceber a união que existe entre duas coisas é concebê-las como uma só. [...] E, finalmente, é utilizando somente a vida e as conservações ordinárias, e abstendo-se de meditar e de estudar as coisas que estimulam a imaginação, que se aprende a conceber a união da alma e do corpo" (AT III, p. 692, *Correspondance*, 2, p. 181).

(299) Cf. Bergson, *L'évolution créatrice*, cap. IV, p. 346: "Logo que nos inclinamos a fazer da metafísica uma sistematização da ciência, escorregamos na direção de Platão e de Aristóteles. E, uma vez dentro da zona de atração por onde caminham os filósofos gregos, somos arrastados para sua órbita. Assim se constituíram as doutrinas de Leibniz e de Espinosa".

(300) Victor Brochard (1848-1907), filósofo francês, especialista em filosofia antiga. Bergson faz referência ao artigo "L'éternité des âmes dans la philosophie de Spinoza" (*Revue de métaphysique et de morale*, 1901, p. 688-699, retomado em *Études de philosophie ancienne et de philosophie moderne*, 1912, Paris, Vrin, 1926, 1974). O autor não insiste tanto nas numerosas analogias entre Aristóteles e Espinosa, as quais Octave Hamelin foi o primeiro a mostrar ("Sur une des origines du spinozisme", *Année philosophique*, 1900), quanto no papel intermediário que desempenhou a filosofia de Plotino: "Se, portanto, existe, entre Platão e Aristóteles, por um lado, e Espinosa, por outro, um elo de filiação que estamos longe de contestar, existem também diferenças demasiado essenciais para que não seja caso para supor uma doutrina intermediária". Esse meio termo não é muito difícil de descobrir. É, acreditamos, na teoria de Plotino que o encontramos, e foi daí que provavelmente ele passou para as doutrinas de Jâmblico e de Simplício, e depois para a filosofia dos sírios e a escolástica árabe, cujo importante papel o sr. Hambelin evidenciou (op. cit, p. 378). Bergson dedicará, em seguida, vários cursos a Espinosa, os quais procurarão estabelecer um paralelo entre Plotino e Espinosa: curso do Collège de France sobre o "Tratado da reforma do entendimento" de Espinosa (1911), dois cadernos de aluno, Fonds Doucet, BGN 2998 (3) e (4); curso de Collège de France sobre a "Ética" de Espinosa (1912), dois cadernos de aluno, Fonds Doucet, BGN 2998 – 7. Ver "L'intuition philosophique" (*La pensée et le mouvant*, p. 123-124). No prolongamento dessa hipótese, cf. F. Manzini, *Spinoza: une lecture d'Aristote*, Paris, PUF, "Épiméthée", 2009.

(301) Ver G. Rodier, "Sur une des origines de la philosophie de Leibniz", *Revue de métaphysique et de morale*, t. x, nº 5, p. 552-564, setembro de 1902. Georges Rodier (1864-1913) sucedeu a Victor Brochard na Sorbonne após a morte deste, em 1907, e de acordo com sua vontade. Citemos o início do artigo: "Em artigo recentemente publicado por esta *Revista*, o Sr. Brochard destacava a influência que devem ter exercido certas ideias de Plotino, por intermédio de seus discípulos gregos e, depois, dos sírios e dos árabes sobre a doutrina de Espinosa. Limitar-nos-emos aqui a assinalar, pois para expô-la completamente seria preciso quase um volume, a ação do neoplatonismo sobre o sistema de Leibniz. Trata-se, desta vez, de uma filiação imediata que temos de constatar. Leibniz, com efeito, leu Plotino; refere-se a ele, e sobre um ponto essencial, em carta a Hansch; leu também, ao menos parcialmente, Proclo, na tradução de Guilherme de Moerbeke, que ele menciona por diversas vezes: 'O livro', diz, 'é sobre a liberdade, a contingência e o problema do mal'" (p. 552). Lembrando que ele já ressaltara a muito provável influência de Plotino na filosofia de Leibniz, Bergson insiste, entretanto, em defender, tão firme quanto polidamente, a primazia de sua hipótese sobre a de Rodier. Essa é ainda, em nossa opinião, a razão de ser da nota que Bergson faz na passagem equivalente que dedica a Leibniz em *A evolução criadora*, após ter relacionado as mônadas aos Inteligíveis de Plotino: "Em um curso sobre Plotino, professado no Collège de France em

1897-1898, procuramos discernir essas semelhanças. Elas são numerosas e surpreendentes. A analogia se mantém até nas fórmulas empregadas de um lado e de outro" (*L'évolution créatrice*, cap. IV, p. 353, nota 1).

(302) "Erdmann", no datilograma. Edição de J. E. Erdmann, que Bergson citará, com efeito, um pouco mais longe.

(303) Primeira carta de Arnauld a Leibniz, de 13 de maio de 1686, *Briefwechsel zwischen Leibniz, Arnauld und dem Landgrafen Ernst von Hessen-Rheinfels, herausgegeben von C. L. Grotefend*, Hannover, 1846, p. 21-22; ver também (ed. J.-B. Rauzy) *Correspondance entre Leibniz et Arnauld*, em *Discours de métaphysique*, Paris, Agora Pocket, 1993, p. 177. "Tenho dificuldade em acreditar que seja realmente filosófico procurar na maneira pela qual Deus conhece as coisas o que devemos pensar... etc.", no datilograma.

(304) Leibniz. *Monadologia* (1714), §9: "As mônadas não possuem janelas pelas quais algo poderia entrar ou sair".

(305) Plotino, *Ennéade* V, 6, "De la beauté intelligible", §4, trad. É. Bréhier: "Lá, a vida é fácil; a verdade é sua mãe e sua ama, sua substância e seu alimento; eles veem tudo, não as coisas sujeitas à geração, mas as coisas que possuem o ser, e eles mesmos entre elas; tudo é transparente; não há nada de obscuro nem de resistente; todos são claros para todos, até em sua intimidade; é a luz para a luz. Cada qual tem tudo em si, e vê tudo em cada um dos demais: tudo está em todo lugar, tudo é tudo, cada qual é tudo".

(306) Plotino, *Ennéade* III, 2, "De la providence", §1, trad. É. Bréhier: "A inteligência ou ser constitui o mundo verdadeiro ou primeiro, mundo inextenso, que a divisão não enfraquece; não lhe falta nada, nem mesmo em nenhuma de suas partes, pois essas partes não são fragmentos arrancados do todo; ele reúne, em uma unidade indivisível, toda vida e toda inteligência, fazendo essa unidade de cada parte um todo; cada uma delas está unida a si mesma sem estar separada das outras; nenhuma parte prejudica a outra, ainda que seja seu contrário".

(307) Leibniz, "Epistola ad Hanschium de philosophia platonica", 25 de julho de 1707, *Opera philosophica*, ed. J. E. Erdmann, Berlin, 1840, II, §3, p. 445 b: "Porro quævis mens, ut recte Plotinus, quemdam in se mundum intelligibilem continet, imo mea sententia et hunc ipsum sensibilem sibi repræsentat". "Anctius", no datilograma; pode-se dizer também Hansch.

(308) Por exemplo, Charles Secrétan (1815-1895), filósofo suíço e teólogo protestante, de quem se tratará algumas linhas mais baixo; ver *La philosophie de Leibnitz, fragments d'un cours d'histoire de la métaphysique, donné dans l'Académie de Lausanne*, Genebra, Cherbuliez & Kessmann – Tubinga, Fuess – Paris, Cherbuliez & Jubert – Lausanne, Imprimerie-librairie de M. Ducloux éditeur, 1840.

(309) Ch. Secrétan, *Philosophie de la liberté: cours de philosophie morale prononcé à Lausanne*, Lausanne, G. Bridel, 1849, tomo I. A passagem a que Bergson se refere não é uma citação, mas um resumo das páginas 154 a 155 da oitava lição dedicada a Leibniz: "O que ocupa a cena, o que existe são as mônadas, os pensamentos pensantes, conscientes de si mesmos em diferentes graus, reais, consequentemente, em diferentes graus, pois se realizar é compreender-se, mas conspirando todos para um mesmo objetivo. O presente, o atual, o universo, a existência, em uma palavra, está, portanto, preenchida pela pluralidade; a unidade se encontra abaixo e acima: no fundo, como a fonte eterna, como a *série dos possíveis* (essa é outra definição de Deus, audaciosamente lançada por Leibniz). Acima, como a Ideia, como o objetivo, como *a harmonia das coisas*. A unidade não é real, é somente ideal e virtual. Ideal e virtual, senhores: em certo sentido, é a mesma coisa, em outro, é muito diferente. A *série dos possíveis* é o Deus virtual; a *harmonia das coisas* é o Deus ideal. Eternamente virtual, eternamente ideal, Deus nunca é real, mas está sempre implicado no movimento que vai do virtual ao ideal e se traduz nas mônadas. Em uma palavra, assim como para Espinosa, ou mais do que em Espinosa, Deus é a substância. Mas Leibniz compreendeu mais claramente que a substância, enquanto substância, não existe".

(310) Ibid., p. 153: "Se considerarmos a pluralidade das mônadas como ponto de partida imutável e absoluto, assim como Leibniz parece fazer, será preciso definir o sistema como um atomismo idealista. A unidade é apenas ideal, a unidade é a ordem, a unidade é o objetivo. Essa interpretação, com a qual muitos se assustarão, se baseia, entretanto, no texto. A harmonia, que Leibniz representa ordinariamente como obra de Deus, ele a identifica, por vezes com o próprio Deus: *Amor Dei sive harmoniæ rerum*".

(311) Cf. *L'évolution créatrice*, cap. IV, p. 350-355.

(312) Por exemplo, Leibniz, *Discours de métaphysique* (1686), §12, p. 35: "A noção de grandeza, de figura e de movimento não é tão distinta quanto se pensa, e ela encerra algo de imaginário e de relativo a nossas percepções, como ainda fazem (embora com maior intensidade) a cor, o calor e outras qualidades semelhantes em relação às quais podemos duvidar que se encontrem verdadeiramente na natureza das coisas fora de nós. É por isso que essas espécies de qualidades não poderiam constituir nenhuma substância"; ibid., § 24, p. 55: "O conhecimento distinto possui graus, pois ordinariamente as próprias noções que entram na definição necessitariam de definição e são conhecidas apenas de maneira confusa. Mas quando tudo que entra em uma definição ou conhecimento distinto é conhecido distintamente, até as noções primitivas, chamo a esse conhecimento adequado. E quando meu espírito compreende, ao mesmo tempo e distintamente, os ingredientes primitivos de uma noção, ele tem desta um conhecimento intuitivo bastante raro, sendo a maioria dos conhecimentos humanos apenas confusa ou supositiva"; *Monadologia* (1714), § 69.

(313) Samuel Clarke (1675-1729), teólogo inglês. De acordo com ele e Newton, a cujas teorias sobre o tempo e o espaço, a liberdade e a necessidade ele dá continuidade, o espaço e o tempo seriam "dois seres absolutos", "eternos e infinitos", "distintos, por isso mesmo, dos corpos que distinguem a natureza" (C. Piat, "La substance d'après Leibniz", *Revue néo-scolastique*, 1900, vol. III, nº 25, p. 53). A correspondência que ele manteve com Leibniz, publicada em 1717, tornou-se famosa: *A Collection of Papers Which Passed Between the Late Learned Mr Leibnitz and Dr. Clarke, in the Years 1715 and 1716, Relating to the Principles of Natural Philosophy of Religion*, Londres, James Knapton, 1917.

(314) "Weil", no datilograma.

(315) Leibniz, *Réplique aux réflexions contenues dans la seconde édition du dictionnaire critique de Mr. Bayle, article Rorarius sur le système de l'harmonie préétablie*, 1702, *Opera philosophica*, ed. Erdmann, p. 189*b*: "Mas, para ser mais preciso, a extensão é a ordem das coexistências possíveis, assim como o tempo é a ordem das possibilidades inconstantes, mas que, no entanto, estão conectadas; [...] de modo que essas ordens se conciliam não somente com o que atualmen-

te existe, mas também com o que poderia ser colocado em seu lugar, assim como os números são indiferentes a tudo que pode ser *res numerata*"; "A extensão é a ordem de coexistência possível... assim como o tempo é a ordem das possibilidades...", no datilograma; cf. C. Piat, art. cit., p. 56: "Se essa é a lógica das coisas, não se deve mais supor que exista espaço fora de nós, no mundo absoluto constituído pelas mônadas. Pois não existe entre elas nenhuma relação análoga àquela mantida por um líquido com as paredes de uma ampola: não se encontram nem continentes nem conteúdos. Tampouco se deve crer que as mônadas estejam no tempo: o tempo está apenas nelas. Elas duram, sem dúvida; mas, concebidas de fora, permanecem essencialmente imóveis e não podem, entre uma e outra, produzir nenhum caso de sucessão. O espaço e o tempo existem apenas por e para o nosso pensamento: são puros fenômenos. E é nesse sentido que se devem entender as palavras de Leibniz, quando define o espaço como uma *ordem de coexistência*, e o tempo como uma *ordem de sucessão*".

(316) Compilação de cartas entre Leibniz e Clarke, sobre Deus, a alma, o espaço, a duração etc., *Opera philosophica*, ed. Erdmann, apêndice, 1715-1716, terceira carta de Leibniz ou resposta à segunda réplica de Clarke, dezembro de 1715, §4, p. 752*a*: "Quanto a mim, assinalei por mais de uma vez que considerava o espaço como algo puramente relativo, assim como o tempo; como uma ordem das coexistências, assim como o tempo é uma ordem das sucessões. Pois o espaço marca em termos de possibilidade uma ordem de coisas que existem ao mesmo tempo, na medida em que existem juntas sem entrarem em suas maneiras de existir particulares: e quando vemos várias coisas juntas, percebemos essa ordem das coisas entre si". A forma "não... senão..." não consta nessa citação de Leibniz, mas conserva um equivalente na expressão "algo puramente". Com vistas a outro uso, Bergson já citava a correspondência com Clarke em sua tese latina *Quid Aristoteles de loco senserit*, 1889, *Écrits philosophiques*, Paris, PUF, "Quadrige", 2011, p. 86, 104. "Quanto a mim, assinalei por mais de uma vez que considerava o espaço como algo puramente relativo... do que em sua ordem sucessiva", no datilograma.

(317) Ibid., quinta carta de Leibniz e resposta à quarta réplica de Clarke, meados de agosto de 1716, Berlim, ed. Erdmann, p. 776*a*; ver também *Correspondance Leibniz-Clarke, présentée d'après las manuscrits originaux des bibliothèques de Hanovre et de Londres*, A. Robinet (ed.), Paris, PUF, 172. "Objetou-se que o tempo não poderia ser uma ordem de coisas sucessivas... nem lugar", no datilograma.

(318) Ernest (landgrave de Hesse-Rheinfels) (1623-1693), *Briefwechsel zwischen Leibniz, Arnauld und dem Landgrafen Ernst von Hessen-Rheinfels, herausgegeben von* C. L. Grotefend, Hannover, 1846. "o landgrave de Hesse-Raffeld", no datilograma; "Groussen", no datilograma.

(319) "A noção de uma substância individual contém, de uma vez por todas – esta é também a ideia dominante de sua correspondência com Arnauld – o que pode acontecer...", no datilograma; Leibniz. *Discours de métaphysique* (1686), §13, p. 36: "e que, considerando essa noção, pode-se ver nela tudo o que se poderá verdadeiramente enunciar a seu respeito, assim como podemos ver na natureza do círculo todas as propriedades que se podem deduzir dela".

(320) "Se algum homem fosse capaz..." no datilograma; ibid., p. 37.

(321) Ver *Nouvelles lettres et opuscules inédits de Leibniz*, por L. A. Foucher de Careil, Paris, Auguste Durand, 1857, reimpressão Georg Olms Verlag, 1971; *Opuscules et fragments inédits de Leibniz, extraits des manuscrits de Bibliothèque royale de Hanovre*, por L. Couturat, Paris, Alcan, 1903, reimpressão Georg. Olms Verlag, 1988; Correspondance entre Leibniz e Arnauld.

(322) "movimento giratório", no datilograma.

(323) Cf. Cours sur Plotin (1898-1899), *Cours*, IV, p. 28 e ss. ("III – La doctrine de Plotin, place que la théorie de l'âme y ocupe").

(324) Ver décima sexta lição, *supra*, p. 269 e ss.

(325) "platonicismo", no datilograma. A cada vez que encontramos essa expressão no datilograma, substituímos-la por "platonismo", cujo emprego por Bergson é atestado, nesse mesmo momento, em sua "Introdução à metafísica" (por exemplo, *PM*, p. 222).

(326) Ver *L'évolution créatrice*, cap. IV, p. 344-345.

(327) Ver décima oitava lição, *supra*, p. 325, e nota 301.

(328) συμπνοια μία. Citação de Hipócrates, que Leibniz retoma por duas vezes, pelo menos, e traduz por "tudo é concordante". Ver

Monadologie, §61; *Nouveaux essais sur l'entendement humain*, ed. Erdmann, p. 197*b*.

(329) L. Couturat, *La logique de Leibniz, d'après des documents inédits*, Paris, Alcan, 1901, obra cuja tese principal é a de que "a metafísica de Leibniz se sustenta unicamente nos princípios de sua Lógica, e deles procede inteiramente" (p. x): "Essa conclusão não era, de nossa parte, nem buscada nem prevista; é sem querer e quase contra nossa vontade que chegamos a ela. Propunhamo-nos simplesmente a estudar, em Leibniz, o precursor da Lógica algorítmica moderna, a analisar seu cálculo lógico e seu cálculo geométrico, e a reconstituir a ideia de sua característica universal. Mas, quando desejamos remontar aos princípios filosóficos dessas teorias, percebemos, por um lado, que elas procediam da concepção original que Leibniz tinha da Matemática universal, e de sua invenção juvenil da combinatória; por outro lado, que elas se relacionavam estreitamente a seus ensaios de língua universal, assim como a seu grande projeto de enciclopédia demonstrativa, que o ocupou por toda sua vida; por fim, que ele deduzia todas suas teses filosóficas dos princípios de sua 'ciência geral', isto é, de sua metodologia. É assim que fomos levados a descobrir que sua lógica era não somente o coração e a alma de seu sistema, mas o centro de sua atividade intelectual e a fonte de todas suas invenções, e a reconhecer nela o foco obscuro, ou pelo menos oculto, de que brotam tantas luminosas 'fulgurações'" (p. xii). Couturat apresentara, no ano anterior (em 27 de fevereiro de 1902), à Sociedade Francesa de Filosofia, uma exposição "Sobre as relações entre a lógica e a metafísica de Leibniz", à qual Bergson assistira. Embora se distinga de Couturat em grande número de pontos, Bergson aprecia a obra e as qualidades daquele que ele recomendará como seu substituto ao administrador do Collège de France para o ano 1905-1906 (*Archives du Collège de France*, c-xii-*Bergson-46, autographe, Mélanges*, p. 661).

(330) Ver décima sétima lição, *supra*, p. 305 e ss.

(331) Ver décima oitava lição, *supra*, p. 334 e ss. e nota 309.

(332) Ver *L'évolution créatrice*, cap. iv, p. 355-362.

(333) Kant. *La dissertation de 1770: de la forme et des principes du monde sensible et du monde intelligible*, trad. P. Mouy, Paris, Vrin, 1995: "Todo método de metafísica relativa aos sensíveis e aos inteligíveis se reduz essencialmente a este preceito: tomar muito cuidado para que *os princípios originários do conhecimento sensível não transgridam seus próprios limites e manchem os inteligíveis* [...] eis o que tenho a dizer sobre o método, principalmente no que diz respeito à distinção entre o conhecimento sensível e intelectual. O dia em que uma pesquisa mais cuidadosa chegar a um resultado exato, isso constituirá uma propedêutica, podendo prestar um imenso serviço a todos aqueles que se introduzirem nos arcanos da metafísica" (seção V, §24, p. 91; seção V, §30, p. 111; itálicos nossos).

(334) Cf. Bergson, *L'évolution créatrice*, cap. IV, p. 357: "A crítica de Kant, encarada desse ponto de vista, consistiu, sobretudo, em limitar o dogmatismo de seus predecessores, aceitando sua concepção da ciência e reduzindo ao mínimo o que esta implicava de metafísica".

(335) Kant, *Critique de la raison pure* (1781, 2ª edição 1787), "Analytique des concepts", §16, "De l'unité originairement synthétique de l'aperception", AK III, 109, trad. A. Renaut, Paris, Aubier, 1997, p. 198. "a percepção", no datilograma. Na sequência, retificamos sistematicamente.

(336) Cf. Bergson, *L'évolution créatrice*, cap. IV, p. 356-357.

(337) Ver Kant, *Critique de la raison pure*, AK III, p. 66-67.

(338) "incoerente", no datilograma.

(339) Cf. *L'évolution créatrice*, cap. IV, p. 362-363.

ÍNDICE REMISSIVO

Alexandria (escola de), 198
Alexandrinos (os), 129
Amônio Sacas, 197, 198
Aquiles, 92, 96
Aristóteles, XI, 87, 103, 104, 111, 114, 115, 117, 118, 119, 120, 121, 124, 125, 126, 127, 128, 129, 130, 131, 132, 133, 134, 135, 136, 137, 138, 139, 140, 141, 142, 143, 144, 145, 146, 147, 148, 149, 150, 151, 153, 154, 155, 156, 157, 158, 159, 160, 161, 162, 163, 164, 165, 166, 167, 168, 169, 170, 171, 173, 174, 175, 176, 177, 178, 179, 180, 181, 182, 183, 184, 185, 186, 187, 188, 189, 191, 192, 194, 195, 196, 198, 199, 200, 201, 202, 203, 221, 236, 237, 238, 245, 247, 248, 249, 250, 251, 279, 281, 288, 289, 290, 291, 307, 308, 309, 310, 326, 336, 339, 347, 374, 376, 377, 378
Arnauld, Antoine, 314, 327, 341, 342
Arquimedes, 86, 294, 297

Baco (Dionísio), 225
Bacon, Francis, 277, 278, 279
Barrow, Isaac, 301, 378
Bayle, Pierre, 339
Benedetti, Giovanni Battista, 288, 289, 290, 291, 378
Brochard, Victor, 325
Bruno, Giordano, 282, 377
Burman, Frans, 323

Cardano, Girolamo, 287, 291
Cavalieri, Bonaventura, 297, 378
Cervantes, Miguel de, 12, 18
Clarke, Samuel, 339, 340, 341
Clemente (de Alexandria), 201
Clerselier, Claude, 314
Cusa, Nicolau de, 280, 281, 287, 291, 378

Darwin, Charles, 38, 79, 80
Descartes, René, VI, 5, 299, 303, 306, 307, 309, 312, 313, 314, 315, 316, 317, 318, 319, 320, 321, 322, 323, 325, 326, 338, 339, 352, 354, 355, 356, 357, 358, 359, 378, 379

Dom Quixote, 12, 18

Eleia (escola de), 88, 92, 195
Empédocles, 228
Er, o Armênio (Er, o Panfílio), 108
Espinosa, Baruch, XI, 264, 265, 325, 326, 327, 343
Estobeu, João, 194, 195
Estoicos (os), 87, 194, 252, 257, 260, 262

Fílon (de Alexandria), 200
Fischer, Kuno, 306

Galileu, 292, 293, 294, 298, 301, 317, 338
Gassendi, Pierre, 314

Hanschius (Hansch), Michael Gottlieb, 333
Helmholtz, Hermann von, 77
Heráclito, 258
Hiérocles, 198

Isabel (da Boêmia), 313, 322, 323

Jâmblico, 196, 197, 198

Kant, Immanuel, 49, 165, 345, 357, 358, 359, 360, 361, 362, 367, 370, 371, 379
Kepler, Johannes, 282, 283, 378
Kirchner, Carl Hermann, 198

Leibniz, Gottfried Wilhelm, XI, 261, 265, 301, 317, 321, 325, 326, 327, 328, 329, 330, 331, 332, 333, 334, 335, 336, 337, 338, 339, 340, 341, 342, 343, 344, 345, 352, 353, 354, 355, 356, 357, 358, 359, 360, 361, 378, 379

Lotze, Rudolf Hermann, 46
Lutoslawski, Wincenty, 109, 110, 111, 374

Mantineia, Diotima de, 108
More (Morus), Henry, 5, 320

Nemésio, 197
Newton, Isaac, 301, 302, 303, 378
Numênio, 200

Orígenes (filósofo), 196
Orígenes (teólogo), 201

Pádua (escola de), 283
Parmênides, 88, 89, 91, 92, 110
Pitagóricos (os), 148
Platão, XI, 87, 92, 97, 98, 99, 100, 101, 102, 103, 104, 105, 106, 107, 108, 109, 110, 111, 112, 113, 114, 115, 117, 118, 119, 120, 121, 124, 125, 126, 127, 132, 146, 171, 173, 175, 176, 177, 178, 179, 180, 181, 189, 191, 194, 195, 196, 198, 199, 200, 201, 202, 203, 205, 217, 221, 228, 238, 239, 240, 245, 247, 248, 251, 255, 275, 280, 282, 287, 309, 310, 332, 336, 339, 347, 373, 374, 376, 377
Plotino, XI, XII, 87, 88, 112, 131, 166, 167, 169, 171, 188, 190, 192, 193, 194, 196, 197, 198, 199, 200, 201, 202, 203, 204, 205, 206, 207, 208, 209, 210, 211, 212, 213, 214, 216, 217, 218, 219, 220, 221, 222, 223, 224, 225, 226, 227, 228, 229, 230, 231, 232, 233, 234, 235, 236, 237, 238, 239, 240, 241, 242, 243, 244, 245, 246, 247, 249, 250, 251, 252, 255, 257, 258, 259, 260, 261, 262, 263, 264, 265, 266,

280, 281, 282, 287, 310, 311, 326, 332, 333, 334, 336, 347, 348, 353, 354, 357, 371, 376, 377, 378
Pomponácio, 283
Porfírio, 192, 196, 197, 198, 199, 238, 244
Proclo, 236

Roberval, Gilles Personne de, 301, 302, 378

Scaliger, Julius Caesar, 283
Schopenhauer, Arthur, 224, 230
Secrétan, Charles, 335, 356
Sigwart, Christoph von, 46
Simplício, 194, 195, 236

Sócrates, 205, 227, 235, 237, 246, 309

Teofrasto, 183, 194
Timeu (de Locros), 108

Whewell, William, 317
Wundt, Wilhelm Maximilian, 46

Xenófanes, 88

Zeller, Édouard, 179, 183
Zenão de Eleia, 11, 92, 93, 94, 95, 96, 97, 161, 195, 285, 365, 367, 373

1ª edição março de 2023 | **Fonte** Times New Roman PS
Papel Lux Cream 60 g/m² | **Impressão e acabamento** Imprensa da Fé